friedrich achleitner | wie entwirft man einen architekten?

friedrich achleitner

wie entwirft man einen architekten?
Porträts von Aalto bis Zumthor

Herausgegeben von
Eva Guttmann, Gabriele Kaiser, Claudia Mazanek für diachron

13 Friedrich Achleitner | Vorbemerkung

PORTRÄTS AUS 50 JAHREN

15 **Alvar Aalto** | Romantiker des Nordens | 1968
17 **Michael Alder** | Architekt. Lehrer. Forscher. | Nachruf | 2000
22 **arbeitsgruppe 4** | Architekturmoralisten | 1966
25 **Atelier 5** | Über das Atelier 5 | 1990
26 **Othmar Barth** | Architektur der Landschaft | Geburtstagsrede | 1987
29 **Luigi Blau** | Laudatio | 1993
34 **Bogdan Bogdanović** | Geglückte und beglückende Irrtümer | 2009
39 **Hermann Czech** | Laudatio | 2001
45 **Sokratis Dimitriou** | Ein Hellene aus Detmold | Geburtstagsrede | 1999
50 **Günther Domenig** | Laudatio | 2001
55 **Herbert Eichholzer** | Die Botschaft, eine Mahnung | 2004
58 **Roland Ertl** | Laudatio | 2008
63 **Walter Förderer** | Kirchenbau-Programmierung | 1967
65 **Heinz Frank** | Umgebung verschollener Mittelpunkte | 1993
67 **Josef Frank** | Katalogbeitrag | 2004
70 **Bohuslav Fuchs** | Vorwort | 2010
71 **Richard Buckminster Fuller** | Die Steinzeit geht zu Ende | 1963
73 **Gerhard Garstenauer** | Architekt. Planer. Konstrukteur… | 2002
80 **Gasparin & Meier** | Der Ort macht die Zeit sichtbar | 2007
82 **Antoni Gaudí** | Die letzte Bauhütte | 1967
84 **Edoardo Gellner** | Nachruf | 2004
87 **Fritz Goffitzer** | Ästhetisches Engagement | 1970
89 **Eileen Gray** | Wer ist Eileen Gray? | 1970
91 **Helmut Grimmer** | Nachruf | 1975
93 **Johann Georg Gsteu** | Einführende Worte | 1980
94 **Oswald Haerdtl** | Städtebau und Zigarettenpackung | 2000

101 **Hugo Häring** | Zerstörung einer Legende | 1966
103 **Bernhard Hafner** | Der produktive Zweifel | 2001
106 **Henke Schreieck** | Laudatio | 2000
109 **Hans Hollein** | Einigkeit der progressiven Kräfte | 1966
112 **Wilhelm Holzbauer** | Vorwort | 1985
118 **Clemens Holzmeister** | Das Leben, ein Fest | 1985
121 **Viktor Hufnagl** | Laudatio | 1997
123 **Eilfried Huth** | Geburtstagsrede | 2000
126 **Jabornegg & Pálffy** | Alt und Neu sind keine Zeitbegriffe | 2009
132 **Arne Jacobsen** | Am Anfang steht die Tradition | 1963
134 **Otto Kapfinger** | Laudatio | 1997
138 **Hermann Kaufmann** | Laudatio | 2003
141 **Adalbert Klaar** | Architekturforschung | 1970
143 **Rainer Köberl** | Katalogbeitrag | 2000
144 **Aris Konstantinidis** | Vielfalt und Typus | 1968
146 **Rob Krier** | Einführende Worte | 1989
151 **Adolf Krischanitz** | Wie lobe ich einen scheidenden Präsidenten? | 1995
153 **Heinrich Kulka** | Schüler, Mitarbeiter, Chronist | Nachruf | 1971
155 **Friedrich Kurrent** | Laudatio | 1997
162 **Josef Lackner** | Tradition statt Traditionalismus | 1966
165 **Le Corbusier** | Das wahre Genie der Architektur | 1965
167 **Adolf Loos** | Architektur und Sprache | 2002
171 **Karl Mang** | Gelebte Architektur | 2007
173 **Angelo Mangiarotti** | Architektur und Konstruktion | 1965
175 **Riccardo Morandi** | Meister des Stahlbetons | 1966
177 **Richard Neutra** | Architekt, Humanist, Wiener | 1967
179 **Karl Odorizzi** | Laudatio | 1980
181 **Ortner & Ortner** | Laudatio | 2002
185 **Walter Pichler** | Vorbemerkungen | 2000
187 **Josef Plečnik** | Ein Architekt der Zukunft? | 2006
192 **Ernst A. Plischke** | Nachruf | 1993
194 **Boris Podrecca** | Wie entwirft man einen Architekten? | 1996
201 **Julius Posener** | Einführende Worte | 1981

203	**Anna-Lülja Praun**	Zum 80. Geburtstag	1986
205	**Jean Prouvé**	Architektur aus der Fabrik	1971
207	**Hans Puchhammer**	Geburtstagsrede	2001
211	**Hans Purin**	Nachruf	2010
212	**Roland Rainer**	Geburtstagsrede	1995
214	**Edvard Ravnikar**	Vortrag	2007
220	**Leopold Redl**	Stadtplaner und Architekt	Nachruf	1989
222	**Helmut Richter**	Laudatio	1992
226	**Franz Riepl**	Laudatio	1998
229	**Eva Rubin**	Eine Form von Angemessenheit	1986
230	**Hans Scharoun**	Gedränge um Scharoun	1968
231	**Margarete Schütte-Lihotzky**	Trauerrede	2000
235	**Ferdinand Schuster**	Vortrag	2000
239	**Rudolf Schwarz**	Er war ein denkender Baumeister	1964
241	**Johannes Spalt**	Laudatio	1992
245	**Walter Stelzhammer**	Laudatio	2004
247	**Heinz Tesar**	Der Ort, die Landschaft	2005
251	**Ottokar Uhl**	Grabrede	2011
255	**Konrad Wachsmann**	Gast bei seinen Schülern	1970
257	**Otto Wagner**	Zu Otto Wagners Dialektik des Schönen	1984
260	**Lois Welzenbacher**	Bemerkungen	1987
264	**Ernest Wiesner**	Nachruf	1972
266	**Traude und Wolfgang Windbrechtinger**	Architektur als ethischer Imperativ	2002
269	**Eugen Wörle**	Ein Mentor der Jungen	Nachruf	1997
271	**Frank Lloyd Wright**	Ein großer Amerikaner	1964
273	**Walter Zschokke**	Nachruf	2009
275	**Peter Zumthor**	Heimkehr der Moderne?	1997
281	diachron	Nachwort	
287	Biografie	
292	Bibliografie	
300	Namenregister	

»wie entwirft man einen architekten?«
Porträts von Aalto bis Zumthor

Diesen Texten liegt kein wie immer geartetes System zugrunde, wenn man davon absieht, dass sie von einem Autor im Laufe eines halben Jahrhunderts aus bestimmten Anlässen – etwa Vorworte, Laudationes, Geburtstagsreden, Nachrufe, Grabreden etc. – geschrieben wurden, also einem ›Netzwerk‹ angehören, das man im erweiterten Sinn als ›mitteleuropäische Architektur im 20. Jahrhundert‹ bezeichnen könnte. Alle diese Texte hatten konkrete Anlässe, wurden nicht im Hinblick auf eine Sammlung geschrieben und sind in unterschiedlichen Medien oder gar nicht erschienen. Es handelt sich nicht um Biografien, eher um Skizzen oder Momentaufnahmen, atmosphärische Zeitdokumente oder Positionsbestimmungen von Aktivisten in Sachen Architektur, oft in Schräglage zu irgendeinem Topos der genannten architektonischen Szene. Man könnte sie vielleicht als Teile, Bruchstücke, Ergänzungen zu einer (österreichischen) Architekturgeschichte ansehen, aber ohne jeden lexikalischen oder wissenschaftlichen Ehrgeiz. Ja, ein Charakteristikum sind vielleicht die Lücken, die nur belegen, von welchem Architekten der Autor nicht in Anspruch genommen wurde, was immer dies bedeuten mag.

Architekt ist hier als Berufsbezeichnung verwendet, und da es namhafte österreichische Architektinnen gab und gibt, die sich selbst als Architekt bezeichnen, wurde auch nirgends der Versuch unternommen, zwischen einer maskulinen und femininen Architektur zu unterscheiden, was auch die Fähigkeiten des Autors weit überschritten hätte. Vielleicht sind diese Texte überhaupt keine ›Fachtexte‹ im engeren Sinne, sondern literarische Versuche, sich einer spröden, aber sehr sinnlichen, ja auch poetischen Materie anzunähern.

Friedrich Achleitner

Romantiker des Nordens
Heute vor 70 Jahren wurde Alvar Aalto geboren

Die legendäre finnische Architektur ist untrennbar mit einer ebenso legendären Erscheinung verbunden: mit Alvar Aalto. Man könnte sich heute fragen, wie es möglich war, dass ein dünn besiedeltes Land mit rund vier Millionen Einwohnern, das an den Folgen des Krieges schwer zu leiden hatte, sich in einer klimatisch extremen Zone befindet, in so kurzer Zeit zu dem Ruf eines Architektenparadieses gekommen ist. Alles was bei uns nach dem Kriege nicht möglich war, schien in Finnland mühelos und selbstverständlich zu gedeihen. Die jungen Architekten erfreuen sich eines allgemeinen großen Vertrauens, und ihre ›Mannschaft‹, die auf der ganzen Welt Wettbewerbe gewann, war im eigenen Land nicht weniger populär als etwa bei uns die Olympiamannschaft der Skifahrer. Die öffentliche Teilnahme an den Geschehnissen in der Architektur drückte sich auch darin aus, dass man in Finnland jedermann auf der Straße nach dem Autor eines Neubaus fragen konnte, man bekam prompt eine erschöpfende Auskunft.

Trotz dieser allgemeinen Schätzung der Architektur als einer Art bevorzugter Markenware, trotz der Betonung des allgemeinen Niveaus, führten alle Fäden eines Gesprächs immer wieder zu einer einzigen Figur, eben zu Alvar Aalto. Aalto war nicht nur der Lehrer einer ganzen Generation von Architekten, er war nicht nur der lebendige internationale Maßstab innerhalb der eigenen Wände, sondern er war auch eine faszinierende, unfassbare und liebenswürdige Persönlichkeit. Es dürfte über einen Architekten kaum so viele Legenden und Anekdoten geben wie über Aalto. Und es könnte heute fast so aussehen, als hätte er die finnische Architektur erfunden. Gerade der historische Hintergrund ist es aber, der sein Werk teilweise verständlich macht und der auch zeigt, dass es, ohne dabei zu verlieren, gewissermaßen von langer Hand vorbereitet wurde.

Die erste finnische Architektur, wenn man von der großen anonymen Bautradition des Landes absieht, war ein Import. Es war der deutsche

aus: *Die Presse* vom 3./4. Februar 1968

Alvar Aalto
geboren am 3. Februar 1898 in Kuortane / SF
gestorben am 11. Mai 1976 in Helsinki

romantische Klassizismus, der von C. L. Engel über Petersburg in das damalige russische Großfürstentum gebracht wurde. Dieser Schinkel-Freund und -Schüler entwarf nicht nur den Stadtplan von Helsinki und führte seine Monumentalbauten durch, sondern auch eine ganze Reihe von Plänen für andere finnische Städte.

Alvar Aalto vollzieht nach dem Ersten Weltkrieg mit anderen skandinavischen Architekten den Umschwung von einem lokalen Klassizismus in den sogenannten internationalen Stil. Trotz der Übernahme verschiedener Merkmale dieser funktionalistischen Architekturauffassung ist Aaltos Werk von Anfang an unorthodox, lebendig und wandlungsfähig. Es würde hier zu weit führen, auch nur die wichtigsten Bauten Aaltos anzuführen. Nach der ›weißen Periode‹ bevorzugt Aalto natürliche Baustoffe, vor allem Holz und Ziegel. Die geraden Linien und strengen Kuben werden von geschwungenen Flächen und bewegten Volumen abgelöst. Es gibt aber keine Dogmen, jede Aufgabe erfährt ihre eigene Lösung. Diese als organisch bezeichnete Architektur erhält ihre Elemente aus dem organischen Aufbau der Räume und Raumfolgen, ihren Beziehungen, aus dem Unteilbaren des Ganzen. Aalto verwendet handwerkliche Baumethoden neben hoch industrialisierten. So entsteht das Schichtholzmöbel neben einfachen Zimmermannskonstruktionen, das Dorfzentrum neben der großen Industrieanlage.

Aalto wurde am Beginn der sechziger Jahre die Planung für Helsinki übertragen. Es ist merkwürdig, aber verständlich, dass er bei seinen Bebauungsvorschlägen fast zu einem klassizistischen Städtebau zurückkehrt. Ebenso eigenartig ist, dass die Reaktion auf das Aalto'sche Werk in Finnland erst in der ›dritten Generation‹ einsetzt. Die unmittelbaren Schüler und Nachfolger haben versucht, ebenso individuelle Wege zu gehen, ohne aber die von Aalto angegebene Generalrichtung anzuzweifeln. Die jüngere Generation wendet sich heute von dieser persönlichkeitsbezogenen Architektur ab. Es tritt ein Strukturalismus in den Vordergrund, der neue Planungsmethoden sucht und entwickelt und den rationalen Aspekt des Städtebaus und der Architektur betont. Damit hat in Finnland ein großes Kapitel der Architektur seinen theoretischen und vorläufigen Abschluss gefunden. Das Werk von Alvar Aalto ist bereits Geschichte geworden.

Michael Alder – Architekt. Lehrer. Forscher.
Nachruf

Mit Michael Alder ein Glas Wein zu trinken, bedeutete, sich auf Grundfragen der Architektur einzulassen. Nicht auf *die* Architektur, sondern auf eine spezifisch biografische, verortete, in einem ganz konkreten Kontext entstehende. Alder hat, so konnte man den Eindruck bekommen, immer von seinen Wurzeln her gedacht oder auf sie hin. Seine ersten räumlichen Erfahrungen im elterlichen Pfarrhaus mit dem prototypischen Grundriss, seine Suche nach kulturellen Konstanten in den Raumbeziehungen, die existenzielle Bedeutung des Wohnens, die regionalen Traditionen der handwerklichen Bauproduktion, aber auch die Sinnlichkeit der Landschaft, das geliebte Italien, seine jahrzehntelangen Forschungen im Tessin, das alles war nach wenigen Worten ›auf dem Tisch‹.

Seine Werkberichte begann er regelmäßig mit einem Aquarell vom väterlichen Pfarrhaus, das vom Ort durch einen Bach getrennt war und das man über eine kleine Brücke erreichte. Diese Ambivalenz von Trennung und Verbindung gehörte zu den Konstanten seines gesellschaftlich-räumlichen Denkens. Das Pfarrhaus, ein ›klassischer‹ Mittelflurtyp, mit einem relativ verschlossenen Sockelgeschoss und Verbindung zum Garten, hatte im Obergeschoss eine dreiachsige Laube, über der mittig eine Dachgaupe saß. Das angebaute Plumpsklosett störte die Symmetrie, die durch das regelmäßig aufgesetzte steile Walmdach und den mittig sitzenden Kamin wieder hergestellt wurde, ohne die leichte Irritation zum Verschwinden zu bringen. Man kann sich vorstellen, dass diese Laube, *das* Element, das der Architekt ein Leben lang variiert hat, im Pfarrhaus den ›Mittelpunkt‹ darstellte.

Es ist sicher nicht falsch anzunehmen, dass für Alder diese Einheit von Leben und gebautem Raum ein Grundmuster für sein späteres Engagement darstellte, allen Menschen durch das Bauen ähnliche Qualitäten zur Verfügung zu stellen.

Typoskript vom 7. Juli 2000; abgedruckt in: *Werk, Bauen + Wohnen* 87 (2000), Heft 9, Zürich

Michael Alder
geboren am 18. Oktober 1940 in Ziefen / CH
gestorben am 12. Juni 2000 in Roveredo / CH

Michael Alder gehörte also zum ›Kulturfaktor‹ der Pastorensöhne, die in den letzten Jahrhunderten in Kunst, Literatur und Philosophie viel bewirkt haben. Darin lag auch etwas Missionarisches, das sich vor allem der Lehrer Michael Alder Zeit seines Lebens bewahrte. Sein Kulturbegriff hatte, trotz seiner – oder vielleicht gerade wegen seiner – radikalen Zeitbezogenheit eine klare Werteskala. Er konnte urteilen, verehren und verwerfen. Eine postmoderne Beliebigkeit war ihm fremd, vielleicht sogar verhasst. Es ist sicher kein Zufall, dass im Zentrum seiner Auseinandersetzungen das Wohnen und der Wohnbau standen. Ja selbst sein Lehrbauhof in Salzburg und das Stadion Rankhof in Basel könnte man unter dem Begriff eines erweiterten Wohnens diskutieren, weil für ihn auch Bauten der Ausbildung oder des lokalen Sports Kommunikationsformen zulassen, ja provozieren, die als gesellschaftliches Wohnen beschreibbar sind.

Wohnsiedlung Vogelbach, Riehen, Schweiz, 1989–1992

Bei Michael Alder kann man nicht sicher sein, ob die Stufen seines Lebens letztendlich sein Werk bestimmt haben oder ob er sich durch seinen Charakter und seine klar strukturierten Interessen in diese Situationen zielstrebig begab. Die Ausbildung als Hochbauzeichner ist für einen Schweizer Architekten noch nichts Besonderes, schon eher 1966 sein Weg zu Jacob B. Bakema in die Salzburger Sommerakademie, wo er mit Sicherheit seinen Sinn für gesellschaftliche Zusammenhänge und analoge städtebauliche Strukturen schärfte. Noch prägender für ihn war vermutlich seine frühe Auseinandersetzung mit der Beton-Vorfertigung mit Schwerpunkt Wohnbau, deren Erkenntnisse und Erfahrungen er fast drei Jahrzehnte später beim Basler Stadion noch einmal reaktivieren konnte. Die Rolle seiner verschiedenen frühen Tätigkeiten in Schweizer Architekturbüros (Schärli, Rolf G. Otto) ist schwer einzuschätzen. Gewicht hatte sicher seine Tätigkeit als Assistent bei Alberto Camenzind.

Michael Alder war ein Perfektionist. Auch das wäre für einen Schweizer Architekten nichts Außergewöhnliches, wenn diese Vollkommenheit nicht gleichzeitig auch etwas Großzügiges, einen Spielraum für Lebendiges gehabt hätte. Als er, noch am Beginn seiner Karriere, bei seinem ersten Vortrag in der Österreichischen Gesellschaft für Architektur etwas hämisch gefragt wurde, ob er sich nicht vorstellen könnte auch einmal eine richtige Schweinerei zu bauen, sagte er (wohl wissend, sich auf Wiener Boden zu befinden) spontan ja. Abgesehen davon, dass man diese Art von Frage ohnehin in einer solchen Situation nur mit ›ja‹ beantworten konnte, schwang darin eine Art von ›Verständnis‹ mit, das der Pastorensohn etwa für die opulente Kultur des Katholizismus aufbrachte oder schlicht für andere Lebensformen, wie etwa die mediterrane, die für ihn vielleicht sogar eine Art spiritueller Heimat geworden war. Jedenfalls wies er den Verdacht, ein ›architektonischer Puritaner‹ zu sein, weit von sich.

Wenn im Todesjahr von Michael Alder die Architekturbiennale wieder auf Ethik rekurriert, dann kann man sich schon fragen, was das für ein Architekturbegriff ist, der dies wieder zum Programm machen muss. Der Verdacht kommt auf, dass sich die Vertreter der ästhetisch dominierten Architekturkonzepte immer erst der Ethik erinnern, wenn die formalen Ressourcen knapp werden und man sich aus einem erweiterten Beobachtungsfeld neue Impulse erhofft. Michael Alder dachte permanent an die Grundlagen des Bauens: Ethik, was immer man darunter versteht, war kein gesonderter Begriff gegenüber einer ebenso wenig isolierten Ästhetik. In Michael Alders Werk gab es dieses Problem einer ›Ethisierung‹ nie. Die ethischen, das heißt die auf das Zusammenleben der Menschen bezogenen Qualitäten und Komponenten des Bauens, gehörten stets zu den Paradigmen seines Architekturbegriffs. Von ihm unwidersprochen blieb eine einleitende und grundsätzliche Behauptung zu seinem Basler Stadion: »Wenn der Begriff des Realismus nach seinen Metamorphosen im 20. Jahrhundert nicht so ausgelaugt wäre und noch einen Sinn machte, müsste man das Architekturkonzept Michael Alders ein realistisches nennen. Realistisch deshalb, weil alle seine Entscheidungen an gesellschaftlichen Realitäten, an Konventionen des Zusammenlebens und der Ordnung, des Kontaktes und der kulturellen Traditionen gebunden sind, weil sein Begriff der Einfachheit nicht auf ästhetischen Reduktionen oder gar puristischen Formsystemen beruht, sondern auf Klärungen komplizierter oder komplexer Zusammenhänge, also das Erkennen von Problemen oder die Gedanken darüber zur beschreibbaren Form finden, die als ›sichtbare Antwort‹ bauliche Realität werden kann.«

Wenn man das Vergnügen hatte, von Alder durch eine seiner Wohnanlagen geführt zu werden, so entwickelte er eine schier unüberschaubare

Palette praktischer Hinweise auf das konkrete Leben der Bewohner. Es schien ihm wichtiger zu sein, wo die Velos ihren Platz hatten, wo sich die Kinder ›halblegale‹ Territorien erobern konnten oder wie die Familien über einen vernünftigen Wohnungsgrundriss einen geschützten Bereich garantiert bekamen, als Fragen der Architektur, der städtebaulichen Gestik oder eines wie immer faszinierenden ›Erscheinungsbildes‹. Niemand wird bestreiten, dass etwa die Wohnanlagen von Vogelbach in Riehen oder am Luzernerring nicht eine sehr unverwechselbare städtebauliche Grammatik besitzen und damit auch Qualitäten von architektonischen Großformen, ja dass die ganze Architektur Michael Alders auch als ästhetisches Produkt erkenn- oder identifizierbar bleibt, aber diese Qualitäten haben nirgends einen autonomen Status, sind nicht Selbstzweck, sondern eben Teil einer kulturellen Wirklichkeit, in der auch die ›kleinen Dinge‹, aus denen sich das alltägliche Leben zusammensetzt, ihre Würde finden. Michael Alders Wohnkonzepte sind nie ausschließlich ›einmalige Lösungen‹ für eine spezielle Situation. Sie tragen immer etwas Prototypisches, allgemein Gültiges in sich, haben Modellcharakter auch für andere Situationen. Alder war es offenbar unmöglich, *nicht* in größeren Zusammenhängen zu denken: Die Wohnung ist eben Teil eines städtebaulichen Gefüges und die Stadt war ohne diese Elemente für ihn nicht denkbar.

Natürlich war Alders konkrete Welt an die Kategorien der Überschaubarkeit, ja Planbarkeit orientiert, wie sie einer mitteleuropäischen oder auch mediterranen Lebenserfahrung entspricht. Seine durchdachten Konzepte der wohnbaren Stadt setzen auf eine ›heile‹ Werteskala, wie sie in unseren Gesellschaften noch vorzufinden ist. Die Utopie der Planbarkeit – das Stimulans der Moderne – war vielleicht auch der starke Motor seines Werkes, Planbarkeit als modellhaftes Rahmenwerk, Unvorhersehbares und Zufälliges stets mit eingeschlossen.

Michael Alder machte einerseits den Eindruck, im Besitze einer gesicherten Wahrnehmung von Wirklichkeit zu sein und in einer verorteten Welt zu leben, andererseits schien er dauernd ›unterwegs‹ zu sein. Man bekam das Gefühl, dass er sehr genau wusste, was er suchte und dass es vielleicht nur darum ging, eine bereits in Konstruktion befindliche Welt zu komplettieren. Deshalb war er auch ein so guter Lehrer, weil er einerseits Sicherheit, eine deklarierte und formulierbare Position vermittelte, andererseits aber nie Abgeschlossenes, ›Erledigtes‹, sondern Fragen, an deren Antworten er knapp dran war. Die wenigen Gelegenheiten, Einblicke in seine pädagogischen Arbeiten zu bekommen, haben mich überzeugt, dass hier ein großer Lehrer unterwegs war, der vielleicht schon zwei

Generationen Schweizer Architekten mitgeprägt hat. Dies umso mehr, als Alder kein Rhetoriker war, aber jemand der ganz genau wusste was er sagte und dies mit suggestiver Stimme und dem Gewicht ›existenzieller Zeugenschaft‹. Man könnte ebenso von einem Praktiker reden, der im Vermitteln einfachster Sachverhalte eine Vision besaß.

Michael Alders Forschungen haben den gleichen Charakter. Sie produzieren keine wie immer geartete ›Geschichte‹, waren nie Selbstzweck, sondern sind Erkenntnisgewinn für die unmittelbare Arbeit des Planers und Architekten. Alder hatte die Fähigkeit (nach Loos), mit dem Kopf des Handwerkers zu denken, er konnte seine Welt, seine Probleme und Produktionsweisen einsehbar und zugänglich machen und siehe da, in einem gewissen Sinne blieben die Fragen und Schwierigkeiten immer die gleichen, auch wenn aus dem Handwerker inzwischen ein hochspezialisierter Techniker geworden war. Was sich ändert, sind die Bedingungen und in deren Erforschung konnte er unermüdlich sein.

Mit Michael Alder hat die Architektur einen Kopf verloren, der dem Bauen wieder gesellschaftliche Reputation verschaffte, der für den Architekten im weitesten Sinne politische Verantwortung urgierte, der, um es mit Margarete Schütte-Lihotzky auszudrücken, in allem versuchte, eine bessere Welt zu verlassen, als er sie vorgefunden hat. Michael Alders Wirken ist mit seiner persönlichen Existenz nicht beendet. Er hat über jene hinaus, die mit ihm zusammenarbeiten durften, als Architekt, Lehrer und Forscher eine Botschaft hinterlassen, die selbst in einer ›Schweizer Szene‹ eine Herausforderung bleibt. Und viele, nicht zuletzt die Wiener Kollegen, haben einen Freund verloren, vor allem auch ihren verlässlichsten Kritiker.

Architekturmoralisten

Das »Presse«-Profil der bildenden Kunst: Arbeitsgruppe 4

aus: *Die Presse* vom
28./29. Mai 1966

arbeitsgruppe 4
gegründet 1950 in Wien
von Wilhelm Holzbauer,
Friedrich Kurrent, Otto
Leitner und Johannes Spalt;
aufgelöst 1970

Wilhelm Holzbauer
(s. Seite 112)
Friedrich Kurrent
(s. Seite 155)
Otto Leitner
geboren am 18. Februar 1931
in Unterach / Oberösterreich
gestorben am 21. Oktober
1997 in München
Johannes Spalt (s. Seite 241)

Die unwienerische Bezeichnung »arbeitsgruppe 4« entstand 1951, als die vier Architekturstudenten Wilhelm Holzbauer, Friedrich Kurrent, Otto Leitner und Johannes Spalt aus der Meisterschule Clemens Holzmeister an einem Wettbewerb teilnahmen und einen gemeinsamen Namen brauchten. Dieser ist geblieben, wenn auch bald nach dem Studium Otto Leitner nach Deutschland ging. Das ironische und damit wienerische »Dreiviertler« ist, nach dem Café ¾, das sie einrichten halfen, und dem Musikhaus ¾, das sie ganz geplant haben, zu einer Art Markennamen geworden. Der sachkundige Wiener Kollege unterscheidet sogar im Gebrauch der beiden Bezeichnungen: Von arbeitsgruppe 4 spricht er, wenn sich das Gespräch einem der ›immerhin ernst zu nehmenden‹ Bauten zuwendet, von ›Dreiviertlern‹ (nicht ohne Grimm), wenn sie sich wieder einmal irgendwo präpotent benommen oder eine unerhörte Behauptung aufgestellt haben.

Es gibt in Wien immer wieder Menschen, es müssen gar keine Architekten sein, die einfach durch ihre Existenz Anstoß erregen. Dabei zählt am wenigsten das, was sie tun, sondern vielmehr das, was sie nicht tun. Ein Architekt, der aus Gewissensgründen einen Auftrag ablehnt (die arbeitsgruppe 4 hat nach mehrjähriger Planungsarbeit zum ersten Mal einen Gemeindeauftrag niedergelegt), kommt nicht nur beim Bauherrn, sondern auch bei seinen Kollegen in Verruf. Er stiftet Unruhe, keine momentane, sondern eine penetrant beständige. In Wien darf ein Architekt den Mund aufmachen, so weit er will, wenn er nur irgendwo ein paar Gemeindebauten oder ein paar Wiederaufbauten stehen hat, die ihm die Legitimation geben, dass er, wenn es darauf ankommt, doch nicht ›hoppertatschert‹ ist. Die arbeitsgruppe 4, das muss man nicht extra feststellen, kann solche Bauten nicht vorweisen.

Vielleicht sind deshalb auch die Bauten, die in der fast fünfzehnjährigen Zusammenarbeit entstanden sind, so wenige. Nach der Kirche von Parsch (für die sie den Staatspreis erhielt), die in einer Zeit begonnen wurde, als es in Österreich noch nicht einmal Anzeichen von einem modernen Kirchenbau gab, hat sie keine Kirche mehr gebaut. Die Seelsorgeanlage von Steyr, in Zusammenarbeit mit J. G. Gsteu, ist vorläufig ein Torso geblieben. Neben einigen Einfamilienhäusern, einem Kindergarten, einigen Ausstellungs-, Lager-, Büro- und Werkstättengebäuden (Anders, Wittmann, Terra) ist die bedeutendste Arbeit das Kolleg St. Josef in Aigen, Salzburg. Diese Bauten besitzen alle eine starke Physiognomie, sie sind konsequent in der Materialwahl und in der konstruktiven Durchbildung. Sie sind keiner Tendenz einzuordnen, sie haben keine unmittelbaren Vorbilder und auch keine Nachahmer. Sie betonen meist die Charakteristik der Aufgabe, sind streng in der räumlichen Konzeption und unmittelbar in ihrem Ausdruck.

Genaugenommen existiert die arbeitsgruppe 4 nicht mehr. Wilhelm Holzbauer, 1930 in Salzburg geboren, hat sich nach mehrmaliger Lehrtätigkeit in den Vereinigten Staaten (Yale) und Kanada (Winnipeg) in eine andere, persönlichere Richtung entwickelt und arbeitet seit mehr als einem Jahr allein. Die Ursache dieser verschiedenen Entwicklung liegt weit zurück. Während Kurrent und Spalt 1956 zu Konrad Wachsmann nach Salzburg gingen, fuhr Holzbauer (auf der »Andrea Doria«) zu den Bauten von Frank Lloyd Wright. Friedrich Kurrent, 1931 in Hintersee bei Salzburg geboren, und Johannes Spalt, 1920 in Gmunden geboren, haben in der späteren Zusammenarbeit vielleicht mehr das rationale Element dargestellt, mit einer sehr harten (für Holzbauer oft ›zermürbenden‹) gegenseitigen Kritik und Selbstkontrolle.

Einen großen Raum in der Tätigkeit nehmen Projekte, Wettbewerbe, Ausstellungen und publizistische Arbeiten ein. Auf verschiedenen Gebieten entstanden sogar sehr früh typische, grundlegende Vorschläge wie zum Beispiel die Wohnraumschulen (1953) oder Kirchen mit betont zentralisierten Grundrissen. Die Arbeiten reichen von Möbelentwürfen bis zu städtebaulichen Planungen. Es handelt sich dabei oft weniger um Erfindungen (solche werden ja bei uns selten gemacht) als um notwendige Konsequenzen aus der allgemeinen Entwicklung für die österreichische Situation. Einen großen Anteil, wenn nicht überhaupt den größten, hatten vor allem Kurrent und Spalt an der Wiederentdeckung der österreichischen Moderne. Nicht aus einem historischen Interesse heraus, sondern vor allem aus dem Bewusstsein, dass es eine Erneuerung unserer Architektur ohne die Kenntnisse der Leistungen der unmittelbaren Vergangenheit nicht geben kann. So wurde auch die Grundhaltung Otto Wagners, mit der auf Wiener Boden notwendigen Betonung konstruktiver Aspekte im Bauen, zum Maßstab für die eigene Arbeit. Loos' polemisches Auftreten, seine Kompromisslosigkeit und Direktheit, mag vor allem die Haltung am Beginn der Auseinandersetzung mit der Wiener Bausituation bestimmt haben.

Diese vielseitige Beschäftigung hat dem lokalen Klassifikationsdrang genügend Material geliefert. Hatte 1952 der Besitz eines Le Corbusier-Bandes oder eines Bauhausbuches genügt, um ein ›Marxist‹ zu sein, so brachte Parsch unwiderruflich den Stempel ›Kirchenbauer‹, nach Steyr-Ennsleiten kam der Verdacht des Konstruktivismus auf, bis schließlich heute, nachdem modern modern geworden ist, die Haltung der arbeitsgruppe 4 (Kurrent und Spalt) als fast historisierend ›abgetan‹ wird. Historisch, also nicht mehr notwendig, ist aber vielleicht etwas anderes geworden: das Beispiel, das Holzbauer, Kurrent und Spalt anderen jungen Architekten gegeben haben. Konrad Bayer hat einmal von H. C. Artmann gesagt, er sei für ihn der lebendige Beweis gewesen, dass es den Dichter (der ausschließlich für seine Dichtung lebt) gibt. Die arbeitsgruppe 4 hat ein ähnliches Beispiel gegeben, in einem anderen Sinn, nicht nur durch die Arbeit, sondern auch durch die Haltung und die Einstellung, dass man auch gegebenenfalls für die Architektur Opfer bringen kann. Dass eine solche Haltung in Wien als unbequem, wenn nicht sogar als penetrant empfunden wurde, ist verständlich.

Wenn auch die arbeitsgruppe 4 heute tatsächlich nicht mehr existiert, so ist doch der Begriff geblieben. Auch die Form der Zusammenarbeit, die Gruppe, hat in einem gewissen Grad Schule gemacht. Es ist die Form, die jungen Leuten die Entwicklung bestimmter Gedanken und die Überwindung von Hindernissen leichter möglich macht und durch die auch in Zukunft besondere Leistungen zu erwarten sein werden.

Über das Atelier 5

Das Atelier 5 war, von Wien aus betrachtet, schon in den frühen sechziger Jahren ein Mythos. Der Name dieses Mythos war genaugenommen »Atelier 5 Halen«. Ich verdanke diesem Atelier, dessen Mitglieder (oder einige von ihnen) ich eigentlich erst in den siebziger Jahren kennenlernte, eines meiner architektonischen Aha-Erlebnisse. Wir hatten zwar in Wien von Josef Frank den Satz ausgegraben: »Man kann in jedem Stil ein gutes Haus bauen«, aber diese Erkenntnis war eben Geschichte, eine kämpferische Behauptung, gut genug, um sie den deutschen Funktionalisten im Werkbund an den Kopf zu werfen. Und da gab es plötzlich, im aufkeimenden Funktionalismusstreit der späten fünfziger Jahre, eine Gruppe, die behauptete etwa: Uns interessiert im Siedlungsbau eigentlich nur die Struktur, das urbane Konzept und die Typologie der Grundrisse. Den morphologischen Apparat holen wir uns von einem Besseren, von Le Corbusier, das ist eine ausformulierte architektonische Sprache, wozu also noch etwas Neues erfinden? Das war unerhört. Da wurde einfach ein Standbein der Architekturtheorie des 20. Jahrhunderts durchgesägt, eine heilige Kuh ins Schlachthaus geführt.

Inzwischen wissen es auch die Veteranen vom Atelier 5, dass die Sache doch nicht so einfach war und dass man gerade einen Le Corbusier auf dieser Ebene nicht dingfest machen oder gar multiplizieren oder konservieren konnte. Aber, wie so oft in der Architektur, nicht die Praktikabilität war das Entscheidende, sondern der Gedanke, und dieser traf zweifellos ins Zentrum der Architekturdiskussion. Hier wurde ein Programmpunkt ›postmodernen Denkens‹ vorweggenommen, wenn er auch aus dem 19. Jahrhundert stammte. Während ich also der Idylle von Halen insgeheim misstraute, nahm ich mir von dort den theoretischen Knochen vom austauschbaren architektonischen Vokabular mit und, wenn ich ehrlich bin, kaue ich heute noch daran.

Typoskript vom 1. Jänner 1990; abgedruckt unter dem Titel »On Atelier 5«, in: *a+u* 10, January 1993, special issue (mit dt. Beiheft)

Atelier 5
gegründet 1955 von Erwin Fritz, Samuel Gerber, Rolf Hesterberg, Hans Hostettler und Alfredo Pini in Bern

Siedlung Halen bei Bern, Schweiz, 1957–1962

Architektur der Landschaft
Bemerkungen zu Arbeiten von Othmar Barth

Typoskript vom 30. Mai 1987, Geburtstagsrede zum Sechziger

Othmar Barth
geboren am 22. Mai 1927
in Brixen / Südtirol
gestorben am 15. Jänner
2010 ebendort

Othmar Barth stellt seine sensiblen und selbstbewussten Bauten in die Landschaft, als könnte die Kultur einer Region mit der größten Selbstverständlichkeit tradiert und in eine neue bauliche Wirklichkeit transformiert werden.

Es ist unmöglich über die Architektur von Othmar Barth zu sprechen, ohne die Begriffe Region, Landschaft, Urbanität oder konkret das Problem der Transformation typologischer und topografischer Elemente neu zu überdenken, sie im kulturellen Kontext von Südtirol infrage zu stellen. Barths Bauten, wenn sie auch noch so hautnah aus ihrer Umgebung und aus ihrer Aufgabe heraus entwickelt wurden, stellen immer auch Kommentare zu einer allgemeinen baukulturellen Situation dar, sie belegen ihre Verbindlichkeit mit einer besonderen Antwort.

Trotz alledem scheint mir Othmar Barth alles andere als ein Regionalist zu sein, auch kein kritischer. Seine Bauten suchen nicht das Regionale, sie kleiden sich nicht ein. Sie haben also nicht die regionale Formproduktion zum Thema. Wenn sie trotzdem unlösbar mit ihrer Region verbunden sind, dann deshalb, weil sie ihr nicht ausweichen, weil sie sich ihren Bedingungen und Gegebenheiten stellen, weil sie aus einem produktiven Konflikt mit ihr entstanden sind und weil sie sich, nicht zuletzt, auf dem Niveau der Zeit mit ihren Problemen auseinandersetzen.

Man könnte behaupten, dass alle wichtigen Bauten Barths, angefangen bei der Cusanus-Akademie, über das Herbert-Haus und das Hotel Ambach, bis herauf zum Schigymnasium Stams das Thema der Raumvielfalt unter einem bergenden Dach behandeln, die Dialektik von Klein- und Großform, also ein typologisches Moment, das man sowohl bei den städtischen Bürgerhäusern Südtirols als auch bei den Bauernhöfen der Wein- und Bergregion antrifft, und trotzdem wird man an diesen Konzepten keine Spur einer formalen Wiederholung, einer zeichenhaften Ab- oder

Nachschrift finden. Othmar Barths Bauten sind Erfindungen, Neuformulierungen, eingebettet in einen kulturellen Kontext, ohne kontextualistisch zu sein.

Schon in der Cusanus-Akademie wird das typologische Element des städtischen Saalhauses, die Lichttonne, transformiert in ein urbanes, räumliches System, in die Überdachung einer Piazza, die selbst wieder eine Transformation eines räumlichen Elements, der ›Sala‹, in einen gemeinschaftlichen Zentralraum darstellt. Der Sichtziegelbau, in Brixen alles andere als vordergründig heimisch, wird jedoch zum historischen Verweis auf eine ältere romanische, urbane Tradition, die mit den Städten Oberitaliens genauso viel zu tun hat wie mit Erinnerungen an eine christlich-humanistische Tradition.

Das Hotel Ambach reagiert in einer ähnlichen Form wie das Herbert-Haus auf die Landschaft, konkret auf die Topografie des Ortes, ohne zu vergessen, dass der in der Landschaft angelegte Duktus erst durch eine präzisierte Gestik voll sichtbar gemacht werden kann. Hier kommt ein manieristischer Aspekt in Barths Bauten zum Tragen, ein räumliches und lineares Zuendeführen formaler Bewegungen, die oft erst in komplizierten Knoten oder Durchdringungen sich verdichten und wieder auflösen, gleichsam die Bewegung im Unsichtbaren weiterführend.

Barths Entwürfe bleiben aber nicht in diesem vordergründig Gestalthaften stecken, sondern sie suchen ihre Entsprechung im Raumkonzept, so dass die scheinbar aus der landschaftlichen Situation entwickelte Großform genauso eine aus der inneren Aufgabe entwickelte sein könnte. So gelingt es etwa beim Hotel Ambach eine neue Qualität in die überaus schwierige Problematik der Tourismusarchitektur einzuführen. Sie besteht nicht in der wenn auch noch so raffinierten Interpretation einer klischeehaften Erwartungshaltung des Gastes gegenüber einer Kulturlandschaft, sondern im räumlich akzentuierten Erlebnis eines Ortes. Sie macht den Ort zum Brennpunkt eines erlebten Umfelds, den Aufenthalt im Haus zu einer auch räumlich akzentuierten Zeit. Der Bau steht dem Ort nicht im Wege, sondern ermöglicht ihm eine besondere Darstellung seiner Merkmale, sich selbst als einen aktiven Teil dieses Erlebnisses verstehend.

Othmar Barths Bauten schaffen also nicht Distanz zu ihrer Umgebung, sondern suchen ihre Nähe. Das ist eine urbane Verhaltensweise, zeugt von einem städtischen Kulturbegriff. Dieser Fast-Berührungskontakt ist auch das Geheimnis der Schule von Stams. Nur durch die Nähe zum Stift konnte eine neue Einheit, die besondere Qualität einer Großform entstehen. Barth beweist durch diese Haltung, dass unsere Kulturlandschaft ein urbanes Phänomen ist, sowohl ihre Ästhetik als auch unsere Rezeption. Nur eine radikale Haltung kann es hier noch zu klaren Verhältnissen bringen. Alles Anbiedernde, Verschleiernde, Zudeckende, Einkleidende ist Verlogenheit, muss in die visuelle Katastrophe umkippen.

Insofern sind Othmar Barths Bauten Aufforderungen und Ermunterungen zur Wahrheit. Nicht rechthaberisch in rationalen Systemen sich ausbreitend, sondern spontan, inspiriert, engagiert, optimistisch, risikofreudig, ja sinnlich und versponnen zugleich, feinnervig und fest zupackend. Wenn der Begriff nicht zu suspekt und abgegriffen wäre, müsste man sagen, dass die Arbeiten von Othmar Barth im wachen Spannungsfeld einer mitteleuropäischen Kultur entstehen, ohne sich eintunken zu lassen in ein Lokalkolorit, ohne zum Parteigänger regionaler Selbstbespiegelung zu werden. Für mich waren Othmar Barths Bauten immer eine Hoffnung und der Beweis, dass es eine Architektur der Landschaft geben kann, ja dass es sie gibt.

Hotel Ambach, Kaltern, Südtirol, 1970–1973

Luigi Blau
Laudatio

Arbeiten von Luigi Blau erscheinen wie zurückhaltende, nicht bescheidene, aber stille, informierte, intelligente Zeitgenossen, die sich weder vordrängen, sich ausstellen noch zu belehren versuchen. Sie sind unauffällig resistente Bestandteile einer Großstadtkultur, im ›Bewusstsein der Zeit‹ (der Vergangenheit und der Gegenwart) Existierendes, den eigenen Standpunkt reflektierend, ohne diesen und die Kenntnis davon überzubewerten. Die Häuser, Geschäfte, Kioske, Umbauten, Möbel und stadträumlichen Einrichtungen stehen zwar nicht forciert, aber doch in intensiver Beziehung zu der wie immer uneinschätzbaren Kultur Wiens, sie führen eine Art ständigen Dialog, der als einzige Regel der Kommunikation die Widerrufbarkeit von Aussagen zulässt.

    Luigi Blaus Arbeit fehlt ganz und gar die Attitüde der Botschaft, das Verkündende und damit Rechthaberische oder gar Apodiktische. Seine Architektur ist auch als ›ästhetisches System‹ unbeschreibbar. Sie lebt von der Abweichung, der Korrektur, der Umwandlung, dem Aufsuchen von Erprobtem und dem Verlassen von Gemeinplätzen. Sie weiß Bescheid um die schnelle Veränderbarkeit von Gewissheiten, sie kennt den Wandel von Bedeutungen in scheinbar festgefügten Relationen. Man könnte Viktor Šklovskij – neben Lawrence Sterne, Jean Paul und Karl Valentin ein geliebter Autor des Architekten – insofern abwandeln, als man das ›Ähnliche‹ als die raffinierteste, subtilste und präziseste Art des Ungleichen bezeichnen könnte; gerade das Ähnliche entwickelt jene unüberbrückbare, ja provokante Distanz, auf die es ankommt, gerade im Ähnlichen entpuppt sich der ›Aufbau der Welt‹ oder, nach Jean Paul, »in der Abweichung die Ordnung der Dinge«.

    Luigi Blau hält sich ein kleines ›Museum‹ von der Größe einer Schuhschachtel, in dem nur Dinge aufbewahrt sind, die aus einem Stück produziert wurden: Büroklammern, Reißnägel, Haarklammern, Sicherheitsnadeln,

---

Typoskript vom 29. November 1993, Preis der Stadt Wien für Architektur

Luigi Blau
geboren am 3. Jänner 1945 in Mistelbach / Niederösterreich
lebt und arbeitet in Wien

Kleiderhaken, Konservenöffner, Wiener Hafterln etc. Diese Gegenstände verbindet eine Grundregel, die zu bestimmten Gesetzmäßigkeiten führt; diese wiederum schaffen einen ganz konkreten Zugang zu einem System, und die Form führt zur Erklärung des Systems im Zusammenhang mit einer Leistung. Der Funktionalist – oder auch der Strukturalist, der Purist, der Formalist – würde aus dieser kleinen Einsicht, aus diesem Blick durch eine Ritze in das Innere der Welt, aus dieser Entdeckung ein Prinzip machen, er würde eine neue Welt aus einem Element aufbauen, die Baugeschichte hat dafür Beispiele.

Bei Luigi Blau bleibt diese kleine Spur in die Welt der Systeme eben in einer Schuhschachtel, eine abgelegte Denkübung, die einmal – noch in der Studentenzeit – an einem Metalltisch ausprobiert wurde: das Herstellen eines räumlichen Tragwerks für eine gläserne Tischplatte aus einem einzigen Stück Niroblech. Dass diese Fläche durch das Prinzip der Faltung, der Richtungsänderung der abgewinkelten Flächen in die Nähe des Gestaltungsprinzips von De Stijl geriet, könnte ebenso ein bewusster Zufall sein wie das bewusste Abstellen einer historischen Denkfigur. Die Ebene der Anspielung – ohne das Risiko des Zitats einzugehen – hat bei Luigi Blau sicher eine besondere Bedeutung.

Luigi Blau ist am Wiener Graben aufgewachsen, also im Zentrum des Zentrums von Wien, und ich möchte die Behauptung riskieren, dass dieser Ort sein eigentlicher Lehrer war. Mit dem Hintergrund einer elterlichen Bibliothek und einer skrupellosen Neugierde ausgestattet, hat schon der Fünfzehnjährige die ersten Ausflüge in den kulturellen Underground Wiens unternommen. Er entdeckte Art Club-Künstler wie Kurt Moldovan, die wiener gruppe, die Galerie nächst St. Stephan und die arbeitsgruppe 4 (übrigens war Blau später vier Jahre Assistent bei Johannes Spalt), motiviert durch den engagierten Kunsterzieher Peter Pichl. – Ich glaube, dass diese Hinweise mehr zum Verständnis der Haltung und Arbeit von Luigi Blau beitragen als eine zum Scheitern verurteilte ›Werkanalyse‹. Der spätere Ernst Plischke-Schüler, der seinem Lehrer freundschaftlich verbunden blieb, wäre vielleicht für eine ›Distanzierung im Ähnlichen‹, zu einer subtilen Relativierung Plischke'scher Grundsätze ohne diesen Hintergrund der Wiener Kunstszene nicht genügend gewappnet gewesen.

Zweifellos bedeutet Plischkes Werk für Luigi Blau ein grundlegendes Orientierungsmuster. Distanz zur partiellen Strahlkraft Plischkes entstand aber schon durch die expansive Beschäftigung mit seinem historischen Umfeld von Adolf Loos bis Josef Frank, von Peter Behrens bis Oskar Strnad. Plischke forderte auch durch sein bockiges Beharrungsvermögen zum direkten Widerspruch auf. Man verrät also kein Geheimnis, wenn man einen Bereich der architektonischen Reflexion Blaus im Wien der zwanziger und dreißiger Jahre sucht, eingeschlossen die englischen Quellen der Wohndiskussion. Blau steht aber genaugenommen einem ›Prinzip Frank‹ viel näher, das in der Anerkennung einander fremder oder sogar ausschließender kultureller Faktoren, Werte und Aussagen besteht, das in jedem Gegenstand die eigene Geschichte und Formwerdung akzeptiert und in einem speziellen Leistungsfeld auch Gebrauchstraditionen nicht modisch über Bord wirft. So wie es für Frank kein Problem war, in seine Häuser der Stuttgarter Werkbundsiedlung (am Höhepunkt der deutschen Avantgarde) Perserteppiche zu legen, weil er sie für eine unerschöpfliche Quelle wohnlicher Kontemplation hielt, so war es auch für Luigi Blau keines, sich für ein Teegeschäft chinesische Anspielungen im Umgang mit Holz zu erlauben. Die historistische, ja die eklektizistische Falle konnte nicht zuklappen, weil der formale Kontext, in dem dies geschah, so eindeutig deklariert war, dass man weder an Nachahmung noch an einen Versuch einer wie immer gearteten Herstellung von Geschichte denken konnte.

Luigi Blau trägt als undefiniertes, nicht festgelegtes ›Orientierungsmuster‹ ein Wiener Stadtmodell in sich. Sollte es eine kulturelle Widerspiegelung in irgendeiner Form geben, dann vielleicht auf der Ebene dieser thematischen Programme. Somit sind Blaus Arbeiten, und seien es nur kleine Umbauten auf dem Lande, immer großstädtisch oder konkret: wienerisch. Seine Arbeiten reflektieren den kulturellen Umgang mit den Ressourcen dieser Stadt, er bleibt dabei aber eher ein gelassener Beobachter, lässt sich also nicht von den dramatischen Möglichkeiten des Augenblicks verführen, die sich mit zeitlicher Distanz dann ohnehin meist als weniger aufregend erweisen. So gibt es bei Blau kaum ein Raumkonzept im privaten Wohnbau, das nicht das Loos'sche Raumplankonzept interpretiert, kaum ein Möbelstück, das nicht auch die Geschichte seiner Spezies kommentiert. Es ist aber – und das scheint mir das Neue und Überraschende zu sein – alles aus seinen neurotischen Wienzwängen und Argumentationsketten entlassen. Konkret: Den Blau'schen Raumplangedanken fehlt das ökonomisch sich Rechtfertigende, das moralisierende Treppensteigen, das ritualisierte Schwitzen in einer räumlichen Offenbarung. Für Blau gilt zwar auch der hinlänglich ausgeschlachtete Satz Josef Franks »Unsere Zeit ist die ganze, uns bekannte historische Zeit« – aber nicht im Sinne einer postmodernen Verfügbarkeit und der Zurschaustellung von Bildung, sondern eben in einer Verfügbarkeit über Qualitäten, die nicht gezwungen werden, ihre Zeitlichkeit zugunsten der Gegenwart abzulegen, sondern wo sich eben diese Gegenwart im Umgang mit dem Zeitlichen manifestiert. Des Architekten liebstes Kind, die Konsequenz, ist bei Blau nur in kleinen logischen Dosen zugelassen, nicht in langen Argumentationsketten, weil die meisten architektonischen Gedanken im Durchhalten sterben. Man könnte auch behaupten, dass die Blau'schen Arbeiten Fragmente eines größeren Zusammenhangs sind (man kann auch ohne größeres Risiko Wien sagen), die eben auf diesen verweisen. Mehr nicht. Die Legitimation für ihre Vielfalt, für oft scheinbare Wechselhaftigkeit, das formale Grenzgängertum liegt darin begründet.

Mit dieser Einstellung und Fähigkeit, so scheint es mir, war es Luigi Blau auch möglich, ein Objekt ins Wiener Stadtbild zu stellen, das sich einerseits in seiner Zartheit der Erscheinung, in der präzisen Anschaulichkeit seiner Leistung, in der weggesteckten und selbstverständlichen Eleganz als öffentliche Einrichtung versteht, als unverwechselbarer Teil einer noch möglichen Großstadtkultur, ohne diese besonders auszustellen. Die Rede ist von den Wartehäuschen für die Wiener Straßenbahn, die das verrottete Thema der Stadtmöblierung auf einer neuen (alten) Ebene wieder diskutierbar machen.

Und es ist sicher kein inhaltlicher und thematischer Zufall, dass Luigi Blau die nicht gerade angenehme Aufgabe erhielt, das »Ronacher« mit Anstand und Gelassenheit zu einem benutzbaren Haus zu machen. Denn – das kann man ja ruhig einmal sagen – es handelt sich ja bei diesem Bau weniger um Architektur als um atmosphärisch gebundene Geschichte, weniger um die prägnante Artikulation künstlerischer Inhalte als um eingedickten Zeitgeist, liebgeworden oder nicht, bedeutend oder nicht, also um einen Ort großstädtischer Geschichte, in dem sich das Wienerische wiederzufinden vermag oder nicht. Luigi Blau ist diesem Ort nicht erlegen, er hielt die notwendige Distanz, veränderte, wo es notwendig war und beließ die Zustände, wo sie sich zu einer eigenen Qualität verdichtet hatten.

Man kann die Arbeiten von Luigi Blau Revue passieren lassen, man wird nicht zweimal das gleiche Prinzip, das gleiche Muster der Formfindung entdecken. Dazu ist allein schon der diagnostische Teil der Annäherung an ein Problem zu stark ausgebildet: der gestalterische Entscheidungsspielraum wird durch die thematische Fokussierung eingeengt und befreit in einem. Die Ergebnisse der Arbeit gleichen Fundstücken, die, paradox formuliert, in ein Beziehungsnetz gelegt werden, das es jeweils zu entdecken gilt. Wer sich dieser Strapaze nicht unterziehen will – Blau wäre der letzte, darüber böse zu sein –, wird von den Gegenständen und

Objekten, von den Bauten und Interieurs durch ihre heiter-harmonische Gelassenheit in Ruhe gelassen.

Der Preis der Stadt Wien verführt dazu, über die Beziehung des Preisträgers zu Wien nachzudenken; im Falle von Luigi Blau ist dies ein tautologisches Glatteis. Ich begebe mich also wieder auf festen Boden und gratuliere recht herzlich.

Bogdan Bogdanović – Geglückte und beglückende Irrtümer
Der Poet unter den Architekten des 20. Jahrhunderts

Typoskript vom 13. Februar 2009; verändert abgedruckt unter dem Titel »In der Sprache des Schweigens«, in: *Die Zeit* vom 3. März 2009

Bogdan Bogdanović
geboren am 20. August 1922 in Belgrad
gestorben am 18. Juni 2010 in Wien

Die Ausstellung zum Werk des großen serbischen Architekten und Schriftstellers Bogdan Bogdanović im Wiener Architekturzentrum (begleitet von einer umfangreichen Publikation) löst eine alte Bringschuld der Architekturwahrnehmung der Moderne ein, Versäumnisse einer westeuropäisch zentrierten Geschichtsschreibung, die bis zur ›Wende‹ nicht nur die Entwicklungen nach dem Zweiten Weltkrieg ausschloss, sondern auch schon die Tendenzen der Zwischenkriegszeit mit in eine Art Sippenhaft nahm. Auch wenn die ersten von den über ganz Tito-Jugoslawien verstreuten rund zwanzig Gedenkstätten des Bogdan Bogdanović schon früh in *l'architecture d'aujourd'hui* wahrgenommen wurden, ist das architektonische und schriftstellerische Werk doch erst langsam dank des Wieser Verlags (Klagenfurt) und des Paul Zsolnay Verlags (Wien) und ab 1993 von wenigen Architekturzeitschriften registriert worden.

Schon die Aufzählung der Tätigkeiten, Interessen und Themen des B. B. führt zu einer an die Opulenz eines Rabelais erinnernden Liste: Urbanologe, Stadtforscher und Stadtwanderer, Architekt und Bildhauer, Ornamentiker und Kalligraph, Zeichner, Mythologe, Etymologe, Geschichtenerzähler und Schriftsteller von hohen Graden, Ex-Jakobiner, Ex-Trotzkist, immerwährender Gnostiker und Deist, Politiker auf Zeit, aber ein enorm politischer Mensch auf Lebenszeit, und nicht zuletzt surrealistischer Wiederholungstäter, koketter Querdenker und Philosoph, der seine Begabungen auch als Rollen spielt. Und das in eine sanft strahlende Ironie gehüllt, die alles ein wenig relativiert, infrage stellt, um die Fragen eher noch zu betonen und zu präzisieren.

Die Vita des Bogdan Bogdanović straft alle Fragen, ob Serbien noch zu Europa gehört, Lügen: Am 20. August 1922 in Belgrad geboren, frankophiles Elternhaus, selbstverständlich wird in der Familie französisch und deutsch gesprochen, Schüler eines berühmt-berüchtigten Gymnasiums:

»In unserem surrealistischen Kreis im Zweiten Belgrader Knabengymnasium galt das Prinzip, dass es für einen guten Witz wert sei, das Leben hinzugeben.« Der Vater Literaturkritiker, Präsident des Schriftstellerverbandes und Direktor des Nationaltheaters. Mit zweiundzwanzig »ein wenig« (wie sich B. B. ausdrückt) bei den Partisanen, trotzdem schwer verwundet. 1950 Studienabschluss an der Belgrader Technischen Universität, deprimiert über die beruflichen Aussichten in der sozialistischen Bauwirklichkeit. Eine Architektur ›sozialistisch dem Inhalt und national der Form nach‹ interessiert ihn wenig. Erste Weichenstellung: Die Teilnahme am Wettbewerb für ein Denkmal für die jüdischen Opfer des Faschismus in Belgrad, den er gewinnt und das er 1951/52 verwirklicht.

Dann akademische Laufbahn am Lehrstuhl für Städtebau und Stadtforschung: »Meine Situation besserte sich mit Stalins Angriffen auf die jugoslawische kommunistische Partei.« Beginnt 1962 »Geschichte der Stadt« zu lehren. 1964-68 Präsident des Jugoslawischen Architektenverbandes. 1969-70 mit seiner Frau, der Sprachwissenschaftlerin Ksenija Anastasijević für zehn Monate in die USA. Geraten in die Studentenunruhen. Nach Rückkehr Versuch einer Reform der Architekturausbildung, wird als Vorstand zum Rücktritt gezwungen. 1973 ordentliche Professur. Beginnt 1976 »Symbolische Formen« zu lehren. Verlegt den Unterricht in die leerstehende Dorfschule von Mali Popović. Erster Versuch, eine Alternativschule für die »Philosophie der Architektur« zu schaffen. 1981 Austritt aus der serbischen Akademie der Künste und Wissenschaften. 1982-86 Bürgermeister von Belgrad (vermutlich ein jugoslawisches Paradoxon). Organisiert einen internationalen Wettbewerb für den radikalen Umbau des ›sozialistisch-pompös geplanten Neu-Belgrad‹. Es ging hauptsächlich um eine urbane Verdichtung einer vorwiegend für das Auto geplanten Stadt, alle Pläne des Wettbewerbs sind verschwunden.

1987 Rückzug aus dem universitären Leben. Im September schreibt Bogdanović den berühmten antinationalistischen und antimilitaristischen Sechzig-Seiten-Brief an Milošević und an das Zentralkomitee. Antwort: »Den Brief, in dem Sie kritische Bemerkungen über die Arbeit der achten Sitzung machen und der uns nicht erreicht hat, können Sie, sofern Sie es für notwendig erachten, dem Zentralkomitee übermitteln.«

Es beginnt eine wütende Kampagne der Diffamierung, Beschmierung des Hauses, dazu Lynch-Aufrufe, Versuche in die Wohnung einzudringen usw. 1990 Vertreibung aus der Dorfschule, Zerstörung der Geräte, des Archivs, der Zeichnungen und Modelle. Von Studenten wird einiges gerettet. Bis 1993 weitere Verfolgungen, schließlich Exil in Wien. Hier entstehen der Reihe nach die anregenden, falsch: aufregenden Bücher: *Die Stadt und der Tod*, 1993, *Architektur der Erinnerung*, 1994, *Die Stadt und die Zukunft*, 1997 (alle bei Wieser), schließlich *Der verdammte Baumeister*, 1997, *Vom Glück in den Städten*, 2002, und *Die grüne Schachtel*, 2007 (bei Zsolnay). Dieser eindrucksvollen Produktion ging aber von 1958 bis 1990 in Belgrad voraus: *Urbane Minuskel, Die Zauberkelle, Urbanistische Mythologeme, Urbs und Logos, Der gehörnte Vogel, Ein Glossar der Phänomene der Stadt, Die Rückkehr des Greif, Der viereckige Kreis, Der unauflösbare Knoten – Die geistigen Fallen des Nationalismus, Buch mit Kapitellen*. Diese Titel verraten eine mit der Nachkriegsmoderne kaum kompatible Thematik.

Bogdan Bogdanovićs Arbeiten sind mit dem Vokabular der Architekturtheorie des 20. Jahrhunderts nicht beschreibbar: Den Konservativen ein ambivalenter, damit verdächtiger, manchmal ausflippender und surrealer Querdenker, den Modernisten ein ›Formalist‹, Gnostiker, Metaphoriker, Symbolist ohne festgeschriebene Semantik, ein fundamentaler Skeptiker dem technizistischen Fortschritt gegenüber, als Architekt der Sprache des Steins und dem Handwerk mehr vertrauend als neuen Materialien und Technologien. Man kann behaupten, dass die surrealistische Taufe im Gymnasium und der Auftrag für die jüdische Gedenkstätte zwei Schlüssel zum Verständnis des Werkes von Bogdan Bogdanović sind. Mit dem Entwurf wurde der aufmüpfige Jungarchitekt mit einer geistigen Welt konfrontiert, in der man in anderen Zeitdimensionen und Symbolen dachte, als es der ideologische Zeitgeist erforderte. Seine ohnehin vorhandene Skepsis autoritären Strukturen und Semantiken gegenüber, vor allem einer platten technizistischen Fortschrittsideologie, entwickelte eine eigenständige Methode im Darstellen von Inhalten, eine, wenn man es paradox formulieren darf, Präzision des Unbestimmbaren, eine Sprache des Andeutens und Schweigens.

Dazu kam: »Die Verpflichtungen meiner kommunistischen Konfession, die ich in den ersten Nachkriegsjahren angenommen hatte, ermüdeten mich oft und erschöpften mich zudem physisch. Um zu mir zu kommen, kehrte ich zu den Geheimwissenschaften meines alten surrealistischen Glaubens zurück. Ich fühlte mich wie ein sündiger Christ, dem es nicht gelang, sich von den heidnischen Hirngespinsten zu befreien.«

Bogdan Bogdanović verbannt aus seinen Gedenkstätten das ideologische Vokabular. Er zieht sich auf eine archaische Sprachlichkeit zurück. Und wie sollte man der Ereignisse eines Vernichtungskrieges, an den Orten, an denen Besatzer und Handlanger, Nationalitäten, Konfessionen und Ethnien ermordet wurden und gemordet haben, gedenken? »Was ich vermochte, war, auf archaische Formen zurückzugreifen. Ich war davon überzeugt, dass die Verständlichkeit der Symbole umso größer war, je tiefer die Semantik der Formen in die metahistorischen Schichten der menschlichen Phantasie hineinreichte.« Offenbar hat Josip Broz Tito diese versöhnende Sprache verstanden, er war einerseits daran interessiert, keine nationalistischen Gräben offen zu halten oder gar neue aufzureißen, andererseits signalisierte sie auch eine deutliche Distanz (als blockfreies Land) zum ›sozialistischen Realismus‹.

Bogdan Bogdanovićs Denkmäler, Gedenkstätten, Mausoleen und Nekropolen sind, auch wenn sie von gebannten Monstern belagert werden, positive, versöhnende, verbindende, der Zukunft und dem Leben zugewandte, aber auch aus der Zeit hinausweisende Orte. Kein Zufall, dass viele Gedenkstätten von spielenden Kindern, jungen Menschen oder Familien bevölkert werden. Keine pathetischen Gesten, keine sterbenden Helden, keine anklagenden oder kämpfenden Figuren, weder roter Stern noch Sichel und Hammer. Die archaischen und skulpturalen Elemente sind immer in eine Landschaft eingebunden, nicht in heroische Inszenierungen oder monumentale Plätze. Es gibt keine Gedenkstätte, die nicht die Landschaft als Artefakt mitgestaltet. Wir würden von ›*land*‹ *art* sprechen, aber nicht von einer auf sich selbst bezogenen, sondern einer inhaltlich gebundenen.

So wie es unmöglich ist, Bogdan Bogdanovićs künstlerisches (zeichnerisches) Werk von der Architektur zu trennen, so ist auch sein schriftstellerisches nicht isoliert zu betrachten. Große Themen sind die Stadt, die kulturelle und politische Existenz des Menschen, seine Träume (nicht als psychische Phänomene, eher als reale Bestandteile des Lebens). Sein letztes Buch, *Die grüne Schachtel,* verarbeitet Zettel (Notizen von Träumen), die jahrelang in eine verschlossene grüne Schachtel geworfen wurden, Träume, die dann in der Zeit der Verfolgung in der verbarrikadierten Belgrader Wohnung ihre größte Intensität erreichten. Diese Verarbeitung ist eine von Träumen begleitete (auch ›poetische‹) Auseinandersetzung mit einer existenzbedrohenden Wirklichkeit. Also keine quälenden Selbstanalysen, Deutungen etc., sondern den Traum als realen Bestandteil des Denkens über eine von der Politik verstörten Wirklichkeit akzeptierend. Das Wort ›poetisch‹ darf man verwenden, weil B.B. auch in dieser Situation weder den Humor noch die Lust an pointierten, geschliffenen Formulierungen verliert. Hier kommt wieder in altem Glanz der ›getaufte‹ Surrealist zum Vorschein, der immer noch bereit ist ›für einen guten Witz sein Leben zu riskieren‹. Bogdan Bogdanović schrieb einmal im Zusammenhang mit Humor, der ernstesten Weise, sich über die Welt zu äußern: »Heitere Irrtümer gehören zum Glück zu den unantastbaren Privilegien meiner vorgerückten Jahre.« Wenn überhaupt, dann sind sie geglückte und beglückende Irrtümer.

Gedenkstätte für KZ-Opfer, Jasenovac, Kroatien, 1959–1966

Kriegermausoleum, Popina bei Trstenik, Serbien, 1979–1981

Hermann Czech
Laudatio

Im Ausland als halber Wiener einen ganzen zu loben ist ein riskantes Unternehmen, nicht weil die Wiener nichts lieber betrieben als die gemeinsame Nabelbeschau – und eine Laudatio stellt wohl die größte Versuchung dazu dar –, sondern weil in Wien ein ganzes, vorbehaltloses Lob nur ein halbes sein kann, weil in dieser Stadt dem rückhaltlosen Lob unweigerlich die Frage folgt, was führt der Laudator damit im Schilde? Und wer garantiert, dass im Lob nicht ebenso viel Häme steckt, also die beste Gelegenheit, alte Rechnungen zu begleichen, deren offene es natürlich auf byzantinisch kontaminiertem Boden jede Menge gibt.

Lassen Sie mich mit Unverfänglichem beginnen: Hermann Czechs biografische Daten sind kurz, aber verwirrend. Er wurde am 10. November 1936 in Wien geboren. Obwohl er nur zwei Jahre jünger als Hans Hollein ist, gehört er der nächsten Architektengeneration an. Zur Zeit seines Architekturdiploms an der Wiener Kunstakademie bei Ernst A. Plischke (1971) hatte er schon eine Karriere als Architekturkritiker und -publizist hinter sich, gehörte (wie Dietmar Steiner behauptet) zu den geheimen Lehrern der jüngeren Architektengeneration und war in der um 1980 beginnenden internationalen Wien-Rezeption zunächst ein fester Bestandteil der architektonischen ›Kleinkunst-Szene‹. Nach seiner eigenen Terminologie war also das lange Studium so etwas wie ein ›stiller Hintergrund‹ für die verschiedensten Aktivitäten, die ihn auf einem Umweg dann doch zur Architektur führten. So studierte Czech auch einige Semester Filmgestaltung und zuvor – die letzten drei der fünfziger Jahre – Philosophie an der Universität Wien.

»Der Architektur und dem Film ist gemeinsam, daß sie übergreifende Kunstmedien sind, also nach der Möglichkeit des Gesamtkunstwerks tendieren. Ich habe bald bemerkt, daß sie verschiedene Temperamentlagen erfordern: Beim Film kommt es weitgehend auf die Konzentration des

Typoskript vom 15. Februar 2001, Kunstpreis Berlin; abgedruckt als Broschüre der Akademie der Künste Berlin, 2001

Hermann Czech
geboren am 10. November 1936 in Wien
lebt und arbeitet ebendort

Augenblicks, auf schnelle Entscheidungen an; eine in der Situation auftretende Schwäche des Gedankens ist später nicht mehr zu verbessern. In der Architektur kann ich aus der Situation heraustreten und mir über einen langen Zeitraum etwas überlegen; ich kann die Schwächen ausbessern und die Qualität immer mehr anreichern. Ich bin für die zweite Vorgangsweise besser geeignet.«*

In dieser biografischen Argumentation liegt eigentlich die ganze Czech'sche Architekturphilosophie beschlossen: Aus einer Situation heraustreten, lange überlegen, ausbessern und anreichern. Das sind eigentlich die Schlüsselbegriffe einer höchst bewussten, distanzierten, intelligenten und, wie er beharrlich feststellt, manieristischen Haltung.

Hermann Czech gehört zu den wenigen schreibenden, ständig reflektierenden und grenzüberdenkenden Architekten. Sein Arbeitsplatz ist Wien. »Ich möchte in keiner anderen Stadt leben und arbeiten«, erklärt er kategorisch. Ein Wunsch übrigens, den ihm die Berliner erfüllt haben, er hat trotz zwei gewonnener Wettbewerbe hier nichts gebaut.

Hermann Czechs Anreger waren die arbeitsgruppe 4 und Konrad Wachsmann. »Ohne diese immer systematischer werdende Forschungstätigkeit von Kurrent und Spalt und ihre Publikations- und Ausstellungstätigkeit in den 60er Jahren hätten wir – so sehe ich es – keine Basis. Sie haben – bis heute unbedankt – begründet, was wir über Wagner, Loos, Hoffmann, Plečnik, Olbrich, Frank, über den Wiener Wohnbau der Zwischenkriegszeit etc. wissen ...«**

Seine eigentlichen Lehrer scheinen mir aber doch – ich tappe jetzt in die unvermeidbare Wiener ›Schüler-von-Falle‹ – neben Otto Wagner – vor allem Adolf Loos und Josef Frank zu sein. Czech hat nämlich, um hier seinen Bericht weiterzuführen, im Gegensatz zur Revoluzzergeneration der fünfziger Jahre, eine neue Qualität der historischen Forschung, durch eine unmittelbare Auseinandersetzung mit der Wiener Moderne eingeführt. Er hat unsere naive, platonische Distanz zu den zentralen Gedanken dieser Baugeschichte überwunden und eine Brücke zwischen reiner Rezeption und angewandter Methodik geschlagen. Das gilt sowohl für das konkrete analytische Denken gegenüber der Großstadt Wien – Czech hat den Otto Wagner'schen Großstadtbegriff neu aufbereitet und sich angeeignet – als auch für die Praxis in der Lösung konkreter Bauaufgaben. So hat Czech etwa den Loos'schen Raumplan nicht nur als historisches Phänomen analysiert, sondern tatsächlich angewandt, weiterentwickelt und seine aktuelle Handhabbarkeit im Wohnbau demonstriert. Czech hat nicht nur im Sinne der Philosophie des Josef Frank versucht, »all das aufzunehmen, was heute

---

* Czech, »Was ist Ihre Kunst im speziellen?« (1983), in: ders., Zur Abwechslung, Wien 1996, S. 94

** ebd., S. 92

lebt«, die Alltäglichkeit, den Zufall, das substanziell Vorhandene, sondern auch nachgewiesen, dass der Frank'sche Akzidentismus eine Basis für das gestalterische Überleben in einer Großstadtkultur abgeben kann. Akzidens heißt nämlich nicht nur Zufälliges, sondern auch Hinzukommendes. Und so war es möglich, von der Methode eines Konrad Wachsmann, die Formentscheidung erst am Schluss eines breit angelegten, forschenden und offen gehaltenen Entwurfsprozesses zu treffen, zur Haltung eines Josef Frank fortzuschreiten, für den auch Traditionen, ja Konventionen selbstverständlich zum Bestand neuer Gedanken und Entwurfsentscheidungen gehören. Man könnte natürlich behaupten, dass in einer durch Jahrhunderte angereicherten Bausubstanz, wie sie Wien besitzt, den Zufall, ja den Abfall eine besondere Qualität auszeichnet, so dass es eben kein Zufall ist, dass sich hier die Frank'sche Doktrin entwickeln konnte.

Beim Wiederlesen der frühen Kritiken von Hermann Czech fällt heute der intellektuelle Vorsprung auf, den der ehemalige Philosophiestudent gegenüber der älteren Generation der humanistisch und methodisch mäßig ausgebildeten ›Gewerbeschüler‹ hatte. So war er am Beginn der sechziger Jahre der einzige über Architektur Schreibende, der z. B. mit der Begrifflichkeit eines Theodor W. Adorno etwas anfangen und in der beginnenden zweiten Funktionalismusdiskussion diese auch anwenden konnte. So entstanden vor dem Hintergrund der ebenso brillanten wie apodiktischen Essays von Adolf Loos und geschult an der Karl Kraus'schen Rhetorik Architekturkritiken, die, wenn es eine neidlose Bewunderung gäbe, noch heute neidlos bewundert werden müssten.

Hermann Czechs Schriften liegen in einer schmal wirkenden, aber nicht minder gewichtigen Broschüre mit dem Titel *Zur Abwechslung* vor. *Zur Abwechslung* ist nicht nur eine Aufforderung an Architekten, sich zur Abwechslung auf ein Nachdenken über Architektur einzulassen, sondern auch ein abwechslungsreiches Umkreisen von immer denselben Gedanken, wie Wien, sein eigentlicher Gegenstand, auf seine Mitte konzentriert bleibt. Im gleichnamigen Aufsatz aus dem Jahr 1973 findet man im Kapitel »Das Vorhandene« folgende Passage: »Die Theorie gedeiht und füllt sich mit Information; man bemerkt, daß kaum etwas neu ist, Probleme so wenig wie Lösungen. Erst einer entwickelten Theorie erschließt sich das Vorhandene. Es ist verblüffend, wie wenig Architekten von der Realität wahrnehmen. Das Vorhandene ist die Stadt. Sie ist stärker als alles, was einer statt ihrer erfinden kann. Statt eine planmäßige Welt zu errichten, finden wir eine gewaltige Masse vor, die wir nur durch Hinzufügen von Kleinigkeiten verändern können, verfremden, umdeuten, vielleicht steuern. Aber wie die Natur ist diese Masse viel mehr ein Gegenstand der Erkenntnis als der Veränderung.«*

Das Vorhandene für Hermann Czech ist Wien und er hat dem – trotz seiner beharrlichen Langsamkeit – doch einiges hinzugefügt: Vermischtes, wie sich Nestroy ausgedrückt hätte.

Und ich bin mir nicht sicher, ob die Liste seiner architektonischen Arbeiten, der Läden, Lokale, Kaffeehäuser, Restaurants, Um- und Neubauten von Wohnungen und Privathäusern, von städtischen Wohnbauten und einer Schule, einem Fußgängersteg über den Wienfluss im Stadtpark oder der Rekonstruktion und Neunutzung des ehemaligen Arbeitsamtes in Liesing (von Ernst A. Plischke), der Winterverglasung der Loggia der Wiener Oper, den zahllosen Ausstellungen und städtebaulichen Studien und Gutachten (etwa zur Wiener U-Bahn) oder dem Bau der Wendeanlage der U3-West, ob diese ›Wiener Mischung‹ eine Folge seiner Theorie oder die Theorie als das Hinzugefügte zum architektonischen Gerangel mit den Problemen dieser Stadt zu betrachten ist.

Es ist vielleicht im Sinne des Gelobten, auf eine vielfach übersehene und auch nicht mehr existierende Schlüsselarbeit in seiner Biografie hinzuweisen, auf das Restaurant Ballhaus, das er 1961 (also zehn Jahre vor seinem Diplom) mit seinen Freunden Mistelbauer und Nohàl realisiert hat. Hier verwendete Czech rund zwanzig Jahre vor der heftig einsetzenden ›Postmoderne‹ ein gestalterisches Prinzip, das collageartig Elemente der Wiener Secession – speziell von Josef Hoffmann aus verschiedenen Perioden – in das Entwurfskonzept einbezog. In der letzten vitalen restaurativen Phase des Funktionalismus wurde subversiv das Problem von Original und Replik, die Frage überhaupt nach der Verwendung historischer Formen neu gestellt, selbst Begriffe wie Ironie, Widersprüchlichkeit und Verfremdung tauchten auf oder wurden abgehandelt. Hier läge ein archäologisches Feld für eine spätere Czech-Forschung, dass ausgerechnet der kommende Loos-Apologet, der nach eigener Aussage im Konflikt Loos–Hoffmann Partei geblieben ist, mit formalen, ja dekorativen Elementen von Hoffmann ein Experiment wagte, das auf ein semantisches Phänomen des Wiener Historismus rekurriert – den bewussten Umgang mit Sprache –, das weit hinter die Polemik von Adolf Loos zurückgeht oder vielmehr auch auf die Wurzeln dieses Denkens verweist.

In diesem Zusammenhang nur soviel: Es geht um den paradiesischen Zustand der Architektur vor dem ›Sündenfall‹ des Historismus, es geht um Bewusstheit, Denken, Verantwortlichkeit, also um die Grundlagen des Czech'schen Manierismus.

* Czech, »Zur Abwechslung« (1973), in: a.a.O., S. 78

Hermann Czech hat sich, vom Beginn seiner Arbeit an, langsam, mit kleinen Schritten, einen Architektur- oder Kulturbegriff erarbeitet, den er selbst als Manierismus bezeichnet, worunter aber Folgendes zu verstehen ist: »Im Grunde gibt es zwei wesentliche Impulse: das Interesse an der Architekturgeschichte, an Zitat, Ironie, Manierismus – und das Interesse an alltäglicher, volkstümlicher Architektur, an Selbstbau und Partizipation. Diese Impulse – der ›künstlerische‹ und der ›soziale‹ – führen nur scheinbar auseinander. Ich glaube keinem Architekten, der seinen Gestaltungsanspruch aufzugeben behauptet, um die Benützer zur Verwirklichung kommen zu lassen. Wer diese Fiktion über längere Zeit aufrechterhält, ist entweder dumm oder verlogen. [...] Der Manierismus ist eine Haltung der Intellektualität, der Bewußtheit; und außerdem ein Sinn für das Irreguläre, Absurde, das die jeweils aufgestellten Regeln durchbricht. Der Manierismus ist der begriffliche Ansatz, die Wirklichkeit auf der jeweils erforderlichen Ebene zu akzeptieren. Er erlaubt jene Offenheit und Imagination, auch unerwartete Fremdprozesse in Gang zu setzen und zu ertragen. Eine Architektur der Partizipation ist nur auf der Basis eines Manierismus möglich.«*

Und an einer anderen Stelle eine typische Czech-Sentenz: »Der Manierismus ist zu wichtig, um ihn den Manieristen zu überlassen.«**

Hermann Czech ist, wie seine Lehrer, Moralist. Allerdings ein Moralist, der zu den Regeln der Moderne genau jene Distanz einnimmt, die es erlaubt über sie nachzudenken. Hier gibt es nicht nur einen distanzierten, gelassenen, sarkastischen, sondern auch einen milden, einsichtigen, schmunzelnden Czech. Es spricht für seinen intellektuellen Familiensinn, dass er seine Waffen nie gegen seine Großväter und Väter erhoben hat, schließlich wäre es vorstellbar, in der Mischpoche von Karl Kraus, Adolf Loos, Josef Frank, Christopher Alexander, Konrad Wachsmann, Johannes Spalt oder Friedrich Kurrent an subtile Vatermorde zu denken.

Dass Architektur nur Hintergrund zu sein hat, halte ich nach wie vor für eine provokante, aber auch strategische Behauptung. Mögen Czechs Hintergründe still wirken, stumm sind sie jedenfalls nicht. Im Gegenteil, sie sind gespannt, es knistert, und sie lassen die wachen Sinne sicher nicht in Ruhe. Für viele mögen sie vielleicht erst reden, wenn sie gefragt werden, aber dann unaufhörlich. »Hintergrund« ist für den Jahrmarkt der architektonischen Eitelkeiten nicht nur eine wirksame, sondern vielleicht eine überlebensnotwendige Metapher. Die »stille Architektur« des Hermann Czech hat jedenfalls eine gespannte Stille, wie ein gespanntes Grundwasser, jedes Loch, jede Verletzung, lässt das Wasser – die Information – in die

* Czech, »Was ist Ihre Kunst im speziellen?«, in: a.a.O., S. 93f

** Czech, »Was bedeutet ›postmodern‹?« (1985), in: a.a.O., S. 110

Höhe schießen. Czechs Stille ist für den, der sich auf sie einlässt, eine Vollbeschäftigung. Man könnte ihn, wenn er kein Manierist wäre, provozieren und ihm an den Kopf werfen: »Alles ist Hintergrund.«

Jetzt begänne der spannendere Teil der Laudatio, zum Glück muss ich aufhören. Vielleicht gelingt es einmal einem späteren Laudator, Czech mit Czech zu loben und damit auch zu kritisieren. Vielleicht führt er uns es selbst einmal vor. Er könnte dies sicher am besten.

Hermann Czech hat einmal japanischen Besuchern erklärt, in Wien würde »mehr als in anderen Zentren westlicher Kultur, das Bohème-Konzept der erfolglosen künstlerischen Qualität aufrecht erhalten ...« Ich bin neugierig, wie er nach seinen letzten Erfolgen und dieser großen Auszeichnung künftig den Japanern das von Loos besonders gepflegte und als schicksalhaft angesehene »Wiener Konzept« erklären wird.

Ein Hellene aus Detmold
Geburtstagsrede zum Achtziger von Sokratis Dimitriou

Als ich am 5. Jänner 1999 Sokratis Dimitriou anrief, um, zugegeben, nicht nur zu gratulieren, sondern auch etwas indiskret zu fragen, wie das im reiferen Alter so sei und wie man sich an einem achtzigsten Geburtstag so fühle, sagte er, gerade der Badewanne entstiegen, er verstehe diese Frage überhaupt nicht. Damit wären wir schon beim Thema.

Sokratis Dimitriou war vermutlich in den fünfziger Jahren in der architektonischen Szene Wiens, die auf einer Art präarchitekturalen Ebene überwiegend von Gewerbeschülern aus Salzburg, Tirol und Oberösterreich beherrscht wurde, der einzige, der eine solide humanistische Bildung besaß und der ein fehlerfreies Deutsch beherrschte. In diese Behauptung ist mit eingeschlossen, dass alle Gewerbeschüler, auch wenn sie schon die Holzmeisterklasse hinter sich hatten, in seinem Freundeskreis durch seine spendable Gelehrsamkeit eine vielseitige Bildung genossen, ich fühle mich selbstverständlich diesem Kreis zugehörig.

Ja, ich verdanke Sokratis Dimitriou, der später sogar noch mein Doktorvater werden sollte, außerdem einen Bildungsurlaub besonderer Art: Ich durfte 1962 kostenlos als fotografischer Berichterstatter mit einer größeren Gruppe Wiener Magistratsbeamter nach Griechenland fahren, fachlich und emphatisch geführt vom »technischen Schriftleiter« der gemeindeeigenen Fachzeitschrift *der aufbau* – eine Reise, die für mich ein fundamentales Ereignis für meine spätere Tätigkeit wurde.

Wenn ich zu dieser Zeit über Sokratis Dimitriou den berühmten einen Satz hätte sagen müssen – und das wäre damals schon eine Anmaßung gewesen –, wenn man mich also gezwungen hätte, den rund Vierzigjährigen knappest zu charakterisieren, dann hätte ich vermutlich gesagt: Ein Hellene aus Nordrhein-Westfalen, der die Kultur seiner antiken Vorfahren über die deutsche Bildung erworben hat und diese ständig vor Ort überprüft.

Typoskript vom
8. Jänner 1999

Sokratis Dimitriou
geboren am 5. Jänner 1919
in Detmold / D
gestorben am 15. April 1999
in Graz

Ein klassischer Satz also, den vermutlich Wittgenstein als sinnlos und Popper als falsifizierungsbedürftig erklärt hätte. Ich würde daraus eher seine Gelassenheit und Distanz abzuleiten versuchen, die Dimitriou immer gegenüber dem Neuen und Zeitgeistigen besaß und die er so verinnerlichte, dass ihn später kein noch so dramatisches steirisches Architekturereignis aus der Fassung bringen konnte. Geblieben ist auch eine lebenslange, zeitweise auf kleinerer Flamme gehaltene Bindung an Griechenland, die aber vor Ort schnell zu einem schwer beherrschbaren Feuer entflammen konnte: Man muss einmal mit Sokratis Dimitriou durch die griechische Landschaft, etwa durch die Szenerie des Theaters von Dodona gegangen sein, um ungefähr zu erahnen, was ihm dieses antike, aber auch heutige Griechenland wirklich bedeutet.

Sokratis Dimitrious sachliche, kritische, ja oft sogar leicht ironische Distanz zu den Problemen diesseits der Alpen (die ihn nie daran hinderte, wenn Not an der Kultur der Barbaren war, energisch einzugreifen oder sich einzumischen) hatte also neben seiner aktivistischen Schauseite eine schwärmerische, emotionale Seite (eben die andere Seite der Medaille), die mit seinem sehr bewusst gelebten Griechentum zu tun hat. Griechentum ist natürlich zu pathetisch, zu deutsch, zu sehr 19. Jahrhundert, es ist etwas anderes, Kultivierteres und Sensibleres und es hat gar nichts mit Chauvinismus zu tun, eher noch mit einem fein strukturierten Familiensinn.

Ich bin Ihnen jetzt einige biografische Daten schuldig um das Phänomen Sokratis Dimitriou besser verstehen zu können: S. D. wurde am 5. Jänner 1919 in Detmold, also in Nordrhein-Westfalen, als Sohn griechischer Eltern geboren. Bis 1933 geht er in Hamburg zur Schule, dann Übersiedlung der Eltern nach Thessaloniki (dieser Zeitpunkt dürfte nicht zufällig sein). 1937/38 deutsche und griechische Matura. Danach Studium der Architektur, Kunstgeschichte und Theaterwissenschaft in München und Wien. 1940/41 Militärdienst bei der griechischen Armee in Albanien, Karriere bis zum Unteroffizier. Nach 1945 Studium der Theaterwissenschaft in Wien, Nebenfächer Kunstgeschichte und Philosophie, 1949 Doktorat mit einer Dissertation über die Dramen von Gerhart Hauptmann.

Meine Damen und Herren, Sie müssen zugeben, nach diesem biografischen Auftakt und diesem Bildungsweg konnte aus Sokratis Dimitriou eigentlich nur mehr ein Österreicher werden, womit ich nicht behaupten will, dass alle Österreicher mit besonderem Erfolg nur jene Fähigkeiten entwickeln, die sie nebenbei erworben haben.

Der Grieche
Ich wage die Behauptung, dass in der Erfahrung zweier Kulturen, zweier Sprachen in einer griechischen Familie auf protestantischem, norddeutschem und die Ausbildung des Gymnasiasten auf griechischem Boden die Schlüssel für das Persönlichkeitsbild des Publizisten, Kritikers, Lehrers, Forschers und Reiseleiters aus Leidenschaft Sokratis Dimitriou liegen. Das ist keine kühne Behauptung und schon gar keine Entdeckung. Sokratis hat dieses Faktum nie besonders betont oder ausgestellt, obwohl man ihn in Griechenland schon in sentimentalen Augenblicken ertappen konnte.

Ich erinnere mich noch an seine halb kokett und halb bewundernden Schilderungen seiner Mutter, die es als Frau eines erfolgreichen Geschäftsmanns in den Hamburger Kaufhäusern nicht lassen konnte, einen Preisnachlass zu erhandeln, eine mediterrane Selbstverständlichkeit, die das steife Patriziertum dieser Stadt ganz schön durcheinanderbrachte. Oder ein Spaziergang mit Sokratis durch das nächtliche Thessaloniki, in dem der Gymnasiast wohl seine ersten Schwärme erlebte und ob der Präsenz der Tatorte erneut ins Schwärmen geriet. Damit ist wohl reichlich belegt, dass Sokratis Dimitriou ein Leben lang in Griechenland reisen, forschen und darüber schreiben musste.

Der Architekturkritiker und -publizist
Schon ab 1953 erscheinen die ersten Artikel im *aufbau*. Vor allem die Serie der Architektenporträts »Profile« sind heute eine wichtige Quelle. Ich erinnere mich erst an spätere Aufsätze, am Beginn der sechziger Jahre, die man eigentlich als anspruchsvolle Essays bezeichnen müsste und, was mich besonders beeindruckte, die mit einer gelassenen, epischen Breite geschrieben waren, satt eingebettet in eine allgemeine kulturelle Situation und immer mit einer besonderen Beobachtung der städtebaulichen Zusammenhänge. Dimitriou war und wurde nie ein Spezialist, Ausschließlichkeit und ein thematisch verengter Blick waren ihm offenbar immer ein Gräuel. Er war auch nie ein Parteigänger der Moderne, schon gar nicht fortschrittstrunkener Tendenzen, daran hinderte ihn schon allein sein historisches Wissen, aber er war immer ein korrekter, distanzierter, scheinbar emotionsloser Beobachter, Fürsprecher und Kritiker von Entwicklungen. Ich weiß, auch wir haderten mit dieser fast penetranten, zumindest herausfordernden Ausgewogenheit, sie zeigte uns als Umstürzler zu wenig Kanten, zu wenig Entschiedenheit, heute würde man vielleicht auch sagen, zu wenig Bereitschaft sehenden Auges Fehler zu begehen. Sokratis Dimitriou blieb immer auf Äquidistanz, er schaute immer irgendwie

zu, wenn er nicht gerade desillusionierende, abkühlende Bemerkungen machte. Seine Vermessungspunkte lagen vermutlich immer irgendwo in der Ägäis.

Wer heute die kritischen Kommentare zur steirischen Architektur liest, die in der Wochenzeitung *Die steirische Wochenpost* regelmäßig erscheinen, wird alle die Tugenden versammelt finden, die man in einem Feuilleton haben möchte: Breite Auswahl interessanter Themen, soziale und kulturelle Verantwortung (von der hohen Architektur bis zum Vinzidorf) umfassende Information, knappe und präzise Darstellung der Probleme, Fotos, notwendige Plandarstellungen, Bewertung, auch Kritik oder freundlicher Rat, und vor allem eine Sprache, die auch den Leser erreicht. So entsteht, fast versteckt, ein sehr eigener, persönlich gefärbter und doch objektivierter Kommentar zur steirischen Gegenwartsarchitektur.

Der Zeitschriftenmacher
Der 1949 an der Wiener Universität promovierte Theaterwissenschafter Sokratis Dimitriou war als geborener Generalist zumindest in seiner Wiener Zeit auch immer ein Zeitschriftenmacher. 1958–1965 ist er technischer Schriftleiter des Fachmagazins *der aufbau* – wobei man diese Funktion vielleicht auch mit ›Seele‹ übersetzen könnte –, das damals gar nicht so hochgeschätzte Organ des Wiener Magistrats entpuppt sich mit historischem Abstand immer mehr als ein sehr respektables publizistisches Produkt, das nicht nur versuchte, die Bautätigkeit der Stadt Wien vorzustellen, sondern auch eine umfangreiche, vielschichtige, ja ausgewogene architektonische und vor allem städtebauliche Diskussion zu führen. Wer sich also mit der österreichischen Architekturgeschichte der späten vierziger, der fünfziger und sechziger Jahre beschäftigen muss, wird im *aufbau* das beste und solideste Quellenwerk finden.

1965 übernimmt Dimitriou kurzfristig mit dem Revoluzzerquartett Peichl, Feuerstein, Pichler und Hollein die Erneuerung der Zeitschrift *Bau*, das Organ der Zentralvereinigung der Architekten Österreichs, das unter den Händen des alten, verdienten Stephan Simony starke Ermüdungserscheinungen zeigte, um schließlich, schon 1967, Chefredakteur des im Zusammenhang mit dem Bauzentrum gegründeten *bauforum* zu werden, das heute noch (nach mehreren Häutungen) als *Architektur & Bauforum* ein wichtiges Standbein der Wiener und österreichischen Architekturpublizistik ist. Das *bauforum* (übrigens die Titel so namhafter Zeitschriften wie *der aufbau* oder *bauforum* bevorzugten die Kleinschreibung), das *bauforum* also, hatte, wenn ich es richtig betrachte, ein ähnliches Konzept wie der frühe *aufbau*, ebenso umfassend, auf alle Themen der Architektur bezogen, allerdings mehr ›Blick über den Zaun‹, in die Bundesländer und ins Ausland.

Und, natürlich, das *bauforum* war befreit von der Last, auch über Dinge berichten zu müssen, die allzu magistratsgebunden waren und den Charakter einer lebendigen Fachzeitschrift belasteten.

Der Lehrer
Gleichzeitig mit dem Start des *bauforum* wurde Sokratis Dimitriou an die Technische Hochschule nach Graz berufen. Es war ein richtiger ›Ruf‹, der vor allem von Ferdinand Schuster ausging, der für seine besonderen Interessen an Baugeschichte und Architekturtheorie einen Weggefährten und für die bevorstehenden Reformen des Hauses einen Verbündeten suchte.

Sokratis Dimitriou ist, ich wage diese Behauptung, ein geborener Lehrer, das heißt, er ist ständig und in allen Lebenslagen bereit, Information abzugeben. Er kommt selten in ein Netz, in dem ein größerer Außendruck an Gelehrsamkeit besteht, also gibt er selbstlos Information ab oder greift rettend in die herrschenden Zustände von Kenntnislosigkeit ein. Im Gegensatz zu bekannten Kollegen ist er aber dabei nie verletzend, weil er immerhin augenzwinkernd zu erkennen gibt, dass es sich letzten Endes nicht lohnt, über all das Wissen zu streiten, weil es Wahrheiten ohnehin nur im Plural gibt. Das ist vielleicht auch der Grund, dass er seine brillante Rhetorik an Höhepunkten mit Tanzschritten begleitet, weil vom Wahren auf Architekten ohnehin nur der Glanz des Schönen einen Eindruck macht.

Günther Domenig
Laudatio

Typoskript vom 5. Februar 2001, Kunstpreis der Stadt Bruck an der Mur

Günther Domenig
geboren am 6. Juli 1934 in Klagenfurt
gestorben am 15. Juni 2012 in Graz

Der 5. Brucker Kunstpreis wurde diesmal für die Sparte Architektur vergeben. Ich möchte zuerst der Stadt Bruck gratulieren, dass sie diesen Preis geschaffen hat, denn für alle Künstler (und wie man sieht, wird auch die Architektur als Kunst akzeptiert) ist es von existenzieller Bedeutung, wenn ihre Arbeiten von einer kritischen Öffentlichkeit nicht nur positiv wahrgenommen, sondern auch gewürdigt werden. Natürlich ist es fast unmöglich, bei der Festlegung der Kriterien in weiser Vorausschau alle Eventualitäten und Möglichkeiten zu bedenken, so ist es bei der Architektur, quasi vom Start weg, zu einem Ausnahmefall gekommen. Nach den Kriterien der Ausschreibung sollten einerseits die Teilnehmer »den Mittelpunkt ihrer Lebensinteressen bzw. ihres Kulturschaffens in Bruck oder einen Bezug zur Stadt haben«, andererseits wird der Kunstpreis für das bisherige »gesamte Kunstschaffen« verliehen und soll eine »hervorragende Qualität« aufweisen. In Bruck wären, soviel kann ich ja aus der Jury ausplaudern, mindestens drei Architekten in den engeren Kreis der Auswahl gekommen, wenn es nicht ein über alle Zweifel erhabenes Bauwerk gegeben hätte, das alle lokalen Maßstäbe sprengt, nämlich das Landeskrankenhaus von Günther Domenig. Es stehen also hier zwei Kriterien einander gegenüber, wobei sich die Jury eindeutig entschieden hat – und dafür bin ich dankbar –, dem Qualitätskriterium den Vorrang zu geben. Außerdem kann man auch der Ansicht sein, wenn ein Architekt, um es etwas pathetisch zu sagen, einer Stadt ein solches Bauwerk geschaffen hat, ist er für immer mit dieser Stadt verbunden. Es spricht auch für Bruck an der Mur und das Architekturbewusstsein seiner Vertreter, dass diese Entscheidung akzeptiert wurde, und da kann ich, bevor ich endgültig zur Laudatio aushole, der Stadt noch ein Kompliment machen: Ich habe diese Jury als Gelegenheit benutzt, mich über die bauliche Entwicklung der letzten Jahre etwas kundig zu machen und war über die Anzahl architektonisch und städtebaulich interessanter

Arbeiten wirklich überrascht. Es sind also für eine weitere Verleihung des Kunstpreises in Sachen Architektur gute Voraussetzungen geschaffen, was vielleicht auch ein Ansporn für die nächsten fünf Jahre sein kann.

Günther Domenig auf steirischem Boden zu loben ist insofern schwer, wenn nicht unmöglich, als er hier durch seine vierzigjährige Arbeit, auch in verschiedenen Arbeitsgemeinschaften, so etwas wie ein Fossil unumstößlicher architektonischer Qualität, schöpferischer Hartnäckigkeit und gestalterischer Zielsicherheit geworden und geblieben ist. Seine Architektur, mit einer fast unvorstellbaren Bandbreite an Themen und Auseinandersetzungen, besitzt sozusagen einen autonomen, ja ausschließenden und unergründlichen Kern, der sich aber nicht als statische Mitte, sondern als Kraftfeld beweist, das scheinbar unerschöpflich Energie abstrahlt.

Domenig ist in der Grazer Architektenversammlung (um nicht wieder für den Begriff ›Schule‹ verantwortlich gemacht zu werden) ein Grenzgänger geblieben, nicht nur zwischen Kunst und Architektur, sondern auch zwischen Architektur und Natur, ja zwischen Traum und Wirklichkeit, vor allem aber zwischen Wirklichkeit und Möglichkeit. Domenigs Architektur war schon in den frühen sechziger Jahren, in der Partnerschaft mit Eilfried Huth, ein metaphorisches Bergwerk, ob es sich um die Pädagogische Akademie in Eggenberg, um die Kirche von Oberwart, um das Forschungs- und Rechenzentrum der Voest-Alpine in Leoben oder um die Mensa der Schulschwestern in Graz-Eggenberg handelte. Metaphorisch im Sinne eines über die Bauaufgabe hinausweisenden Gedankens, etwa bei der Pädagogischen Akademie in die Versinnlichung einer modernen, dynamischen Pädagogik, in Oberwart auf eine ebenso offene wie nach außen aktive und verwandlungsfähige Kirche. Das Rechenzentrum auf eine entgrenzte und omnipotente Technologie und auf Fortschritt (was immer das heute noch bedeuten kann) oder das ›Schalentier‹ der Mensa auf analoge Baugesetze und Strukturphänomene in der Natur oder in die Imagination geometrischer Erfindungen.

Man kann diese Liste bis heute fortsetzen, ich erinnere nur an die »Z«-Filiale in Wien-Favoriten, an die Kärntner Landesausstellung, die in der Darstellung der Arbeitswelt der Bergleute metaphorisch das Stollensystem ans Licht holte. Beim Verwaltungsbau des GIG im Völkermarkter Industriepark kann für dieses Zeichen eine ganze Palette von Bedeutungen assoziiert werden.

Was aber in diesen Arbeiten vielleicht noch mehr beeindruckt, ist die umgekehrte Blickrichtung, die von der Utopie zurück in die Realität führt, das Vermögen, Träume in einem Feld der Verwirklichung zu verankern, die Qualität und Substanz eines Gedankens an der baulichen Realität zu überprüfen, wie schon die sogenannte Überbauung Ragnitz Mitte der sechziger Jahre erahnen ließ.

Die Metapher ist, von uns positivistischen Sprachreinigern in den fünfziger Jahren einmal erbarmungslos verachtet, etwas, was im architektonischen Entwurf über den Sachverhalt hinausweist, das Werk auf ein Ziel fokussiert oder in ein Bedeutungsfeld stellt, das den mit dem Objekt verbundenen Gedanken durch Grenzüberschreitung und Distanz erst sichtbar macht. Kann eine Architektur, die sich am künstlerischen ›Weltentwurf‹ beteiligt, ohne dieses Metaphorische auskommen? Eine unter vielen Fragen, die das Werk Günther Domenigs aufwirft.

So ist natürlich das reinste, weil kompromissloseste Werk, das Steinhaus von Steindorf, eine Metapher für die bedingungslose Auseinandersetzung des künstlerischen Individuums mit Natur und Universum, mit verinnerlichter und transformierter Landschaft, mit der Psychologie von Herkunft und Familie, ja mit dem Bedürfnis, Freunde um die eigene Einsamkeit zu versammeln. Alle Arbeiten Domenigs zeigen ein fast kafkaeskes Paradoxon: Sie erobern die Wirklichkeit durch eine hartnäckige, fast unduldsame Präzision, durch ein experimentelles Vordringen in neue materiale und konstruktive Bereiche und erreichen gerade dadurch einen Raum potenzieller Wirklichkeit oder Musil'scher Möglichkeitsform. Domenigs Wirklichkeit ist die denkbare, gerade noch baubare Möglichkeit. Alles andere bleibt Entwurf, Zeichnung. Mir fällt im Zusammenhang mit dem Landsmann Robert Musil noch ein anderer Begriff ein: Man könnte die künstlerische Existenz von Günther Domenig als eine kreative Parallelaktion zu seinem architektonischen Werk bezeichnen, ein Werk, zu dem er selbst immer wieder auf Distanz geht, um im richtigen Moment, in einer existenziellen Weichenstellung, bedingungslos einzugreifen.

Ich glaube nichts Falsches zu vermuten, wenn ich das Zentrum der Domenig'schen Architektur durch seine Person außerhalb der architektonischen Arbeit vermute, nur so ist es denkbar und möglich, sich zeitweise so verwundbar und riskant auf sie einzulassen. Mit anderen Worten: Günther Domenig hat die Fähigkeit, phasenweise seine Arbeit mit einer großen kontemplativen Distanz zu überprüfen, und dabei scheint er oft große Schwierigkeiten einer Wiederannäherung zu haben. Nur dieser ständige Distanzierungs- und Annäherungsprozess scheint jene Kräfte freizumachen, die es ermöglichen, einen Kurs einzuhalten, der jetzt über vierzig Jahre mit einer traumwandlerischen Sicherheit in neue Bereiche des Ausdrucks vordringt.

Natürlich ist Günther Domenigs Architektur keine kalkuliert metaphorische. Er setzt sich nicht hin und sagt, jetzt entwerfe ich eine Metapher. Man könnte auch von einer Zeichenhaftigkeit reden, die auch dem scheinbar gebrauchsorientiertesten Entwurf zugrunde liegt. Hier liegt vielleicht auch der Schlüssel zum Verständnis für seine Rolle in der Grazer, ja internationalen Architektur und in seiner Wirkung als Lehrer.

Aus der »Grazer Schule« ist nichts geworden. Günther Domenig, mit dem Zeug zur zentralen und treibenden Kraft, hat sich auf Grund seiner eigenen Dynamik und Fokussierung auf extreme und ausschließende künstlerische Ziele immer mehr als untauglich für eine ›Schulbildung‹ erwiesen. Er hat von sich selbst behauptet, kein guter, weil an der Vermittlung wenig interessierter Lehrer zu sein. Dem kann man folgen, wenn man unter Lehrer jenes didaktische und einfühlsame Wesen versteht, das in seinen Schülern aufgeht, also in einer passiven Rolle die Relativierung der eigenen künstlerischen Persönlichkeit betreibt, um sie vielleicht der Vermittlung zu opfern; man muss ihm aber widersprechen, wenn man darunter einen unbequemen Reibebaum, einen Forderer versteht, der die Studierenden (also Suchenden) gewissermaßen in existenzielle Bedrängnis bringt und zu Höchstleistungen anspornt und vor allem zur Überprüfung der eigenen Grenzen.

Mit anderen Worten: Auch Mitarbeiter geraten in ein temporäres Spannungsfeld, in dem die künstlerische Überlebenschance letztendlich nur in einer Befreiung besteht. So gesehen hat Günther Domenig einen kaum zu überschätzenden Einfluss auf die Architektur ausgeübt, auch wenn man keinen einzigen ›kleinen Domenig‹ kennt, der irgendwo herumläuft. Ich kann mich noch erinnern, dass nach der Fertigstellung der Wiener »Z« sogar die kritischsten Köpfe der Tessiner Tendenza – bei aller Verwirrung, Skepsis und Ablehnung – mit großem Respekt von diesem Werk gesprochen haben.

Damit das Bild von Günther Domenig nicht gar so heroisch ausfällt, erinnere ich an sein eigenes, stilles, aber nie verleugnetes Lehrer-Schüler-Verhältnis, das nicht einer menschlichen Wärme und Größe entbehrt: Das ist die Vieraugen-Gesprächsbasis des ›Schülers‹ Domenig zu seinem Lehrer-Freund Walter Pichler, der bis heute eine ›letzte Instanz‹, ein Herr über Richtig und Falsch, über Gut und Böse geblieben ist, also eine Art archimedischer Punkt, von dem aus die architektonische Welt immer noch aus den Angeln zu heben ist.

Das große Werkverzeichnis, die inzwischen gewaltig angewachsene Baukubatur zeigt Arbeiten mit unterschiedlicher Distanz zum künstlerischen Weg von Domenig. Es gibt aber keinen Entwurf, so glaube ich, in den er nicht in entscheidenden Phasen radikal und sichtbar eingegriffen hätte. Es gibt aber Bauten – und die halte ich in einem anderen Kontext für besonders interessant –, wo er mehr auf Distanz gegangen ist oder die Leine etwas länger werden ließ. Mit anderen Worten, Domenig ist, gerade weil seine Arbeit so auf ihn zentriert ist, auf Mitarbeiter angewiesen, die zumindest ein Stück des Weges bedingungslos und mit großer Verantwortung mit ihm gehen.

Wenn wir hier Günther Domenig für eine Arbeit preisen, die, ich glaube nicht zu übertreiben, ein Schlüsselwerk des modernen Krankenhausbaus im Hinblick auf seine Verfasstheit, Überschaubarkeit, psychische und physische Regenerationskraft darstellt, was auch zur ›Realmetapher‹ »Hotel« oder »Sanatorium« geführt hat, so loben wir nicht einen anderen, ruhigeren, besonneneren, ja heitereren oder abgeklärteren Günther Domenig, sondern einen, der sehr genau weiß, dass ein Krankenhaus nicht der Ort ist existenzielle Fragen zu stellen, Konventionen aufzureißen oder individuelle Obsessionen auszuleben. Dieser positiv kodierte Bau, der vor allem ins Leben zurückführen soll und nicht aus ihm hinaus, der im Pflegetrakt und in der Halle Gedanken an Erholung, Ferien und lockeren Kontakt mit Menschen aufkommen lässt, der in seiner geschwungenen Form nicht nur eine Geste gegenüber Topografie und Landschaft macht und wie ein gewaltiges Zeichen in diese eingeschrieben ist, schafft eine überschaubare und einprägsame Welt, mit Anfang und Ende, mit räumlich-sinnlicher Begrenzung, aber auch mit Durchlässigkeit, Wärme, Licht und Angemessenheit. Es scheint, als hätten hier Günther Domenig und sein Mitarbeiter Peter Zinganel alle Kraft aufgewendet, um die Bilder der alten und großen, oder der nur alten und nur großen Krankenhäuser, die jeder von uns in irgendeinem Grad traumatisiert mit sich herumträgt, endgültig und radikal verscheucht. Ich darf zum Schluss daran erinnern, dass dies eines der zentralen Themen der Moderne und des 20. Jahrhunderts war und dass es, trotz großer Anstrengungen vieler bedeutender Architekten, selten gelungen ist, einen so energischen Schritt in Richtung Humanisierung dieser zentralen Bauaufgabe der heutigen Gesellschaft zu machen.

Ich glaube, der Kulturpreis der Stadt Bruck an der Mur ist eine kleine Anerkennung für diese große Leistung und ich gratuliere Dir herzlich.

Die Botschaft, eine Mahnung
Vorwort

Herbert Eichholzers politischer Kampf, seine Hinrichtung 1943 in einem Alter, in dem ein Architektenleben erst beginnt, machen es schwer, wenn nicht unmöglich, seine Rolle als Architekt der steirischen Avantgarde mit der üblichen Fokussierung auf die baulichen und künstlerischen Leistungen zu betrachten. Natürlich ist ebenso die Frage berechtigt, ob man dies überhaupt versuchen soll, ob nicht sein gelebtes politisches Leben eng verwoben mit seiner beruflichen Karriere eben gerade das war, was seine einmalige historische Position und die daraus wachsende Wirkung sichert.

In dieser Monografie wird mit großer Akribie und wissenschaftlicher Kompetenz diesen Fragen nachgegangen, neben der genauen Spurensicherung auch eine Darstellung der Verflechtung seiner Person in die steirische und Grazer Gesellschaft und das kulturelle Netzwerk versucht, so dass schließlich ein Bild entsteht, das vermutlich seiner Persönlichkeit sehr nahe kommt und sicher keine falschen Fährten legt. Man muss sich bei diesem Bild mit vielen Ambivalenzen, ja Widersprüchen auseinandersetzen, weil es in unserer heutigen Wohlstandsgesellschaft schwer vorstellbar ist, dass ein lebenslustiger, kontaktfreudiger, sportlicher, weltoffener und weltgewandter, weitgereister, aber auch kämpferischer und unbestechlicher Charakter, der mit vielen Talenten begabt war, einen politisch singulären, konsequenten Weg ging und scheinbar ohne Irritationen sein Leben opferte. Natürlich könnte man spekulieren (aber wem steht das heute schon zu?), dass Herbert Eichholzer in dem auf die Katastrophe zusteuernden Krieg keinen Funken Hoffnung mehr hatte, seine vielversprechenden Fähigkeiten in irgendeiner Form noch fruchtbar machen zu können, aber in dieser Situation war eine ganze Generation.

Herbert Eichholzer in der österreichischen Architektur der Zwischenkriegszeit zu beschreiben und ihn richtig zu ›positionieren‹, ist äußerst

Typoskript vom 1. März 2004; abgedruckt in: Antje Senarclens de Grancy / Heimo Halbrainer, *Totes Leben gibt es nicht. Herbert Eichholzer 1903–1943. Architektur Kunst Politik*, hg. von der Fakultät für Architektur der Technischen Universität Graz, Wien–NewYork 2004

Herbert Eichholzer
geboren am 31. Jänner 1903 in Graz
hingerichtet am 7. Jänner 1943 in Wien

schwierig. Er hat sich nicht, wie andere seiner Generation, die man zur Avantgarde zählen kann (etwa Ernst A. Plischke, Lois Welzenbacher und wenige mehr), früh festgelegt und daraus eine Kontinuität entwickelt, sondern er ist bis zu seinem Engagement im Widerstand und seiner Hinrichtung künstlerisch ein ›Suchender‹ geblieben.

Eingebunden in eine bürgerlich und deutschnational dominierte ›Grazer Szene‹ und einen ebenso gemischten Freundeskreis, verweist sein politischer Weg an den linken Rand der Sozialdemokratie auf einen gesellschaftskritischen Blick, den er wohl auf seinen großen Reisen (neben den westlichen und südlichen europäischen Ländern auch nach Bulgarien, in die Türkei, nach Abessinien, Eritrea, Somaliland und in die Sowjetunion) erwarb oder schärfte. Auch den Weg aus dem Umkreis des Heimatschutzes, der Julius Schulte-Schule, des Steirischen Werkbunds, der Grazer Sezession, der ihn bis zu Le Corbusier nach Paris führte, kann man nicht als Selbstverständlichkeit hinnehmen, obwohl er für einen engagierten jungen Architekten der zwanziger Jahre nicht ungewöhnlich erscheint.

Ein Schlüssel zur Persönlichkeit Herbert Eichholzers liegt vielleicht in seiner generellen Neugier und in seinem dialogischen Wesen: Es fällt auf, dass er zum Beispiel fast ausschließlich in Partnerschaften gearbeitet hat, dass er als Sprachmensch (der mehrere Sprachen beherrschte) und als politischer Agitator offenbar ein große Dialogfähigkeit besaß, die bei Architekten im Allgemeinen unterentwickelt ist.

Herbert Eichholzers Leben, Arbeit und sein Tod sind in den vier Jahrzehnten ihrer ›österreichischen Existenz‹ ein singuläres Beispiel, höchstens mit der Biografie der Architektin Grete Schütte-Lihotzky vergleichbar (deren Wege sich kurz kreuzten), der es aber gegönnt war, in einem über ein Jahrhundert währenden Dasein, ihre historische Anerkennung und schließlich Verehrung zu erleben.

Herbert Eichholzer stand für sein bauliches Schaffen nur rund ein Jahrzehnt zur Verfügung. Trotzdem ist das Werk nicht nur umfangreich, sondern auch vielfältig; wir würden heute sagen: von der Lampe bis zum Städtebau. Die gebauten Beispiele (vor allem Privathäuser) sind überwiegend durch Umbau, Erweiterungen etc. bis zur Unkenntlichkeit verändert, wenn nicht zerstört. Darin wird nicht nur ein kulturpolitischer Aspekt sichtbar, sondern auch eine radikale Veränderung der bautechnischen Standards, der Wandel in den Lebensansprüchen und -gewohnheiten und vieles mehr. Herbert Eichholzer ist also durch seine Bauten nicht mehr präsent. Umso wichtiger war es, die von Dietrich Ecker begonnene Spurensicherung zu einem guten Abschluss zu bringen.

Und, könnte man zum Schluss fragen, was ist die Botschaft oder das ethische Vermächtnis Herbert Eichholzers? Er hatte eine Vision von der Moderne, die in ihrer sozialen Verantwortung bestand. Damit war er eins mit den europäischen Avantgarden und ihren Hoffnungen. Der Architekturbegriff war an den Auftrag gebunden, »eine bessere Welt zu verlassen, als man sie vorgefunden hat« (Schütte-Lihotzky), und dieser Auftrag war nicht auszuführen, ohne auch die entsprechenden politischen und gesellschaftlichen Bedingungen zu schaffen.

Herbert Eichholzers Architektur, soweit sie nicht in die ästhetische Ausbeutung der dreißiger Jahre miteinbezogen ist, hat in der gesättigten Situation einer pluralistischen ›Neuen Gründerzeit‹ und in den neo-liberalen Perspektiven vermutlich geringen ›Handelswert‹. Man kann aber sicher sein, dass seine Fragen und Forderungen wieder aktuell werden – wenn sie es nicht auf anderen Kontinenten schon lange sind –, wenn sie auch ganz neu gestellt werden müssen, aber das gleiche Engagement verlangen. So gesehen sind seine Fragen aktuell geblieben, wenn auch die Antworten der Architekturgeschichte angehören. Einer Geschichte übrigens, derer wir uns nicht schämen müssen.

Roland Ertl
Laudatio

Typoskript vom 27. September 2008, Mauriz Balzarek-Preis in Linz; abgedruckt in der Broschüre Beispiele 2008 – Kulturpreise des Landes Oberösterreich, Linz 2008

Roland Ertl
geboren am 6. November 1934 in Linz
gestorben am 7. Juni 2015 ebendort

Die Verleihung des Mauriz Balzarek-Preises an Roland Ertl ist auch ein Zeichen dafür, dass im Lande ob der Enns Kontinuität verbunden mit Fortschritt noch einen gesellschaftlichen Stellenwert hat. Gerade die Architektur ist, trotz ihrer zunehmenden Bedrängung durch sogenannte Sachzwänge, immer noch zu den elementaren Künsten zu zählen, und gerade die Kunst ist durch das mediale Aktualitätsgedränge einem besonderen Formverschleiß ausgesetzt.

Ich werde nicht in die Falle sentimentaler Erinnerungen tappen, wenn ich daran erinnere, dass Verdienste, wie sie Roland Ertl in Oberösterreich hat, schwer mit heutigen Maßstäben zu messen sind, weil die Bedingungen der Anfänge in den 1950er und 1960er Jahren kaum mehr vermittelbar sind. Es war die Zeit, in der in der Gesellschaft die Vokabel Architektur ein Fremdwort war, den einzigen Architektennamen, den man (auch in Linz) kannte, war Clemens Holzmeister im Dunstkreis Herbert von Karajans. Einen Architekten zu beschäftigen war reiner (ja obszöner) Luxus, den sich höchstens große Städte, aber niemals eine Gemeinde, eine Genossenschaft, ein Gewerbetreibender oder gar ein Privater leisten konnte, wenn er nicht von seinen Nachbarn als Hochstapler angesehen werden wollte.

Der Architekt war auch in der allgemeinen Bauproduktion eher als Hemmschuh denn als eine Hilfe angesehen. Die Handwerker, die es noch gab, hatten verbrauchte Regeln für das Gewohnte, und was man nicht kannte, durfte auch nicht sein. »Das haben wir noch nie gemacht«, war ein Stehsatz, und was man nie gemacht hatte, konnte nur eine Spinnerei sein. Außerdem war der Architekt in die Entwicklung von neuen Details und Techniken unmittelbar einbezogen, von einer hochentwickelten Bauindustrie (mit ihrem gestapelten Katalogangebot) konnte man nur träumen. Das schlimmste Hindernis waren aber die ästhetischen

Vorurteile einer kunst- und architekturfeindlichen Ideologie, die in jedem Zeichen des Fortschritts einen ›Verlust der Mitte‹ witterte.

Roland Ertl hatte das Glück, in eine Baumeisterfamilie hineingeboren zu sein, er hat nach dem Studium an der Wiener Technischen Hochschule schon mit 26 Jahren zu bauen begonnen und mit zweiunddreißig sein Atelier eröffnet. Seine Architektur ist von der ersten Stunde an aus dem Bauen entwickelt und hat in der harten Wirklichkeit des sogenannten Baugewerbes nie ein kunstfeindliches Territorium gesehen. Es liegt in der Natur seiner Arbeiten, dass sie nie selbstreferenziell oder gar selbstbespiegelnd in Erscheinung treten, sondern dass sie in ihrem Einlassen auf Probleme der Lebenswirklichkeit, in ihrer hartnäckigen Suche nach Lösungen, die das Leben verbessern, auch jenen Optimismus in sich tragen, ohne den nie eine gute Architektur entstehen konnte.

Über Roland Ertls Werk zu sprechen ist insofern schwer, als es zu einem kontinuierlichen Kommentar zwingt, das heißt, man kann einmal Gesagtes in seinem Sinne weiterführen, vielleicht präzisieren, aber nicht grundlegend Neues erfinden. Sie werden also in dieser kurzen Laudatio einiges wiederfinden, das ich in gleicher oder ähnlicher Form schon einmal zu seinem Werk gesagt habe.

Roland Ertls Arbeit zeigt nicht nur eine beeindruckende Kontinuität, eine ständige und beharrliche Verfeinerung seiner architektonischen Instrumente, einen anhaltenden Erweiterungsprozess der sprachlichen Mittel, sondern auch ein zunehmend klärendes Durchdringen der wachsenden Komplexität seiner Bauaufgaben. Die beharrenden Elemente sind, wenn man sich auf das Glatteis einer stilistischen Charakterisierung begeben will, eine gewisse ›klassische‹, humanistische Grundhaltung, eine aufklärerische Objektivität, die von der Totenhalle in Thening, über zahlreiche Einfamilienhäuser, ein Kultur- und Sport- und ein Gemeindezentrum, Einrichtungen, Umbauten und Sanierungen, bis zu einem eindrucksvollen Programm an Spitalsbauten sowie zu einem prototypischen Industriebau und schließlich bis zum Flughafen in Hörsching reicht. Ertl besitzt ein ausgeprägtes Sensorium für das Essenzielle von Bauaufgaben und er hat den aus drei Generationen ererbten praktischen Sinn einer Baumeisterfamilie im Blut. Darüber hinaus besitzt er, wenn man das in einem Kernland der Gegenreformation laut sagen darf, einen protestantischen Geist mit der Tugend der Schlichtheit und dem Sinn für Ausgewogenheit von Aufwand und Wirkung, eine gesunde Skepsis gegenüber jedweder formaler Opulenz, verbunden mit sozialer Verantwortung, eine elementare Bindung an Vernunft und Gediegenheit, Strenge und Selbstkontrolle.

Roland Ertl ist Linzer, ich habe den Eindruck mit Leib und Seele, der im Mühlviertel als Familienmensch seine Rekreation sucht und findet. Hinter seiner oberösterreichischen Verbindlichkeit steckt ein noch Ob-der-Ennsischerer Sturschädel, wenn es um Prinzipien (vor allem im Bauen) geht. Er konterkariert seine zupackenden Eigenschaften mit Weltoffenheit und Kunstsinn, vielleicht nach dem Motto: Man muss ja schließlich auch mit sich selbst leben können.

Roland Ertl ist in das Jahr 1934 hineingeboren und ich nehme an, dass er von den Ereignissen bis 1945 genauso traumatisch geprägt wurde wie viele unserer Generation. Er war gezwungen, in den fünfziger Jahren an einer eher miefigen Technischen Hochschule in Wien zu studieren, er hatte, wie wir alle, Sehnsucht nach einer radikalen Befreiung durch Kunst und Architektur, die ihn auch 1959 an die Sommerakademie Konrad Wachsmanns nach Salzburg führte, wo ich ihn kennenlernen durfte. Und er suchte schließlich auch in der österreichischen Moderne seine Wurzeln. So kam es, dass das erste Sympathiesignal für die 1965 gegründete Österreichische Gesellschaft für Architektur aus Linz kam. Er brachte mit seinen Kollegen Gerhard Luger, Heinz Pammer, Edgar Telesko und Helmut Werthgarner die erste Aufarbeitung der Linzer Moderne von 1900 bis 1930 in Form einer informativen Ausstellung nach Wien.

Die Gründung eines eigenen Architekturbüros fällt in das Jahr 1966, und Roland Ertl gehört vom ersten Tag an zu jener Gruppe Linzer Architekten, deren Arbeiten eine Wende im oberösterreichischen Baugeschehen versprechen. Mit Ausnahme der Werkgruppe Linz waren es meist Einzelkämpfer sehr unterschiedlichen Temperaments, wie etwa Franz Riepl, Fritz Goffitzer, Erich Scheichl und Franz Tremml, August Kürmayr und Klaus Nötzberger, Fritz Matzinger oder, im fernen Wels, Karl Odorizzi, um nur einige zu nennen. Ein dünnes Netzwerk, verdichtet von außen durch ›Gastarbeiter‹ wie Rudolf Schwarz, Heikki und Kaija Sirén, Ernst Hiesmayr, Roland Rainer, die arbeitsgruppe 4 (Holzbauer, Kurrent, Spalt) oder den punktuellen Heimkehrer Hans Puchhammer.

Roland Ertl setzte immer wieder Orientierungspunkte: Schon ein Jahr vor der Totenhalle in Thening und Jahre vor seiner Ateliergründung entstand eine Talentprobe, die luzide Kapelle des Diakonissenkrankenhauses in Linz (1962–1964), die mit ihrer Kreisform einen anderen Bezug zu einer klassischen Raumtypologie herstellt. Nach der Mitarbeit am Brucknerhaus bei Heikki und Kaija Sirén entstand der Wettbewerbsentwurf für das Kongresshaus in Innsbruck (1967), eine vertiefte Auseinandersetzung mit einem Kreissegment als Auditorium, das schließlich erst ein Vierteljahrhundert später in einem ganz anderen Kontext (eben in Hörsching) verwirklicht werden konnte. Solche typologischen Langzeitprojekte kann man im Werk Roland Ertls mehrere finden – denken Sie nur an die Auseinandersetzung mit dem Einfamilienhaus –, nicht nur in typologischen Erweiterungen, sondern auch im ›kulturalistischen‹ Dialog mit dem Vierkanter oder der Landschaft des Salzkammerguts.

Roland Ertl ist es schon früh gelungen, etwa beim Betriebsgebäude Pichler in Hörsching (1976–1979), im deprimierenden Schachtelwerk der Gewerbegebiete prototypische Lösungen zu finden, Transformationen aus dem Industriebau der Pionierzeit im 19. Jahrhundert, die das 21. vorwegnahmen, indem er die Elemente Verwaltung, Entwicklung und Produktion zu einer lebendigen, lesbaren Einheit neu ordnete und zwar auf einem architektonischen Niveau, das auch den Produkten und dem Selbstverständnis der Firmen entsprach und somit die Architektur zum wesentlichen Element einer Firmenpräsenz im öffentlichen Raum machte. Oder erinnern Sie sich an die fast dreißigjährige Auseinandersetzung mit dem Bürohaus, die beim Gemeindezentrum von Hörsching (1978–1983) auf einer multifunktionalen Ebene im Lande des Vierkanters diesem uralten Bautyp eine neue urbane Qualität sicherte.

Bei der mehr als zwanzigjährigen Auseinandersetzung mit dem Krankenhausbau, der bekanntlich dem Architekten wenig gestalterischen Spielraum lässt, gelang es Ertl, einer zunehmend durch Maschinen besetzten Welt durch kleine, aber beharrlich gesetzte Interventionen, eine humanere Atmosphäre abzutrotzen. Dabei verlässt die Architektur ihre vordergründig ästhetische Präsenz und wird zur psychischen Helferin, Begleiterin, buchstäblich zur Krankenschwester eines auf elementare Probleme reduzierten Menschen. Ich habe einmal behauptet, dass Roland Ertls Arbeiten nicht das Handschriftliche, die formale ›Duftmarke‹ charakterisiert, sondern das Abarbeiten von inhaltlichen Problemen. So gesehen spiegelt sein Werk auch vierzig Jahre Zeitgeist wider, gegen den Strich gebürstet. Mit einem Wort: Ertl reagiert auch auf Zeitströmungen, ohne sich ihnen zu unterwerfen.

Manchmal sind diese Reaktionen auch antizyklisch, justament gegensteuernd, wie man bei einem seiner reifsten architektonischen Werke, dem Kultur- und Sportzentrum von Hörsching sehen kann. Wenn man auch mit dem Wort *zeitlos* sehr vorsichtig umgehen sollte, so gibt es doch eine architektonische Grundhaltung, die sich an bewährten Modellen des Städtebaus und der funktionalen Raumorganisation orientiert, die ein in Jahrhunderten gespeichertes Wissen konzentriert und weiterentwickelt. Das Kulturzentrum von Hörsching strahlt etwas von einer an der Geschichte geläuterten Moderne aus, gelassen und großzügig, bescheiden und doch selbstbewusst.

Roland Ertl fühlt sich zweifellos dieser aufklärerischen Tradition verpflichtet, seine Architektur ist argumentativ auf der Ebene des Gebrauchs, teilt einfach lesbar ihre Leistung mit. Sie glaubt an die Lernfähigkeit des Menschen, ein Glaube übrigens, der in unserer heutigen Welt immer wieder durch Zynismus gefährdet ist. Man könnte im Zusammenhang mit der Architektur Roland Ertls ausführlich über die Begriffe *Angemessenheit* und *Verhältnismäßigkeit* diskutieren. Qualitäten, die der Architektur nicht nur in der Stadt, sondern im besonderen Maße auch auf dem Lande abverlangt werden. Damit bleibt die Architektur, soweit sie in überschaubaren gesellschaftlichen Verhältnissen entsteht, an die Verantwortung gebunden. Dass sie in besonderen ländlichen Situationen befreiend wirken, Konventionen aufbrechen und Maßstäbe sprengen kann, dafür ist gerade Hörsching ein geglücktes Beispiel. Auf die prototypischen Industriebauten Roland Ertls, auf seinen Umgang mit historischer Bausubstanz und seine sensiblen Sanierungen und Interieurs, habe ich schon hingewiesen.

Roland Ertl hat sich vom ersten Tag seiner freiberuflichen Tätigkeiten auch öffentlich engagiert und eingemischt. Über diese Rolle, vom Korrespondenten der ÖGFA, zu offiziellen Tätigkeiten in der Architektenschaft bis zur jüngsten Intervention für eine solide Planung des Linzer Musiktheaters, aber auch über seine Rolle als Lehrer, weiß ich viel zu wenig, aber so essenzielle Aktionen wie die Rettung des legendären Hauses am Attersee von Ernst A. Plischke, sind in die österreichische Architekturgeschichte eingegangen.

Kirchenbau-Programmierung

Walter Förderer als dritter Vortragender der ZV-Reihe

Im vollen Saal des Museums für angewandte Kunst sprach in der Vortragsreihe der Zentralvereinigung der Architekten Österreichs Walter Förderer (Basel) über das Thema Kirchenbau. Walter Förderer zählt nicht nur zu den profiliertesten und erfolgreichsten Schweizer Architekten, sondern auch zu den umstrittensten. Die Ursachen liegen zum Teil in der formalen Übersteigerung und Ausschließlichkeit der Bauten (Förderer kommt von der Bildhauerei) und dem dazu fast in Widerspruch stehenden, sich ständig in Bewegung befindenden Denken, das die Realisationen teilweise wieder infrage stellt. Förderer selbst erscheint jede ›Geschlossenheit‹ von Tun und Denken suspekt.

Der Vortrag stand unter dieser charakteristischen Spannung, vor allem weil Förderer zu einem Thema sprechen sollte, das in dieser historischen Form für ihn eigentlich nicht mehr existiert. Die Situation ist umso widerspruchsvoller, als Förderer selbst noch in der Realisation einer größeren Zahl von Kirchen steht. Im ersten Teil des Vortrags versuchte Förderer die Entwicklung seiner Konzepte im Kirchenbau zu erklären, vor allem ihre Abhängigkeit von der topografischen und städtebaulichen Lage und vom Programm. Natürlich weiß jeder Architekt, dass diese Determination nur eine scheinbare ist, da sich schon in der Interpretation des Programms der sogenannte Gestaltungswille äußert. Da aber gerade die folgenden Entscheidungen von Förderer von einer hohen Subjektivität der Anschauung geleitet sind, haben die Erklärungen nicht befriedigt.

Überrascht waren die Zuhörer über die Wendung des Vortrages zum Schluss. Förderer hatte zwar schon in seinen Erklärungen der Grundrisse auf die Fragwürdigkeit der alten, einseitigen Raumbestimmungen und Bauprogramme (Theater, Kirche, Schule, Museum, Wohnhaus usw.) hingewiesen und auch in den immer wiederkehrenden Versuchen von Verflechtungen seine Anliegen zu erklären versucht, aber die völlige

aus: *Die Presse* vom 27. Juni 1967

Walter Förderer
geboren am 21. März 1928
in Nohl / CH
gestorben am 29. Juni 2006
in Thayngen / CH

Infragestellung der bisherigen (und eingehend demonstrierten) Arbeit hatte doch niemand erwartet. Dass das Ganze keine rhetorische Geste war, wird vielleicht das in Kürze erscheinende Buch beweisen, in dem sich Walter Förderer zusammen mit Lucius Burckhardt mit den Fragen der Neuprogrammierung von Bauaufgaben beschäftigt, die den neuen gesellschaftlichen Bedingungen entsprechen und die historisierenden Vorstellungen überwinden sollen.*

* Walter Förderer / Lucius Burckhardt, *Bauen ein Prozess*, Teufen 1968

Kirchenzentrum Heiligkreuz, Chur, Schweiz, 1966–1969

Umgebung verschollener Mittelpunkte
Buchbeitrag

Behauptung: Heinz Franks Arbeiten entwinden sich dem Gebrauch der Sprache, die Mitteilungen zu den Zeichnungen sind keine Titel, wenn sie auch Zugänge, Voraussetzungen oder Verständnisbrücken bleiben. Aber auch die Sätze, Satzfragmente, Wortverbindungen oder Wörter mit ihrer zum Teil gebrechlichen, aufgebrochenen, verwundeten, irritierten oder aufgescheuchten Grammatik verharren in einem logischen *Schwebezustand* zur sprachlichen und visuellen Realität, die man als ›Traumzustand‹ – ihre Logik verflüchtigt sich beim Erwachen – bezeichnen möchte. Möchte, wenn man nicht gleichzeitig erahnte, dass man damit falsch liegt, steht oder schaut.

Heinz Frank bricht in die Sprache ein, nicht um sich etwas zu holen, sondern um sie zu beschenken. Er überrumpelt sie im unaufgeräumten Zustand, er mag ihre von uns benutzte Ordnung nicht. So gesehen handelt es sich schon im sprachlichen Vorfeld um ein *Kinderbuch,* zunächst für die Dichter.

Heinz Frank spricht jedem seine Worte und Wortformationen laut vor. Die akustische Realität soll ihre logische Existenz bestätigen. Es entstehen Staus im Hirn, in den Augen. Die Sprache zieht sich aus ihrer geschäftigen Rolle der Kommunikation zurück. Folgt man ihr, gerät man in die Zeichnung. Ihr Umgang mit den Dingen scheint denkbarer, vertrauter, greifbarer als die der Sprache zu sein. Ist es aber nicht. Gerade ihre Dingnähe zersprengt den Wirklichkeitsbezug. Diese Zeichnungen sind eben keine Illustrationen, sie sind reine Dichtung. Durch sie erscheint der sprachliche Kommentar wieder als Realität. Die Fundamente dieser Welt, so sie welche hat, liegen also doch in der Sprache.

Das *Kinderbuch für Architekten* erscheint auch als eine Aufforderung, in einen Zustand des Denkens zu gelangen, in dem die Welt noch nicht ihre endgültige Ordnung verpasst bekommen hat. Wenn das Buch so gemeint

Typoskript vom 23. Oktober 1993; abgedruckt in: *Heinz Frank. Kinderbuch für Architekten*, hg. von Architektur Zentrum Wien Dietmar Steiner, Wien 1993

Heinz Frank
geboren am 25. März 1939 in Wien
lebt und arbeitet ebendort

ist, wie es den Architekten vorgelegt wird, dann ist es keine Einübung in Erwachsenes, auch keine Verweigerung des Bestehenden, es zeigt eher einen Zustand des Möglichen, in dem noch nicht alle Namen vergeben, alle Beziehungen hergestellt, alle Inhalte fixiert, alle Bedeutungen ergründet, alle Zustände erforscht und alle Schönheiten besetzt sind.

Für mich ist das Buch eine hermetische Dichtung von einer im Entwurf befindlichen Welt, einer Welt paradoxer Möglichkeiten, die, wie wir vielleicht glauben, einem Kinde offensteht. Zu diesen Anfängen kann aber nur die Poesie eines ›Erfahrenen‹ zurückkehren, der sich eine direkte, uneingeschränkte Anschauung bewahrt hat und wenn dies in Wien durch einen Heinz Frank geschieht, dann vielleicht auch mit einem Augenzwinkern.

Wenn sich dieses Buch nur an die Architekten wendet, dann vielleicht deshalb, weil in ihren Köpfen noch ein Funken von Dialog zu erwarten ist. Aber eigentlich spricht das Buch mit sich selbst, es hadert mit den Worten und Zeichen, die es benutzen muss, um mitteilbar zu werden. Also doch ein Kinderbuch?

Josef Frank
Katalogbeitrag

Josef Frank, aufgewachsen im Badener bürgerlichen Biedermeiermilieu, linksintellektueller Architekt, über seinen Bruder, den Physiker Philipp Frank, auch mit dem »Wiener Kreis« verbunden, hatte nicht bei Otto Wagner, sondern an der Technischen Hochschule unter anderem beim (ersten?) jüdischen Architekturprofessor der Monarchie, also bei Carl König, studiert. War Otto Wagner mit den plakativen Manifesten und seiner stringenten Fortschrittsdoktrin in gewissem Sinne ein ›Vereinfacher‹, so war der eher abwägende, zweifelnde, wenig kämpferische und mit einer umfassenden Bildung ausgestattete König mehr ein Denker und einfühlsamer Lehrer, dem einige Generationen von Architekten solide Grundlagen, aber auch wichtige Impulse verdankten. Obwohl König, der als erster Vertreter des Neobarocks als konservativ galt (seine ›stilistische Loyalität‹ zum Kaiserhaus hatte vielleicht auch etwas mit der Assimilierung und der Zulassung jüdischer Studenten zum Universitätsstudium zu tun), kamen aus seinem Umfeld die ersten Doktoren der Architektur (Max Fabiani, Josef Frank, Oskar Strnad etc.) und, wie Markus Kristan in seiner Monografie über Carl König betont, auch wesentliche Vertreter der Avantgarde und der österreichischen Moderne wie, neben den obgenannten, Max Fellerer, Clemens Holzmeister, Hans Jaksch, Friedrich Kiesler, Richard Neutra, Friedrich Ohmann, Emil Pirchan (Bühnenbildner), Rudolph M. Schindler, Siegfried Theiss oder Oskar Wlach.

Josef Frank führte in Wien lange vor seiner Streitschrift *Architektur als Symbol* (1931) und als Obmann des Werkbundes eine Art ›Zweifrontenkrieg‹: einmal gegen das Stildenken der Wiener Architekturschulen und zum anderen gegen die internationale Avantgarde, repräsentiert vor allem durch das deutsche Bauhaus. Sein oft zitierter Satz »Unsere Zeit ist die gesamte, uns bekannte historische Zeit« verweist auf ein ganz anderes Denken und ist vermutlich ohne Carl Königs Einfluss schwer vorstellbar.

Typoskript vom 12. Jänner 2004: »Josef Frank und der Gemeindebau« (gekürzt); abgedruckt in: *Wien, Stadt der Juden. Die Welt der Tante Jolesch*, hg. von Joachim Riedl, Jüdisches Museum Wien, Zsolnay, Wien 2004

Josef Frank
geboren am 15. Juli 1885
in Baden bei Wien / Niederösterreich
gestorben am 8. Jänner 1967
in Stockholm

Frank entwickelte, im Gegensatz zur orthodoxen deutschen Avantgarde, einen offenen, heute noch modernen oder aktuellen Kultur- und Architekturbegriff. Er misstraute den totalen (totalitären?) Regelwerken des Funktionalismus oder des Internationalen Stils, er kämpfte gegen jede Art von ästhetischen Systemen, gegen stilistische Einkleidung und, im Einrichten von Wohnungen, gegen das Denken in ›Garnituren‹, also gegen das Prinzip, alle Möbel einem Formprinzip zu unterwerfen. Für Josef Frank hatte jeder Gegenstand als Typus eine Entwicklungsgeschichte und darüber hinaus als Einzelstück eine individuelle Geschichte. Sein ästhetischer Pluralismus war eine Art demokratisches Modell für kulturelle Phänomene. Er brachte seine Freunde im Deutschen Werkbund in Rage, als er in sein Haus in der Stuttgarter Werkbundsiedlung (1927) einen Perserteppich legte.

So war auch Josef Franks Kritik am Wiener Gemeindebau differenzierter, hatte nichts zu tun mit den klischeehaften Verdächtigungen aus dem rechten Lager, war aber vielleicht auch widersprüchlicher. Seine polemische Feststellung, die Architektur entspräche genau den Wiener kulturellen Verhältnissen, hatte natürlich ein negatives Vorzeichen. Er wehrte sich gegen den Begriff »Volkswohnungspalast«, den er nicht nur für ein falsches Versprechen, sondern für ein falsches Ziel hielt. Er hatte sozusagen vom Arbeiter und seiner Kultur eine bessere Meinung und fand es fatal, dass dieser im Wohnen in kleinbürgerlicher Beschränktheit bürgerliches Protzertum nachahmen sollte. Er betrauerte die Tatsache, dass die Sozialdemokratie offenbar unfähig war, zu einer eigenen, modernen Architektursprache zu finden. Wenn in der Ringstraße das Bürgertum die Aristokratie imitierte, dann sollte dieser Fehler auf der Ebene einer »Ringstraße des Proletariats« nicht wiederholt werden.

Frank mischte sich auch in die ›Vorraumdiskussion‹ im Wiener Gemeindebau ein, das heißt, er war der Meinung, dass die sparsamen Grundrisse der Gemeindewohnungen nicht in Vorraum, Küche und Wohnzimmer geteilt werden sollten (Nachahmen einer bürgerlichen Wohnform), sondern dass nach wie vor die Wohnküche der Lebensweise des Arbeiters sinnvoll entspricht. Die Unterteilung führte nicht nur zu einer stärkeren Abgrenzung der privaten Sphäre (Vorraum), sondern auch zur Trennung der Funktionen Kochen und Wohnen mit allen Problemen im Zusammenleben einer Familie. Letzten Endes war für Frank, als Vertreter der Gartenstadtbewegung, die ideale Wohnform nur im Siedlungsbau zu erreichen, was natürlich bis heute eine (sicher auch nicht zu verallgemeinernde) Utopie blieb.

In einer Zeit des ästhetischen Pluralismus, in der sich die zweite oder dritte Moderne permanent in stilistische Fragen verheddert, ist Josef Franks theoretischer Ansatz, eine Architektur aus dem gespeicherten Wissen, aus dem Erfahrungsschatz der Menschheit zu entwickeln und alles Bewährte zuzulassen, höchst aktuell geblieben. Er selbst wurde nach 1934 nicht nur in die Emigration, sondern durch die totalitären Systeme auch in die Resignation getrieben; seinen in den vierziger und fünfziger Jahren entwickelten »Akzidentismus« könnte man ebenso als architektonische Überlebensstrategie begreifen.

Josef Franks kultureller Hintergrund war das Wiener Biedermeier, jene bürgerliche Kultur, die aus prä- oder postrevolutionärer Haltung einen Stil der Zurückgezogenheit ins Private oder der Tarnung vor der bespitzelten Öffentlichkeit pflegte, der oft auch, als Bürgertugend stilisiert, Bescheidenheit symbolisierte. Seine Architektur hat diesen Hintergrund eigentlich nie verlassen. Das schönste Beispiel dieser Haltung ist die Wiener Werkbundsiedlung, deren Spiritus Rector Josef Frank war und die immer noch ein faszinierendes Versprechen für ein von Stilklischees befreites Wohnen ist.

Bohuslav Fuchs
Vorwort

Typoskript vom 23. November 2010; abgedruckt in:
Bohuslav Fuchs. Architekt der tschechischen Avantgarde, hg. als Band XXIII der Reihe ›Architektur im Ringturm‹ von Adolph Stiller, Salzburg–Wien 2010

Bohuslav Fuchs
geboren am 24. März 1895 in Všechovice / Mähren
gestorben am 18. September 1972 in Brno / ČSSR

Meine Erinnerungen an Bohuslav Fuchs sind von den Eindrücken seiner Bauten zugedeckt. Die einzige Begegnung beschränkt sich auf einen Abend in einer größeren Runde nach einem Vortrag in Wien. Eines scheint mir sicher zu sein: Seine Erscheinung deckte sich mit seinen Bauten: Feingliedrig, sensibel, intelligent, zurückhaltend, nobel. Fuchs (mit Pullmanmütze) glich eher einem Geisteswissenschaftler, jedenfalls keinem selbstsicheren Architekten mit ›Pranke‹, er war kein Verkünder einer Botschaft, eher fragend oder skeptisch, aufklärerisch. Rationalist ja, aber kein eindimensionaler Funktionalist. Seine Interpretationen hatten keine mechanistische Einspurigkeit, sie standen in einer kulturellen Kontinuität, wenn sie auch schwiegen, so teilten sie vieles mit, blieben ›lesbar‹. Ob der »Grüne Frosch« in Trenčianské Teplice oder das Avion in Brünn, ob der Pavillon im Brünner Messegelände oder seine Häuser und Schulen, seine Bauten ›reden‹ mit ihrer Umgebung oder schaffen eine eindrucksvoll neue. Bohuslav Fuchs hat mit seiner Architektur ein Rätsel hinterlassen: Obwohl sie nicht regional, sondern weltläufig, ja international ist, verkörpert sie einen Höhepunkt der Brünner Baukultur.

Messepavillon der Stadt Brünn, Brno, Tschechien, 1927/28

Die Steinzeit geht zu Ende
Eine Diskussionsbasis: Ausstellung Richard Buckminster Fuller im Bauzentrum

Im Bauzentrum ist eine anregende Ausstellung der Werke des amerikanischen Pioniers der Baukunst, Buckminster Fuller, zu sehen. Es wird deutlich vor Augen geführt, welche grundlegenden Veränderungen für das allgemeine Bauen noch zu erwarten sind. Fullers Anschauungen, seine theoretischen und praktischen Leistungen, haben eine elementare Kraft; sie können zwar diskutiert, aber nicht beiseite geschoben werden. Zunächst ist einmal der Begriff des Bauens im weitesten und eigentlichen Sinn zu verstehen: Es ist die umfassende und ursprünglichste Tätigkeit des Menschen in der Bewältigung der Umwelt. So kommt in den extremsten Anforderungen, die heute der Mensch gewohnt ist, ›spielend‹ zu beherrschen, auch die eigentliche Baukunst unserer Zeit zum Ausdruck: in den Schiffen, Flugzeugen – überhaupt in der beweglichen ›Behausung‹ des Menschen.

Fuller hat als junger Marineoffizier im Ersten Weltkrieg gesehen, welche Kräfte und Spannungen durch Wind, Wasser und Temperatur ein Schiff auszuhalten imstande ist, das andererseits mit dem geringsten Aufwand an Material gebaut werden muss. Später trat er in die Baufirma seines Schwiegervaters ein und erkannte, dass dieser Zweig des Bauens eigentlich noch im Mittelalter stand. Diese Erfahrungen wurden grundlegend für Fullers Auffassung vom künftigen Bauen, das noch über vierzig Jahre mit den allgemeinen Vorstellungen in Konflikt stehen sollte. Sein Begriff des »Dymaxion« (eine Mischung von ›dynamisch‹ und ›Maximum‹) ist charakteristisch für seine Denkungsart, der das ökonomische Prinzip der Natur zugrunde liegt. »Die Natur baut stets am wirtschaftlichsten«, sagt Fuller. Das Strukturmodell der Kristalle wird Vorbild vieler seiner Konstruktionen.

Die Ökonomie Fullers würde man missverstehen, wenn man sie nur als merkantilistisches Prinzip deuten würde. Sie ist eine geistige Haltung.

aus: *Die Presse* vom 26. Februar 1963

Richard Buckminster Fuller
geboren am 12. Juli 1895 in Milton, Massachusetts
gestorben am 1. Juli 1983 in Los Angeles

Wer mit einem Minimum ein Maximum erreichen will, strebt den Grenzen der Erfindungskraft zu, lässt sich in Abenteuer ein, die bisher alle großen Baumeister gewagt haben, ob man an die Hallen der Gotik, an die Kuppeln der Renaissance oder an die Konstruktionen des vorigen Jahrhunderts denkt.

So kommt der Techniker, der Fuller zu sein scheint, an die Quellen des Schöpferischen, so kommt aber auch der Philosoph, der Mathematiker und Architekt Fuller in den Besitz der Werkzeuge der Technik und schafft mit ihnen eine Welt, die nur im 20. Jahrhundert erdacht werden konnte. Seine Bauwerke stehen in keinem Konflikt zu den übrigen ›Bauwerken‹ der Technik.

Natürlich verficht auch Fuller die Vorfabrikation. Seine ›Bausteine‹ sind von vornherein Produkte der Industrie, die in Serien hergestellt werden. Die Baustelle gibt es fast nicht mehr. In Hawaii wurde einer seiner Dome, der 1800 Personen fasst, in zwanzig Stunden von 38 Arbeitern errichtet. Vorläufig werden die »geodätischen Kuppeln« von rund hundert amerikanischen Firmen erzeugt. Eine Kuppel gängiger Größe kostet 60 bis 200 Dollar. Man verwendet sie als Schulen, Wohnhäuser, Restaurants, Gewächshäuser, Wetter- und Messstationen, Flugzeughangars und Messe- und Sporthallen. Für Fuller sind »Klimakammern für ganze Siedlungen in arktischen Gebieten oder Häuser, die aus Raketen geschossen werden und sich wie Regenschirme entfalten«, keine Utopie mehr. Diese Ausstellung ist ein wichtiger Diskussionsbeitrag.

Gerhard Garstenauer
Architekt. Planer. Konstrukteur. Lehrer. Kritischer Bürger.

Gerhard Garstenauers fast fünfzig Jahre umspannendes Werk spiegelt das Rollenbild des ›klassischen Architekten‹ in einem deklarierten Wirkungsbereich wider. Es ist dies die Rolle des omnipotenten Entwerfers, dessen Tätigkeit von der Sanierung eines Altstadthauses bis zur baulichen Erneuerung einer ganzen Talschaft, vom Design einer Seilbahngondel bis zum Entwurf eines Kongresshauses reicht. Garstenauer durchbrach aber diesen traditionellen Rahmen in fast allen Belangen durch einen radikalen, aus den Paradigmen der Moderne artikulierten Architekturbegriff. Diese Grunddisposition seines Denkens, das ebenso an einen überschaubaren wie strukturell planbaren Lebensraum gebunden ist, bezog ihre inhaltliche Aufladung aus den großen, überregionalen Zeitthemen. Damit war ein lebenslängliches Spannungsfeld garantiert, ja ein unerschöpfliches Konfliktpotenzial, das bis in die kleinste Verästelung seiner Programme und Projekte anhielt.

Gerhard Garstenauers starker Hang zu einem analytischen, naturwissenschaftlichen Denken führte zu einer Methodik des Entwerfens und zu Projektstrategien, die es ihm unmöglich machten, Objekte im Sinne einer ›intuitiven Zusammenschau‹, unterstützt von der sprichwörtlichen ›Pranke‹, nach gegebenen Funktionsprogrammen zu entwerfen. Seinen Projekten geht in den meisten Fällen schon eine Analyse des Programms, ja ein Entwurf des Entwurfs, der ›idealen und überprüften Funktion‹ voraus, so dass sich bei ihm schon im Vorfeld des Projekts jene konfliktträchtigen Fragen bündeln, die sich eigentlich die Gesellschaft oder zumindest der Auftraggeber stellen müsste.

Mit heutiger, bereits historischer Distanz betrachtet, ist Garstenauers Architektur als ästhetisches System jenem ›Stil‹ der Zweiten Moderne zuzuzählen, die, laut Selbstdefinition, angetreten ist, kein ›Stil‹ zu sein. Natürlich ist heute diese radikale Bindung der ästhetischen Erscheinung

Typoskript vom 21. Dezember 2000 (gekürzt); abgedruckt in: *Gerhard Garstenauer. Interventionen*, hg. vom Architekturzentrum Wien, Salzburg 2002

Gerhard Garstenauer
geboren am 22. Jänner 1925 in Fusch / Salzburg
lebt und arbeitet ebendort

an die Parameter der Funktion, des materialen und konstruktiven Fortschritts, diese Berufung auf Wissenschaft und Forschung, dieses Vertrauen auf Vernunft, Berechenbarkeit und auf eine wie immer definierbare ›Logik der Gestaltung‹ bereits als ein ästhetisches System, als Stil beschreibbar – und die jüngste Generation ist auch schon drauf und dran, sich in dessen Rezeption zu üben.

Wir wissen aber auch, dass im Topf der Selbsteinschätzung kreativer Kräfte permanent eine beachtliche Menge produktiver Irrtümer und Missverständnisse Platz hat und dass die Kriterien einer Konzeptionsästhetik oft sehr wenig mit jener der späteren Rezeptionsästhetik zu tun haben. Es ist hier nicht der Ort, den Zeitgeist der sechziger und siebziger Jahre einer kritischen Wertung zu unterziehen, aber eines ist sicher: Die Auseinandersetzung mit dem Werk Gerhard Garstenauers wäre, in österreichischen Maßstäben gesehen, die Auseinandersetzung mit der gesamten mitteleuropäischen Nachkriegsmoderne. Trotzdem kann man heute schon versuchen, die Rolle Garstenauers vom Ende der fünfziger bis in die achtziger Jahre in der österreichischen Architektur zu beschreiben, seine deklarierte Position zu orten, die er mit viel Engagement erobert und nachhaltig verteidigt hat.

Gerhard Garstenauers geistige Wurzeln liegen, wie bei so vielen seiner Generation, in der allgemeinen Wahrnehmung der Nachkriegsmoderne aus regionaler Perspektive – also des glanzvollen Wirkens von Mies van der Rohe, der gesamten Bauhaus-Meister oder Le Corbusiers und Richard Neutras, konkret aber (auf Salzburger Boden) im Spannungsfeld von Clemens Holzmeister und Konrad Wachsmann. Mit Holzmeister, dessen Schüler Garstenauer ausnahmsweise nicht war, eher in einer spannungsvollen und salzburgisch-freundschaftlichen Beziehung verbunden, wurde der ›rationalistische Romantiker‹ Konrad Wachsmann jene Bezugsperson, der er auch das methodische Rüstzeug für wissenschaftsorientierte Entwurfsprozesse verdankt. Wachsmanns Wirken in Österreich wäre aber mit Sicherheit nicht so groß gewesen, wenn er nur seine strukturalistische, fortschrittstrunkene, technoide Vision oder Doktrin von einem »Wendepunkt im Bauen« vermittelt hätte. Wachsmann war tatsächlich ein Romantiker, ein Schwärmer, ja ein bis an die Grenze des Erträglichen gehender ›Verkünder‹, der aber kraft seiner sinnlichen Bezüge zum ›Machen‹ (sein Held war der Werkzeugmacher), zum Bauen und seiner schwärmerischen Gier auf das Neue (etwa in Form von Ergebnissen fantasievoll angelegter Experimente), schließlich durch seine robuste ›Handwerkermentalität‹ junge Menschen so beeindrucken konnte. Mit

Wachsmann nachts durch die Salzburger Altstadt zu gehen und zu beobachten, wie seine Augen die Steinschnitte der Domfassade abtasteten und vor seine hartnäckigen Fragen gestellt zu werden – Wie ist das gemacht? –, konnte so etwas wie ein Erweckungserlebnis für das Verständnis der Verwirklichung von Architektur sein.

Verbreitete Clemens Holzmeister die Aura eines barocken Architekten, der Gott und die Welt und sich selbst inszenierte, so inszenierte Konrad Wachsmann sein sokratisch forschendes, fragendes Wesen nicht minder unscharf, emotional und schaustellerisch, also mit einem moderneren Schein und mit der Attitüde des Kontrastes in das festspielende Salzburg gesetzt. Irgendwo haben diese sich in den späten fünfziger Jahren wiederholenden Kurse der Salzburger Sommerakademie die Lehrsätze der architektonischen Moderne in ein seltsam irritierendes Licht gestellt, einerseits konnten sie in dieser Atmosphäre eines sich selbst ausbeutenden, verlogenen und verbogenen Traditionalismus kaum besser sichtbar werden, andererseits wurde auch die Bedeutung dieser entschlackten ›Fortschrittskultur‹ relativiert, ja sie bewahrte zwar ihre pragmatische Kraft, verlor aber doch ihren rigorosen ›Verkündigungscharakter‹.

Gerhard Garstenauers Werk wirft auch ohne das erweiterte Beobachtungsfeld der postmodernen Kritik durch seine Stringenz und die geringe Kompromissbereitschaft die Fragen nach seinen eigenen Grenzen auf, Grenzen, die im kulturellen Kontext ihrer Zeit, aber auch in den heute noch bestehenden Konfliktfeldern ihre klärende, weil ausschließende Kraft bewahren. Unser Problem ist der Umgang mit der imaginierten Wahrheit dieser Zeit, die gewissermaßen durch die ästhetischen Glanzleistungen auch verklärt und verstellt wird. Schließlich blieben doch die *Wahrheiten* dieser Nachkriegsmoderne, die ihren *Glanz* abstrahlten, ästhetische Verheißungen, ja Erfindungen einer Kunst und Architektur, die auch ohne den seriösen Wahrheitsanspruch dieser Gedankengebäude Bestand haben werden. Die ästhetischen Verheißungen dieser Architektur scheinen eingelöst, während ihre Träger, die Bauwerke, an ihrer physischen Widerstandskraft scheitern. Am Architekturbegriff dieser Moderne ist also vorläufig die Handlungs- und Arbeitsweise ihrer Vertreter erklärbar, noch nicht aber das kulturell bleibende Ergebnis ihrer Leistungen.

Dieser schmale Zugang führt vielleicht zu einer relativ seriösen Einschätzung der Arbeiten von Gerhard Garstenauer in der österreichischen Szene, vor allem zunächst der sechziger und siebziger Jahre. Sieht man ab von den aus den dreißiger Jahren herüberwirkenden Architekten wie Oswald Haerdtl, Max Fellerer und Eugen Wörle oder auch Lois

Welzenbacher und Clemens Holzmeister, um nur die präsentesten zu nennen, so eröffneten gegenüber der dominanten städtebaulichen Diskussion, die Roland Rainer als Welzenbacher-Nachfolger an der Wiener Akademie und als Wiener Stadtplaner dominierte und die schließlich zu seinem imposanten ›Regelwerk‹ einer allgemeinen Behausungsfrage führte, die Holzmeister-Schüler der arbeitsgruppe 4 (Wilhelm Holzbauer, Friedrich Kurrent, Johannes Spalt), Johann Georg Gsteu (neben dem Welzenbacher-Schüler Ottokar Uhl) – die auch alle bei Wachsmann in Salzburg waren – eine breit angelegte architektonische Diskussion, die sich aber auch auf die Entdeckung und Aufarbeitung der Wiener Moderne einließ. Es ist nicht uninteressant, dass Gerhard Garstenauer oder Josef Lackner sich von dieser Thematik, vermutlich durch eine ganz andere baukulturelle Situation in ihrem jeweiligen Umfeld, fernhielten (was nicht unbedingt heißt, dass sie nicht von ihr berührt wurden), um sich verstärkt in die unmittelbare Konfrontation mit der baukulturellen Situation vor Ort zu stürzen.

In dieser an sich fragwürdigen Personalisierung eines kulturgeschichtlichen ›Netzwerks‹ müssen natürlich noch andere Namen ins Spiel gebracht werden, deren Wirken, auch als Lehrer, vielleicht immer noch unterschätzt wird: Ernst Hiesmayr und Karl Schwanzer in Wien oder Ferdinand Schuster in Graz. Diese vertraten einen weniger kulturalistisch akzentuierten Architekturbegriff, vielleicht auch plakativer (Schwanzer), sinnlicher (Hiesmayr) oder funktionalistisch-trockener (Schuster), sicher aber eine entschlacktere Moderne als die von Holzmeister (und dann noch von Wachsmann) inspirierten ›Jungtürken‹. Gerhard Garstenauer, zwar immer an verschiedenen Universitäten lehrend, wollte sich nie ganz einem Professorendasein hingeben, wohl wissend, dass ein auf vielen Ebenen wirkendes berufliches Engagement eine andere Dimension von ›Lehre‹ entwickeln kann. So gesehen war er für viele jüngere Architekten ein einflussreicher Lehrer.

Garstenauers analytischer, systemtheoretischer und konstruktiv betonter Ansatz hat sich zunächst in vielen Industriebauten im Bereich der Automobilbranche bewährt. Seine Montage-, Reparatur-, Lager- und Ausstellungshallen haben zum ersten Mal in Österreich konstruktives Design auch für die Firmenwerbung entdeckt. Auch seine frühe Auseinandersetzung mit dem Bürobau zeigte einerseits diesen methodischen Charakter, andererseits die ästhetische Botschaft variabler Baukonzepte. Das dritte Betätigungsfeld war schließlich der Wohnbau, wobei die Stringenz eines konstruktiven, rationalistischen Denkens sich darin am weitesten von den emotional erwarteten Konventionen entfernte. Ebenso neue Qualitäten entwickelte Garstenauers Architektur im Umgang mit alten Bausubstanzen (vom Salzburger Altstadthaus Koller bis zum Toskana-Trakt der Universität), wo er sozusagen durch neue Konzepte (den neuen Widmungen entlang) sichtbare ›Gegenwelten‹ für das Alte entwickelte und damit zu überraschenden Dialogsituationen fand. Die Strategie Garstenauers war dabei nie eine ›kulturalistische‹ (im Sinne der Wiener Moderne oder auch der Tessiner Tendenza), sondern eine, die eher auf Koexistenz unterschiedlicher Weltbilder und Zeiten setzte, wodurch das Neue seine Härte bewahrte, um nicht zu sagen, dass es manchmal auch ›rechthaberisch‹ gegenüber dem Alten in Erscheinung trat. Man muss nicht daran erinnern, dass diese Eigenschaft ein allgemeiner Zug der Moderne war, die ja nicht zuletzt mit dem Auftrag der Aufklärung antrat, in der alten, verlotterten Welt ›Ordnung‹ zu schaffen, ohne dabei wahrhaben zu wollen, dass die Ordnung des Einen bedrohend für das Andere sein konnte.

Gerhard Garstenauers Arbeit ist auf die Stadt und das Land Salzburg bezogen. Die Ausnahmen sind zu vernachlässigen, bestätigen höchstens auch anderenorts (Hotels in Wien, Prag, Budapest etc.) den methodischen Ansatz seines Entwerfens. Man könnte auch behaupten, Garstenauers Architektur dokumentiere eine kulturelle, ja kulturpolitische Verantwortung für Stadt und Land und sein über Jahrzehnte reichendes Engagement sei in erster Linie das eines bewusst lebenden Bürgers, der seinen Mitbürgern die fachlichen Kenntnisse und Fähigkeiten nicht nur zur Verfügung stellt, sondern die jeweiligen Adressaten in Form von Ideen, Vorschlägen, Kritiken, Gegenkonzepten, Interventionen, Gesamtplanungen, Urgenzen etc. permanent herausfordert und zu Stellungnahmen zwingt: Der engagierte Citoyen ist eben ein unbequemer Zeitgenosse.

Es kann nicht die Aufgabe einer Einleitung sein, einen womöglich lückenlosen Kommentar zu den Bauten und Projekten des Architekten abzugeben. Stattdessen möchte ich aber an einem größeren Beispiel versuchen, Entwurfsmethode, strategische Konzeption, kommunalpolitische Agitation und die daraus resultierende Architektur vorzustellen. Es geht um das große Tourismusprojekt Badgastein, das für mich bis heute, in all seinem Glanz und Scheitern und den damit verbundenen Enttäuschungen und Hoffnungen, ein Lehrbeispiel geblieben ist, das noch eine regenerierende Kraft besitzt und das mit einer vorbehaltlosen Analyse für das heutige Bauen in den Bergen, für die heutige alpine Tourismusarchitektur fruchtbar gemacht werden könnte und sollte.

Das große Projekt, das in einer Folge von einander synergetisch ergänzenden Bauten angelegt war, hatte das Ziel, den traditionsreichen, jedoch durch die Folgen zweier Weltkriege und das Aussterben der diese Bäderkultur tragenden Generation schwer angeschlagenen Kurort Badgastein einer neuen, vor allem jüngeren Klientel zu erschließen und wieder attraktiv zu machen. Es war dies ein riskantes kommunales Unternehmen, das nur mit einem kongenialen kommunalpolitischen Partner, der auch imstande war, die kulturpolitische Kraft von Architektur zu erkennen und einzuschätzen, vorangetrieben werden konnte. Diesen Partner fand Gerhard Garstenauer in dem damaligen Bürgermeister Anton Kerschbaumer, dem allerdings nur ein knappes Jahrzehnt (er starb überraschend mit vierzig Jahren) für diese Arbeit gegönnt war.

Die Grundüberlegungen waren einfach und hatten eine entwaffnende Logik. Mit dem Bau des Felsenbades, das das Wasser, also das Kapital von Badgastein, auch für jüngere Gäste wieder attraktiv machte, war ein Auftakt gelungen, der schon im ersten Jahr eine unerwartet hohe Besucherzahl anlockte. Dem sollte eine gründliche Aufwertung des Zentrums folgen: Bau einer Großgarage hinter dem Hotel Austria (das zum Gemeindeamt und zur Kurverwaltung umgebaut wurde) und gegenüber der Bau eines Kongresshauses (mit Casino und größeren Veranstaltungsräumen) über dem ›Abgrund‹, womit gleichzeitig ein großer, zentraler und besonnter Platz geschaffen wurde, der Badgastein von Anfang an fehlte, da der kleine Platz vor dem Hotel Straubinger fast privaten Charakter hatte und mit dem neuen Verkehr ohnehin nicht mehr zu nutzen war. Diese zugegeben radikale ›Herzoperation‹ bedurfte einiger stützender Maßnahmen für einen neuen, nicht nur auf die Kur bezogenen Tourismus. Die in die Zukunft weisende Idee war die Erschließung eines Hochtals und die Gründung eines neuen Schizentrums mit dem Namen »Sportgastein«. Das war sozusagen die zweite Strategielinie, die vom Felsenbad ausging und die sich an eine neue, junge, mit anderen Interessen ausgestattete Generation wandte.

Diese zweite Entwicklung wurde nur teilweise verwirklicht: Eine Erschließungsstraße zum Nassfeld und der Schilift auf den Kreuzkogel wurden gebaut, eine Badeschlucht, eine dichte, an die Kristallstruktur eines Pyrit erinnernde Hotelbebauung (Dorfgastein) und eine Gletscherseilbahn auf das Schareck (Sommerschilauf) wurden nicht mehr realisiert. Wahrscheinlich hatte die Gemeinde durch die Eigendynamik des Projekts ihre Leistungsgrenzen überschritten, und aus heutiger Sicht haben die ›realen Planungsutopien‹ (um es paradox auszudrücken) auch alle Beteiligten überfordert.

Gerhard Garstenauer hat durch seine vitale Biografie die Genugtuung, dass heute eine ›dritte Generation‹ seine Arbeiten wiederentdeckt und neu bewertet. Der marodierende Tourismus, um nur bei dem einen Thema zu bleiben, wird ohnehin bald gezwungen werden, sich neue Antworten auf seine Probleme zu überlegen. Badgastein hätte durch seine Außenseiterrolle (gewissermaßen vom ersten Tag an) eine große Chance, an diesem deprimierenden Ausverkauf der alpinen Landschaft nicht mitmachen zu müssen. Es hat das Kapital einer einmaligen Therme, es hat eine zwar angeschlagene, aber unverwechselbare alte architektonische Substanz und es hat durch das Felsenbad, das Kongresszentrum und durch Sportgastein bauliche Einrichtungen die (noch) in die Zukunft weisen.

Gerhard Garstenauers eindrucksvolles, auf die Grundlagen einer alpinen Region eingehendes und in seiner Art unbestechliches Werk trägt nicht durch seine an die Zeit und an den Fortschritt gebundenen Methoden Zukunft in sich, sondern weil es in allem und jedem in das Wesen einer Sache vorzudringen versucht. In dieser elementar angelegten Risikobereitschaft ist auch das Scheitern miteingeschlossen, mehr aber noch die Gefahr, zwischen die Mühlsteine von Ignoranz, Unverständnis, Vorurteilen, Angst und Trägheit zu geraten.

Der Ort macht die Zeit sichtbar
Zu den Arbeiten von Sonja Gasparin & Beny Meier

Typoskript vom 20. August 2007; abgedruckt in: *Gasparin & Meier Architects*, hg. von Andrej Hrausky. Progettocontemporaneo 10, General Membrane Galleria di Architettura, Ceggia 2007

Sonja Gasparin
geboren am 7. Februar 1952 in Villach / Kärnten
Beny Meier
geboren am 30. März 1954 in Effretikon / CH

Gasparin & Meier Architekten seit 1989 in Villach

Sonja Gasparin und Beny Meier gelten mit ›50+‹ nach alter österreichischer Regel noch als junges Büro, das zu Aufträgen vorwiegend über Wettbewerbe kommt. Ihre Architektur vermeidet eine vordergründige, oberflächliche Bildhaftigkeit, ist über Formen oder gar Stilkategorien nicht beschreibbar, orientiert sich an den ethischen Maßstäben der Moderne, an einem sozialen und humanistischen Welt- und Menschenbild. Das klingt gegenüber glatten, zeichenhaften, oft leicht kommunizierbaren und marktorientierten Zeitgeisttendenzen etwas altmodisch, wenn nicht damit selbstverständlich eine den heutigen Aufgaben und Herausforderungen zugewandte gründliche Recherche, ja Forschung, ein hoher Standard technischen Wissens und Methoden neuester Bautechnologien oder schlicht eine solide Handwerklichkeit verbunden wären. Akzeptiert Architektur ethische Prämissen, kann sie sich von Inszenierungen, stilistischen Einkleidungen und jeglicher Form gestischer Attitüden distanzieren. Diese Orientierung am gesellschaftlichen Kontext, an Bedarf, Gebrauch und praktischer Vernunft wurde einmal Funktionalismus genannt, bis dieser selbst in die stilistische Falle tappte. Umso wichtiger erscheint es, diese Werte einer am kulturellen und sozialen Leben orientierten Architektur ständig zu urgieren und mit den Aufgaben und den Mitteln der Zeit zu erneuern. Für die Architektur gilt immer noch die Forderung von Grete Schütte-Lihotzky, »eine bessere Welt zu verlassen, als man sie vorgefunden hat«.

Diese Haltung, ob es sich nun um einen kleinen Anbau eines Badehauses, einen Erschließungsturm für ein Doppelwohnhaus, um ein Kulturhaus, eine Platzgestaltung in Verbindung mit einem Busbahnhof, ein multifunktionales Feuerwehrgebäude, eine Fachschule oder ein komplexes Ortszentrum mit Saal und Gemeindehaus handelt, zeichnet sich vor allem durch eine große Sensibilität gegenüber dem jeweiligen Ort aus. Man könnte behaupten, dass innere räumliche Konzepte erst ihre Bestätigung durch ihre Wirkung auf den Außenraum erfahren, dass Bauten erst gelungen sind, wenn sie nicht nur auf den Ort eingehen, sondern diesen neu definieren, gewissermaßen auf einer höheren Ebene etwa eines kommunalen Lebens bestätigen. Orte haben nicht nur ihren ›Genius‹, sind nicht nur Speicher von kollektiven Erinnerungen, haben nicht nur durch Topografie und Baubestand eine Langzeitwirkung, sondern sie sind für die Architektur ›schlechthin‹ die Erscheinungsform in der Zeit. Gebrauch und Funktionen, Wahrnehmungen und Deutungen, Perzeption und Rezeption wechseln fließend, aber die Orte bleiben, vielleicht nur darum, um diesen Wechsel im Räumlichen sicht- und erfahrbar zu machen.

Gasparin & Meier haben dieses Sensorium für die Beziehungen von Raum und Ort. Sie drücken dies nicht belehrend oder gar mit erhobenem Zeigefinger aus, sondern oft überraschend beiläufig und gelassen, vieles erschließt sich erst auf den zweiten oder dritten Blick. Eine solche Architektur ist weder plakativ noch in Schlagwörtern vermittelbar. Der Bauherr, die Auftraggeberin kauft keine Markenware ein, sondern ist aufgefordert, das jeweils einmalige Produkt mitzuentwickeln und dann mit Leben zu erfüllen. Das Ergebnis ist nicht vorhersehbar, aber es ist mit Sicherheit eine der bestmöglichen Antworten auf eine Bauaufgabe. Diese Haltung macht das Leben für die Architektur nicht leichter, schon gar nicht in einem Land, das fast nur mehr in gebauten Trugbildern seiner selbst zu denken scheint.

Die letzte Bauhütte
Antonio Gaudí-Ausstellung in der Galerie nächst Sankt Stephan

aus: *Die Presse* vom 20./21. Mai 1967

Antoni Gaudí
geboren am 25. Juni 1852 in Reus / E
gestorben am 10. Juni 1926 in Barcelona

Die Gaudí-Renaissance hat 1957 in Amerika begonnen. Genaugenommen im Museum of Modern Art mit einer Ausstellung über das Lebenswerk des großen spanischen Architekten. 1961 wurde in Baden-Baden von der Gesellschaft der Freunde junger Kunst ebenfalls eine kleine Gaudí-Ausstellung zusammengestellt, die jetzt in der Galerie nächst St. Stephan zu sehen ist. Neben dem durch Publikationen hinreichlich bekannten Material sind einige Modelle von Baudetails zu sehen. Ein besonderes Stück ist das Modell einer Säule der Kirche »Sagrada Familia«, das zeigt, wie Gaudí fähig war, alte Themen der Architektur in einer subjektiven, empfindsamen Weise weiterzuführen.

Das große Werk dieses einsamen spanischen Baumeisters ist zwar äußerlich und zeitlich dem Jugendstil zugehörig, bleibt aber in vielen, ja in den entscheidenden Teilen dieser Strömung fremd. Gaudís Atem ist sozusagen viel länger, die Zeit spielt in seinen Arbeiten eine andere Rolle als im Feuerwerk des Jugendstils. Gaudí steht in einer langen, handwerklichen Tradition des spanischen, genauer des katalanischen Bauens. Sein Werk zeigt ebenso Elemente der gotischen Bauhüttentradition wie jene des Zeitgeschmacks. Es ist kaum analysierbar, wie jenes vieler Zeitgenossen. Sein Werk wurde gerade wiederentdeckt, als die Reaktion auf den Funktionalismus und Konstruktivismus ihren ersten Höhepunkt erreicht hatte, und es ist auch darin missbraucht worden. Wie vielseitig diese Erscheinung ist, zeigt die Tatsache, dass auch die Surrealisten Gaudí als einen ihrer Baumeister erklärten. Gaudís irrationale, im höchsten Maße subjektive und ausdrucksstarke Architektur bedient sich zum Teil sehr rationaler, empirischer und handwerklicher Mittel. Es gelingt ihm, die Steinmetzarchitektur der Gotik, ihre Wölbetechniken durch neue statische Erkenntnisse weiterzuführen, er übersetzt aus der organischen Welt der gewachsenen Natur Bauprinzipien und ist äußerst erfinderisch in ihrer Anwendung.

Wenn die Maßstäbe der gotischen Kathedrale verbindlich bleiben, so verarbeitet Gaudí doch in seinem Werk eine Fülle von zeitlichen und lokalen Einflüssen. Bestimmend bleibt, vor allem in vielen Details, der katalanische Hintergrund, sowohl in den handwerklichen Techniken als auch in der Verwendung bunter keramischer Oberflächen. Diese Verwendung der Farbe deckt sich aber auch mit den Tendenzen des Jugendstils. Ein eigenes Thema wäre die Betrachtung der rein plastischen Qualitäten dieser Architektur. Als eine handwerkliche Architektur, deren Details oft erst an Ort und Stelle geformt werden, überschreitet sie laufend die Grenze zu skulpturalen Gebilden. Mittelalterlich ist auch die Einstellung zum Bauen, die offensichtlich nicht mit kurzen, begrenzten Zeitphasen rechnet. Die Kathedrale Sagrada Familia ist von Gaudí nur in Bruchstücken vollendet worden, nachdem er fast sein ganzes Leben daran gebaut hatte. Und man baut, dreißig Jahre nach seinem Tode, heute noch weiter.

Antonio Gaudí wurde am 25. Juni 1852 in Reus (Provinz Tarragona) geboren. 1884 beginnt er mit der Weiterführung des Baues der Sagrada Familia, die von Villar im gotischen Stil begonnen wurde. 1885 bis 1889 entsteht das Palais Güell (Barcelona), 1887 bis 1893 der Palast des Bischofs von Astorga, dann ein Collegio de Santa Teresa de Jesus, neben einigen anderen Bauten vor allem dann der Park Güell (1900 bis 1914) und die beiden Mietshäuser Battló und Milà (1905 bis 1910). Gaudí erliegt mit 74 Jahren (1926) einem Verkehrsunfall. Sein Begräbnis wird zu einem nationalen Ereignis. Es ist das Merkwürdige an seinem Werk, dass es nicht nur den engen Kreis seiner meist aristokratischen Auftraggeber fasziniert hat, sondern vor allem vom katalanischen Volk als eine Art Krönung ihrer eigenartigen Baukunst empfunden wurde.

Edoardo Gellner
Nachruf

Typoskript vom 18. Dezember 2004

Edoardo Gellner
geboren am 20. Jänner 1909 in Abbazia/Küstenland
gestorben am 10. Dezember 2004 in Belluno/I

Mit Edoardo Gellner wurde am 13. 12. 2004 in Cortina d'Ampezzo einer der letzten großen Architekten der Moderne zu Grabe getragen. Der hagere, sportliche Mann mit dem Kopf eines Gelehrten und seinem kultivierten altösterreichischen Deutsch hat im Ateliergeschoss eines von ihm selbst gebauten Hauses in der Via Menardi bis zuletzt gearbeitet. Er war nicht nur ein Urbanist und ein sensibler Architekt, sondern auch der Anwalt der ›alpinen Landschaft‹, dessen Forschungen und Bauten nicht nur in den Venetianischen Alpen eine neue Ära der Architektur- und Landschaftsdiskussion eingeleitet haben.

Gellners Werk eröffnete einen neuen Blick auf die regionale Baukultur. Hätte er nur die urbanen Untersuchungen der ländlichen Architektur in den Venetianischen Alpen gemacht, wäre er schon ein großer Bauforscher der Moderne. Aber Gellner beließ es eben nicht bei den Recherchen, seine Forschungsergebnisse flossen in seine urbanistischen Konzepte ein, er entwickelte neue Haustypologien, vom Privat- oder Ferienhaus bis zur Wohnhausanlage, vom städtischen Bürobau bis zum Hotel, vom Kinderheim bis zur Kirche. Dabei sind seine typologischen Erfindungen genauso wichtig wie die morphologischen, die sich am Gefundenen orientierten, ohne es zu kopieren. Gellner ließ sich auf die strenge Grammatik der alten Siedlungen genauso ein wie auf die oft pittoreske Sinnlichkeit ihrer räumlichen Strukturen.

Edoardo Gellner war aber kein Purist, seine Botschaften waren nicht ideologisch verpackt, waren weder streng oder gar eng, er kannte nicht das naive Verkündungspathos der Moderne, er erlaubte sich einen raffinierten, venezianischen Umgang mit den Baustoffen. Seine städtischen Bauten zeigen durchaus Gestik, besitzen Rhetorik, signalisieren soziales Leben und Kontaktfreudigkeit. Sein analytisches Vorgehen war vorsichtig, abwägend, tastend, streckenweise unsicher – er liebte den

Vergleich, die Zusammenschau, weit weg von einer radikalen, apodiktischen Haltung.

Gellner sprach in einem kurzen biografischen Text von zwei »grundlegenden Wendepunkten« in seinem Leben. Als Kind lebte er in Abbazia in einer rein deutschsprachigen Umgebung. Nach dem Ersten Weltkrieg vollzog sich »ein tiefgreifender Wechsel des sprachlichen und kulturellen Horizonts«, begann seine Sozialisation bis zur Universität im Italienischen, lediglich unterbrochen von einem Semester Wiener Kunstgewerbeschule bei Otto Prutscher. Gellner sprach einerseits von einer »Entwurzelung«, andererseits aber von einer »bewussteren und gegenüber den beiden ... absorbierten Kulturen gerechteren Haltung«, also einer Art Äquidistanz zu zwei kulturellen Wirklichkeiten, mit denen er umzugehen hatte.

Bei Otto Prutscher hat Gellner sicher nicht nur die Wiener Form- und Materialsinnlichkeit kennengelernt, sondern auch die Komplexität einer Großstadtkultur und ihre ›geschichtliche Tiefe‹. Und er ist, so scheint es, ein Großstädter geblieben. Sein distanzierter und kritischer Kulturbegriff ist nicht das Produkt enger regionaler oder gar lokaler Verhältnisse.

Ferienanlage Corte di Cadore, 1954–1963 (li und Mitte), Casa Giavi, Cortina d'Ampezzo, Italien, 1954/55

Der nächste Wendepunkt folgte nach dem Zweiten Weltkrieg: »Gezwungen, Abbazia zu verlassen, bin ich durch reinen Zufall nach Cortina d'Ampezzo gekommen. Es war ein plötzlicher Sprung vom Meer zum Gebirge«; und dann folgt ein Satz, dem wir heute wieder besondere Aufmerksamkeit widmen sollten: »Ein Architekt kann nicht ohne weiteres, mit unveränderten kulturellen Voraussetzungen, von einer Umgebung in eine andere überwechseln. Eine Architektur ... ist nicht etwas Abstraktes, ein ästhetisches Objekt an sich, das da oder dort hingestellt werden kann; ... Denn seinem Umraum als Ganzes gehört eine Geschichte an, die eingreift in die Struktur der Gegend und ihr so vielfältiges Gefüge ... Eine Architektur ist nichts anderes als eine der Komponenten der Landschaft. Diese Feststellung führt uns dazu, die Landschaft nicht als Hintergrund für einen

Eingriff, sondern als einen Hauptfaktor anzusehen ... Zur methodischen Klärung ist zu sagen, daß diese Art der Landschaft gegenüber sich zu verhalten, nicht verwechselt werden soll mit mißverständlichen Theorien des ›Sich-Einfühlens‹. Sie hat mit ›landschaftsgebundenem Bauen‹ nichts zu tun ...«*

Zum Lebensmittelpunkt wurde für Gellner Cortina d'Ampezzo. Dort entstanden in den 1950er und 1960er Jahren nicht nur das Telegrafen- und Postgebäude Palazzo della Telve, der Residence Palace, die Casa Giavi und viele Einfamilienhäuser und Hotels, sondern in der Nähe vor allem auch die große Feriensiedlung von E.N.I. in Corte di Cadore, zu der ein urbanistisches Konzept für rund 500 Häuser, ein Verwaltungszentrum, ein riesiges Jugendheim, Hotels und Kirche gehört. Das 1954 gestartete Projekt war aber von Anfang an auch das der Rekonstruktion einer Landschaft, der Wiederaufforstung eines riesigen Geröllkegels, der sich im Zustand der Verkarstung befand.

In der Colonia Corte di Cadore wird die neue, großstädtische Ferienkultur der Industriegesellschaft mit der heutigen Ferienlandschaft versöhnt. Während die Heere der Sporttouristen die Landschaft zertrampeln, die Schilifte in der schneelosen Zeit unheilbare Wunden zurücklassen, wurde hier das großstädtische Projekt einer Landnahme zur ›Landschaftsreparatur‹, in der sogar Wunden geheilt wurden, die sich die Natur selbst zufügte. Heute sind die etwa dreihundert Objekte auf dem ehemaligen Geröllkegel kaum mehr zu sehen. Edoardo Gellners Verdienst ist es also, schon am Beginn der fünfziger Jahre in der Tourismusarchitektur eine gesamtheitliche, auch ökologische Sicht der Probleme des Bauens in der Landschaft eingeführt zu haben. Wir werden uns angewöhnen müssen, von einem ›Bauen in den Alpen nach Edoardo Gellner‹ zu sprechen.

* Gellner, *Struktur und Typologie der historischen Siedlung im venetianischen Alpenraum und seiner Umgebung*, Venedig 1980

Ästhetisches Engagement
Architektur von Fritz Goffitzer im Linzer Schloss

Der Linzer Architekt Fritz Goffitzer macht von einer alten Möglichkeit Gebrauch, die Architekten immer noch offensteht, um mit der Gesellschaft oder überhaupt ins Gespräch zu kommen: er stellt seine Arbeiten in Form von Plänen, Fotos und Modellen vor. Es gibt weder Projektionen noch ein laufendes Tonband. So wird der Besucher, der sich durch die verschiedenen Säle des Landesmuseums (er nimmt sich auch vor, dass er dieses schöne Museum einmal besuchen wird) durchgekämpft hat, mit den Exponaten allein und in seiner Betrachtung in Ruhe gelassen. Das ist auch notwendig, denn die Arbeiten Goffitzers sind, trotz ihres ästhetischen Engagements und ihrer betonten formalen Gestik, spröde, sie fordern zum Widerspruch, ja manchmal zur Ablehnung heraus. Der Gesamteindruck der Ausstellung liegt aber in der hartnäckigen Auseinandersetzung, die hier ein Architekt mit seinem Medium führt, der man sich nicht zu entziehen vermag und die auch Achtung verdient.

Der Kärntner Goffitzer gehört noch zu den ›jungen‹ Architekten. Er wurde 1927 in Klagenfurt geboren. Trotz seines Studiums der Innenarchitektur an der Kunstschule in Linz bei Wolfgang von Wersin (der ihn grundlegend beeinflusst hat) und des 1966 erworbenen Externistendiploms (bei Norbert Schlesinger) möchte man Goffitzer als einen Autodidakten bezeichnen. Sein Weg führt über das Entwerfen von Gegenständen und die Gestaltung von Ausstellungen zum Bauen. Zweifellos haftet auch seinen Bauten etwas ›Kunstgewerbliches‹ an, vor allem durch das gesteigerte Materialbewusstsein, das dort problematisch wird, wo es sich zu verselbständigen droht, wo Kostbarkeit zelebriert wird, wo sich zu den Begriffen Material und Form auch Kult gesellt. Ich muss gestehen, dass ich mit der Philosophie des Architekten nicht viel anzufangen weiß. Sie scheint sich mit den Sentenzen zu identifizieren, die sich Fritz Fröhlich im Aufsatz zum (sehr informativen) Katalog abringt. Schon der Titel

aus: *Die Presse* vom 3./4. Oktober 1970

Fritz Goffitzer
geboren am 21. November 1927 in Klagenfurt
gestorben am 22. Oktober 2010 in Linz

»Vermächtnis und Auftrag« klingt hoffnungslos werkbündisch und auch ein wenig provinziell.

Goffitzers Arbeiten zeigen eine beachtliche Spannweite, genau genommen jene, die mit dem historischen Begriff von Architektur identisch ist. Während im ›Kunstgewerbe‹ (Goffitzer ist Staatspreisträger für angewandte Kunst) eine ästhetische Akribie und ein bis ins Spielerische und manchmal auch Grüblerische gesteigerter Formwille zum Ausdruck kommt, werden im Städtebaulichen genau die Grenzen sichtbar, die in dieser Annäherung an die Probleme liegen. Goffitzers Trabantenstadt (1966) ist eine modifizierte (funktionalisierte) Renaissancekleinstadt, deren Realisation einen ebenso präzisen politischen Willen wie ein ausreichendes wirtschaftliches Potenzial und die bevollmächtigte Hand des Architekten erfordert. Sicher sind die visuellen Faktoren bestimmende (und heute vielfach vernachlässigte) Elemente des Städtebaus, fragwürdig ist nur ihr subjektiver Alleingang, der der heutigen gesellschaftlichen Realität nicht entspricht. Goffitzer unterwirft auch seine Industriebauten einem vorwiegend ästhetischen Programm. Es wäre interessant, etwa an den Linzer Peugeot-Zentralwerkstätten die Axiome des Funktionalismus zu überprüfen.

Am überzeugendsten erscheinen die Bauten Goffitzers dort, wo sich ihre Aufgabe mit subjektiven Gedanken in Übereinstimmung bringen lässt. Das ist natürlich der Fall bei kostspieligeren (aber auch bescheidenen) Einfamilienhäusern, aber auch bei Bauten, deren Formen signalisieren (Geschäfte) oder wo überhaupt eine symbolische Dimension in den Vordergrund tritt, wie etwa bei der Linzer Synagoge, wo sowohl der Raumfolge, der formalen Erscheinung, aber auch dem Detail eine Selbständigkeit des Ausdrucks erlaubt ist. Wenn auch die Auseinandersetzungen, die Fritz Goffitzer mit architektonischen Problemen führt, nicht dort liegen, wo die lauten Schlachten geschlagen werden, so sind sie doch von einem allgemeinen Interesse. Mit anderen Worten, die Ausstellung verdient es, nicht nur besucht, sondern auch diskutiert zu werden.

Wer ist Eileen Gray?
Architekturausstellung in der Akademie am Stubenring als Entdeckung

Eileen Gray, im dreiundneunzigsten Lebensjahr, gebürtige Irin und in Paris lebend, war bis vor kurzem in Wiener Architektenkreisen nicht einmal ein Geheimtipp. Erst als die Architektin Anna Praun in der Österreichischen Gesellschaft für Architektur eine Mappe zeigte, wurde sie zum Begriff. Otto Niedermoser machte daraus eine kleine, aber bemerkenswerte und erfrischende Ausstellung, die im Foyer der Akademie (Eingang Kopalplatz) gezeigt wird.

Um das Werk zu verstehen, sind zunächst einige biografische Bemerkungen notwendig. Um 1900 studierte Eileen Gray Malerei in London, 1907 ging sie nach Paris, wo sie sich der ›angewandten Kunst‹ zuwandte. 1922 zeigte sie erstmals ihre Arbeiten in der Union des Artistes Modernes, wo sie vor allem das Interesse der holländischen Avantgarde (um J. J. P. Oud) fand. Von dem Architekten Jean Badovici wurde sie zum Bau von Häusern animiert, unter dessen Mitarbeit dann auch zwei Villen entstanden. Die erste wurde 1926 bis 1929 auf Cap-Martin (Roquebrune) gebaut, eine für die damalige Zeit ganz beachtliche Leistung. Dieses Haus kam später übrigens noch in einer ganz anderen Weise mit der Architekturgeschichte in Verbindung: Le Corbusier, der Eileen Gray hoch schätzte, verlebte dort seine letzten Tage. Vom Strand dieses Hauses schwamm er ins Meer und kehrte nicht mehr zurück. Die zweite Villa entstand 1931 bis 1936 in Castellar.

Es ist selbstverständlich, dass die Entwürfe, Bauten und Gegenstände ganz unter dem Einfluss des *Esprit nouveau*, also der französischen Schule um Le Corbusier, stehen. Was sie aber besonders auszeichnet, das ist eine unorthodoxe, freie, selbstverständliche Art der Formfindung. Aus allen Details spricht der praktische Intellekt einer Frau, die ihrer Umwelt mit einer großen Sensibilität begegnet und sie verwandelt. Viele Möbel (vor allem Polstermöbel) könnten heute unverändert auf den Markt gebracht werden. Viele Details, wie etwa der Sonnenschutz bei den Häusern, können

aus: *Die Presse* vom 16./17. Mai 1970

Eileen Gray
geboren am 9. August 1878 in Enniscorthy / IRL
gestorben am 31. Oktober 1976 in Paris

auch heute nicht besser gemacht werden. Alle Gegenstände bekommen durch eine undemonstrative Funktionalität ihre Gestalt. Es fehlt ihnen, was man bei vielen Kreationen der dreißiger Jahre oft finden kann, das demonstrativ Moderne, das Formalistische, die zelebrierte Form. Eileen Gray hat offensichtlich Freude an ihren Dingen und es scheint, als hätte sie alle nur für ihren eigenen Gebrauch geschaffen und erhalten. Sie ist also kein Architekt, der fluchtartig seine Wirkungsstätte verlässt und dabei schon wieder darüber nachdenkt, was er für den nächsten Klienten neues erfinden kann. Ihre Beziehung zu den Gegenständen ist eine freie, sie ist von keinem Publikum belastet, sie kennt auch nicht den Zwang zur Publizität. Vielleicht ist das auch der Grund, dass die Welt erst jetzt (seit der Publikation im *Domus* 1968) von der Existenz dieses Werkes erfährt, obwohl es offensichtlich vielen berühmten Zeit- und Fachgenossen bekannt war.

Interessant sind auch verschiedene Entwürfe, so ein vorfabriziertes Röhrenhaus (elliptische Betonröhren) oder ein Ferienzentrum mit einem Freitheater auf dem Dach. Alles Ideen, die heute wieder verkauft werden. Auch der Entwurf für das Haus eines Bildhauers beweist eine große Selbständigkeit. Allen diesen Entwürfen ist eine Lebendigkeit eigen, die Häuser liegen selbstverständlich in der Landschaft, Gelände und Raumgestaltung stehen in enger Beziehung. Aber kein Gedanke, keine Form ist überbetont oder verselbständigt sich. Nicht zuletzt ist die Ausstellung wiederum ein Beweis, dass Architektur nicht ausschließlich auf professionellem Boden gedeiht, dass jeder begabte Mensch, der auch denken kann, fähig ist, seine Umwelt selbst zu gestalten, manchmal in einer Weise, wie es selten einem Architekten gelingt.

Helmut Grimmer
Nachruf

Helmut Grimmer war es knappe zehn Jahre gegönnt, sich in seinem Beruf engagiert zu entwickeln. Seine Krankheit schien seine Anstrengungen oft zu verdoppeln. Die auffallendsten Eigenschaften seines Charakters waren Ehrlichkeit und Geradlinigkeit, die sich manchmal in Hartnäckigkeit zurückzuziehen schienen. Seine Kompromisslosigkeit war jedoch nicht die Berufskrankheit junger Architekten, die oft sehr schnell diese Rolle lernen, sondern sie hatte etwas von der Radikalität einer Wahrheitssuche, die vor sich selbst und seinen Freunden nicht Halt machte.

Es gibt keine verbalen Äußerungen Grimmers, die einen Zugang zu seinen architektonischen Arbeiten ermöglichen. Seine Entwürfe zeigen den ununterbrochenen Versuch, die Architektur zu eindeutigen Aussagen zu zwingen. Seine Mittel sind elementare Geometrie und Ordnungsprinzipien, die ebenso elementare Raumsituationen erzeugen. Seine Architektur ist nicht der ›Welt‹ zugewendet, bietet keine Dienste an, sondern ist selbst eine Welt, die sich den Menschen anbietet. Grimmer hat in seinen Entwürfen immer eine Art Pioniersituation gesucht, in die die Architektur immer gerät, wenn sie durch historische Ereignisse oder Bewegungen gezwungen wird, sich auf sich selbst zu besinnen. In diesem Sinne war die heutige Entwicklung gegen ihn, wo die Probleme der Anpassung, des Transportes historisierender Information, kurz, eine kontemplative, verfeinerte Architektur wieder in den Vordergrund tritt. Vielleicht ist auch Grimmers Architektur in diesem Sinne noch die eines jungen Architekten, der die Phase der Konzentration, des bewussten Ausschließens noch nicht abgeschlossen hatte, obwohl sich schon in den letzten Entwürfen größere Freiheiten ankünden.

Traurig ist die Tatsache, dass es Helmut Grimmer nicht gegönnt war, einen einzigen Bau in seinem Sinne zu verwirklichen. Der zähe Kampf, den er in Tirol um ein Haus führte, zeigt, wie es tatsächlich um die kulturellen

Typoskript; abgedruckt in: Helmut Grimmer 1940–1975, Katalog zur Gedächtnisausstellung, hg. von ÖGFA, Wien 1975

Helmut Grimmer
geboren am 1. Dezember 1940 in Innsbruck
gestorben am 17. Jänner 1975 ebendort

Kräfteverhältnisse steht, wenn jemand versucht, auch die Konvention der Moderne zu verlassen. Natürlich stellt die Tatsache des Todes seine Arbeit in ein anderes Licht. Ein fragmentarisches, in Entstehung begriffenes Werk wird zur endgültigen Aussage über seine Person, ja über eine ganze Situation innerhalb der jüngeren österreichischen Architektur.

Johann Georg Gsteu
Einführende Worte

Es mag ein gewisser Zynismus darin liegen, dass man mich gebeten hat, Johann Georg Gsteu kurz einzuführen. Mich verbinden mit ihm fünf Jahre architektonische Misserfolge. Da wir uns erst getrennt haben, als der erste größere Erfolg eintrat, ist unser Verhältnis ungetrübt. Gsteu hat nach diesen fünf Jahren die Ziviltechnikerprüfung gemacht, ich habe meine Architekturbibliothek versteigert, wobei ich nicht besonders erwähnen muss, dass natürlich Gsteu die meisten Bücher ersteigert hat. – Mir scheint es wichtig zu erwähnen, dass er von der Bildhauerei herkommt, wenn auch ›nur‹ von einer Fachschule, und dass er dann in der Salzburger Gewerbeschule in einer Bankreihe mit Puchhammer, Holzbauer, Leitner und mir gesessen hat. Kurrent saß damals schon zwei Reihen vor uns. – Vielleicht ist es auch von biografischer Bedeutung, dass sich in ihm zwei Formen von altbayrischer Hartnäckigkeit potenziert haben, die tirolerische und die oberösterreichische. – Darüber hinaus würde ich ihn sehr freundschaftlich als einen architektonischen Triebtäter bezeichnen, der mit einer traumwandlerischen Sicherheit architektonische Gedanken verfolgt. Holzmeister lieferte dazu den Untergrund, den Humus, vielleicht auch die Faszination, Wachsmann die Methode. Und die arbeitsgruppe 4 im geeigneten Moment die Herausforderung, die sich dann, für Wien etwas ungewöhnlich, in einer Zusammenarbeit austrug (Seelsorgeanlage Steyr-Ennsleiten). – Gsteu ist für mich in unserer Szene der einzige Architekt, dem es gelingt, mit kleinen rationalen Schritten das Irrationale zu erreichen. Diese kleinen Schritte (mit unzähligen Versuchen) zeigen, wie bei einem Puzzle, lange Zeit keinen Zusammenhang. – Das macht oft Mitarbeiter ungeduldig und führt zum Auskratzen von Plandrucken. Wenn Gsteu über seine Arbeiten spricht, wiederholt er meist seinen Entwurfsprozess. Auch das erfordert Geduld. Ich hoffe, dass Sie diese Geduld haben, es macht sich bezahlt.

Typoskript vom 25. Jänner 1980, Einführung beim ›Vorsingen‹ an der Universität Kassel

Johann Georg Gsteu
geboren am 26. Juli 1927 in Hall / Tirol
gestorben am 20. August 2013 in Wien

Städtebau und Zigarettenpackung
Kultur aus dem Handwerk

Typoskript vom 9. April 2000; abgedruckt in: Adolph Stiller, *Oswald Haerdtl. Architekt und Designer. 1899–1959*, Salzburg 2000

Oswald Haerdtl
geboren am 17. Mai 1899 in Wien
gestorben am 9. August 1959 ebendort

Auftreten und Erscheinungsbild des profilierten Architekten der Zwischen- und Nachkriegszeit (noch nicht vom medialen Starkult absorbiert) war durchaus mit jenem von Dirigenten oder gefeierten Solisten vergleichbar, wenn auch Clemens Holzmeister, der einzige wirklich in Österreich bekannte und wahrgenommene Architekt, den ganzen Berufsstand bei weitem überstrahlte. Aber auch ›Figuren‹ wie dem ›alten Hoffmann‹ oder eben Oswald Haerdtl waren ihre Wiener Rollen zugeteilt. Der Kettenraucher Haerdtl, makellos gekleidet, anscheinend nie eines verbindlichen Lächelns fähig, signalisierte berufliche Kompetenz und Durchsetzungsvermögen. Haerdtl hatte die Aura des Kosmopoliten, der zumindest mit der italienischen Moderne auf Duzfuß stand, und in seinen spärlichen verbalen oder schriftlichen Äußerungen war er unter den wenigen seiner Generation, die die verschwundene internationale Präsenz der österreichischen Architektur nach dem Zweiten Weltkrieg vermissten und auch urgierten. So ist es vielleicht kein Zufall, dass später ein Karl Schwanzer (von 1946 bis 1950 sein Assistent) aus seinem Dunstkreis in die Öffentlichkeit trat.

Oswald Haerdtl begriff die kulturelle Rolle des Architekten auch als eine öffentliche. Er mischte sich in städtebauliche Fragen (Neugestaltung des Stephansplatzes) ebenso ein wie in die Erzeugung und Verbreitung (heute würden wir Vermarktung sagen) der ›Guten Form‹. Haerdtls ›schöpferische Heimat‹ war das Handwerk, das auch in der Wiener Nachkriegszeit seine Wertschätzung genoss, das Problemfeld ortete er aber im notwendigen Übergang in die moderne industrielle Produktion, in der Überführung dieser alten Qualitäten in neue Herstellungsverfahren und damit in eine neue Ästhetik.

Haerdtl war in den fünfziger Jahren für Architekturstudenten keine geliebte, aber eine respektierte Persönlichkeit. In den sich neu fokussierenden internationalen Perspektiven hing ihm das ›Wienerische‹, also das Kunstgewerbliche nach, das sich als ein ästhetisches ›Auslaufmodell‹ darstellte. Haerdtl hatte auch einige begeisterte Studenten, die aber als ›Innenarchitekten‹ (denen wieder das Odium des Dekorateurs nachhing) in der Architektenschaft kaum wahrgenommen wurden.

Oswald Haerdtl gehört der ›Verlierergeneration‹ des 20. Jahrhunderts an. In den Ersten Weltkrieg gerade noch hineingezogen, nehmen ihm Weltwirtschaftskrise, Ständestaat und »Drittes Reich« zwei Jahrzehnte seines nicht gerade langen Architektenlebens. Aus diesem Defizit ist vielleicht auch die ungeheure Arbeitswut im Wiederaufbau, seinem letzten Jahrzehnt zu erklären. Mit dem ›Zeitpolster‹ heutiger Architektenbiografien verglichen, waren Oswald Haerdtls Zeitressourcen sehr bescheiden. Man muss sich einmal vorstellen, in die Gegenwart hereingerückt entspräche das Jahr 1970 dem Jahr 1930, 1979 jenem von 1939, 1985 jenem von 1945 und dann blieben ihm noch die Jahre bis 1999. Die dreißiger Jahre waren 1945 noch Gegenwart, aber eine zertrümmerte, gescheiterte, hinter gesellschaftlichen und privaten Katastrophen verschwundene und ebenso verdrängte. Die älteren Bezugspersonen (etwa Adolf Loos, Oskar Strnad) waren tot oder (wie Josef Hoffmann) ratlos in einer neuen Welt zurückgeblieben. Generationsgenossen wie Ernst A. Plischke, Heinrich Kulka, Hans A. Vetter, Walter Loos, Ernst Lichtblau, Walter Sobotka, Victor Gruen, Oskar Wlach, Richard Neutra u. a. waren vertrieben oder früher emigriert. Josef Frank und Oskar Wlach schrieben Briefe aus New York. Haerdtl war ernsthaft bemüht, alte Beziehungsnetze wieder zu flicken. Gleichzeitig entwickelte die ›internationale Szene‹ eine noch nie erlebte Dynamik. Eines der Zentren war Mailand. Dort arbeitete ein alter Freund, der *domus*-Herausgeber und Erbauer des Pirelli-Towers Giò Ponti. Haerdtls Frau Carmela, eine gebildete, mehrsprachig erzogene Südtirolerin aus alter Familie, arbeitete noch lang über seinen Tod hinaus als Fotografin und Korrespondentin für *domus*. Man hat aus diesen Mailänder Beziehungen Haerdtls zunächst nur seinen Import des ›Espressostils‹ wahrgenommen, eine ›tödliche Gefahr‹ für das Wiener Kaffeehaus, wie man glaubte. Tatsache ist, dass Haerdtl im engen Kontakt mit der Entwicklung des italienischen Designs ein neues Bewusstsein von der Ästhetik der Gebrauchsgegenstände entwickelte, die die etwas biedere und ermüdete deutsche Variante der ›Guten Form‹ weit hinter sich ließ.

Wenn man von Oswald Haerdtls Hintergrund, dem in nobler Distanz und Zurückhaltung immer noch anwesenden Josef Hoffmann absieht und sich der polaren Orientierungspunkte seiner Ausbildung erinnert (verkörpert durch die Partner Oskar Strnad und Josef Frank), so arbeitete er in den dreißiger Jahren im Zentrum der Wiener Architekturdiskussion. In den fünfziger Jahren entstand noch an der Akademie für angewandte Kunst durch das ›Hineinregieren‹ Clemens Holzmeisters (über die Präsidenten Max Fellerer und Ceno Kosak) und die betont sozial orientierte Position Franz Schusters so etwas wie eine koalitionäre Konstellation Wiener Architektur, eingebettet in die handwerkliche Vielfalt der Schule und ihrer Meisterklassen. Haerdtl arbeitete also in einem Umfeld, das sich einerseits kaum veränderte, sich andererseits aber durch den politischen und ökonomischen Aufbruch völlig neu orientieren musste. Und in dieser Situation spielten die ihm zur Verfügung stehenden Fenster ins Ausland, vor allem nach Italien, eine große Rolle.

So ist es wohl kein Zufall, dass in Oswald Haerdtls Werk die Komponente des Beharrens (sichtbar am hohen Stand der handwerklichen Kultur, der materialorientierten Formfindung, dem Beherrschen der Herstellungsmethoden, der sinnlichen Freude an Oberflächen, Farben und Texturen etc.) ebenso vorhanden ist wie der Impetus der Erneuerung durch die Orientierung vor allem an der neuen ›abstrakten‹ Kunst, die mit einer frischen Expressivität aus der orthodoxen Moderne ausbrach und eine neue/alte Sinnlichkeit und Freiheit eroberte. Haerdtls Rolle in diesem Prozess ist noch nicht erforscht. Seine Kontakte zu Künstlern (wie Herbert Tasquil) und sein fast unerschöpflich scheinender Erfindungsdrang, seine ausufernde Formfindung, sein auch malerischer Zugriff auf das sich transformierende ›Kunstgewerbe‹ (etwa die starke, ja Frank'sche Komponente der Behandlung und Verwendung von Textilien), das Einbeziehen neuer Materialien (in Koexistenz mit den klassischen), die gleichzeitige Herausforderung alter handwerklicher und neuer technischer und industrieller Fertigungsmethoden, das Zugehen auf die den Handwerker ablösende Industrie, das alles erhielt das Werk bis heute lebendig und fordert vor allem zu einer neuen Bewertung und Auseinandersetzung heraus.

Wenn man von Oswald Haerdtls Basis ausgeht, die für den gelernten Tischler das Handwerk blieb, so findet man in seinen Entwürfen für Glas, Porzellan, Holz, Textil, Metall und Stein nicht nur Beleuchtungskörper, Uhren, Pokale, Vasen, Orden, Bestecke, Silberarbeiten, Türbeschläge, Sakralgegenstände oder Zigarettenpackungen, sondern es baut sich aus diesen kleinen Elementen ein ganzer Kosmos von Gegenständen und Gebäuden auf, die, anders gesehen, noch das Anforderungsprofil des ›klassischen‹ Architekten des 19. Jahrhunderts widerspiegeln. Man kann zwar behaupten, dass mit der Größe der Bauaufgaben, über den Gestaltungsbereich von Wohnungen, Wohnhäusern, Cafés, Espressi, Pavillons,

Restaurants und Hoteleinrichtungen hinaus, etwa bei Bauten wie städtischen Geschäfts-, Wohn- und Bürohäusern, dem Historischen Museum der Stadt Wien oder bei städtebaulichen Wettbewerben (das Projekt für den Stephansplatz mit Wilhelm Schütte und Karl Schwanzer) die Luft für Oswald Haerdtl immer dünner wird und er mit zunehmendem Umfang dieser Bauaufgaben sich mehr dem Zeitgeist annähert und an Eigenständigkeit aufgibt, aber das mindert nicht seine Bedeutung als erfinderischer, fantasievoller ›Formgeber‹ und schmälert nicht seine kulturelle Rolle im Wien der Nachkriegszeit.

Albert Paris Gütersloh eröffnet in einer Besprechung der »Haerdtl-Ausstellung« im Jahr 1951* einen erstaunlichen Tiefblick auf dieses Werk, eine Art zeitkritische Diagnose: »Wir jedoch leben noch zu nahe ihrem Bruche mit einer nicht mehr durchbluteten Tradition, um die Bruchstelle schon jetzt überspringen oder nur noch als Sprung im Teller wahrnehmen zu dürfen ...«

Gütersloh findet, dass die Architektur seiner Gegenwart »... gar keinen ideologischen Hinterkopf besitzt, wie einen, den die Renaissance hatte, die etwas präsentierte, oder die barocke, die gegen etwas polemisierte, oder auch noch die biedermeierische, die wenigstens die blaue Blume der Romantik zum Mauerblümchen stilisierte ...«, um dann festzustellen: »Von solch bewußten oder unbewußten Reaktionen auf das Ausdrucksbegehren der Zeit ist in dieser neuen Architektur nichts, oder noch nichts, wahrzunehmen, sei es, daß das letzte Halbjahrhundert trotz großem Geschehen wahre geschichtliche Größe nicht erreicht hat, sei es, daß ihr Grundzug ein materialistischer und also notwendig geschichtsfeindlicher ist.«

Gütersloh versieht dann seinen Befund mit einem kleinen Fragezeichen: »Wenn das letztere der Fall sein sollte, woran kaum zu zweifeln ist, so muss das neue Bauen und Möblieren – ob schlicht, ob luxuriös – ausschließlich als das rechte Denken im rechten Material definiert werden. Ob Stein ob Beton, ob Holz ob Papier, ob Gold ob Blech, ob Glas ob Brillant: kein Material täuscht ein anderes vor, keines schwelgt in kitschigen Metaphern, keines will das Unreimbare reimen, sondern jedes spricht seine eigene nüchterne Prosa, die so gut aus Erz sein kann wie die des Tacitus oder aus Spitzen wie etwa die Alfred Polgars.«

Und kommt schließlich noch zu Oswald Haerdtl selbst: »Man wird und kann nun gegen Oswald Haerdtl den Vorwurf der kapitalistischen Luxeria, der kunstgewerblichen Verspieltheit und somit der Volksfremdheit erheben, einen Vorwurf übrigens, der jedem Künstler gemacht wird, der seinem Instrument mehr Töne entlockt als es Saiten hat. Wenn wir

* A. P. Gütersloh, »Neue Architektur – spartanisch und groß. Zur Ausstellung Oswald Haerdtl in der Secession«, in: Weltpresse, 7. Jg., Nr. 40, vom 18. April 1951

dieser Auffassung nachgeben, werden wir bald beim stummen Klavier, beim Harfen auf Spagat und beim tryglodytischen Lallen enden, das nur dem anderen B'suff etwas sagt. Nein, Haerdtl, auch wenn er schwierig-doppelgriffig spielt, holt aus seinem Material nur jene mathematisch-strenge Musik, die in diesem Material wohnt.«

Wenn man Albert Paris Güterslohs eigene Position am Beginn der fünfziger Jahre außer Acht lässt, drückt sich in dieser Interpretation des Haerdtl'schen Werkes jener den Sinnen vertrauende ›entideologisierte‹ Zeitgeist aus, der zunächst allen Symbolen und Metaphern misstraute und Sicherheit in einer ›unmittelbaren Anschauung‹, in einer Wahrnehmung der konkreten Formen und Gegenstände suchte. Dabei ist Haerdtls Werk durchaus gespalten, ja brüchig und widersprüchlich. Es passt jedoch in seine Architekturkonzeption, dass sich die Form nicht unabhängig vom Inhalt, also dem Gebrauchswert entwickelt. So erschließt der Messepavillon, das Espresso, die Hotellobby oder die bürgerliche Wohnung jeweils ein anderes Terrain der Formensprache als die Amtsräume für einen Bundeskanzler oder ein Historisches Museum der Stadt Wien.

Dabei zeigt Haerdtl, dem man Unsicherheit bestimmt nicht vorwerfen kann, unterschiedliche Grade von Sicherheiten. Eine Gratwanderung besonderer Art gelang ihm beim Wiederaufbau des zerbombten Ecks des Bundeskanzleramtes bei der Ausstattung der repräsentativen Amtsräume. So nahe am Ständestaat, »Dritten Reich« und stalinistischen ›Realismus‹ eine repräsentative ›Staatsarchitektur‹ zu entwerfen, die nicht in das Pathos dieser Zeit hinüberkippte, war schon eine besondere Leistung. Haerdtl hielt sich einerseits (vielleicht im Wettstreit mit Fellerer und Wörle, die gerade das Parlament wiederaufbauten) an die Hansen'sche Noblesse, an das noch immer sichere Mittel der Formparaphrase und -reduktion, man findet auch Erinnerungen an eine skandinavische Moderne, er zog alle Register seiner Materialbeherrschung und durchwirkte die Formen repräsentativen Ernstes mit einem Flair leichten Kunstgewerbes. Wenn es auch keine Spuren von Ironie gibt, so lassen doch einige Details (etwa die mit dem Staatswappen geschmückten flachen, ionischen Pilasterkapitäle der Wandverkleidung) ein Schmunzeln zu. Viel interessanter sind aber die Brechungen und Verfremdungen klassischer Elemente, wie Gesimse, Rahmungen, Reliefs und Oberflächentexturen. Hier wird, könnte man etwas euphorisch behaupten, noch einmal das neue Österreich mit seiner Geschichte versöhnt, ohne die Distanz zu dieser aufzugeben oder zu vergessen.

Oswald Haerdtls künstlerische Position muss man sich auch noch in den fünfziger Jahren zwischen Josef Hoffmann und Josef Frank vorstellen.

In seinen Glasentwürfen etwa, ist er in Konkurrenz mit seinem Meister, und es gelingt ihm sogar, diesen an Eleganz, Leichtigkeit, ›Musikalität‹ und Poesie zu übertreffen. Der Einrichter Haerdtl ist wiederum dem Raumdenken des Josef Frank näher, wenn er auch weniger Fremdes, Anderes oder Gemischtes zulässt. Frank hatte in seiner Ablehnung des ›Garniturdenkens‹ keine Probleme, Möbel aus verschiedenen Zeiten oder gar Repliken zu verwenden. Haerdtl sucht zwar die Buntheit Frank'scher Interieurs, aber sie werden von ihm entworfen. Das ist vielleicht auch eine Erklärung für die Unzahl und Vielfalt seiner Entwürfe für Sitzmöbel.

Es gibt auch Bereiche, in denen Haerdtl die ästhetische, den Wiener Werkstätten eigene Ignoranz Gebrauchsgegenständen gegenüber nicht zu verlassen scheint: Seine Bestecke würden heute noch den Zorn eines Adolf Loos oder zumindest den Tadel Oskar Strnads provozieren. Geradezu avantgardistisch hingegen war Haerdtl bei den meisten seiner Pavillonentwürfe, wie überhaupt im Bereich der Ausstellungsgestaltung. Etwa seine architektonische Einbindung der Schrift, der Bedeutung, die er dem Zeichen und der visuellen Information einräumt, sucht seinesgleichen. Hier wird nicht nur die Rolle der Schrift in der modernen visuellen Kommunikation voll erkannt, sondern es wird ihr auch wörtlich *Raum* gegeben. Seine selbst entworfenen Schriftzüge haben nicht nur Logocharakter, sondern sie sind architektonischer Bestandteil seiner Objekte und Portale. Hier gelang es Oswald Haerdtl, die Wiener Tradition der Moderne sozusagen an die vorderste Linie der Architekturdiskussion zu schieben und noch einmal als Faktor der Stadtkultur ins Bewusstsein zurückzurufen.

Das Historische Museum der Stadt Wien, bis heute ein ungeliebtes Kind der Wiener kulturellen Selbstwahrnehmung und Selbstdarstellung, bleibt trotzdem ein Schlüsselbau Haerdtl'scher Architektur. Nicht, weil hier ein Meister der ›leichten Hand‹ und der Intimsphäre einer alten Metropole seine künstlerischen Grenzen fand, weil das Thema Museum noch nicht öffentlich erkannt wurde und die Bauherrschaft orientierungslos, desinteressiert und schwach war, sondern weil es Oswald Haerdtl gelang, in einem vermurksten, aber immerhin imperialen Stadtraum der jungen Zweiten Republik eine zwar arme, aber würdevolle Erscheinung zu geben. Vielleicht sollte dieser Bau einmal als Summe der Möglichkeiten dieser Zeit analysiert werden, der Möglichkeiten des Umgangs mit der Vergangenheit und der Zukunft dieser Jahre. Vielleicht wird man dann auch zu einer anderen Bewertung kommen.

Anhand des Werkes von Oswald Haerdtl stellen sich die fünfziger Jahre in einem zwar vertrauten, aber doch neuem Lichte dar. Sein

›Kunstgewerblertum‹ führt in eine immer noch reiche handwerkliche Kultur der Stadt, seine materialen Obsessionen, das Raffinement der sich aus dieser Welt entwickelnden Formen, seine Otto Wagner'sche Zugewandtheit dem ›Leben‹ und seinen Träumen von Zukunft, sein Beharrungsvermögen im Einfordern von Qualität und Präzision, sein Anspruch auf Dauerhaftigkeit in einer sich schnell wandelnden Welt, das alles sind Eigenschaften, die heute ebenso antiquiert wie aktuell erscheinen. Aktuell bleibt auch Haerdtls Offenheit gegenüber der zeitgenössischen Kunst, seine ›Witterung‹ für das Kommende, ja für den marktorientierten Wechsel des Ästhetischen. Haerdtl hätte sozusagen der Wiener Werkstätte über ihr Grab hinaus eine Zukunft weisen können, er hatte, nach A. P. Gütersloh, die Bruchlinie zur Tradition übersprungen. Haerdtl hat zwar seine kulturelle Position im Wien der Nachkriegszeit nie theoretisch reflektiert, aber er hat sie voll ausgelebt und uns genügend Stoff hinterlassen, dies nachzuholen.

Zerstörung einer Legende
Neues Bauen, kritisch betrachtet: Hugo Häring Ausstellung

Im Festsaal der Technischen Hochschule ist bis Mitte Mai eine kleine, aber bedeutende Ausstellung zu sehen, die dem Werk des großen deutschen Architekten Hugo Häring gewidmet ist. Es ist der Initiative der Lehrkanzel Professor Schwanzers zu verdanken, dass nicht nur die in gewissem Sinne sogar sehr aktuelle Schau in Wien zu sehen ist, sondern dass auch der bekannte deutsche Architekturtheoretiker und Kritiker Jürgen Joedicke, der als Verfasser des Buches über Häring auch diese Ausstellung zusammengestellt hat, zu einem Vortrag über dieses bedeutende Werk geholt wurde. Vielleicht war es für viele eine Enttäuschung (gerade an der Technischen Hochschule), dass die Essenz des Vortrags über Häring gerade die Zerstörung einer vor allem in Deutschland vorhandenen Legende war. Häring als vermeintlicher ›Ahnherr einer plastischen Architektur‹ entpuppte sich als Wunschdenken einer anderen Generation.

Joedickes Vortrag ging zuerst direkt auf dieses Missverständnis ein. Härings Denken hat immer um Wege der Formfindung gekreist und sich zeitlebens gegen eine Vorbestimmung der Form gewehrt. Form war für ihn immer auf einen genau definierten Inhalt bezogen, war Übereinstimmung mit diesem Inhalt. »Wir wollen die dinge aufsuchen und sie ihre eigene gestalt entfalten lassen. Es widerspricht uns, ihnen eine form zu geben, sie von außen her zu bestimmen, irgendwelche abgeleitete gesetze auf sie zu übertragen.« (Dieser Satz wäre auch ein Ausgangspunkt in der Diskussion um Design und Formgebung.) Der Begriff »organhaftes bauen« steht ebenfalls im Gegensatz zu den allgemeinen Vorstellungen der Nachahmung oder Transponierung organischer Formen in der Architektur: »Organhaftes bauen hat natürlich nichts mit der nachahmung von organwerken der geschöpflichen welt zu tun! Die entscheidende forderung, die man vom standpunkt der organik stellt, ist die, dass sie in der wesenheit des objektes gesucht werden muss.«

aus: *Die Presse* vom 30. April 1966

Hugo Häring
geboren am 22. Mai 1882
in Biberach an der
Riß / Deutsches Reich
gestorben am 17. Mai 1958
in Göppingen / D

Gut Garkau, Schleswig-Holstein, Deutschland, 1924–1926

* Häring, »Form der Leistungs-Erfüllung« in: *Innen-Dekoration* 43. Jg. 1932, S. 361–363

** Frank, *Architektur als Symbol* (1931), Wien 1981, S. 166

*** Loos, »Der sattlermeister«, in: *Adolf Loos. Sämtliche Schriften 1*, hg. von Franz Glück, Wien 1962, S. 220

Hugo Häring, als Sekretär der Berliner Architektenvereinigung »Der Ring« vielleicht der führende theoretische Kopf des Zentrums der Architekturentwicklung der zwanziger Jahre, hat auch zu Wien mehrfache Beziehung. Seine Gedankenwelt hatte eine gewisse Verwandtschaft mit jener von Adolf Loos und Josef Frank. So war er auch der einzige deutsche Architekt, der zur Mitarbeit an der Wiener Werkbundsiedlung eingeladen wurde. Sein Vortrag *versuch einer orientierung* (den er zur 20. Jahresversammlung des Österreichischen Werkbundes in Wien 1932 gehalten hat) löste damals die heftigsten Diskussionen aus und soll auch zur Spaltung des Werkbundes beigetragen haben. Das ist leicht verständlich, wenn man angesichts der unerschöpflichen Formerfindungen des Kreises um Hoffmann liest: »Der künstler steht im innersten widerspruch zur form der leistungserfüllung, solange er seine individualität nicht aufgibt, denn es handelt sich bei der arbeit an der form der leistungserfüllung nicht um die verwirklichung der individualität des künstlers, sondern um die verwirklichung der wesenheit eines möglichst vollkommenen gebrauchstechnischen gegenstandes.«* Josef Frank schrieb ungefähr zur gleichen Zeit: »… oder bereits Bestehendes, das seit langer Zeit vollkommen ist, diesen neuen Formen angleichen. Der Wahn von der Gleichheit der Form, der unendlichen Garnitur, die Grundlage veralteten Kunstgewerbes als geschlossenes System ist noch immer derselbe, und er kann nicht begreifen, wie vielförmiger unser Leben geworden ist, wie sich ihm alles Bestehende einfügen muß.«** Und Loos hatte schon 1903 (in *Das Andere*) seinen Sattlermeister dem Kunstgewerbeprofessor sagen lassen: »Herr professor! Wenn ich so wenig vom reiten, vom pferde, vom leder und von der arbeit verstehen würde wie sie, dann hätte ich auch ihre phantasie.«***

Auch heute wäre das Werk und vor allem die Theorie von Hugo Häring imstande, eine starke Diskussion auszulösen. Sein Begriff vom Bauen (getrennt von jenem der Architektur), seine Entwurfsmethode und seine Funktionalität (die ebenfalls der allgemeinen Vorstellung vom Funktionalismus diametral gegenübersteht) müssen heute den Tendenzen einer unkontrollierten Selbstdarstellung gegenüber als Provokation wirken. Das ist ein Beitrag der Ausstellung, ihr ›aktueller‹ Wert, neben der lange fälligen Erinnerung an einen großen Architekten.

Der produktive Zweifel
Zu den Schriften von Bernhard Hafner

Bernhard Hafners Denken und Schreiben kann vermutlich nur in polaren Fragestellungen beschrieben werden: Er kommt aus einem dichten Milieu, aus der überaus produktiven und spannungsreichen ›Grazer Szene‹ und ist vom ersten Tag an, noch auf der Technischen Hochschule, zu seinen Lehrern und den sich bildenden Gruppierungen auf Distanz gegangen. Diese Opposition ist ebenso fachlich wie emotional, ja antizyklisch, skeptisch gegenüber Trends und Moden, eher grüblerisch und nach Fundamenten suchend. Er verlässt schon Mitte der sechziger Jahre diese ›Szene‹, geht in die Vereinigten Staaten, um an unterschiedlichen Universitäten zu forschen und zu lehren.

Es ist aber legitim, einige Bemerkungen zum Werk Bernhard Hafners mit so ambivalenten Worten einzuleiten, weil es wohl kaum einen Architekten auf steirischem oder österreichischem Boden gibt, der seine Arbeit mit solchen Skrupeln und analytischer Intelligenz begleitet wie eben Bernhard Hafner. Wenn für viele selbsternannte Genies der Architektur der produktive Irrtum die größte Schubkraft für ihre Arbeit darstellt, so ist es für Bernhard Hafner der produktive Zweifel, dessen Paradoxie es ist, um bei diesem schrägen Bild zu bleiben, im Bremsvorgang eine Schubkraft zu erzeugen, die ihn über sich selbst hinausschießen lässt.

Obwohl Bernhard Hafner in den sechziger Jahren ein Faktor der ›Grazer Szene‹ von der ersten Stunde an war, ist es ihm bis heute gelungen, eine kreative Distanz, besser ein Spannungsfeld zu erhalten, das, nachdem diese ›Szene‹ gar nicht mehr existiert, trotzdem seine solitäre Position sichert. Das klingt schon wieder nach dezidierter Positionierung, ist es aber nicht. Allein schon die Tatsache, dass Hafner einen Band von Aufsätzen der Öffentlichkeit vorlegt, macht ihn auf Grazer Boden zum Außenseiter und, wenn ich das so einschätzen darf, sicher auch verdächtig. Der letzte Architekt, der dies versuchte, war Ferdinand Schuster, und dieser ist,

Typoskript vom 13. Jänner 2001; abgedruckt in: Bernhard Hafner, *Architektur und sozialer Raum. Aufsätze und Gespräche über Architektur und die Stadt*, Wien 2002

Bernhard Hafner
geboren am 25. Jänner 1940 in Graz
lebt und arbeitet ebendort

in vielen Eigenschaften anders strukturiert als Hafner, an diesem Versuch gescheitert. Gescheitert nicht aus Unvermögen seiner selbst, sondern am Unvermögen seines architektonischen Umfelds, seiner Zunft, am Unvermögen bei aller Brillanz medialen Denkens (im Medium der Architektur), eine verbale Kultur der Kommunikation zu entwickeln. So gesehen schrieb (schreibt) Bernhard Hafner in ein Rezeptionsvakuum hinein und man kann nur darauf gespannt sein, ob das physikalisch Unmögliche gelingt, aus einem Vakuum eine Resonanz zu erhalten. Aber Hafner schreibt eben nicht ausschließlich für dieses regionale Umfeld.

Ich möchte die Beziehung Bernhard Hafners zu Ferdinand Schuster nicht strapazieren, aber der Titel dieses Bandes ist *Architektur und sozialer Raum*, und es scheint, dass hier eine Denktradition anklingt, die zumindest über Schuster bis Herbert Eichholzer zurückreicht. Dieser Versuch der ›Verortung‹ einer Arbeit bleibt aber problematisch, weil das Denken Hafners alles andere interessiert, als an lokale Traditionen anzuknüpfen oder gar daraus ein ›Denkgebäude‹ zu errichten. Die Versuchung läge nahe, den Architekten Hafner gegen den Denker, Schreiber, Theoretiker auszuspielen: Ich riskiere die Behauptung, dass Hafner in all seinen Schriften Architekt bleibt, dessen Wechsel in die Sprache ein Überprüfen des eigenen Mediums (des wie immer artikulierten Raumes) darstellt. Schreiben als Prozess der Klärung, dessen die Architektur und vor allem das Bauen immer bedarf. Und es gibt eine sympathische Definition von Architekturtheorie (von Beat Wyss), die diese als einen die Architektur »begleitenden Kommentar« beschreibt.

Bernhard Hafners Schriften sind nicht leicht zu lesen. Obwohl er sich vielfach auf ›klassische Böden‹ der Architekturtheorie begibt, meidet er deren Gemeinplätze und Orthodoxien, vermeidet den gängigen Begriffsapparat und gelangt, ausgerüstet mit den Instrumenten des schauenden und bauenden Architekten, zu eigenen Begriffen und Interpretationen. So ist es legitim, dass zwischen den historischen Beispielen auch eigene Bauten stehen, denn in ihnen liegen die Themen seiner hartnäckigen Auseinandersetzungen. Hafner hat einen (vermutlich sogar einen essenziellen) Teil seiner architektonisch-theoretischen Arbeit und Entwicklung in den Vereinigten Staaten von Amerika verbracht. Er denkt sozusagen die Moderne nicht eurozentristisch, andererseits überrascht dabei, dass er gegenüber dem angelsächsischen gelassenen Umgang mit ›architektonischen Sprachen‹ (um nicht Ornamenten zu sagen) sich eine Position der europäischen Moderne bewahrt hat. Es wird also die ›narrative Komponente‹, der ›kulturalistische Faktor‹ von Architektur, nicht nur in seinen postmodernen Einkleidungen, aus der Betrachtung ausgeschlossen. Seine Polemiken scheinen weniger ein theoretischer Diskurs als ein Sprachspiel und die Verteidigung eigenen (und vermutlich hart erworbenen) gedanklichen Terrains zu sein.

Viele seiner Gedanken kreisen um das Entwerfen, vom leeren Blatt bis zur Auseinandersetzung mit der Komplexität der Stadt. Man wird bei der Lektüre immer wieder in neu ansetzende ›Denkspiralen‹ hineingezogen, oft fasziniert, manchmal auch irritiert. Man bewegt sich aber immer in einer anschaulichen, begreifbaren Welt, in der Werkstatt, auf der Baustelle, im Atelier des Architekten. Ein Buch, das man oft weglegen sollte, damit man es auch immer wieder zur Hand nehmen kann.

Dieter Henke, Marta Schreieck
Laudatio

Typoskript vom 3. Dezember 2000, Preis der Stadt Wien für Architektur

Dieter Henke
geboren am 17. April 1952 in Kössen / Tirol
Marta Schreieck
geboren am 16. September 1954 in Innsbruck

seit 1982 **Henke Schreieck Architekten** in Wien

Der moderne Architekturhistoriker, der sich keine Bauten mehr anschaut, sondern nur mehr die verbalen Äußerungen der Architekten zitiert, wird es mit Dieter Henke und Marta Schreieck schwer haben: Ihre Aussagen beschränken sich auf drei Sätze, von denen einer, der letzte, wie folgt lautet: »Der Versuch von Gleichzeitigkeit – Reduktion im Sinne einer komplexen Einfachheit – nicht Minimalismus a priori sind Ziel der Arbeit.« Punkt.

Dieser kargen Wortspende steht ein beachtliches Werk gegenüber, das in einem Zeitraum von zehn Jahren entstand. Bereits 1990 erregt ein Einfamilienhaus in Landeck größere Aufmerksamkeit und wird mit einer Anerkennung des Landes Tirol ausgezeichnet. Dann folgt Schlag auf Schlag: das ÖBV-Wohnhaus in der Hernalser Frauenfelderstraße (Bauherrenpreis 1993), der Umbau des Hackinger Stegs mit Wolfdietrich Ziesel (Adolf Loos-Architekturpreis), das Terrassen-Wohnhaus in Seefeld (Sextener Architekturpreis für »Neues Bauen in den Alpen«, 1999), die Bruno Kreisky-Volks- und Hauptschule der Stadt Wien am Leberberg (Adolf Loos-Preis und Piranesi-Architekturpreis), der »Baumax«-Baumarkt in Schwechat, die Sozial- und Wirtschaftswissenschaftliche Fakultät der Universität Innsbruck mit dem Investorengebäude (kommt ins Finale des Mies van der Rohe-Preises 1999 – Europas beste Bauten, und wird, nachdem es 1998 vom Land Tirol ausgezeichnet wurde, 1999 mit dem Bauherrenpreis geehrt). Zuletzt entstanden die Wohnhausanlage der Gemeinde Wien in der Steinergasse und viele kleinere Arbeiten, wie etwa ein Altar in der Augustinerkirche (dessen Weihe bis heute vom Kardinal verweigert wird) oder ein Lift bei der Oper. Die Beteiligung an zahlreichen Ausstellungen erscheint in diesem Zusammenhang fast selbstverständlich, nicht aber die Teilnahme an rund 30 Wettbewerben, von denen die Hälfte gewonnen, aber nur sieben gebaut wurden. Umgekehrt heißt das, alle hier angeführten und ausgezeichneten Bauten sind Aufträge, die durch

Wettbewerbe erlangt wurden. Da sage noch jemand von der omnipotenten Oberliga, Wettbewerbe hätten keinen Sinn.

»Ideen und Konzepte entstehen aus der Interpretation von Orten und Inhalten ohne vorgefasste Meinung und Ideologie.« Das ist der zweite Satz. Die vorurteilslose Interpretation von Orten und Inhalten ist ernst zu nehmen, ja ein zentrales Thema ihrer Arbeiten, die ›Ideologiefreiheit‹ bedingt, wenn man unter ›Ideologie‹ eine ins Gesellschaftliche und Politische wirkende architektonische Haltung versteht.

Natürlich sind Bauten wie das Wohnhaus Frauenfelderstraße oder die Terrassenwohnanlage in Seefeld, gar nicht zu reden von der SOWI in Innsbruck ohne ihre Verbindung mit dem Ort nicht vorstellbar. Aber diese Bauten zeigen mehr als ein Eingehen auf ihre Örtlichkeiten. Die topografische Situation wird erst durch den baulichen Eingriff sicht- und erlebbar gemacht und das auf einer übergeordneten, typologischen, ja integralen Ebene. In der Frauenfelderstraße wird das für Wien ganz seltene Thema des ›englischen‹ Vorgartens in einer Gründerzeitverbauung zur Grundlage des Entwurfs für eine kluge Raumschichtung als Übergang von einer öffentlichen zu einer privaten Sphäre. Darüber hinaus wird für das scheinbar ›klassische‹ Wiener Eckhaus eine neue, modellhafte Lösung gefunden.

In Seefeld, in einem touristischen Zentrum mit Spuren von Traditionen der Tiroler Moderne, aber zugebaut mit alpinem Gejodle, gelang es auf einem kaum bebaubaren Grundstück, an einem beschatteten Westhang eine vorbildhafte Wohnanlage (im Rahmen der normalen Wohnbauförderung) – also nicht etwa als teure Zweitwohnungen, sondern für die Bevölkerung des Ortes – zu errichten. Alle Entscheidungen für die Wohnanlage mit den nach Süden liegenden, großen Terrassen, der gelösten Parkierung und der wetterfesten Erschließung sowie mit gemeinsamen Freiräumen und optimaler Aussicht, waren praktischer Natur, so dass die Fragen nach der ungewohnten Architektur schnell verstummten. Also, die Ideologie der bodenständigen Einkleidung verliert schnell an Boden, wenn das neue Bauen überzeugende Qualitäten anzubieten vermag.

Die SOWI Innsbruck ist nicht nur ein offener, durchlässiger und kommunikativer Universitätsbau, sondern auch ein exemplarisches Bauwerk für ein »Neues Bauen in der Landschaft« in zweifacher Hinsicht: einmal als innerstädtisches Ensemble, das zwischen dicht verbauter Altstadt und dem Hofgarten vermittelt und schließlich auch als Architektur der Wahrnehmung des alpinen Umraums, der eindrucksvollen Bergkulisse von Innsbruck. So hat jeder Teil des Gebäudes, ja jedes Fenster seine eigene Liaison mit der abwechselnd extrem künstlichen und natürlichen Stadtlandschaft.

Die Wiener Bauten haben es naturgemäß mit weniger pittoresken stadträumlichen und landschaftlichen Ressourcen zu tun. Trotzdem ist der Hackinger Steg zu einem zeichenhaften und markanten Element des Wientals mutiert, die Wohnanlage Steinergasse verwandelt eine verdünnte Peripherie in ein kompaktes, anziehendes Wohnmilieu und die Bruno Kreisky-Schule ist der städtebauliche und architektonische Rettungsanker vom Leberberg, an den sich noch einige andere Bauten anhängen konnten.

Die Architektur von Dieter Henke und Marta Schreieck beharrt auf ihren autonomen Mitteln und Möglichkeiten und versucht keine Grenzüberschreitungen, weder ins Literarisch-Narrative noch ins Bildhaft-Motivische, was immer das sei. Der Baumarkt von Schwechat ist zwar zeichenhaft, einprägsam und als Solitär markant, aber er beteiligt sich nicht an der semantischen Aufgeregtheit der Werbung.

Alle ihre Bauten zeigen trotz ihrer ästhetischen Strenge eine wache Sinnlichkeit, einen fantasievollen Umgang mit den technischen und materialen Ressourcen, die verwendeten Mittel akzeptieren aber auch die Verhältnisse, denen sie immer bessere Bedingungen für eine kulturelle Existenz verschaffen. Wie lautet doch der dritte und letzte Satz ihres gesammelten Schweigens: »Atmosphäre, räumliche Schichtung, Transparenz Raumfluss und Raumübergang, der urbane Kontext, die Beziehung von Innen und Außen bzw. der einzelnen Teile zueinander und zum Ganzen sind Thema unserer Auseinandersetzung.«

Dem ist nichts hinzuzufügen, keinesfalls etwas wegzunehmen. Ich gratuliere Euch zu dieser schönen Auszeichnung durch die Stadt Wien.

Einigkeit der progressiven Kräfte
Das »Presse«-Profil der bildenden Kunst: Hans Hollein

Für Hans Hollein gibt es keine einzelnen oder vereinzelten Architekturprobleme, auch keine Formprobleme, er sieht jeden Bau, auch die kleinste Arbeit, als Modellfall für größere Entwicklungen. Architektur ist Städtebau und steht in starker Relation zu den menschlichen Verhaltensweisen. An einem konkreten Bau demonstriert, zum Beispiel an einer Bank, würde es bedeuten, dass sich verschiedene Konzepte überlagern. So könnte ein soziales Konzept die Oberfläche des Gebäudes der Allgemeinheit zur Verfügung stellen. Die Funktion würde damit erweitert, das Gebäude aktiverer Bestandteil des städtischen Lebens. Dadurch verändert sich auch das Werbekonzept, das Image der Bank ist nicht mehr so sehr beherrscht von den Vorstellungen von Sicherheit, Solidität und welche Werte es noch in diesem Bereich geben mag. Ein Haus wird also bewusst als Teil eines größeren Ganzen aufgefasst. So verändert sich auch das Konzept für die Kassenhalle zugunsten einer größeren räumlichen Anwendbarkeit, die auch der Forderung nach größerer Flexibilität entspricht. Holleins Interesse gilt den Verhaltensweisen, der Einbeziehung des Spektrums der menschlichen Aktionen und Reaktionen in die Architektur. Es kann sein, dass das Bauwerk allein nicht mehr die Antwort auf die Fragen und Probleme ist und dass sich auch der Aufgabenbereich des Architekten verändern wird. So können zum Beispiel durch die technische Entwicklung die Funktionen des Hauses unter gleichzeitig extremsten Bedingungen (Kälte, Hitze, Aufhebung der Schwerkraft) von einem ›Anzug‹ übernommen werden, wie beim Raumanzug. Es hat also der Begriff des Bauens ebenso seine Erweiterung erfahren, wie jener der Architektur neu zu bestimmen sein wird.

 Hans Hollein ist 1934 in Wien geboren. 1956 machte er an der Akademie der bildenden Künste bei Clemens Holzmeister das Diplom. Nach der Sommerakademie des gleichen Jahres bei Konrad Wachsmann ging er auf zwei Jahre nach Schweden. Es folgen Studium und selbständige Tätigkeit

aus: *Die Presse* vom 18. Juni 1966

Hans Hollein
geboren am 30. März 1934 in Wien
gestorben am 24. April 2014 ebendort

in den USA, zuerst am Illinois Institute of Technology und dann an der University of California, Berkeley (1960, Master of Architecture). Seit dieser Zeit war Hollein zweimal als Gastprofessor an der Washington University (St. Louis). 1965 wird er Mitglied des Redaktionsteams der Architekturzeitschrift der Zentralvereinigung der Architekten *Bau*. Nach 1965 erfolgen verschiedene Einladungen zu Ausstellungen, Vorträgen und Diskussionen, so zum Beispiel nach Stockholm, Berlin (Team 10) oder nach Folkestone bei London (International Dialogue in Experimental Architecture).

An die Wiener Öffentlichkeit trat Hans Hollein zusammen mit Walter Pichler mit einer Ausstellung von vorwiegend Skizzen und Modellen 1963 in der Galerie St. Stephan. Diese Ausstellung, die viel Fragmentarisches und Unverarbeitetes an sich hatte, löste eine starke Diskussion aus. Neben mehr zum Plastischen neigenden Entwürfen gab es auch Montagen, sogenannte Transformationen, die technische Objekte (Eisenbahnwaggons, Flugzeugträger, Zündkerzen) durch Bildmontagen in verändertem Maßstab in eine andere Umgebung verpflanzten. Die ›eingegrabenen Flugzeugträger‹ wurden als Stadt interpretiert und ähnliches mehr. Es gehört zum Wesen der Montage, dass durch die ungewohnte Konfrontation der Teile ihre verborgenen Eigenschaften in den Vordergrund gestellt werden.

Bisher konnte Hollein nur eine kleine Arbeit realisieren. Wir haben über das ebenfalls vieldiskutierte Kerzengeschäft am Kohlmarkt schon ausführlich berichtet. Typisch dabei ist nicht nur die Verwendung von Aluminium und Spiegelflächen, das persönliche formale Vokabular, sondern auch die räumliche Konzeption, die ebenso anspruchsvoll als ›Modellfall‹ vorgetragen wird. Bekanntlich hat Hans Hollein für diese kleine Arbeit den höchstdotierten internationalen Architekturpreis (25.000 Dollar), den Reynolds Memorial Award erhalten. Dieser Preis wurde vor sieben Jahren von der Renyolds Metal Company zu Ehren ihres Begründers gestiftet. Unter den bisherigen Preisträgern befinden sich englische, amerikanische, deutsche, französische, Schweizer, australische, belgische und spanische Architekten. Die Auszeichnung eines österreichischen Architekten hat sicher auch dazu beigetragen, wieder mehr Aufmerksamkeit den Entwicklungen in unserem Land zu widmen.

In der letzten Zeit entstanden Entwürfe für private Wohnhäuser, ein Messepavillon und auch ein Konzept für eine Zweigstelle eines bekannten Geldinstitutes. Dabei macht Hollein immer den Versuch, die Aufgabe von Grund auf neu durchzudenken und sie als Bestandteil eines Größeren zu sehen. Über die allgemeine Wiener Situation befragt, äußert sich Hollein mit einigen Vorbehalten überraschend optimistisch. In Wien scheint allmählich der Punkt erreicht zu werden, an dem auch eine größere Gruppe von Bauherren die Architektur ernst zu nehmen beginnt, sich mit ihr beschäftigt, um sie schließlich auch zu verlangen. Es gibt auch eine nicht gerade kleine Gruppe von jüngeren (die Jahre zählen dabei nicht), ernst zu nehmenden Architekten, die das bisherige Bild der Architekturproduktion doch verändern könnten. Nach Holleins Meinung verschwendet man jedoch in Wien (und nicht nur in der Architektur) viel zuviel Zeit mit Problemen der Vergangenheit. Man ist auch weitgehend in dem provinziellen Irrtum befangen, dass Wien noch ein Zentrum der heutigen Welt sei. Neben dieser Lokalbezogenheit, dieser gewissen Form von Nationalismus, wird auch viel zuviel Energie an Kleinigkeiten und Cliquenkämpfen verzettelt, in Eifersüchteleien, die leider auch unter jenen Leuten üblich sind, die man schätzt und die zusammenhalten sollten. Hollein glaubt, dass wirklich nur eine Verbesserung der Situation zu erwarten ist, wenn Methoden und Wege gefunden werden, gemeinsam vorzugehen. Die jungen Architekten haben bis jetzt noch kein gemeinsames Konzept von der Stadt, von ihrer Vorstellung von dem zukünftigen Wien vorgelegt. Nur die Präsentation von genau formulierten Gedanken, bei Architekten in Form von Projekten, wäre der einzig richtige Weg, die verantwortlichen Stellen zu Entscheidungen und Stellungnahmen zu zwingen.

Wilhelm Holzbauer
Vorwort

Typoskript vom 3. September 1985, abgedruckt in: Wilhelm Holzbauer. Bauten und Projekte. 1953–1985, Salzburg und Wien 1985

Wilhelm Holzbauer
geboren am 3. September 1930 in Salzburg
lebt und arbeitet in Wien

Wilhelm Holzbauer legt hier einen Bericht über seine rund dreißig Jahre währende Tätigkeit als Architekt vor, über ein Werk, das sich, gemessen an der Norm von Architektenbiografien, erst in der Mitte seiner Entwicklung befindet.

Man sollte dieses Buch als eine weitere Arbeit des Architekten betrachten, eine Art von Selbstrezeption und Selbstrezension, eine Zwischenbilanz, Standortbestimmung, die Aufschlüsse und Rechenschaft über die bisherige Tätigkeit gibt. Diese Arbeit ist eingebunden in den Weg der neueren österreichischen Architektur, teils identisch mit ihm, aber teilweise ebenso von einer großen Distanz zu ihm bestimmt.

Diese Polarität von Nähe und Distanz ist ein Produkt von biografischen Konstanten: diese sind Salzburg, Holzmeister, Wien und die Vereinigten Staaten. Holzbauer hat seine architektonische ›Prägung‹ in seiner Geburtsstadt Salzburg erfahren, im repressiven Klima einer leidvoll-schwärmerischen Gewerbeschulzeit, wo er mit Johann Georg Gsteu, Otto Leitner, Friedrich Kurrent, Hans Puchhammer und Friedrich Achleitner dieselbe Schulbank drückte. Diese Jahre haben einerseits einen engen Kontakt zur handwerklichen Realität des Bauens hergestellt, andererseits eine unausrottbare Skepsis gegenüber jeder Form von provinzieller Abgrenzung. Obwohl das Salzburg der späten vierziger Jahre die ersten Schlüsselerlebnisse mit der modernen Kunst (Ausstellungen von Schiele, Wotruba, Kolig) brachte, war schon damals den aufmuckenden Gewerbeschülern die Existenz einer kulturell schizophrenen Stadt aufgefallen: Das Salzburg der Architektur und der Musik hatte so verdammt wenig mit dem Salzburg der Salzburger und der Alltagskultur dieser Stadt zu tun. Der Einzug in die Akademie am Schillerplatz war also mit Hoffnungen verbunden, die in einem zerschlagenen, besetzten und provinziellen Wien nur durch andere Hoffnungen ersetzt werden konnten. Was aber alle diese

›Salzburgflüchtlinge‹ nicht erwarteten, war der Umstand, dass ihnen in Wien ein neues, sublimiertes und konzentriertes Salzburg gegenübertrat und zwar in der Person des Lehrers Clemens Holzmeister.

Die Auseinandersetzung verlagerte sich also auf eine neue Ebene. Holzmeister, verehrt, aber auch gefürchtet, wurde zum Symbol einer ›alten Welt‹, zum ›Fossil‹ einer scheinbar vergangenen und endgültig überwundenen Tradition. Andererseits besaß er aber einen merkwürdigen Instinkt für neue Qualitäten in der Architektur, er wurde zum gönnerhaften Förderer seiner ›Spinner‹. Sein romantisch-kulinarischer Architekturbegriff, eingebettet in die Polarität zwischen barockem Welttheater und sachlich-schlichtem Pathos, behielt etwas Faszinierendes. Holzmeisters Lehrgeheimnis war eigentlich die Beispielswirkung: bedingungslose Arbeit und Trinkfestigkeit, bacchantische Exzessivität gepaart mit einer merkwürdigen Kontrolliertheit, ja Disziplin. Im Vordergrund aber immer das Theatralische, die Inszenierung von Person und Werk.

Es gehört zu den Besonderheiten dieses großen Lehrers, dass er keine kleinen Holzmeister erzeugte. Seine Aura sorgte gleichermaßen für Identifikation wie für Kritik. Wenn die Auseinandersetzung mit dieser Vaterfigur auch selten zu einer offenen Rebellion führte (ein derartiger Krach endete bei einem Versöhnungsheurigen), so hat der Abnabelungsprozess vom architektonischen ›Über-Ich‹ doch für viele Schüler relativ früh eingesetzt.

Wilhelm Holzbauer hat diesen Prozess innerhalb der arbeitsgruppe 4 vollzogen, einer bis 1964 währenden Arbeitsgemeinschaft mit Friedrich Kurrent und Johannes Spalt. Außerdem, so kann man rückblickend den Eindruck gewinnen, ist für ihn ab 1956 ein zweiter Emanzipationsprozess in Gang gekommen. Während seine Freunde durch die Sommerseminare bei Konrad Wachsmann in Salzburg sich einer konstruktivistisch-rationalistischen Architekturdoktrin annäherten und gleichzeitig begannen, die österreichische Moderne aufzuarbeiten, fuhr Holzbauer nach der Fertigstellung der Kirche von Parsch nach Amerika, also in die architektonische Welt eines Frank Lloyd Wright oder in das aufkeimende Klima einer zunehmenden Distanzierung vom europäischen Einfluss an den amerikanischen Architekturschulen.

In Amerika entstanden auch die ersten Projekte, bei denen Holzbauer eindeutig formal-semantischen Formen gegenüber konstruktiven und strukturellen den Vorzug gab. Man könnte auch sagen, dass in der schrittweisen Loslösung von der Architekturauffassung der arbeitsgruppe 4 auch wieder eine Annäherung an Holzmeister stattfand, an einen

Realismus der architektonischen Sprache, der auch tradierte Qualitäten wie Pathos, Gestik, Zeichenhaftigkeit und Einprägsamkeit oder eben Lesbarkeit der Form erneut mehr in den Mittelpunkt stellte. So war es kein Zufall, dass bei der Seelsorgeanlage St. Vitalis ein demonstrativer Rückgriff auf Parsch stattfand, allerdings losgelöst von der dogmatischen Einfachheit eines handwerksbezogenen Bauens, sondern manieristisch sublimiert, gewissermaßen Einfachheit als artifizielles Produkt präsentierend.

Holzbauers Arbeiten hatten also zu dieser Zeit eine in sich gegenläufige Entwicklung, die selbstverständlich in Konflikt mit der stringenten Linie seiner Partner kommen musste. Während Kurrent und Spalt ihren ›konstruktiven Funktionalismus‹ der späten fünfziger Jahre in den von Otto Wagner und Adolf Loos vorgegebenen Architekturbegriff einzubinden versuchten, stellte Holzbauer unbewusst die ersten Bezüge zu einer ›wertfreien Mehrsprachigkeit‹ einer anderen Wiener Tradition her.

Realismus und Manierismus wurden zwei Schlüsselbegriffe für die Architektur Wilhelm Holzbauers, die er selbst, mehr oder weniger theoretisch präzise, für seine Arbeit in Anspruch nimmt. Holzbauer bekennt sich, vielleicht etwas plakativ, zu einer ›pragmatischen Grundhaltung‹, zu einer Architektur der ›Nerven‹ und des ›Gespürs‹, nimmt theoretisch eine anti-intellektuelle Position ein und favorisiert gegenüber einem systematisch-analytischen ein kontextuell-dialogisches oder ›sinnliches‹ Denken.

Holzbauer wäre eine große Ausnahme unter den Architekten, wenn man seine Aussagen wörtlich nehmen dürfte und nicht in einem dialektischen Zusammenhang mit seinen Bauten. Die antiintellektuelle, antiideologische Position ist natürlich genauso Ideologie, individualisierter und genaugenommen riskanter, weil ihre Grundsätze personalisierter sind und bei jeder Entscheidung herausgefordert oder auf die Probe gestellt werden. Holzbauer nimmt im Grunde eine künstlerische Position ein (um nicht zu sagen, das traditionelle Rollenbild des Wiener Künstlers), mit dem Anspruch auf ein ›mediales Denken‹, das sich im Gegensatz zu einem logisch-mathematischen oder sprachlichen Denken auf die Architektur, also auf ein sich in räumlichen Kategorien darstellendes Medium beschränkt.

Wenn sich nun der ›Realist‹ Holzbauer gleichzeitig zum Manierismus bekennt (und das sicher mit gutem Recht), dann ist das auch ein Bekenntnis zum architektonischen Intellektualismus, das heißt, zu einer verfeinerten, artifiziellen architektonischen Sprache, die sich nicht nur mit einem hohen Bewusstsein der tradierten Formerfahrung bedient, sondern auch der intellektuellen Methoden im Umgang mit räumlichen Phänomenen und kalkulierten Wirkungen.

Trotzdem scheint mir kein Widerspruch in der Behauptung zu liegen, dass Holzbauer gegenüber einer baulichen Aufgabe immer eine gewisse pragmatische Grundhaltung einnimmt, umso mehr, als es schon vom Studium her zu seinen bekannten Fähigkeiten gehört, ein Funktions- oder Raumprogramm im kürzesten Direktverfahren in ein überschaubares, logisch geordnetes und signifikantes räumliches Konzept umzusetzen. Wenn alle Arbeiten Holzbauers, unabhängig von ihrer Entstehungszeit und den formalen Einflüssen aus dem jeweiligen Umfeld, etwas Gemeinsames haben, dann ist es eben diese Signifikanz der Baugestalt, die aus der Aufgabe entwickelt wurde und die auch untrennbar mit ihr verbunden bleibt.

Zu dieser ›realistischen‹ und vermutlich auch tragenden Komponente kommt aber dann eine zweite, parallele oder überlagernde, eben die formal-sprachliche oder semantische. Holzbauers Entwürfe zeigen eine relativ hoch entwickelte oder bewusste Sprachlichkeit, das heißt, das Formvokabular gewinnt in einem zunehmenden Maße Eigenständigkeit. Wobei es Holzbauer offenbar weniger um die Entwicklung eines persönlichen Vokabulars geht als um neuere ›Konventionen‹ der Mitteilung innerhalb der Architekturentwicklung. Seine Architektur erscheint also nicht nur im Sinne von Aufgabeninterpretation und Ortsbezug kontextualistisch, sondern auch im Hinblick auf den Zeitgeist und die neuen Formen der architektonischen Kommunikation.

Damit unterscheidet sich Wilhelm Holzbauer nicht nur in einem Punkt wesentlich von seinem Lehrer, dessen Sprachlichkeit hauptsächlich auf einen kulturellen Raum bezogen blieb und auch ›handschriftliche‹ Elemente in den Vordergrund stellte, sondern auch von den übrigen österreichischen Architekten. Um keine Missverständnisse aufkommen zu lassen: Natürlich hat Holzbauers Architektur auch alle Elemente, die man im System eines ›Personalstils‹ beschreiben könnte (was sich sozusagen bei jedem Bau als ›Holzbauer‹ vermittelt), aber es gibt bei ihm ein anderes Verhältnis von Baugestalt und eben zum Teil adaptierter Form.

Während zum Beispiel Hans Hollein offenbar seine Amerika-Erfahrung, also die Begegnung mit einer architektonischen Mehrsprachigkeit und einer aus dem europäisch-historischen Kontext gelösten architektonischen Vielfalt, in eine virulente Variation und Modifikation eines auf die Persönlichkeitsstruktur bezogenen künstlerischen Grundthemas zu konzentrieren verstand, also die sprachliche Vielschichtigkeit in der Polarität von Rationalität und Sinnlichkeit, von geometrischer Strenge und organischer ›Willkür‹ thematisierte, bleibt Holzbauer in einem allgemein verbindlichen, vielleicht auch traditionelleren Kommunikationsbereich. Er ist insofern Realist, als er die Bedingungen einer Bauaufgabe (soweit sie artikuliert sind) akzeptiert und aus der Interpretation des Problems ein adäquates Formsystem sucht.

Realismus und Manierismus begegnen, kontrastieren oder ergänzen einander auf einer funktional-inhaltlichen und einer formal-sprachlichen Ebene. Insofern ist, ähnlich dem Historismus des 19. Jahrhunderts, die applizierte Form zweitrangig, obwohl sie scheinbar das Vorfeld der Mitteilung, also das Rhetorische bestreitet.

Man könnte auch, um dieses Thema abzuschließen, behaupten, dass Holzbauers Hauptinteresse und kreatives Engagement in der Entwicklung von prototypischen Baugestalten liegt, die in der Genesis einer ›Gebäudelehre‹ neu sind und die, auf der Höhe der Zeit, eine Bauaufgabe in eine räumliche Gestalt umsetzen. Diese Fähigkeit zu einer ›essenziellen Formfindung‹ liefert auch die Basis für die Konzeption großer und größter Anlagen, die heute schon vielfach dem Architekten entgleiten, weil sie mit den konventionellen Entwurfsmethoden kaum mehr bewältigbar sind. In diesem Sinne ist Holzbauer der einzige österreichische Architekt (wenn man von den Stadthallen von Roland Rainer absieht), dem es in der letzten Zeit gelungen ist, Großbauten als architektonische Konzeptionen zu bewältigen. Das gilt nicht nur für in sich geschlossene, also räumlich und örtlich definierte Bauwerke, sondern auch für solche mit System-Charakter, wie es etwa die U-Bahnplanungen darstellen. Es braucht nicht extra darauf hingewiesen zu werden, dass solche Planungen nur mehr in größeren Teams abgewickelt werden können, umso beachtlicher ist aber die Entwurfsleistung, wenn dabei die Architektur als dominierende Komponente ›übrigbleibt‹. So ist es wohl kein Zufall, dass Holzbauer in seiner Selbstdarstellung auf die Problematik der historistischen Architektur des 19. Jahrhunderts verweist.

Das führt aber zu dem Schluss, dass die Architektur Wilhelm Holzbauers zum Teil in einer anderen Tradition der österreichischen Moderne steht als in jener, die von der Geschichtsschreibung bisher mit Vorzug behandelt wurde. Es ist nicht jene wienerisch-kritische Abzweigung, die von der Theorie Sempers (nicht von dessen Architektur) ausgehend, über die kämpferische Doktrin des späten Otto Wagner, schließlich über Loos und Frank herauf in die Gegenwart führt, sondern es ist eher jene sensorische Linie, die bei der ›Zweisprachigkeit‹ Theophil Hansens beginnt, sich in der kontextualen Sinnlichkeit eines Friedrich Ohmann fortsetzt und schließlich zu jenen Otto Wagner-Schülern führt, die in der Zwischenkriegszeit mit wenig Ideologie und viel ›Gespür‹ für städtebauliche Signifikanz die Großwohnanlagen der Gemeinde Wien entworfen und auch in den Bundesländern moderne Interpretationen lokaler Baukultur (etwa in Salzburg) gewagt haben. Es ist im Grunde genommen die Tradition einer bürgerlichen Architektur, die sehr früh sowohl zur Geschichte als auch zu einer doktrinären Fortschrittlichkeit auf Distanz gegangen ist. Eine Architektur also, die sich aus ihrer Eigengesetzlichkeit heraus immer wieder Freiräume schafft und sich am allerwenigsten von sich selbst die nächsten Schritte vorschreiben lässt.

CLEMENS HOLZMEISTER

Das Leben, ein Fest
Zum 90. Geburtstag

Typoskript vom 25. März 1976; abgedruckt unter dem Titel »Ein reiches geschlossenes Werk« in: *Die Presse* vom 27. März 1976

Clemens Holzmeister
geboren am 27. März 1886 in Fulpmes / Tirol
gestorben am 12. Juni 1983 in Hallein / Salzburg

* *Clemens Holzmeister. Architekt in der Zeitenwende. Selbstbiographie, Werkverzeichnis*, Salzburg–Stuttgart–Zürich 1976

Was kann man einem Architekten zum 90. Geburtstag mehr wünschen, als umstritten zu sein? Clemens Holzmeister, noch unentwegt entwerfend, bauend, zeichnend und aquarellierend, hat sich seine Freunde und auch seine Feinde bewahrt. Er hat es nicht nötig, sich durch sein Alter Respekt zu verschaffen, das macht er in den letzten Jahrzehnten schon eher durch seine Jugend. Sein Werk entzündet schon lange nicht mehr die Tagesdiskussion um Architektur (man möchte fast fragen, wie lange noch?), aber es ist da und behauptet sich. Und wer von österreichischer Architektur sprechen will, der kann um Holzmeister nicht herum.

Die heimische Architekturwelt teilt sich in Holzmeister-Schüler und Nicht-Holzmeister-Schüler. Die Nicht-Holzmeister-Schüler konnten nie verstehen, was die anderen so stark an ihren Lehrer bindet. Dabei gibt es unter den drei Generationen Holzmeister-Schülern keinen einzigen ›kleinen Holzmeister‹. Die trink- und sangesfreudige Vaterfigur des Meisters hat es immer verstanden, seine ›narrischen Teufeln‹ auf eigene Beine zu stellen. Und wer nicht selbst gehen lernte, aus dem ist auch nichts geworden. Selbst jene, die heute verklärt die Jahre der Meisterschule sehen, müssen zugeben, dass es oft Revolten gegeben hat. Prinzipielles gegen Überholtes, wie es uns schien. Die Krachs waren kurz, aber heftig. Abends fuhr man dann nach Grinzing und die Versöhnung dauerte um vieles länger.

Man könnte auch sagen, der Name Clemens Holzmeister ist ein Synonym für eine Seite der österreichischen Architektur. Wer den ersten Band des vierbändigen Gesamtwerks (das in kurzer Folge im Bergland-Verlag erscheinen soll), wer also den Band mit Selbstbiografie und Werkverzeichnis* zur Hand nimmt, ist nicht nur erneut überrascht von der geradezu unheimlichen Fülle und Geschlossenheit dieses Werkes, sondern er sieht noch klarer die Quellen, aus denen es immer wieder gespeist wurde. Diese Quellen liegen in einer barocken Landschaft mit den ganzen

Äußerungen, ja Ablagerungen einer Kultur, die sich noch erhalten hat. Wer verbindet mit dem Namen Holzmeister nicht Monument und Romantik, Theater und Fest, Symbol und Physiognomie, Landschaftliches, Alpines, Katholizismus und Brauchtum?

Holzmeister hat in seiner Arbeit das bäuerliche Zupacken, den entschiedenen Griff des Ranglers. Man könnte auch sagen, CIemens Holzmeister versinnbildlicht das antistädtische Prinzip der österreichischen Baukultur, das heißt, das Anti-Wienerische. Er ist auf der Wanderschaft ein Weltbürger geworden, nicht in der Großstadt. Der zwanzigjährige Student fühlte sich nicht recht wohl in Wien, er verehrte zwar die Pioniere der Moderne, aber: »Eine wirkliche Beziehung zu den Bannerträgern moderner Kunst der damaligen Zeit konnte ich aus Schüchternheit, die mich hinderte, mich diesen Kreisen zu nähern, nicht finden. Dies gelang dem Tiroler erst nach einem langen Umweg, der viele Jahre dauerte.«

Nach diesem Umweg über das Rheinland und die Türkei, der dem Architekten internationales Ansehen verschaffte, nahm er allerdings die Wiener Geschicke in eine feste Hand. In den dreißiger Jahren wird ›der Tiroler‹ nicht nur Rektor der Akademie am Schillerplatz, Präsident der Zentralvereinigung der Architekten und des Neuen Werkbundes, sondern auch Stadtrat von Wien und Staatsrat für Kunst. Das bedeutet eine Aufwertung der Bundesländer gegenüber Wien, wie man in den einschlägigen Fachzeitschriften leicht nachprüfen kann. Vorher hatte Wien nur sich selbst zur Kenntnis genommen.

Die Selbstbiografie Holzmeisters stellt sieben Dezennien Arbeit vor. Vom Autor selbst kommentiert, präzis in der Erinnerung, knapp und lebendig geschrieben. Das Werkverzeichnis beinhaltet rund 650 Bauten und Projekte, mehr als die Hälfte davon ausgeführt und zum Großteil erhalten. Es scheint über den Bauten Holzmeisters ein wirksamer Schutz zu liegen, wenn man bedenkt, wie oft sonst die Werke der Architekten verstümmelt

Hotel Dreizinnen, Sexten, Südtirol, 1932–1934

werden. Vielleicht liegt es in ihrer Art, sich einzufügen. Sie haben etwas Folkloristisches, ohne Folklore zu sein. Sie respektieren ihren Umraum, ohne sich selbst zu verleugnen. Diese Bauten sind in einer merkwürdigen Art mit dem Leben verbunden, wenn auch schon lange nicht mehr mit den Akademien.

Wie es sich gehört, hat Clemens Holzmeister die Regie für ›seinen Neunziger‹ selbst in die Hand genommen, die Freunde und Schüler kommen zu einem Familien- und Volksfest nach Dürnstein. Dort wird in die barocke Kulisse eine ›Holzmeisterlinde‹ gepflanzt und man kann nur wünschen, dass sie der Meister noch lange wachsen sieht.

St.-Adalbert-Kirche, Berlin, Deutschland, 1933/34

Über Viktor Hufnagl
Laudatio

Viktor Hufnagl nimmt im großen Spektrum der Clemens Holzmeister-Schüler eine Sonderstellung ein. Geboren als Sohn eines Holzknechts im Salzkammergut und zeitlebens in einem freundschaftlichen Konkurrenz- und Spannungsverhältnis zu Johannes Spalt, hatte er einen radikal anderen Zugang zur Architektur und zu den Problemen des Bauens. Von Natur aus ein Kontakt- und Diskussionsmensch, der sein soziales und politisches Engagement sozusagen permanent ›zur Rede‹ stellt, kommunikativ und offen, reformistisch und gründungsfreudig (etwa die Österreichische Gesellschaft für Architektur), hat Viktor Hufnagl durch seine fast fünfzigjährige Berufslaufbahn hindurch die Architektur weniger an ästhetischen als an programmatischen, typologischen und gesellschaftlichen Fragen orientiert.

Zwar entstanden in Österreich die ersten Projekte für »Hallenschulen« im Spannungsfeld der arbeitsgruppe 4 (Holzbauer, Kurrent, Spalt), aber Viktor Hufnagl hatte die kommunale Überzeugungskraft, die ersten Schulen wirklich zu bauen (Strobl, Gschwandt, Hallstatt, Bad Ischl, Altmünster – bis zu den prototypischen Großkonzepten von Weiz und Wörgl), und auch die Energie, über Jahrzehnte hinweg eine programmatische Entwicklungsarbeit zu leisten. Die Überwindung der »Gangschule« als Wahlverwandte der Kaserne war ein gesellschaftlich-pädagogisches Programm, die gemeinsame Halle ein Modell demokratischen Zusammenlebens und Lernens.

Eine ähnliche typologische Erfindungsfreude zeigt sein Wohnbau. In der Österreichischen Gesellschaft für Architektur wurde Ende der sechziger Jahre eine heftige Wohnbaudiskussion geführt (Ausstellung *Neue städtische Wohnformen*) und Viktor Hufnagl realisierte (zusammen mit Traude und Wolfgang Windbrechtinger) die Großwohnanlage Schöpfwerk, die, trotz aller späteren Besiedlungsprobleme, eine dichte, großstädtische

Typoskript vom 6. September 1997, Mauriz-Balzarek-Preis; abgedruckt in der Broschüre *Beispiele 97. Kulturpreise des Landes Oberösterreich*, Linz 2007

Viktor Hufnagl
geboren am 13. August 1922 in Neukirchen / Oberösterreich
gestorben am 23. Jänner 2007 in Wien

Wohnbebauung (Wiederentdeckung des Hofes etc.), ein im Prinzip stadtfreundliches Konzept darstellte. Die späteren Wohnanlagen, ob es sich um das Haus in der Schulgasse oder die Wohnsiedlung Gerasdorferstraße oder die exemplarische Wohnanlage Langobardenstraße handelt, sind städtebauliches und typologisches Neuland. Während in der Schulgasse eine moderne Antwort auf eine dichte Gründerzeitbebauung gefunden wurde, ist die Anlage in der Gerasdorferstraße ein Siedlungskörper mit einer bergenden Großform und besonderen Freiraumqualitäten. Die Wohnanlage Langobardenstraße, mit dem Wechsel von offenen und gedeckten Wohnhöfen, ist überhaupt ein Modell städtischen Wohnens, das nicht nur ein ›Stück Stadt‹ oder städtisches Leben an der Peripherie realisiert, sondern einen neuen Prototyp für den verdichteten Wohnbau darstellt.

Wenn auch das Werkverzeichnis noch Arbeiten von der Brücke bis zur Kirche aufweist, so ist das Lebenswerk Viktor Hufnagls doch von zwei Bereichen geprägt, die beide zentral mit der Alltagskultur und der Lebensform des Menschen zu tun haben, mit der Ausbildung und seinem Lebensraum. Beide Bereiche fordern ein hohes humanistisches Engagement, aber auch eine Offenheit den Problemen des Lebens gegenüber. Der Architektur wird eine dienende Rolle zugewiesen. Sie tritt weder im Smoking noch im Trachtenanzug auf, auch nicht provokant im Overall. Viktor Hufnagls Architektur ist überhaupt nicht ›eingekleidet‹, sie trägt ›Angemessenheit‹, formales Pathos ist nicht seine Sache, eher noch ein Augenzwinkern. Ein Holzmeister-Schüler auf ›Abwegen‹, die aber alle ins Leben führen.

Eilfried Huth siebzig
Geburtstagsrede

Da ich schon vor über zehn Jahren die Flut der Siebziger vorausahnte, mir aber nicht vorstellen konnte, bei vielen auftreten zu müssen, habe ich mir aus der Gemütslage der Ahnung und des Nicht-wahrhaben-Wollens eine Normgeburtstagsrede für Architekten und Architektinnen zurechtgelegt. Für Architektinnen gilt allerdings die Regel, dass sie sich erst ab 90 oder 100 Jahren feiern lassen, was auf einen souveräneren Umgang mit der Eitelkeit schließen lässt. Nun macht mir auch Eilfried insofern einen Strich durch die Rechnung, als er ein Architekt besonderer Art ist, der sich schon sehr früh aus der Konkurrenz der schöpferischen Eitelkeiten ausgeklinkt hat.

Genaugenommen habe ich zwei Eilfriede kennengelernt, den enthusiastischen Freund und Partner von Günther Domenig, die beide mit ihrer jugendlichen Schwärmerei für Walter Förderer, Rolf G. Otto und Hans Zwimpfer, Lucius Burckhardt und Peter Steiger, vor allem aber auch für Christian Hunziker eine irritierende Fährte in die Schweiz gelegt haben, und schließlich den Partizipationsphilosophen, der die zur Kunst abhebende Profession gründlich hinterfragt und auch verunsichert hat. Damit ist Eilfried Huth aus der innerösterreichischen Architekturbeobachtung ausgeschert und ich hätte ihn fast aus den Augen verloren, wenn er mir nicht hier und da, leider viel zu selten, über den Weg gelaufen wäre. Zugegeben, ich habe für seine Botschaften viel zu schlechte Antennen entwickelt, habe mich aber immer sehr gefreut, wenn ich seinem entspannten, positiven und so ganz allürenfreien Temperament begegnen durfte.

Das ist aber alles keine Geburtstagsrede, die ich sowieso nicht halten muss, sondern eher ein Versuch, von seiner Rolle als Geburtstagskind (welcher Euphemismus) wegzukommen. Ich könnte also, ganz in seinem Sinne, zumindest einige Grundelemente der Normgeburtstagsrede vorlesen, damit er sieht, welchem grauenvollen Ritual er entgangen ist. Sie werden gleich merken, dass es gar nicht notwendig ist, immer wieder darauf

Typoskript vom 1. Dezember 2000

Eilfried Huth
geboren am 1. Dezember 1930
in Pengalengan / Indonesien
lebt und arbeitet in Graz

hinzuweisen, dass diese Rede Eilfried gar nicht betrifft und dass sie eigentlich nur als Warnung gedacht ist, dass ich wenigstens nach Graz nicht mehr eingeladen werde, eine ähnliche Rede zu den kommenden Siebzigern, Achtzigern, Neunzigern und Hundertern halten zu müssen.

Der Geburtstag eines Architekten ist kein gewöhnlicher Geburtstag, denn schließlich gibt es nicht viele Mütter, die der Welt einen Architekten schenken. Ja, es kann Jahrhunderte dauern, bis in einem Land, in einer Stadt ein Architekt zur Welt kommt. Denn genaugenommen, und das weiß nur jeder Architekt für sich, gibt es jeweils nur einen Architekten auf der Welt und das ist gerade der, dessen Geburtstag gefeiert wird. Denn dass der Geburtstag eines Architekten gefeiert wird, der in den Augen der anderen gar keiner ist, das kann schon einmal vorkommen, aber dass ein Architektengeburtstag gefeiert wird, dessen Architekt selbst glaubt keiner zu sein, das ist noch nie vorgekommen. So besteht das *1. Paradoxon der architektonischen Existenz* aus der solitären Einsamkeit in der Vielzahl (nach Grimm: aus der Einfalt in die Vielfalt) oder aus der souveränen architektonischen in der Masse erwiesener Scheinexistenzen. Werden mehrere Architektengeburtstage gleichzeitig gefeiert, so ist das die allersubtilste Bestätigung dieses 1. architekturexistenziellen Paradoxons.

Der Architekt kommt mit den Augen zuerst auf die Welt. Bis er sie aufmacht und draufkommt, was los ist, ist es aber schon zu spät. Wir verdanken es einem großen Architekten (der allerdings kein Grazer war), dass die eigentliche Geburt des Architekten an sich um 40 Jahre verschoben ist, was natürlich einen jeden Architektengeburtstag bedrohlich entwertet. Ein Architekt wird man erst mit vierzig, sagte derjenige, ohne zu ahnen, was er damit wirklich anrichtete. Als Wiener konnte er natürlich wirklich nicht voraussehen, was dies im Umfeld einer regionalen Architektenexistenz alles auslösen musste. Auf Schweizer, Tiroler oder steirische Verhältnisse darf man in einem solchen Zusammenhang überhaupt nicht eingehen, da wir ja alle wissen, dass dem Menschen der alpinen Region erst mit vierzig der Knopf aufgeht, falls er einen hat, wodurch jede architektonische Geburt entsprechend gefährdet ist, so dass die moderne Anthropologie annehmen muss, dass in dieser Region die architektonischen Geburten erst um die fünfzig stattfinden. Das hat aber die schicksalhafte Folge, dass die meisten Architekten nach ihrer Geburt gar nicht mehr das Licht der Welt erblicken, weil sie schon vorher, durch Ausbildung und Beruf, mit Blindheit geschlagen werden.

Dieser kombinierte Wagner'sche und alpine Doppeleffekt der Verzögerung bringt aber erst die größten Komplikationen für die Vaterschaft beim Architekten, da sich dieser, kraft seines biologischen Vorsprungs den Vater oder die Väter selbst aussuchen kann, was nicht nur zu Geschichtsklitterungen, Fälschungen und Vertuschungen, sondern auch zu Verleumdungen führt. Ja, es gibt sogar Architekten, die schlichtweg behaupten, überhaupt keinen Vater zu haben oder, welch inzestuöse Entgleisung, sich selbst der Vaterschaft rühmen. Architektinnen sind auch in diesem Falle benachteiligt, was aber nur dieses 2. *Paradoxon der architektonischen Existenz* bestätigt.

Diese, wie Sie zugeben müssen, äußerst diffizilen und auch komplexen Verhältnisse, haben natürlich noch weitere Folgen und Auswirkungen. Das größte Problem besteht zweifellos darin, dass der Architekt durch seine, über die Pubertät hinaus verlegte Geburt, selbst in das Geburtsgeschehen einzugreifen vermag. Der Gestalter aller Bereiche – alles ist Architektur – bemächtigt sich dieses Problems mit großer Intensität, so dass meist schon der vierzigste, also der einzige, erste und auch originale Geburtstag vom Architekten selbst inszeniert wird. Das Beunruhigende für ihn (allerdings für seine Gäste beruhigend) ist – Sie erinnern sich noch an das Gesetz der regionalen Zeitverschiebung –, dass der Architekt dabei gar nicht sicher sein kann, ob er wirklich zur Welt kommt oder nicht. Manche geraten dabei in Panik und leiten selbst eine Frühgeburt ein, was jedoch, peinlicherweise, wiederum nur von anderen Architekten festgestellt werden kann, deren Urteil aber ebenso suspekt wie fragwürdig bleibt. Die Selbsteinleitung der architektonischen Frühgeburt ist das eindrucksvollste und 3. *Paradoxon der architektonischen Existenz*.

Eine fatale Wirkung auf unsere Gesellschaft entsteht dadurch, dass der Architekt durch die Verfügbarkeit über seinen eigenen Geburtstag und seine eigene Existenz glauben muss, auch über andere verfügen zu können. Mangels anderer Mittel stellt er diese Omnipotenz durch Pläne, Modelle und, schlimmer noch, durch Bauten dar. Hier ist der Moment, wo ich Sie an meine Einleitung erinnern muss, dass nämlich Eilfried Huth gerade hier seine existenzielle Frage an die Architektur und die Rolle des Architekten stellte und somit, was diese Norm-Geburtstagsrede betrifft, aus dem Schneider ist. Denn wir haben uns ja hier mit dem Geburtstag des Architekten an sich beschäftigt und nicht mit der Ausnahme. Natürlich werden die Schlauen unter Ihnen jetzt nachfragen, ob es für die Architektur besser sei, wenn alle Menschen die Privilegien der Geburt des Architekten in Anspruch nehmen. Aber das ist eine andere Geschichte.

Lieber Eilfried, für mich bist Du eine Ausnahme, ich habe mich daran gehalten, nur ein paar ergänzende und freundschaftliche Worte zu sagen.

Alt und Neu sind keine Zeitbegriffe
Zu den Arbeiten von Jabornegg & Pálffy

Typoskript vom 3. April 2009 (gekürzt); abgedruckt in: *Jabornegg & Pálffy*, Zürich und Wien 2009

Christian Jabornegg
geboren am 5. Dezember 1956
in Wels / Oberösterreich
András Pálffy
geboren am 8. Dezember 1954
in Budapest

Jabornegg & Pálffy, Büro seit 1988 in Wien

Schon Shakespeare hat gewusst, dass ein Wort erst im Satz oder in der gesprochenen Situation seine endgültige Bedeutung erhält, jedenfalls hat er es in seinen Stücken virtuos praktiziert. Spätestens seit Wittgenstein ist auch uns dieser Sachverhalt klar. In der Architektur entwickelte Josef Frank in seiner Kritik an dem oft allzu schlichten (um nicht zu sagen naiven) Pathos der Moderne eine Sensibilität für unzuverlässige Relationen zwischen Leistung und Bedeutung von Alt oder Neu. Das heißt, etwas Altes kann in einer veränderten Situation als vollkommen neu erscheinen und umgekehrt. Die lineare Fortschrittsskala der Moderne erzeugte die Illusion einer Stabilität der Werte und Bewertungen, und die säuberliche Trennung von Alt und Neu im Denkmalschutz, gefordert von der Charta von Venedig, führte in die Banalität eines schweigenden und rechthaberischen Nebeneinanders.

Es ist zwar klar, aber man muss immer wieder daran erinnern, Sprache ist nicht Architektur, und wenn Architektur spricht, dann nicht mit den Mitteln der Sprache. Aber es gibt Analogien, gerade im semantischen Bereich, von wechselnden Bedeutungen. Wenn Bruno Reichlin den Umgang mit einer alten Bausubstanz, ihre Erforschung, Neuinterpretation und schließlich ihre Rolle im Zusammenhang mit dem Neuen als Entwurf bezeichnet, so ist dieser Sachverhalt in den Arbeiten von Jabornegg & Pálffy ein zentrales Thema. Das ist generell und theoretisch einsichtig, doch steckt wieder einmal der Teufel im Detail. Wie sieht es tatsächlich aus mit diesen Rollen, die alte Gebäude- oder Mauerteile, Pfeiler, Säulen, Decken, Fenster, Lichtquellen, Raumzusammenhänge plötzlich in neuen Konstellationen zu spielen beginnen? Wie funktioniert die Wahrnehmung oder gar die Interpretation dieser Wahrnehmung?

Diese Auseinandersetzung soll im Folgenden an Hand einiger Arbeiten (Umbauten, Ergänzungen, Umwidmungen, Erweiterungen etc.) geführt werden mit dem Risiko, dass die Ausgangsthese streckenweise überhaupt nicht greift oder zum Schluss mit der blamablen Entdeckung endet, dass sie im Zusammenhang mit Architektur nur zu Scheinergebnissen führt. Dass wir uns hier in einen grauen, vernebelten Bereich begeben, in dem nichts Greifbareres, Handfesteres zu finden ist als eben nur subjektive Vermutungen mit höchst fragwürdigem Wert, ist das Risiko des Unternehmens. Ein Risiko, auf das sich die Architektur in jedem Fall einlassen muss, wenn sie sich in den Dialog mit Bestehendem begibt. Und Dialog heißt in diesem Fall nicht nur beiläufig miteinander reden, sondern sich selbst verändern. Und diese Veränderung wird der Architektur in jedem Fall aufgezwungen, weil kein Bauwerk in einem leeren Raum entsteht, nicht einmal auf der berühmten ›grünen Wiese‹. Ich beschränke mich in diesem Aufsatz prinzipiell auf Arbeiten, die ich durch eigene Anschauung kenne, denn alles in einem anderen Medium vermittelte, ob Plan, Zeichnung oder Foto, beschränkt die Mitteilung nicht nur auf Aspekte, sondern verfälscht sie gleichzeitig.

Generali Foundation, 1992–1995
Umbau einer ehemaligen Hutfabrik in Ausstellungsräume für zeitgenössische Kunst, deren alte Halle ein trapezförmiges Hofgrundstück überdeckte, die über einen Zwischenhof und einen sechsgeschossigen Hoftrakt erschlossen wurde. Die ausschließlich von oben belichtete Halle selbst war in eine Mauer-Pfeiler-Struktur eingebunden und besaß eine zarte Eisenkonstruktion mit gusseisernen Stützen. Der parallel zur Wiedner Hauptstraße liegende Hoftrakt hatte den üblichen Grundriss mit Mittelmauer und in den Untergeschossen preußische Kappen als Deckenkonstruktion.

Die wesentlichen Eingriffe bestanden, abgesehen von der völligen Erneuerung der Hallenüberdachung mit Lichtdecke in zwei entschiedenen Maßnahmen: Einmal im Bürotrakt in der Eliminierung der Mittelmauer und Auflösung in eine drei Meter breite Raumstruktur (wobei das trennende Element Mauer in eine vermittelnde Erschließungszone umgewandelt wurde, die außerdem die Spannweite der alten Decken so verringerte, dass sie auch unter den neuen Belastungen erhalten werden konnten) und zweitens in der Einführung eines asymmetrisch liegenden ›linearen Elements‹ in der Ausstellungshalle, das zwei extrem unterschiedliche Raumqualitäten schuf, die die Nutzungsvielfalt und Variabilität durch Größe und Belichtung enorm steigerten. In diesen beiden Maßnahmen liegt insgesamt ein bedeutender Qualitätssprung für alle Raumnutzungen und -zusammenhänge.

Im Erdgeschoss ist der Hoftrakt keine Barriere mehr, sondern es entstand eine abwechslungsreiche Raumsequenz als Zugang von der Wiedner Hauptstraße: Über einen repräsentativen (historistischen) Durchgang durch das Haupthaus überquert man den schmalen Hof und kommt in eine Vorhalle. Die aufgelöste Mittelmauer erzeugt eine kleine Pfeilerhalle, die weiter in den Ausstellungsbereich vermittelt. Diese Veränderung wird zunächst als neue ›Realität‹ ohne Geschichte erlebt, weil in diesem Bindeglied keine alten Spuren unmittelbar sichtbar sind. Das ›Alte‹ hat sich in die räumliche Struktur zurückgezogen, ist sozusagen nur über Erinnerungen wahrnehmbar. Das heißt, man muss den Veränderungsprozess kennen, um ihn wahrzunehmen. Eine kleine Andeutung liegt im Materialwechsel, in einer auf einen Strich reduzierten ›Schwelle‹ zwischen dem Marmor des Durchgangs und dem Übergang zum Hof.

Bei diesem Beispiel handelt es sich nicht vordergründig um eine Auswechslung und Umdeutung von Teilen, sondern um eine radikale Neustrukturierung eines allerdings festgelegten Raumangebots. Selbst das ›lineare Element‹ als Raumteiler in der Ausstellungshalle ist keine ›Mittelmauer‹, sondern wirkt durch die Freistellung als Wand, die Art der Deckenauflage, die Weiterführung der Lichtdecke und den Wechsel zu den kreisförmigen Oberlichten im kleineren Raumbereich (andere Lichtverhältnisse, etwa für Grafik) als vermittelndes Element. Durch die streng kalkulierte Lage dieser Trennwand in der Trapezfläche der Halle wird zwar an die häufig vom Raster abweichende Wiener Parzellenstruktur erinnert, aber die Geometrie als eigenständiges Thema behandelt. Der Dialog zwischen Alt und Neu findet wiederum nicht im ›Vokabular‹, sondern in der räumlichen Grammatik des Eingriffs statt.

Ein Aspekt des Entwurfes, der sich einerseits aus den alten baulichen Gegebenheiten ergibt, aber viel mehr noch aus der Interpretation dieser, ist die Erschließung als bewusster Weg durch enge und wechselnde Verhältnisse in den Lichtraum der Halle. Die Architektur erschließt sich im Gehen (was sonst?), aber dieses Gehen führt über und durch ›historische Hindernisse‹ in eine klar artikulierte Gegenwart. Die renovierten alten Teile bleiben aber in ihrer Materialität einer anderen Zeit verhaftet. So beggenen sich in der Pfeiler-(Vor)Halle verputzte Pfeiler des alten Mauerwerks und die neue Stahlbetonstruktur, die in die pure neue Baustruktur der Ausstellungshalle überführen.

Museum Judenplatz 1995–2000
Die Menschen, die heute über den Judenplatz gehen, werden merkwürdig still. Vor allem nachts, wenn die Häuser mit ihren individuellen Physiognomien in einem ›quellenlosen Licht‹ einen stummen Rahmen für das noch schweigsamere Holocaust-Mahnmal abgeben. Der Platz ist aus dem

Verkehr gezogen, er ist in eine atmosphärische Insel verwandelt, die ihre Geheimnisse nicht preisgibt. Die Hermetik der nach innen gestülpten, versteinerten »Bibliothek« (von Rachel Whiteread) zwingt auch die Rahmung der redseligen Häuser zum Schweigen. Die alte, grobstrukturierte Granitpflasterung erinnert an ein Mittelalter, das aus der Stadt, wie die jüdischen Bewohner, vertrieben wurde. Der alte Lessing, den man als eine Figur der Moderne früher kaum wahrgenommen hat, hat durch das gegenüberliegende Mahnmal einen Gesprächspartner bekommen, mit dem er sich auf seinem Niveau unterhalten kann. Die umgestülpte »Bibliothek« erinnert nicht nur an die jüdische Kultur der Schrift und des Buches, sondern ein wenig auch an die Arbeitsstätte Lessings in der Bibliothek von Wolfenbüttel. Der Platz verführt heute die Sinne zur Wachheit, schon in den zu ihm führenden Gassen wird den Fußsohlen mitgeteilt, dass man hier einen besonderen historischen Boden betritt.

Die Anlage der Gedenkstätte besteht aus drei Teilen, dem Platz mit dem Mahnmal, dem Misrachihaus als ein in den Untergeschossen umgebautes Wohnhaus und der unter dem Mahnmal liegenden (aber mit diesem nicht verbundenen) Ausgrabungsstätte der 1421 zerstörten Synagoge. Die drei Orte sind als Weg – Mahnmal / Museum / Ausgrabung – linear miteinander verbunden und zwingen im zeitlichen Ablauf – Zeichen / Information / ›historische Gegenwart‹ – auf unterschiedlichen Wahrnehmungsebenen zur Auseinandersetzung mit dem Ort.

Der Zugang zum Museum und zur Ausgrabung führt durch ein Privathaus, fast metaphorisch, wie die Zugänge zu Gebetsorten von frühen Religionsgemeinschaften in der Diaspora. Allerdings ist das Misrachihaus nicht irgendein Bürgerhaus, sondern es hat selbst eine jüdische Geschichte. Die Bausubstanz geht auf das späte Mittelalter und die frühe Neuzeit zurück (nach Dehio), war ursprünglich ein zweiachsiges, giebelständiges jüdisches Wohnhaus, und wurde 1694 (also lange nach der Vertreibung der Juden in die Leopoldstadt) frühbarock um- und ausgebaut. Seit 1971 ist es im Besitz der Vereinigung »Thoratreuer Zionisten des Misrachi«. Heute beherbergt das Misrachihaus auch einen Gebetsraum – eine zufällige Einnerung an eine Diaspora auf Umwegen?

Während der Judenplatz nicht einer gewissen Theatralik der Inszenierung oder einer sanften Selbstausstellung entbehrt, wurde das Misrachihaus in den Untergeschossen unmissverständlich in ein modernes Museum verwandelt. Die historische Räumlichkeit wird durch starke Eingriffe, eine eindeutige Architektursprache und eine radikale Uminterpretation des vorhandenen Raumangebots als neues Raumkontinuum behandelt und verstanden. Wenn man so will, haben hier weder Anspielungen auf die Vergangenheit noch augenzwinkernde Anpassung eine Bedeutung.

Die Bausubstanz des Misrachihauses hatte im Erd- und in den teilweise neu aktivierten und ausgebauten Untergeschossen Mauern, die auf Verdacht und aus Gewohnheit hielten, deren Lasten aber in Wirklichkeit geheimnisvoll ›vernetzt‹ waren. Die Beziehung der Kräfte entschlüsselte sich erst, als in das verworrene ›Tragsystem‹ eingegriffen wurde. Der durch eine neue Treppe aufgefüllte kleine Lichthof (weiterhin Tageslicht von oben) kompensiert heute einerseits als statisches Rückgrat die neuen Durchbrüche und Raumverbindungen, andererseits organisiert er die nun zentral erschlossenen Räume um. Diese Umkehrung der Funktionen, in Wirklichkeit eine Verwandlung der Wertungen und Bedeutungen, kündet hier ein Entwurfsprinzip an, das beim nächsten Bau der Architekten (der Schoeller-Bank) voll zum Tragen kommt. Obwohl der Eingriff im Erdgeschoss sehr dominant erscheint, wurde die Typologie des darüberliegenden Wohnhauses nicht angetastet, das heißt, das alte Treppenhaus blieb erhalten, der Zugang wurde jedoch eine kaum bemerkbare Tür, die im Ensemble des Eingangsbereichs visuell keine Rolle spielt. Im ganzen Museum gibt es bis zum Durchgang in den Schauraum eine deklarierte Sichtbarkeit von Alt und Neu, nicht doktrinär ausgestellt, aber ein selbstverständliches Neben- oder Miteinander.

Allerdings an einer Stelle bekommt die neue Treppe einen wirklichen Ausstellungscharakter. Gegenüber dem Eingang wird die durch das Gewölbe gerahmte Sichtbetonwand der Treppe in ein Schauobjekt verwandelt, das in erhabenen Versalien den Schriftzug MUSEUM JUDENPLATZ trägt. Hier ist auch der einzige Ort, an dem Alt und Neu ›kontrastierend harmonisiert‹ werden, sozusagen als ›Energiezentrum‹ der im ganzen Haus arbeitenden Zeitmaschine. Andererseits könnte man auf dieser Ebene von der Überlagerung zweier räumlicher Systeme sprechen, oder von einer typologischen Auswechslung. Das alte Treppenhaus bleibt als Erschließung der oberen Etagen erhalten, verliert aber in den Untergeschossen seine Bedeutung. Die eindeutige Kontrastierung unterstreicht wiederum die betonte Neutralität der Räume, die im Prinzip jede Art der Nutzung und Form von Ausstellungen erlauben. Architektur wird zum neutralen »Hintergrund« (Hermann Czech).

Man könnte auch die Frage stellen, ob das Ausräumen einer alten Baustruktur, die Verbindung der einzelnen Raumzellen durch größere Öffnungen, das Herstellen von neuen Raumzusammenhängen, die weiße

Kalkung aller Decken und Wände, im Sinne eines neuen ästhetischen Blicks, nicht auch eine Art verfremdeter Ausstellung derselben ist, die ein besonderes Merkmal, eben die Struktur, ins Licht stellt und als eigenen Artefakt von den alten ›Lebenszusammenhängen‹ ablöst.

Ein räumlich eigenes Element stellt die Passage zum Ausgrabungsort dar. Die verbundenen Orte werden in jeder Richtung als Blickpunkte sichtbar und die Strecke einfach über die Decke mit dem Takt der Lichtquellen rhythmisch begleitet.

Im Schauraum, dem eigentlichen Ort der Geschichte, tritt die Architektur als ›Zeitzeuge‹ ganz in den Hintergrund. Hier herrscht der absolute Respekt vor den ausgegrabenen Spuren. Die Begrenzung das Schaurraums blendet die Gegenwart (etwa die technischen Installationen) aus, ohne selbst zu blenden. Erklärung der Architekten: »Der freigelegte Umriss der 1421 zerstörten Synagoge legt Lage und Größe des Schauraums fest. Den neuen Raumwänden vorgesetzt, beschreibt eine Vorsatzschale aus galvanisiertem Messingblech exakt die Ausgrabungsgrenze. Sie blendet die Haustechnik aus und wird zum Hintergrund für die Materialvielfalt der Grabungsteile ohne Kunstlicht störend zu reflektieren.«

Der Raum hat also nichts anderes ›im Sinn‹, als die Geschichte selbst sprechen zu lassen. Die Gegenwart ist stumm, sie ist nur als Behelf anwesend. Selbstverständlich könnte man jetzt behaupten, auch diese Haltung ist ein charakteristisches Bekenntnis unserer Zeit, die bewusst darauf verzichtet (etwa im Gegensatz zum Historismus), Geschichte zu inszenieren. Und die Reste der Synagoge sind nicht die Geschichte selbst, sondern ans Licht geholte und ausgestellte Spuren mit einer neuen Aura, die einen ebenso neuen Ort ihrer Wahrnehmung erzeugen und brauchen.

Am Anfang steht die Tradition
Zur Architektur-Ausstellung »Arne Jacobsen: Bauten und Geräte« am Schillerplatz

aus: *Die Presse* vom 31. Jänner 1963

Arne Jacobsen
geboren am 11. Februar 1902 in Kopenhagen
gestorben am 24. März 1971 ebendort

Die Zentralvereinigung der Architekten und die Akademie der bildenden Künste zeigen in den Räumen der Akademie am Schillerplatz eine umfassende Ausstellung der Werke Arne Jacobsens, des bedeutendsten Repräsentanten der modernen dänischen Architektur. Es sind nicht nur Fotos der wichtigsten Bauwerke zu sehen, sondern auch Architekturmodelle, Zeichnungen und Aquarelle, aber auch Möbel, Geräte und Textilien. Somit wird in Wien die seltene Gelegenheit geboten, das Gesamtwerk einer der hervorragendsten Persönlichkeiten der europäischen Gegenwartsarchitektur erschöpfend kennenzulernen.

Die Ausstellung sollte aber nicht nur den Zweck haben, Arne Jacobsen dem Wiener Publikum vorzustellen. Es soll vielmehr ins allgemeine Bewusstsein gebracht werden, wie stark ein guter Architekt auch heute noch die technisierte Umwelt gestalten und zum Wohle aller verändern kann. Unseren Architekten aber sei hier nicht diskussionslos ein Vorbild hingestellt, das schon in vieler Hinsicht nach 1945 zur Wiederbelebung unserer verödeten Fluren benützt wurde, sondern es mag diese Ausstellung Anlass zu einer Besinnung sein, einer Besinnung auf die eigenen Quellen, die aus anderen Böden kommen.

Arne Jacobsen ist Däne, das heißt Skandinavier. Er kommt aus einer großen, sehr kultivierten klassizistischen Tradition, die am Beginn seiner Tätigkeit gerade durch das Werk Gunnar Asplunds einem neuen, modernen Höhepunkt zugeführt wurde. In gleicher Stärke wirkte aber im Norden eine ungebrochene bäuerliche Tradition, die heute noch in einer einfachen, naturnahen, jedoch städtisch-musischen Lebensweise sichtbar wird. Der eigentliche Lehrer Jacobsens war aber der romantizistische Maler und Architekt Abildgaard. So findet man im Werk Jacobsens immer wieder romantische Wärme, Unmittelbarkeit und Lebendigkeit vermischt mit (oder getrennt von) klassizistischer Kühle und fast akademischer

Ästhetik. Der Einfluss des Bauhauses und Le Corbusiers hat vorübergehend diese Quellen verdeckt. Sie werden später wieder sichtbar. Die eine Seite in den Wohn- und Landhäusern, mit ihren gelben Ziegelwänden, den schwarzen Schindeldächern und ihrer vorwiegenden Verwendung des Holzes, die andere aber in den öffentlichen Bauten, in den Rathäusern, den Fabriken und den Bürogebäuden.

Es scheint, als trete der Skandinavier aus seiner geborgenen unkomplizierten, heimeligen, aber nicht verschlossenen privaten Sphäre in eine kühle, objektivierte, saubere Öffentlichkeit. Wir empfinden wenigstens einen deutlichen Unterschied. So herrschen in den Wohnhäusern die ›natürlichen‹ Materialien, während die mechanisierte Welt der Öffentlichkeit auch eine vorfabrizierte und perfektionierte Ästhetik nach sich zieht.

Es wäre falsch in Jacobsens Arbeiten eine Doktrin zu suchen. Seine Bauten sind allerdings geeignet, viele abzuleiten. So allgemein verständlich die architektonische Sprache Jacobsens scheint, so viele Tummelplätze der Moderne sie berührt und so selbstverständlich sie sich des internationalen Vokabulars bedient, so schwierig ist sie doch zu verstehen. Er kommt aus einer Welt der scheinbar beruhigten und durch Jahrhunderte hindurch polierten Oberfläche, die aber manchmal Vulkane wie Kierkegaard, Munch, Strindberg oder Dreyer zerbrechen.

Otto Kapfinger
Laudatio

Typoskript vom 17. Februar 1997, Preis der Stadt Wien für Publizistik

Otto Kapfinger
geboren am 12. Mai 1949 in St. Pölten
lebt und arbeitet in Wien

Ich war im Alter von Otto Kapfinger, als mich die damals rund dreißigjährigen Steiners, Krischanitzs und Kapfingers mit ihren Aktivitäten in der Österreichischen Gesellschaft für Architektur und der Gründung des *UM BAU*, ohne dass sie wohl die leiseste Ahnung davon hatten, zwangen, entweder ins kritische und publizistische Ausgedinge zu gehen oder noch einmal die neu und viel höher gelegten Latten des theoretischen Umgangs mit Architektur zu überspringen. Ich entschloss mich für ein hartes Alterstraining und es ist wohl eine kleine Anerkennung für diese geriatrische Tour de force, dass ich heute für Otto Kapfinger die Laudatio halten darf.

Ich habe auch aus Otto Kapfingers Vokabular einige Begriffe entwendet, etwa *fokussieren*, die mir jetzt, da ich einen überaus präzisen Theoretiker und einen zielsicheren Kritiker zu loben habe, sehr zu Hilfe kommen. Wenn man einen Charakterzug Otto Kapfingers besonders betonen wollte, dann wäre es sein thematischer Zugriff, seine greifvogelartige Konzentration auf den Gegenstand, seine Hartnäckigkeit im Ausloten aller Untiefen eines Themas, seine sprachliche Präzision und, nicht zuletzt, sein kultureller und kulturgeschichtlicher Horizont, von dem aus der jeweilige Gegenstand der Forschung in die richtigen Verhältnisse gesetzt wird.

Der 1949 in St. Pölten Geborene hatte das Glück, in einem Gymnasium wie Kalksburg mit Auszeichnung zu maturieren (es blieb ihm also als Architekt die kulturelle Fastfood-Ausbildung an einer österreichischen Gewerbeschule oder HTL erspart), in einem fünfjährigen Architekturstudium an der Technischen Universität Wien begründete er 1970 mit Angela Hareiter und Adolf Krischanitz die Experimentalgruppe MISSING LINK mit Projektarbeit, Herstellung von Objekten, Filmen, Ausstellungen sowie Vorträgen im In- und Ausland. Dieser im Grunde weit ausgreifende und künstlerische Aktionismus scheint mir eine weitere solide Grundlage für eine unorthodoxe Auseinandersetzung sowohl mit spezifisch architektonischen als auch allgemeinen künstlerischen und kulturellen Phänomenen geschaffen zu haben. Und, was mir damals einen besonderen Eindruck machte, die beginnende Recherche am gegenwärtigen und historischen Wien, ob es sich um die Typologie im Gemeindebau oder um eine Art von ›Pattern Language‹ des Wiener Kaffeehauses handelte.

Otto Kapfinger arbeitete dann 1974-84 in Arbeitsgemeinschaft mit Adolf Krischanitz (ich erinnere nur an die Rekonstruktion und den Umbau der Wiener Secession und an die Wiederherstellung der Wiener Werkbundsiedlung), wobei in diesen Arbeiten die historische Grundlagenforschung und das Quellenstudium in den Händen Kapfingers waren. Erwähnen möchte ich in diesem Zusammenhang auch den brillanten Zeichner Kapfinger, dessen Perspektiven nach einer mehr oder weniger verkommenen architektonischen Darstellungskultur in den siebziger Jahren – die Ausnahmen sind hinlänglich bekannt – neue Maßstäbe gesetzt hat.

Eine zentrale Rolle kommt, nach meiner Einschätzung, seiner von 1981-91 während architekturkritischen Arbeit in der Wiener Tageszeitung *Die Presse* zu, eine Architekturkritik, die nicht nur mit Genauigkeit und argumentativer Schärfe, allgemein verständlich und mit literarischer Qualität, sondern auch mit einem soliden Verständnis für das schwierige Medium ausgestattet war. Kritiken, denen es nicht um das Kritisieren ging, sondern um das *Fokussieren* der Betrachtung auf bauliche und architektonische Probleme und um eine vorsichtige Suche nach Antworten darauf. Dabei war es selbstverständlich, dass Architektur beim Städtebau begann und sich bis zum sprichwörtlichen Möbelbau erstreckte.

Bevor ich zum eigentlichen Publizisten Otto Kapfinger komme, ist ein Hinweis auf seine umfangreiche Tätigkeit notwendig, die man im weitesten Sinne als eine Öffentlichkeitsarbeit für Architektur bezeichnen könnte. Dazu gehören nicht nur Tätigkeiten in den Vorständen der Österreichischen Gesellschaft für Architektur und der Wiener Secession, Mitbegründung des *UM BAU*, die Organisation von Internationalen Symposien (1985 zu Josef Frank, 1987 ›Museumskonzepte der achtziger Jahre‹, mit Johannes Spalt) oder die Kuratorentätigkeit für zahlreiche Ausstellungen (1989 ›Haus Wittgenstein – Geschichte und Spuren vor Ort‹, mit Bernhard Leitner; 1991-92 ›Transit XVIII‹ – Österreichischer Beitrag zur

18. Triennale von Mailand; 1992 ›Möbel für sich – Ausgewählte Stücke österreichischer Architektinnen / Architekten‹, mit Georg Schöllhammer; 1993–94 ›Visionäre & Vertriebene – Österreichische Spuren in der amerikanischen Architektur der Moderne‹, mit Matthias Boeckl und Adolph Stiller; 1994/95 ›Architektur im 20. Jahrhundert – Österreich‹ im Deutschen Architektur Museum Frankfurt, mit Wilfried Wang, Dietmar Steiner und Adolph Stiller).

Ich unterschlage jetzt die Mitarbeit in Gestaltungsbeiräten, die Auszeichnungen und Lehraufträge, erwähne aber ausdrücklich, dass seit Herbst dieses Jahres Otto Kapfinger Gastprofessor an der Linzer Kunsthochschule ist.

Damit wäre der Weg einigermaßen frei für eine Laudatio auf den Publizisten Otto Kapfinger. Ich muss zugeben, dass ich selbst überrascht war, wie groß der Anteil sogenannter fachübergreifender Arbeiten in seinen Aufsätzen und Vorträgen ist. Ich rede nicht von den schon erwähnten Texten über Planung, Städtebau oder Design, sondern von Beiträgen zur Kunst (Würtinger, Trattner, Kirkeby etc.), aber auch über grundsätzliche Beiträge zur Architekturfotografie und vieles andere. Natürlich überwiegt in der eindrucksvollen Reihe von Büchern und Katalogen die Architektur als Thema oder der Architekt als Gegenstand einer monografischen Auseinandersetzung. Ich nenne nur die wichtigsten Titel ab 1977: *Wiener Studien*, *Die Wiener Werkbundsiedlung* und *Die Wiener Secession* (alle drei mit Adolf Krischanitz), *Haus Wittgenstein*, *Dichte Packung* (mit Franz E. Kneissl), *Möbel für sich*, *Roland Gnaiger – Schule in Warth*, *Abgelehnt – Nicht ausgeführt, die Bau- und Projektgeschichte der Hochschule für angewandte Kunst in Wien 1873–1993* (mit Matthias Boeckl), *Riegler / Riewe – Arbeiten seit 1987*, *Krischanitz / Federle – Neue Welt Schule, Robert Örley* (mit Peter Nigst), *St. Pölten neu – Das Bild der Landeshauptstadt* (mit Michaela Steiner), *Klaus Kada* und *Baukunst in Vorarlberg seit 1980* (beides in Arbeit bzw. kurz vor dem Erscheinen).

Otto Kapfinger gehört – von einem fast Fünfzigjährigen darf man das schon sagen – zu den maßgebenden, also neue Maßstäbe setzenden Architekturpublizisten in den deutschsprachigen Ländern, die nicht nur eine fast pathologische Fixierung oder einen unerschöpflichen Enthusiasmus für eine Architektur in kultureller Verantwortung mitbringen, die mit einem soliden fachlichen, faktischen und aktuellen Wissen ausgestattet sind und zugleich mit einer großen theoretischen Schärfe einen begleitenden Kommentar zur Architektur der Gegenwart schreiben. Seine Texte haben auch Unmittelbarkeit, Sinnlichkeit, Elan, ja Eleganz, sie ›leben‹

nicht von der Architektur allein, sie sind nicht ihren Gegenständen ausgeliefert, sie haben nicht nur Distanz zum Gegenstand, sondern ebenso zu den Mitteln der Darstellung, sie besitzen auch die Leichtigkeit der Wahrnehmung des Flaneurs in einer Großstadtkultur, mit einem Wort, es war höchste Zeit, dass die Stadt Wien Otto Kapfinger wahrgenommen hat und einen ersten Dank abstattet.

Hermann Kaufmann
Laudatio

Typoskript vom 2. September 2003, Dr. Toni Russ-Preis

Hermann Kaufmann
geboren am 11. Juni 1955
lebt und arbeitet in
Schwarzach / Vorarlberg
und München

Einen Vorarlberger Architekten zu loben ist schwer. Nicht weil es nicht genug individuelle Vorzüge, herausragende Eigenschaften und Talente oder architektonische Merkmale der Wiedererkennbarkeit, ja des Außergewöhnlichen gäbe, sondern weil es kaum möglich ist – jedenfalls für einen Außenstehenden – ihn aus dem kulturellen, regionalen, gesellschaftlichen und beruflichen Umfeld herauszulösen. Einen Vorarlberger Architekten zu loben heißt schlicht, ein Land, eine Baukultur, eine Generation, Bauherrschaften und Berufsgruppen oder eine ganze Zunft zu loben. Trotzdem möchte ich, ja muss ich einen Versuch wagen, die Verantwortung für das Scheitern überlasse ich Ihnen.

Der Dr. Toni Russ-Preis und -Ring ist bisher vorwiegend an Persönlichkeiten verliehen worden, die Besonderes im humanitären und sozialen, also in einem gesellschaftlich-mitmenschlichen Bereich geleistet und sich ausgezeichnet haben. Dass heute in diesem Zusammenhang ein Architekt geehrt wird, ist nicht nur ein Zeichen für die Architektur im Allgemeinen und für den Architekten im Besonderen, es ist die Anerkennung einer Disziplin, der, oft nicht zu Unrecht, eine zu einseitig künstlerische, abgehobene, wenn nicht elitäre, jedenfalls ästhetische Weltsicht vorgeworfen wird. Damit ist der Preis vielleicht auch eine Mahnung, dass die Architektur, die sich zweifellos gegenwärtig in einem Höhenflug an Qualität, ästhetischer Kraft und technologischer Perfektion befindet, nicht auf ihre gesellschaftlichen, sozialen und allgemein humanitären Aufgaben vergessen oder gar verzichten soll. Ich weiß, dass für diese Mahnung Vorarlberg eine der ungeeignetsten Regionen ist, wenigstens eine, die es zur Zeit am wenigsten nötig hat.

Das Werk des noch nicht ganz fünfzigjährigen Hermann Kaufmann markiert sowohl zeitlich wie inhaltlich eine Art Mitte der Vorarlberger Architekturszene. Einerseits tragen seine Bauten noch die Disziplin und den ethischen Ernst der frühen Pionierbauten in sich, andererseits zählt er zu seinen geistigen Vätern und Lehrern ausdrücklich Ernst Hiesmayr, womit ein Fenster zu einer freieren Architekturauffassung geöffnet wurde. Kaufmann arbeitet von Anfang an (nunmehr seit zwanzig Jahren) in einer Bürogemeinschaft mit Christian Lenz, wobei neben den Gemeinschaftsarbeiten und Partnerschaften mit Dritten, auch jeder eigenständig Bauten durchführt; bei Hermann Kaufmann sind es bereits an die einhundertfünfzig Objekte. Nach einer Lehrtätigkeit an der Liechtenstein'schen Ingenieurschule und Gastprofessuren an den Technischen Universitäten von Graz und Ljubljana, ist er seit 2002 Professor für Holzbau an der Technischen Universität von München.

Ein Werk, das so eingebettet ist in eine hochentwickelte regionale Baukultur, das den Hintergrund von drei Generationen Holzbau besitzt, verankert in einen uralten Wälder ›Clan‹ (um es neudeutsch auszudrücken), ein Werk das lupenrein die Charakteristika einer nunmehr gefeierten ›Bauschule‹ repräsentiert, wie kann man in diesem Werk den Unterschieden, dem Individuellen, der selbständigen künstlerischen Leistung auf die Schliche kommen? Bei den vielen Einfamilienhäusern (die ich bei weitem nicht alle kenne) und den Wohnanlagen besticht ein genauer Umgang mit den Bedürfnissen des Wohnens, aber auch oft ein energischer Schritt über diese beschreibbaren Qualitäten hinaus. Die Wohnanlagen von Wolfurt (Neudorfstraße) und Dornbirn (Ölzbündt) etwa entwickeln aus den strukturellen und texturalen Elementen eine Art Klassizität der Einfachheit, die ebenso eine starke visuelle Präsenz auszeichnet wie eine Form ästhetischen Widerstands gegen die Versimpelung der kulturellen Welt.

Hermann Kaufmann nimmt also die Architektur, je nach Bauaufgabe, in den unterschiedlichsten Formen an die Kandare, ihr ästhetischer Mehrwert ist kein isolierter, sondern eine aus dem Inhalt, dem Bedarf in einem höheren, kulturellen Sinne gewonnene Qualität: Ob in Lech am Arlberg ein Biomasseheizwerk die topografische Markierung eines Ortseingangs übernimmt, ein Impulszentrum in Egg dem ehemaligen Standort eines Stationsgebäude eine zentrale Bedeutung verschafft, ob im »Adler« in Schwarzenberg die Wälder Kultur des Interieurs in einer neuen Qualität ins Bewusstsein gerufen oder ob bei einer Fahrradbrücke in Gaißau die Erinnerung an die alten überdachten Holzbrücken wachgerufen wird, immer entsteht aus dem hohen Niveau einer regionalen Baukultur auch eine individuelle, künstlerische Antwort.

Es gäbe noch vieles zu erwähnen, aber das Charakteristikum des Werks von Hermann Kaufmann bleibt überall das Gleiche. Ich beschränkte mich auf jene Arbeiten, die ich besser kenne. Aber auf eine Arbeit möchte ich noch im Zusammenhang mit diesem Preis besonders hinweisen, auf die begleitende, stille, fast anonyme bauliche Erneuerung und Ergänzung des Dorfes Bizau im Bregenzerwald. Ob Gemeindehaus mit Feuerwehr, Clubheim für den FC Bizau, Verbauung Häldele oder Schule mit Saal, Gestaltung des Dorfzentrums mit Platz, Friedhof und Totenkapelle, alles Arbeiten, die sich nicht als Architektur vordrängen, sondern bescheidene, selbstverständlich integrierte Verbesserungen der Bausubstanz des Ortes bleiben, entstanden in langen Planungsprozessen im Kontakt mit den Bewohnern. Wer nur flüchtig schaut, dem wird nichts ins Auge springen, wer aber zweimal hinschaut, der wird Qualitäten entdecken, einen eigenartigen Zusammenhalt von planerischer Vernunft und gediegenem Bauen. Doch, eines fällt schon auf, die neue Totenkapelle im Friedhof, ein luzides kleines Werk, sozusagen Kammermusik, in Zusammenarbeit mit dem ansässigen Bildhauer Herbert Meusburger, ein Zeichen der Anwesenheit zeitgenössischer Kunst in einer bäuerlichen Lebenswelt. Womit wir wieder zur Baukultur des Landes Vorarlberg und zu meiner herzlichen Gratulation zurückgekehrt sind.

Architekturforschung

Zum 70. Geburtstag des Bau- und Siedlungsforschers Adalbert Klaar

Es erscheint mir als eine Pflicht, anlässlich des 70. Geburtstages von Adalbert Klaar die Öffentlichkeit auf ein Werk aufmerksam zu machen, dessen gigantischer Umfang und dessen Bedeutung für die österreichische Bauforschung und -geschichte wohl nur von wenigen Fachleuten gekannt und richtig eingeschätzt wird. Zunächst fällt es schwer, Klaars Arbeit und Disziplin in die üblichen Schemata einzuordnen. Das Arbeitsgebiet reicht von der allgemeinen Baugeschichte, über die Siedlungs- und Bauformenforschung bis zur Geografie und Volkskunde. Allein seine dokumentarische Arbeit umfasst rund 180 Baualterpläne österreichischer Städte und Märkte (in denen jedes einzelne Haus untersucht und grafisch, seinem Alter nach, festgehalten ist), Bauaufnahmen, das heißt, detailliert aufgemessene Pläne von 163 Burgen und Schlössern, 1560 Dorf- und Stadtkirchen und zwölf Stiften und Klöstern. Gewissermaßen als Draufgabe hat Klaar (der diese Arbeiten allein mit der Assistenz seiner Frau durchführte) über 200 exakte Aufmessungen von Bauernhöfen gemacht, die zum Großteil heute nicht mehr existieren.

Zunächst einige persönliche Daten: Professor Dr. Adalbert Klaar entstammt einer Altwiener Familie, sein Großvater war k. k. Hofbaumeister Josef Wenz, der einen engen Kontakt zu Hansen und Hasenauer besaß. Zwei Großonkel waren Dombaumeister zu Sankt Stephan (Hugo Herrmann und August Kirstein). Klaar studierte an der Technischen Hochschule in Wien unter Mayreder, Max Ferstel und Fr. Krauß. Zwischen 1927 und 1938 war er selbständiger Architekt in Salzburg und Wien. In dieser Zeit begann er seine umfangreiche Tätigkeit als Bauformen- und Siedlungsforscher. Von 1938 bis 1945 war er Beamter der Raum- und Landesplanung von Wien und Niederösterreich, von 1945 bis 1965 im Bundesdenkmalamt. Hier konnte er sein Berufsziel erreichen, das in der zeichnerischen Erfassung aller Kultur- und Kunstdenkmäler in einer historisch-geografischen

aus: *Die Presse* vom 29./30. August 1970

Adalbert Klaar
geboren am 27. August 1900 in Wien
gestorben am 23. Mai 1981 in Klosterneuburg / Niederösterreich

Topografie bestand. Klaar entwickelte dabei neue Darstellungsmethoden, die von der kartografischen Information über Flur-, Siedlungs-, Stadt- und Bebauungsformen bis zur Ablesbarkeit der Baualter innerhalb einzelner Objektgrundrisse (bei mehrfachen Überbauungen, Erweiterungen etc.) reichen. Ein Teil der Forschungsergebnisse ist in den Landesatlanten von Niederösterreich und Salzburg enthalten, jener von Oberösterreich befindet sich gerade im Druck.

Obwohl die Bibliografie der wissenschaftlichen Publikationen von Adalbert Klaar schon über hundert Titel aufweist, ist es ihm bis jetzt noch nicht gelungen (er lebt ja in Wien), die großen Arbeiten zusammenfassend zu publizieren. Die einzige Ausnahme bildet die »Siedlungsformenkarte« aller österreichischen Bundesländer, die 1942 in einer kleinen Auflage erschien und heute zu den gesuchtesten Bänden wissenschaftlicher Bibliotheken gehört. Als Trost mag gelten, dass immerhin in der Reihe *Wiener Geschichtsbücher* (Paul Zsolnay) die *Siedlungsformen von Wien*, im Anzeiger der Akademie der Wissenschaften zuerst die *Burgen aus dem Burgenland* (das sind neun von 163 aufgemessenen österreichischen Burgen) und schließlich auch die *Baualterpläne österreichischer Städte* erscheinen werden. Dringend notwendig wäre eine Publikation über die bäuerlichen Bau- und Siedlungsformen in Österreich und nicht zuletzt eine Sammlung aller Schriften von Adalbert Klaar.

Es ist sicher von einer grundlegenden Bedeutung für die Forschungsarbeit von Klaar, dass er in diese Wissenschaften als ein bauender Architekt gegangen ist. Damit gelingt seiner Arbeit nicht nur eine Zusammenschau vieler Faktoren, sondern sie hält auch den Zugang offen für die baulichen Probleme der Gegenwart. Die *Baualterpläne* haben, neben ihrem historischen und dokumentarischen Wert, vor allem auch die Aufgabe, eine Hilfe für den Architekten zu sein, der in alten Stadtgebieten zu planen und zu bauen hat. Wenn wir daran denken, dass wir in Zukunft immer mehr die Raumreserven unserer Städte nützen müssen (und es sind große vorhanden), dass Assanierungs- und Adaptierungsarbeiten, im Zusammenhang mit der Erhaltung von wertvoller Bausubstanz, Probleme erster Ordnung sein werden, so ist die Grundlagenarbeit von Adalbert Klaar gar nicht hoch genug einzuschätzen. Es ist nur zu hoffen, dass diese in einer befriedigenden Weise publiziert und von den Architekten und Kommunalpolitikern sinnvoll benützt wird.

Rainer Köberl
Katalogbeitrag

Während *Wahnsinn Methode braucht,* kann der *Sinn* darauf verzichten. Das kommt der Arbeit von Rainer Köberl vielleicht näher. Seine Architektur ist, wenn überhaupt, nur in Sinnzusammenhängen beschreibbar. Sie ist abgekoppelt von jeglichem Stil- und Formdenken, vertritt keine ideologischen Tendenzen der Moderne und ihrer Nachkommen, entwirft nicht entlang von Programmen. So schlagen sich auch Methoden der Analyse dieses Werkes die Köpfe wund oder rennen gegen Gummiwände. Köberls Bauten sind einprägsame Orte, die im Gedächtnis bleiben und die man mit sich herumträgt. Ja, sie üben eine Art typologischer Definitionsmacht aus: Wer nach einem Dutzend von Altersheimen jenes von Köberl gesehen hat, für den bleibt Altersheim ein kontemplativer nach innen gewendeter zweigeschossiger Vierkanter mit einer temporär besetzten, sanft wechselnden Räumlichkeit. Und wer seinen Supermarkt gesehen hat, kann sich diesen Typus nicht mehr ohne kulturellen Anspruch und ohne Dialog mit der Landschaft vorstellen. Rainer Köberl fehlt jegliche plakative Botschaft oder was man in der Architektur von ihr fordert, vom Pathos des künstlerischen Messianismus ganz zu schweigen. Er nimmt die Welt, wie er sie vorfindet: drall oder kaputt, leer oder überfrachtet, angeschlagen, verkorkst oder einfach ›in Ordnung‹. Seine architektonischen Eingriffe organisieren ein Molekül dieser Welt neu, mehr als Möglichkeits- denn als Wirklichkeitsform. Motto: So könnte es sein, wenn ihr ein wenig genauer hinschauen, etwas mehr nachdenken und ein wenig freier reagieren würdet. Bauen bleibt Umgang mit Gebautem, Architektur aber fordert das höchste Bewusstsein im Umgang mit den Dingen.

Typoskript vom 3. Juli 2000; abgedruckt in: *Integrazione. Denn Wahnsinn braucht Methode.* La Biennale di Venezia 2002, hg. von Dietmar Steiner, Salzburg 2002

Rainer Köberl
geboren am 26. Juni 1956 in Innsbruck
lebt und arbeitet ebendort

ARIS KONSTANTINIDIS

Vielfalt und Typus
Neues Bauen, kritisch betrachtet: Ausstellung Aris Konstantinidis

aus: *Die Presse* vom
29./30. Juni 1968

Aris Konstantinidis
geboren am 4. März 1913
in Athen
gestorben am 18. September
1993 ebendort

Das Bauzentrum zeigt zusammen mit der Österreichischen Gesellschaft für Architektur bis 13. Juli eine Sonderschau über das Werk des Architekten Aris Konstantinidis. Dieser Name ist dem Wiener Architekturpublikum nicht fremd. Die Ausstellung bietet einen Überblick über ein Werk, das in seiner bescheidenen, aber doch bestimmten Art einen festumrissenen Beitrag zur Architektur der Gegenwart liefert.

Dieser Beitrag, den Aris Konstantinidis leistet, ist in zweifacher Hinsicht zu werten. Für Griechenland ist er einer der wenigen Vertreter einer modernen Architektur, deren Einfluss auf die Entwicklung des Landes nicht zu unterschätzen ist. International gesehen gehört Konstantinidis zu jenen Architekten, die sich früh theoretisch und praktisch mit der sogenannten anonymen Architektur auseinandergesetzt (er hat zahlreiche Vermessungen gemacht und auch einige Bücher herausgebracht) und die daraus gewonnenen Erkenntnisse mit Erfolg für neue Entwürfe angewendet haben. Er gehört aber andererseits nicht zu jenen Architekten, die die mediterrane Architektur, vor allem aber die griechische Inselarchitektur, zur Auffrischung ihres persönlichen Vokabulars verwenden. Bei aller Begeisterung für die Vorbilder scheint er doch an ihnen mehr das Prinzipielle, das Selbstverständliche ihrer Entstehung, Funktion und Erscheinung zu schätzen. So fällt es ihm anscheinend leicht, diese Baugesinnung auf neue Bauaufgaben zu übertragen und teils mit neuen Materialien und Methoden zu verwirklichen.

Aris Konstantinidis wurde 1913 in Athen geboren. Er studierte von 1931 bis 1936 an der Technischen Hochschule in München. Seit 1946 hat er ein eigenes Büro in Athen. Einige Jahre war er Direktor der Entwurfsabteilung der »Organisation für Arbeiterwohnbau« und von 1957 bis 1967 ebenfalls Direktor der Planungsabteilung der »Zentrale für Fremdenverkehr«. In dieser Zeit entsteht die große Zahl von Xenia-Hotels, die über ganz

Griechenland verteilt sind und einen neuen, modernen Typ von Touristenhotels kreierten. Gegenwärtig zieht es Konstantinidis vor, als Gastprofessor an der ETH Zürich zu wirken.

Die Ausstellung gibt einen guten Einblick in das Werk des Architekten. Am überzeugendsten wirken jene Arbeiten, bei denen die Architektur fast eine archaische Einfachheit besitzt. So gehört das kleine Ferienhaus von Anavyssos oder das Hotel von Epidauros zu seinen großen Leistungen, während das Xenia-Hotel von Mykonos von dekorativen Ambitionen gefährdet erscheint. Es wäre jedoch falsch, diese Architektur nur nach ihren Mitteln zu beurteilen. Ein wesentlicher Beitrag dieser Bauten liegt in ihrem Streben nach dem Typischen der Aufgabe. Und dieses Typische (das zu bestimmten Bauformen führt) erfährt seine Abwandlung, seine Vielfalt durch die Konfrontation mit der Landschaft, der Topografie des Bauplatzes. Auch darin zeigen die Bauten die Erfahrungen ihres Erbauers mit der anonymen Architektur, deren Reichtum eben in der Abwandlung feststehender, sich kaum verändernder Bauformen liegt.

Zu Rob Krier
Einführende Worte

Typoskript vom 8. März 1989, Buchpräsentation an der TU Wien

Rob Krier
geboren am 10. Juni 1938 in Grevenmacher / LUX
lebt und arbeitet in Berlin und Ligurien / I

Es ist für mich eine neue Situation, bei einer Buchvorstellung nicht über das Buch*, sondern über den Autor zu sprechen. Wenn ich jetzt sagte, dass mich dies freut, wäre ich Ihres ersten Lachers gewiss, denn Sie würden es als ein Werturteil über das vorzustellende Buch verstehen. Wenn ich aber sagte, dass ich lieber über das Buch als über den Autor spräche, verstünden Sie dies andersherum. Daraus muss ich leider schließen, dass Sie auf jeden Fall darauf aus sind, etwas Kritisches entweder über das Buch oder über den Autor zu hören.

Wenn man noch dazu bedenkt, dass diese Veranstaltung an einer Architekturschule und auf Wiener Boden stattfindet, dass der Vorstellende mit dem Autor befreundet ist und Freundschaft wiederum Ehrlichkeit voraussetzt, so handelt es sich tatsächlich um eine delikate Situation. Haben Sie aber schon einmal daran gedacht, dass eine kritische Auseinandersetzung mit Krier für die Wiener Krierrezeption schlecht ausgehen könnte? Gibt es einen Ort, wo seine Botschaft gründlicher missverstanden, oberflächlicher ausgebeutet und durch Repetition ignoranter diffamiert wurde?

Ich erinnere mich noch an die Ausstellung im Foyer dieser TU vor zirka 15 Jahren, wo auch Arbeiten von Rob und Léon Krier zu sehen waren. Auch ich hatte für einen Moment lang die dumme Assoziation, jetzt kommen sie wieder, die Monumentalisten, die Pathetiker, die Verführer der Massen. Zugegeben, der Umgang mit Geschichte ist inzwischen nicht problemloser geworden und Léon, der jüngere Bruder, macht es einem bis heute nicht leicht – aber wir reden ja von Rob.

Die Botschaft dieser Ausstellung war nicht nur eine Kritik am ›Bauwirtschaftsfunktionalismus‹, sondern ein Aufstand gegen den ausgemagerten Architekturbegriff überhaupt. Da zeichneten zwei junge Architekten, die aussahen wie die Marx-Brothers, Dinge hin, die ein

* Rob Krier, *Über architektonische Komposition*, Stuttgart 1988

durchschnittlicher Zeitschriftenblätterer gar nicht zu denken wagte. Da wurden plötzlich Tore aufgestoßen, die man schon lange vernagelt und in den Angeln verrostet glaubte. Die Zeichnungen hatten in ihrem Engagement, in ihrer Emphase etwas ungemein Verführerisches. Eine Lawine war losgetreten. Vor allem jene, die es gewohnt waren, aus dem Blätterwald zu leben, hatten es schwarz auf weiß, ja sogar bunt. Die erste Welle der Krierrezeption war ein Um- und Nachzeichenkurs, und so schnell konnte man gar nicht schauen, begannen die Kopisten zu bauen. Die im Baualltag vorangeschrittene Entsinnlichung der Architektur hatte zu einem echten Waschbetonsyndrom geführt, jetzt gebrauchte man wieder Putz, Bögen und Sprossenfenster.

Nun, ich gebe es zu, Wien ist kein Boden für offene und faire Diskussionen, auch nicht unter Freunden. In Wien wachsen nur die Vorurteile wie die Schwammerl, und die sind giftig. Die einzige harte Diskussion um und mit Rob Krier wurde von unseren Tessiner Freunden in durchzechten Nächten geführt. Schonungslos, vernichtend, wenn Sie wollen, aber nicht durch Gift. Mir ist damals aufgefallen, dass Rob ungefähr wie Siegfried figurierte, wankend, aber eigentlich unverwundbar. Denn die Schule der Tendenza konnte bei ihm die verwundbare Stelle nicht orten. Hier standen Argumente gegen eine Glaubenssache.

Wenn man über Rob Krier spricht, müssen einige Behauptungen erlaubt sein. Einmal davon abgesehen, dass Luxemburg, die Stadt und das Land, eine merkwürdige Mischung von Rationalismus und Romantik, von Verträumtheit und Pragmatismus darstellt. So möchte ich einfach behaupten, dass die Arbeit Kriers nur aus der Polarität und Überlagerung zweier Kulturen erklärbar ist, also: Das Semantisch-Inhaltliche, Motivisch-Repressive der Deutschen verbindet sich mit der rationalen, typologischen Kultur der Franzosen, das begriffsgebundene Denken mit dem grammatikalischen Sprachgebrauch. Krier arbeitet gewissermaßen mit Wechselstromanschluss, was die Kritiker beider Kulturen zur Raserei bringen kann. Um es freundschaftlich-boshaft zu formulieren: Rob gebraucht die französische Grammatik deutsch-inhaltlich und traktiert die deutsche Inhaltlichkeit mit französischer Grammatik.

So war es ihm möglich, ein Buch über den Stadtraum* zu schreiben, das gewissermaßen stadträumliche Situationen nach typologischen und morphologischen Kriterien auflistet und den stadträumlichen Schatz der Menschheit Revue passieren lässt. Unabhängig, wie weit hier in historische Zusammenhänge eingedrungen wurde oder nicht, das Ergebnis war nicht nur eine phänomenologische Sammlung, sondern ein Reservoir

* Krier, *Stadtraum in Theorie und Praxis*, Stuttgart 1975 (2005)

von Erfahrungen und Methoden, auf bestimmte Probleme zu reagieren, also ein Art von Rüstzeug, idealtypisch auf ebenso verkürzte Probleme zu antworten. So lange man nachweisen kann, dass der wissenschaftliche Städtebau mit seiner Tendenz zur Entsinnlichung und Entvisualisierung der Probleme ebensolche Verkürzungen und unzulässige Vereinfachungen begeht, halte ich diese Reaktionen eines Augenmenschen für legitim. Schließlich darf man nicht vergessen, dass unser Autor, über den ich sprechen soll, zu den Stuttgart-geschädigten Architekten gehört, die mitansehen mussten, wie eine vom Krieg schwer angeschlagene Stadt planmäßig ausradiert und das Zentrum der Stadt zur Unstadt verplant wurde. So gesehen war *Stadtraum* eine Streitschrift.

Was macht uns eigentlich das Leben mit der Krier-Doktrin so schwer? Nun, sie ist zunächst eine gezeichnete Doktrin, die, auf dem heutigen Erfahrungs- und Informationsstand Bernhard Fischer von Erlachs *Entwurff Einer Historischen Architectur* zu wiederholen versucht, wobei wir im *Candide* Voltaires auch schon die Folgen dieser Leibniz'schen Sicht der »besten aller möglichen Welten« vorgeführt bekamen. Die Krier'sche Doktrin ist eigentlich das Glaubensbekenntnis eines Augenmenschen, der unentwegt aus den ästhetischen Monaden der historischen Bauwelt eine neue zu entwerfen versucht und dabei nicht nur mit der Geschichte, durch ihre idealistische Verfremdung, sondern ebenso mit der nur selektiv zur Kenntnis genommenen Gegenwart in Konflikt gerät.

Es müsste eigentlich den gewesenen Krier-Nachzeichnern schon aufgefallen sein (man kann ihnen jetzt nur ein dekonstruktivistisches Glatteis wünschen), dass die scheinbar so historisierenden Vorbilder gar nichts mit historischen Beispielen zu tun haben: Es sind traumwandlerisch verwandelte Gebilde, die permanent an Konkretes, Historisches erinnern, es aber nicht sind. Krier'sche Grundrisse sind Essenzen, Mixturen, typologische Formeln oder phänomenologische Extrakte, die auf die Möglichkeit einer Welt hin entworfen sind, sie aber nicht herstellen. Es handelt sich um Zeitmaschinen, die ihr eigentliches Element, die Zeit, nicht zur Kenntnis nehmen, so kommt unserem Autor oft selbst das Heulen, wenn er sieht, wie etwa Wiener Werkmeister seine Bauten in Wiener Verhältnissen ins Leben setzen. Die Vision einer heilen handwerklichen Welt wird durch Baustoffhandel und Bauphysik in die Mangel genommen. Ein Problem der Wahrnehmung: Philosophie und Literatur leben davon.

Rob Krier glaubt, um dieses schwierige Kapitel abzuschließen, an dauernde Gesetze, an anthropologische Konstanten. Darin hat er vielleicht eine Beziehung zur Wiener Baukultur, die diese auch immer wieder aus

Italien bezog. Nicht wienerisch ist jedoch seine Beziehung zur Geschichte. Der Wiener hat zur Geschichte zwar ein intimes Verhältnis, aber er geht zu ihr auf Distanz. Die historischen Kenntnisse dienen eher der Vermeidung von Wiederholungen, wovon die Verklärung die schönste und wirkungsvollste Form darstellt. Der Wiener muss also Gründe haben, seiner Geschichte skeptisch gegenüberzustehen. Ein Wiener Qualitätsmerkmal ist die Abweichung, sie führte zum ›typologischen Fatalismus‹.

Rob Krier, so scheint es mir – um es aktuell und mit einem Paradoxon auszudrücken –, ist ein pluralistischer Fundamentalist. Er will nicht auf die Fundamente einer konkreten Lehre zurück, sondern auf möglichst viele Lehren. Er misst die Massenbautätigkeit, mitsamt der Architektur des 20. Jahrhunderts, an den Schlüsselbauten der Menschheitsgeschichte und kommt, was uns nicht wundern muss, zu einem vernichtenden Urteil. Über die Methoden dieser Auswahl müsste er selber sprechen, denn ich rede ja nicht über das Buch.

Ich habe übrigens eine katastrophale Entdeckung gemacht: Alles was mein Freund Rob Krier in Bausch und Bogen ablehnt, die Architektur des 20. Jahrhunderts, ist mein eigentliches Arbeitsgebiet. Was er mit dem großen Maßstab der Menschheitsgeschichte als gar nicht messenswert erklärt, lege ich, symbolisch gesprochen, seit Jahrzehnten unters Mikroskop, um bescheidene Beziehungen und Entwicklungen herauszubekommen.

Aber Spaß beiseite, der Künstler hat das Recht Verkürzungen zu machen, Auslassungen sind für ihn gewissermaßen lebensnotwendig. Es ginge am Problem vorbei, das Krier'sche Opus nach Fehlern, Großzügig- und Fahrlässigkeiten oder nach Unterlassungen abzusuchen. Wir sollten einfach zur Kenntnis nehmen, dass hier jemand den Versuch unternahm, ein theoretisches Gebäude anhand von Visualisierungen zu entwerfen, auch wenn oder gerade weil wir hier in Wien eine gediegene und lange Tradition der Systemskepsis haben. Das Pathos des großen, gesamtheitlichen Entwurfs eines geschlossenen Systems, das ließen die Österreicher immer den Deutschen oder den Franzosen über. Hier pflegte man mehr die analytische Skepsis, den partikulären Widerstand gegen schlüssige Geschlossenheiten. Otto Wagner konnte noch einmal im Widerstand gegen den akademischen Architekturbegriff seiner Zeit durch sein Werk die Illusion erwecken, als gäbe es diese Omnipotenz des Gestalterischen, aber schon seine Schule hat dies widerlegt.

Ich glaube, dass die Botschaft Rob Kriers in Wien mehr Aufmerksamkeit, Diskussion und Kritik verdiente. Er legt vielleicht unbewusst die Hand auf die wunde Stelle der Wiener Entwicklung. Ich habe vorhin so nebenbei auf den Wiener typologischen Fatalismus verwiesen und meine damit eine verlorengegangene Baukultur, die noch versuchte, der Lebensrealität der Stadt gerecht zu werden. Krier urgiert diesen Mangel durch seinen grammatikalischen Ansatz auf eine abgehobene, idealistische Weise und verharmlost sein Anliegen mit allzu schönen Zeichnungen. So ging der bescheidenste Ansatz einer Rezeption seiner Arbeit in eine falsche, oberflächliche, formalistische Richtung, der die Wiener schon immer ausgeliefert waren. Gerade weil der Krier'sche Ansatz für hiesige Verhältnisse so abgehoben, naiv, pauschalierend erscheint, hätte er eine Chance, vielleicht auch die subtile Kultur der Nuancen und Valeurs, der Töne und Halbtöne, der gestörten Beziehungen und formalen Animositäten etwas wachzurütteln.

Ich mache zum Abschluss einen Vorschlag: Nachdem die modische, an den Oberflächen sich verheddernde Krier-Rezeption zu Ende geht und jetzt der Versuch einer umfangreichen Architekturlehre auf dem Tisch liegt, beschäftigen wir uns doch in Zukunft mehr mit diesen Ansätzen! Ich weiß noch nicht, wie weit diese Lehre ein Vehikel zu einer subjektiven Entwurfsmethode ist oder ob umgekehrt die Lehre ein Ergebnis entwerferischen Suchens darstellt. Ich habe den Eindruck, dass man, unabhängig von den Resultaten, die Krier selbst aus diesen Grundlagen entwickelt, sie inspirativ und eben lehrreich benutzen kann, auch als Herausforderungen oder im Gegensatz zu ihnen. So gesehen, müssten auch die Studenten davon abkommen, die Ansätze ihrer Grundlage als Verführung zu einem bestimmten Architekturvokabular zu missbrauchen. Ich halte die Lehre Rob Kriers für eine gewollt klassisch-akademische, also eine aus der französischen Tradition kommende. Insofern handelt es sich um eine alte kulturelle Auseinandersetzung, die in Wien zumindest seit Hohenberg geführt wurde. Und wer sich umsieht, muss eingestehen, dass auch heute ein wenig Grammatik der Wiener architektonischen Umgangssprache nicht schaden würde.

Adolf Krischanitz
Wie lobe ich einen scheidenden Präsidenten?

Als geprüfter und einigermaßen erfahrener Laudator stehe ich vor einer praktisch unlösbaren Aufgabe: Nachdem Adolf Krischanitz als erfolgreicher Präsident der Wiener Secession verabschiedet wird und er mit Recht für seine außerordentlichen Verdienste um diese Institution nicht nur gelobt, sondern auch ausgezeichnet werden soll, fällt mir die Aufgabe zu, ihn als Architekten zu preisen, vermutlich für eine Arbeit, die er noch als einfaches Mitglied des Vorstands ausgeführt hat, nämlich die Wiederherstellung und Neudefinition dieses Hauses, wofür er ja schon seinerzeit mit der Wahl zum Präsidenten belohnt wurde. Vermutlich geht es aber um das Grundsätzliche, die Architektur *an sich,* die österreichische Architektur *an sich,* die ja, wie Sie hoffentlich alle wissen, seit ihrer Gesamtausstellung in Frankfurt eine neue Stufe der öffentlichen Existenz erklommen hat.

Dietmar Steiner hat bei seiner Eröffnungsrede in Frankfurt den *Pavillon* zum österreichischen Architektursymbol und das Pavillonistische zu unserem Architekturprinzip *schlechthin* ernannt, also das Provisorische mit Ewigkeitscharakter, womit auch erklärt ist, dass die Niederlande (mit den Rietveld Pavillons) und Spanien (mit dem Barcelona Pavillon) einmal österreichisch waren und unsere Erblande geblieben sind.

Aber natürlich, an Symbolen ist immer etwas Wahres und wenn es einen österreichischen Pavillonisten gibt, dann ist es der Secessionist Adolf Krischanitz. Sein Werkverzeichnis zeigt bald einmal die Renovierung des Kaiserpavillons der Stadtbahn und den prototypischen Ausstellungspavillon der hier im Haus hinlänglich bekannten Secession. Ein weiterer Pavillon steht gleich nebenan am Karlsplatz, ungeliebt, obwohl erfolgreich, ein städtebaulicher Fremdkörper, obwohl er dem Herrn Karl ein wenig von seinem Platz zurückerobert hat. Ein weiterer Pavillon wurde zum Symbol einer Hauptstadtgründung und konnte daher nur in Niederösterreich errichtet werden. Hier hat Adolf Krischanitz wohl sehr bewusst das Vergängliche

Typoskript vom
18. Oktober 1995

Adolf Krischanitz
geboren am 26. Mai 1946
in Schwarzach i. Pongau /
Salzburg
lebt und arbeitet in Wien

mit dem Archetypischen verbunden, also das Provisorische mit Ewigkeitsstatus versehen, was hoffentlich kein Symbol für St. Pölten wird. Mit dem Fahrtenbüro-Pavillon von Gomera erinnert der Typus wieder an imperiale Expansionsstrategien, aber ebenso an die Vergänglichkeit an sich.

Der Höhepunkt der pavillonischen Genesis steht zweifellos in Frankfurt. Es ist fast verdächtig, dass es nicht einmal mehr einem Hans Haider gelungen ist, ein ernstzunehmendes Argument gegen den Bau aufzustöbern. Ich habe niemanden getroffen, der von diesem Konzept und seiner Realisierung nicht beeindruckt gewesen wäre. Ob dieser Bau in seiner Wiederverwendung einem Minister als Wohnung dienen wird, weiß selbst Haider nicht.

Es gibt allerdings zwei Parteien in der Beurteilung des Pavillons, jene die wissen, dass der Obelisk schon vorhanden war und jene, die es nicht wissen.

Klärt man einen Nichtwissenden auf, hat man einen vollends glücklichen Menschen vor sich und die österreichische Architektur ist keiner wie immer gearteten Verdächtigung mehr ausgesetzt. Schade ist eigentlich nur, dass dieser Pavillon nicht die großartige Ausstellung der österreichischen Architektur des 20. Jahrhunderts beherbergt. Aber diese Art von Vollendung wäre vermutlich eine Krischanitz'sche Fehlentwicklung, denn die in Dichtung eingewickelte Torte hat intellektuelle Dimensionen besonderer Art, eine Form, die Bedeutungen aufkommen, aber nicht ausufern lässt, eine Form, die dem Temporären Konsistenz verleiht, die einen Ort schuf, der für einige Tage die Aura einer kulturellen Situation erzeugte, wie sie vermutlich in den nächsten Jahren nirgends mehr denkbar sein wird.

Man kann ja nicht immer behaupten, dass es ein Glück ist, wenn Architekten kulturpolitische Positionen einnehmen. Im Falle von Adolf Krischanitz, glaube ich, war es ein kulturpolitischer Glücksfall. Ich meine nicht nur für die Secession, sondern auch für Krischanitz, denn es gab damit auch in Wien wieder eine Wegstrecke, die Kunst und Architektur gemeinsam gingen und zwar in einer anregenden und auch öffentlich wirksamen Form.

Ich muss mich also korrigieren: Die Rolle der Architektur in der Amtsführung des scheidenden Präsidenten war doch viel mehr, als sie im Auftakt des Secessionsumbaus angelegt schien. Womit, wie ich hoffe, irgendwie doch noch eine Laudatio zustande gekommen ist.

Heinrich Kulka – Schüler, Mitarbeiter, Chronist
Zum Tod des Loos-Freundes

Wie erst vor kurzem bekannt wurde, ist Heinrich Kulka am 7. Mai in Auckland (Neuseeland) einem Herzschlag erlegen. Damit wurde nicht nur einer der letzten Loos-Schüler zu Grabe getragen und eine der bedeutendsten Erscheinungen der zur Emigration gezwungenen Architektengeneration, sondern jener engste Vertraute, Freund, Mitarbeiter und Chronist von Adolf Loos, der als Architekt die profundesten Kenntnisse über seinen Lehrer hatte.

Alle, die vor rund fünf Jahren in den Räumen der Österreichischen Gesellschaft für Architektur das Gespräch mit Kulka miterleben konnten, werden sich an einen bescheidenen Mann erinnern, der weit davon entfernt war, ein orthodoxer Loos-Apostel zu sein. Gerade die Mischung aus Distanz und intimer Kenntnis dieser legendären Figur der modernen Architekturgeschichte, schuf ein Loos-Bild, das frei war von falscher Überschätzung oder kleinlicher Kritik, zu der ›enge Mitarbeiter‹ nicht selten verführt werden.

Heinrich Kulka, der am 29. März 1900 in Litovel (Mähren) geboren wurde, kam 1919 zu Adolf Loos, der in den folgenden Jahren das Wiener Siedlungsamt leitete. Als dieser nach Paris ging, arbeitete Kulka einige Zeit in Stuttgart. Er wurde aber bald nach Paris nachgeholt, um die Bauleitung vom Kniže-Geschäft zu übernehmen und an den Entwürfen für das Haus Josephine Bakers zu arbeiten. Während der letzten Wiener Jahre entstanden die Bauten von Adolf Loos ausschließlich unter der Hand Heinrich Kulkas. Er war aber nicht nur Mitarbeiter, Zeichner und Bauleiter, sondern später auch Chronist und theoretischer Mitstreiter. Aus Kulkas Hand stammt nicht nur die erste profunde Loos-Monografie* (1931), sondern er ist auch am ›Loos-Gedanken‹ durch die Theorie vom »Raumplan« beteiligt. Später übernahm er das geistige wie das materielle Erbe, das heute die Grundsubstanz des Loos-Archivs in der Albertina bildet.

aus: *Die Presse* vom 28. Juni 1971

Heinrich Kulka
geboren am 29. März 1900 in Litovel / Mähren
gestorben am 06. / 07. Mai 1971 in Auckland

* Heinrich Kulka (Hg.), *Adolf Loos. Das Werk des Architekten* (1931), NA Wien 1979

Seit 1938 lebte Kulka in Neuseeland. Seinen eigenen Weg als Architekt hatte er schon in Österreich begonnen, durch Bauten in Wien, Pilsen, Gablonz und Klattau. Auch die zahlreichen Bauten in Neuseeland gelten als eigenständige Weiterführung einer Tradition, die er von seinem Lehrer übernommen hatte. Es ist zu hoffen, dass dieses Werk bald in Österreich bekannt gemacht wird, genauso wie es Pflicht dieses Landes ist, dass sich ein Verlag um den schriftlichen Nachlass dieses Kronzeugen der österreichischen Architekturgeschichte kümmert.

Friedrich Kurrent
Laudatio

Friedrich Kurrent wurde im salzburgischen Hintersee geboren. Ich verdanke diesem Hintersee ein Schüsselerlebnis meiner jugendlichen Radlerzeit: Nach der Gewerbeschule in Salzburg wollte ich einmal Kurrent besuchen, fand nicht gleich sein Elternhaus und stand plötzlich mit dem Rad in einer Wiese, die von steilen Hängen umschlossen war. Hier war also eine Welt zu Ende und es begann eine andere. Für den Innviertler, der gewohnt war, dass an jedem Punkt wenigstens zwei, wenn nicht mehrere Möglichkeiten bestanden, ihn zu verlassen, war das ein Schock. Es gab nur eine Möglichkeit Hintersee zu erreichen und auch wieder zu verlassen.

Es wäre jetzt billig, Friedrich Kurrents gradlinigen Charakter, seine Beharrlichkeit und Zielgerichtetheit aus diesem Topos zu erklären. Aber irgend etwas wird schon dran sein. Man könnte jetzt auch behaupten, dass ein Innviertler, der immer mehrere Möglichkeiten des Gehens (oder auch des Ausweichens) zur Verfügung hat, sich gar nicht an eine Laudatio über einen solchen Gebirgscharakter wagen dürfe. Ich kann aber verraten, dass Kurrent selbst ein ironisches Gegenmittel gegen diese fast antike Schicksalshaftigkeit in der Literatur gefunden hat, schon seit Akademietagen zitiert er seinen geliebten Paul Scheerbart: Charakter ist nur Eigensinn, es lebe die Zigeunerin.

Dass Friedrich Kurrent das »Österreichische Ehrenkreuz für Wissenschaft und Kunst I. Klasse« (eine fast ärarisch-altmodische Bezeichnung) nicht in Wien, sondern in München überreicht wird, ist wohl auch kein Zufall. Damit wird noch einmal die biografische Polarität beider Orte auch zum Thema seiner Freunde und Verehrerinnen, die er damit zwingt, jene Distanz zu Wien einzunehmen, die für ihn offenbar nötig war, um dort wirklich alles überblicken und registrieren zu können. Das Thema Wien-München oder München-Wien ist aber nicht nur ein persönliches Thema Friedrich Kurrents, sondern es gehört zu den existenziellen Fragen jedes

---

Typoskript vom 11. Oktober 1997, Österreichisches Ehrenkreuz für Wissenschaft und Kunst I. Klasse

Friedrich Kurrent
geboren am 10. September 1931, Hintersee / Salzburg
lebt und arbeitet in Wien

altbairischen Österreichers, der sich in oder zwischen diesen beiden sehr unterschiedlichen Stadtkulturen bewegen muss. Kurrent hat mit seinem Lehrer- und Architektenleben dieses Faktum besonders ›thematisiert‹, wie es im Berufsjargon heißt.

Es ist nicht leicht, aus einer sehr alten Freundschaft heraus eine Laudatio zu halten. Das liegt nicht an einem Mangel an Respekt (den Kurrent ohnehin seinen Freunden permanent einflößt), sondern eher am Mangel an Respektsabstand, an zu viel biografischem Kleinkram, der die Würde dieses Augenblicks stören könnte. Deshalb nehme ich als Innviertler Wien zu Hilfe, um in der bayerischen Metropole einen Münchner Professor zu loben, dessen Mittelpunkt der Auseinandersetzung hadernd und ungeliebt, doch Wien geblieben ist.

Friedrich Kurrent ist ein Moralist von der unbestechlichen, aber auch anstrengenden und unbequemen Art, dem man nicht leicht verzeihen kann, dass er meist Recht hat. Ich werde mich jetzt hüten, Ihnen, von der Gewerbeschule in Salzburg ausgehend (wo Kurrent zwei Reihen vor der Reihe mit Johann Georg Gsteu, Otto Leitner, Hans Puchhammer, Wilhelm Holzbauer und Achleitner saß), über die arbeitsgruppe 4 bis herauf zur Kirche in Aschheim sein umfangreiches Leistungsverzeichnis (in dem auch einige Bauten zu finden sind) vorzulesen. Nicht weil Kurrent gleich nach dieser Veranstaltung zu mir kommen würde, um mir die Fehler und Auslassungen mitzuteilen, sondern weil ich Ihnen damit sozusagen körperlos eine Information vorsetzen würde, die eigentlich keine ist und die Sie sich auch leicht verschaffen können oder ohnehin zur Verfügung haben.

Kurrent ist Architekt und Lehrer. Oder Lehrer und Architekt. Das werden wir nicht entscheiden. Jene, die architektonisch mit ihm hadern, betonen den Lehrer. Jene, die vom Lehrer zu wenig wissen, für die ist er ausschließlich Architekt. Ich würde ihn einen Architekten nennen, der eine Botschaft hat und diese nicht nur beharrlich, sondern mit allen Facetten seiner Persönlichkeit und seinen Talenten vermittelt. Es handelt sich dabei immer um Architektur – eine Architektur, die ihre Maßstäbe aus der gesamten Geschichte nimmt, aus allen Kulturen. Kurrent ist allergisch gegen alles Zeitgeistige, was allerdings Zeitgeist ist, bestimmt natürlich er. Und er ist gelassen, ja geradezu mild gegenüber vergangenem Zeitgeist. Im historischen Abstand akzeptiert er sogar unterschiedliche Wahrheiten, auch einander so ausschließende wie jene von Hoffmann und Loos. Wer hatte Recht, der rechthaberische Loos oder der wehrlose ästhetisch verwundbare Hoffmann? Der Verwalter der Wahrheit oder der Paladin der Schönheit? Kurrent kämpfte für beide, vor allem als sie von Wien noch mit

Ignoranz, Missachtung oder Zerstörung bedacht oder behandelt wurden. Kurrent ist ein Gerechter bis zur Selbstzerstörung, auch wenn er weiß, dass Rechthaben ein fatales Risiko bedeutet, ob man nun Recht hat oder nicht. Manchmal hatte ich den Eindruck, dass sein Gerechtigkeitsbegriff auf dem Feld der Architektur, der Kunst und auch der Literatur, sein ständiges Positionieren der von ihm akzeptierten Figuren und Qualitäten (ich sage es absichtlich so neutral) im Konflikt mit der gesellschaftlichen Realität aus einer Art Trauerarbeit über den Verlust der Leibniz'schen Welt besteht, der besten aller möglichen Welten. Trotzdem hat Kurrent auf Empfehlung von Konrad Wachsmann, wie wir alle, auch *Candide* gelesen und sich an der radikalen Demontage dieser Leibniz'schen Welt delektiert. Kurrent hat zweifellos Adolf Loos und Karl Kraus verinnerlicht und will deren Scheitern in Wien – und ich glaube zu Recht – nicht zur Kenntnis nehmen. Kurrent ist ein Möglichkeitsmensch, der immer nur an eine, eben die beste Möglichkeit glaubt und wohl den Begriff Alternative nicht besonders liebt.

Wenn man Kurrent loben will, muss man seine Schwächen ergründen. Denn Kurrents Stärken reichen kaum für eine Erklärung seiner vielfachen Verdienste um die österreichische Gegenwartsarchitektur aus. Seine Besessenheit in der Herstellung *gerechter Verhältnisse* scheint oft allen Realitätssinn zu verlassen oder zu vermissen. Heute wird das Semper-Depot selbstverständlich und nobel von der Akademie genutzt, in der Bank von Loos gehen die Kunden der Bank Austria ein und aus (ohne vielleicht etwas zu bemerken), der Spittelberg ist ein lebendiges Wiener Quartier (das ins allzu Putzige zu kippen droht) und das Wittgensteinhaus hat mindestens zehn prominente Retter.

Damit also diese Lobrede kein Leistungsverzeichnis wird (ein Begriff, der für Architekten ohnehin eher negativ besetzt ist), möchte ich mir erlauben, Ihnen Friedrich Kurrent in seinen verschiedenen beruflichen und kulturellen Rollen in Erinnerung zu rufen. Ich mache es alphabetisch, weil ich mich einer Wertung enthalten möchte. Kurrent ist als Architekt und Lehrer auch Aktivist, Aussteller, Entdecker, Forscher, Gründer, Kritiker, Leser, Schreiber, Urbanist und schließlich Zeichner. Ich bin überzeugt, dass dem versammelten Kreis hier noch einige andere Tätigkeitsbereiche einfallen. Ich muss nicht vorausschicken, dass alle diese Rollen genaugenommen nur eine sind, das Leben in, mit, durch und manchmal auch von der Architektur.

Zum Aktivisten Kurrent: Obwohl es in Wien heute, wie gesagt, viele Retter des Wittgensteinhauses gibt, hat vor 1958 von der Wiener Nachkriegsgesellschaft niemand dieses Haus gekannt. Hätte nicht Maria Bilger uns darauf aufmerksam gemacht – sie sagte: Es sieht aus wie ein Haus von Loos, ist es aber nicht, vielleicht von Frank –, hätten wir nicht am Gartentor angeläutet. Als uns ein kleiner, alter, zierlicher Mann die neugierige Frage nach dem Architekten mit Wittgenstein beantwortete, sagten wir, wie aus der Pistole geschossen: Was, vom Ludwig? Postl (das war der kleine Mann) darauf: Den kennt doch in Wien niemand. Daraus entstand später auf Betreiben von Kurrent eine gemeinsame Aktion von ÖGFA und Zentralvereinigung der Architekten, eine Art Gutachterverfahren, das vor allem den Bau des Hochhauses und die Vernichtung des Parks und des Hauses verhindern sollte. Kurrent wollte auch das Umschneiden der Bäume verhindern und wurde prompt wegen Hausfriedensbruch angeklagt und verurteilt.

Schon 1963 hatte die arbeitsgruppe 4 ein Biedermeierhaus (mit dem Restaurant »Zu ebener Erde und erster Stock«) am Spittelberg durch Umbau gerettet, womit ein langer Prozess der Sanierung eines spezifischen Wiener Quartiers eingeleitet und schließlich (auch mit einer glücklosen Planung, aber auch mit einem kleinen Haus von Kurrent) durchgeführt wurde. Auch das Kulissendepot, der einzige große und eindrucksvolle Nutzbau Gottfried Sempers hat viele Retter. Aber Kurrent hat mit seinen Münchner Studenten eine so präzise Bauaufnahme mit Nutzungsvorschlägen gemacht, dass sie der heutige Rektor der Akademie der bildenden Künste zur Grundlage seines Umbaus verwenden konnte. Abgesehen davon wurde die Öffentlichkeit (auch der Denkmalschutz) erst durch die Aktivitäten von Kurrent im Rahmen der ÖGFA auf dieses Kleinod aufmerksam.

Kurrent ist auch der Wiederentdecker der ehemaligen Anglo-Österreichischen Bank von Adolf Loos in der Mariahilferstraße, dass sie von Loos ist, wurde vom Bundesdenkmalamt erst akzeptiert, als man einen Zettel mit einer kleinen Skizze im Loos-Archiv fand.

Kurrent ist, auch das muss man einmal feststellen, mit Johannes Spalt, wesentlich an der Aufarbeitung der österreichischen Moderne seit den frühen fünfziger Jahren beteiligt. Die legendären Ausstellungen über Kirchenbau, Schulbau, Theaterbau und Wien um 1900 (von denen es allesamt aus Geldmangel keine Kataloge gab) waren nicht nur Forschungen nach den eigenen Wurzeln, die vergessen oder verdrängt waren, sondern auch wichtige Impulsgeber für die Architekturentwicklung des Landes und der Eröffnung einer allgemeinen Diskussion über architektonische Themen. Kurrent ist ein Ausstellungsmacher geblieben. Gleich nach dem Antritt der Ludwig / Döllgast-Nachfolge hat er in München eine improvisierte Döllgast-Ausstellung gemacht und noch zu dem eigenbrötlerischen, geistesverwandten Querdenker (besser vielleicht: Querzeichner) der Münchner Architektur knapp vor dessen Tode Kontakt aufgenommen. Die Reihe der Münchner Ausstellungen Kurrents ist lang. Ich erinnere nur an Neues Bauen in alter Umgebung, Adolf Loos, Josef Plečnik, Rudolph M. Schindler (mit Kovatsch), Lois Welzenbacher (mit Barth), Maria Biljan-Bilger oder Josef Frank.

Diese Ausstellungen mögen auch dem Lehrer Kurrent zur Vermittlung seines in Wien geprägten Architekturbegriffs gedient haben, sicher aber auch seiner Sympathie für das ausgeprägte architektonische Langzeitgedächtnis der von ihm Vorgestellten.

Friedrich Kurrents Architekturbegriff hat sich ja zunächst an der Wiener Schule orientiert, also – hinlänglich bekannt – an Otto Wagner, Adolf Loos, Josef Plečnik, Josef Frank, Oskar Strnad, seinem Lehrer Clemens Holzmeister, Ernst Plischke und vielen anderen. Frühe Impulse kamen auch von Hans Scharoun, Rudolf Schwarz, Egon Eiermann und vor allem von Konrad Wachsmann. Das ist zweifellos eine sehr heterogene Ahnengalerie und mir sind sicher nicht alle eingefallen. Man könnte später noch Sinan, Hassan Fathy, Antoni Gaudí oder Konstantin Melnikov hinzuzählen.

Die Ableitungshistoriker werden sich jetzt fragen, wie dies möglich sei, da man doch von all diesen im Werk Kurrents keine formalen Spuren findet. Und damit, glaube ich, sind wir bei einem Grundthema seiner Architektur und Architekturauffassung. Architektur ist einerseits Raumkunst, die durch Bauen, also durch Konstruktion verwirklicht wird. Das räumliche Gedächtnis des Menschen ist ein sehr langes und die damit verbundenen Gedanken bleiben unerschöpflich. Das variablere, zeitgebundenere Element bleibt die Konstruktion, aber auch diese hat, je nach materialen und kulturellen Gegebenheiten ihre Traditionen. Kurrent hält es mit Plečnik, der, um einen neuen Gedanken auszudrücken, keine neue Sprache erfinden musste.

Wer heute die Kirche von Aschheim betritt, gerät in eine Zeitmaschine. Hier ist nicht nur die Geschichte der evangelischen, aus Holz gebauten Partikularkirchen anwesend oder der Geist eines Otto Bartning oder Theodor Fischer, sondern überhaupt die noch erfahrbare Auseinandersetzung mit dem Zentralraum, dem Licht, der Vertikalität, wie sie die verschiedensten Kulturen geführt haben. Und trotzdem ist der Bau neu, überraschend, frisch und unkonventionell, in der konstruktiven Idee ebenso wie mit der damit verbundenen Lichtführung. Eine Architektur der Erinnerung, des Langzeitgedächtnisses, der Stimmung und des Vertrauens auf die Verlässlichkeit der Sinne. Eine Konzentration und Transformation hunderter Gedanken in einen Körper und in einen Raum, der vielleicht nur zufällig jenseits des Stadtrands von München steht.

Mit dem Leser, Kritiker und Schreiber Kurrent haben wir alle unsere Erfahrungen gemacht. Kurrent liest unbestechlich, ich glaube fast, mit dem Rotstift in der Hand. Ich kann es ja verraten: Für mich ist ein Buch von mir erst wirklich ›auf der Welt‹, wenn es Kurrent gelesen, mit seinen (meist kritischen) Anmerkungen versehen und akzeptiert hat. Ein ihm zugesandtes Buch liest er sofort, auch die ›Rezension‹ kommt postwendend. Ein idealer, aber, wie immer unbequemer Leser. Als Schreiber ist Kurrent immer herausfordernd, er packt sozusagen die Gegenstände und Themen beim Kragen und er kann auch überzeugen – Gott sei Dank –, dass Gerechtigkeit nicht immer recht hat. Mit dem Kritiker Kurrent stehe ich seit 50 Jahren (es wären genau 51) auf Kriegsfuß. Mir fallen zu diesem Thema metaphorisch nur die Landschaften des Innviertels und Hintersee ein.

Den Lehrer Kurrent kann man nur feiern. Er ist, wenn man es so pathetisch sagen darf, ein großer Lehrer. Das hängt nicht nur mit seinem ›Bekennertum‹, seiner unverrückbaren Lehrmeinung (an der man sich auch reiben kann) zusammen, mit seiner persönlichen Einschätzbarkeit, ja ›Berechenbarkeit‹, sondern mit seinem Möglichkeitssinn oder, mit negativem Vorzeichen, mit seinem Mangel an Wirklichkeitssinn. Er trägt Zukunft, ja Perspektiven mit sich herum, und was braucht ein junger Mensch mehr als Gesprächspartner, die noch Träume haben, die diese Welt nicht in Ordnung finden. Kurrent war auch ein Lehrer der Anschaulichkeit, des Reisens, der unmittelbaren Architekturerfahrung und des Zeichnens. Ein Lehrer der Sinneserfahrung und der Feste. Kurrent hat seine Studenten mit der analogen Wirklichkeit des Modells konfrontiert, also die sinnliche Raumerfahrung zur Grundlage seiner Lehre gemacht.

Der Zeichner. Ich beginne mit einer Anekdote: Auf einer Studienreise der Plischke-Schule fragte ein etwas vorlauter Student namens Luigi Blau den zeichnenden Assistenten Kurrent: Was zeichnen Sie denn da? Kurrent: Das, was man nicht sieht.

Kurrents Zeichnungen, vor allem seine Stadtporträts aus Ballonhöhe, sind abgebildete Erforschungen von Stadtstrukturen oder, auf den einzelnen Bau bezogen, phantomartige Darstellungen ihrer Raum- und Strukturkonzepte. Kurrent zeichnet wirklich das, was man nicht sieht, aber das, was man vom Sichtbaren ableiten kann. Er dringt, um es modisch auszudrücken, in eine Art virtuelle Gestalthaftigkeit vor, die eine Art Essenz eines Gegenstands vermittelt. Kurrent durchleuchtet seine Objekte mit den Röntgenaugen des historisch Gebildeten oder Wissenden, natürlich auch das Risiko der Verirrung eingehend. Ich glaube, dass Kurrent aus diesen zahllosen Studien unterschiedlichster Städte auch seine Kompetenz in Fragen des Städtebaus bezieht, eines Städtebaus, der die Stadt immer noch als ästhetisch-räumliches Gebilde für eine Lebensgrundlage oder eine lebenswerte Grundlage akzeptiert.

Ich habe jetzt nichts über die ›heroische Phase‹ in der arbeitsgruppe 4 gesagt, die kämpferischen Wiener Anfänge, das Konrad Wachsmann-Syndrom, die Heldenverehrung der frühen Jahre, nichts über die Bauten dieser Zeit, nichts über seine Flakturmprojekte, nichts über ein gemeinsam ersponnenes globales, stützenloses Dach in Form einer kugelförmigen, transparenten Konstruktion rund um den Erdball (gewissermaßen eine Überlistung der Gravitation), schon gar nichts über die Werke des Architekten Kurrent, die Unzahl meist verlorener, aber auch gewonnener Wettbewerbe, über die katholischen, evangelischen und griechisch-orthodoxen Kirchenentwürfe oder Entwürfe von islamischen Moscheen, nichts, oder wenig über den sich einmischenden Kurrent, den aufmüpfigen Bürger, den Gründer oder Mitbegründer, etwa der Österreichischen Gesellschaft für Architektur, den Entdecker vergessener Architekten, dem Verteidiger zu wenig anerkannter Dichter und Künstler und vieles mehr.

Ich schließe noch mit einem sehr persönlichen Dank an Kurrent, für die wirklich fünfzigjährige, spannungsgeladene Freundschaft, vor allem aber für seine anhaltende kritische Präsenz in der österreichischen Architektur, in seinem Freundeskreis, in der hassgeliebten Stadt Wien. Ich wage zu behaupten, dass es vermutlich ohne Kurrent und Spalt keine Architekturkritik in Österreich gäbe, weil beide schon in den fünfziger Jahren diese heftigst urgiert und auch initiiert haben. Mein schreibendes Dasein wäre also ohne diese Freundschaft nicht denkbar.

Ich wünsche Kurrent, dass er in Wien oder München noch jene Gedanken bauen kann, die man nur von ihm erwarten darf. Ich wünsche ihm ganz persönlich, dass er noch zwei Museen baut, ein kleines für Maria in Sommerein, eine in Wien verdrängte, aber nicht vergessene Künstlerin von hohem Rang, und ein größeres für Fritz Wotruba, an dem einzig richtigen Ort, den Kurrent ausfindig gemacht hat, draußen in Mauer bei seiner Kirche am Georgenberg.

Diese schöne Ehrung mit dem »Österreichischen Ehrenkreuz für Wissenschaft und Kunst I. Klasse« passt eigentlich nicht ganz zu dem Geehrten, aber sie beruhigt uns und beweist uns wenigstens, dass Friedrich Kurrent doch nicht immer recht hat.

Tradition statt Traditionalismus

Das »Presse«-Profil der bildenden Kunst: Josef Lackner

aus: *Die Presse* vom
7./8. Mai 1966

Josef Lackner
geboren am 31. Jänner 1931
in Wörgl / Tirol
gestorben am 13. September
2000 in Innsbruck

Tirol und moderne Architektur, das sind erst heute zwei Begriffe, die schwer in Beziehung zu bringen sind. Jedenfalls wenn ein ambitionierter Architekt zur Zeit in Tirol bleibt, dann tut er dies nicht in erster Linie als Architekt, sondern als Tiroler. Und wenn einer heute den verschiedenen Missständen im Bauen den Kampf ansagt, wenn er gegen falsch platzierte Hochhäuser in Innsbruck, gegen Mammutblöcke im Inntal oder gegen die Verkitschung der Dörfer wettert, dann tut er dies erst recht als Tiroler. In Tirol endet eben jede Auseinandersetzung bei Tirol. Und nicht jene sind die Patrioten, die in dem schönen Land eine noch schönere Melkkuh sehen, sondern eben die, die oft gegen vermeintliche Tiroler Interessen energisch ins Feld oder vom Leder ziehen müssen.

Was Josef Lackner schon seinen Landsleuten direkt ins Gesicht gesagt hat, darf ein ›Wiener‹ nicht einmal zitieren. Ob es sich um den Schulbau, den sozialen Wohnbau oder um die vielen Fremdenverkehrsbauten handelt, immer endet die Debatte beim Bauen in der Landschaft oder eben beim Bauen in Tirol. Viele verstehen darunter die Adaptierung alter, bäuerlicher Formen für neue Zwecke, und seien diese noch so städtisch oder luxuriös. Man ist tatsächlich dabei, eine monströse Scheinwelt aufzubauen, einen skrupellosen ›Tyrolian Look‹, der vor nichts zurückschreckt, wenn es um die Erzeugung von urigen Stimmungseffekten geht. Das Geschmacksdiktat des Massentourismus, der neben seinen großstädtischen Gewohnheiten die Illusion eines ›Urzustands‹ gewahrt haben will, führt zu einer Inflation von Gschnas, die kaum zu bewältigen ist. Das Ergebnis ist ein ›Commercial Style‹ (man kann dieses Phänomen nur noch mit amerikanischen Begriffen beschreiben), der seine Parallelen nur in der Schlagerproduktion findet und der weder mit Tradition noch mit Architektur etwas zu tun hat, sondern eine Welt schafft, eine Illusionswelt, die nur noch nach ihren eigenen Gesetzen zu beurteilen ist. Man kann das Ganze sogar akzeptieren: Jede Zeit und jede Gesellschaft hat ihre legitimen Formen von Betrug und Selbstbetrug, von Kitsch und Sentimentalität geschaffen und jede dieser Formen hat ihre Reize, ihre Charakteristik. Unangenehm dabei ist nur, wenn man diesem Jahrmarkt Werte unterschieben will, wenn man dabei von Tirol oder von Tradition spricht.

Josef Lackner, der durch seine Bauten und seine kompromisslose Haltung zum Repräsentanten der jungen Tiroler Architektur geworden ist (die übrigens mehr Talente aufweist, als man im Lande vielleicht annehmen mag), hat natürlich von der Tiroler Tradition eine andere Vorstellung. Mit Recht weist er darauf hin, dass die heutige Bausubstanz von Tirol nie entstanden wäre, wenn man immer so eklektizistisch und selbstverleugnerisch gedacht hätte. In Tirol hat man immer modern, das heißt der Zeit entsprechend gebaut, ob in der Renaissance, im Barock oder in den dreißiger Jahren. Was wäre aus dem Stift Stams geworden, wenn man die Formen der danebenstehenden, schönen Bauernhäuser für diese zweckentfremdete Aufgabe adaptiert hätte. Man hat es nicht getan und man hat sicher nicht einmal daran gedacht. In den zwanziger und dreißiger Jahren gab es, wenn man von Lois Welzenbacher und Clemens Holzmeister absieht, die ja weit über die Grenzen des Landes hinaus gewirkt haben, eine ganze Reihe außerordentlicher Architekten, die für Tirol eine spezifische Interpretation der Moderne gefunden haben und neben Innsbruck an vielen Orten bemerkenswerte, weltoffene und keineswegs ›hinterwäldlerische‹ Bauten errichteten. Es sei nur an die Namen Franz Baumann, Hans Feßler, Siegfried Mazagg, Walter Norden, Theodor Prachensky, Willi Stigler oder Siegfried Thurner erinnert. Das waren Architekten, die der Meinung Ausdruck gaben, dass Architektur und das Bauen in der Landschaft eine Frage der Qualität und nicht des Stiles seien, keinesfalls aber die Ausrottung historisch verbrauchter Formen. In diesen Arbeiten sieht Lackner die echte Tradition des Landes. Die Distanz von dreißig Jahren zeigt bereits, dass sie neben dem ›internationalen‹ Anteil sehr viel Tirolerisches beinhalten.

Josef Lackner, 1931 in Wörgl geboren, gehört jener Generation an, die sich am Beginn der fünfziger Jahre mit großen Schwierigkeiten in Österreich zu orientieren hatte. Nach dem Studium bei Clemens Holzmeister ging er auf sieben Jahre nach Deutschland, um sich dann, mit seiner Frau aus München, endgültig in Innsbruck niederzulassen. Bisher kam auf jeden größeren Bau ein Bub, vorläufig sind es drei.

Lackners Arbeiten sind schwer einer Richtung einzuordnen. Sie sind eigenwillig, manchmal eigensinnig, wenn man will. Im Vordergrund stehen räumliche Gedanken in Verbindung mit konstruktiven Überlegungen und die Benutzung von Material-(Oberflächen)Qualitäten. Die Bauten sind herb, wirken unmittelbar und sind in keiner Weise eine Anbiederung an bestehende Klischeevorstellungen. So ist es wenigstens auch zu erklären, dass die Anschauungen Lackners, unterstrichen durch die Bauten, an manchen Stellen als untirolerisch, ja sogar als antitirolerisch empfunden werden. Es handelt sich dabei um Missverständnisse, die man nicht bagatellisieren soll. Natürlich hängt es davon ab, welche Vorstellungen man vom Land, seiner Geschichte und seiner Zukunft hat. Und die Zukunft bringt nicht nur für Tirol, sondern für alle Länder mit einer großen Bausubstanz eine Gefahr. Man kann aber nicht die Gefahren abwenden, indem man sie so lange kaschiert, bis von dem Geschützten nichts mehr übrig ist. Dazu ist es notwendig, viele Vorurteile wegzuräumen. Die Diskussion ist ein Mittel, sie bewusst zu machen. Es ist billig, alle jene Kräfte, die diese Gefahren erkennen und mit den Zuständen unzufrieden sind, als ›Staatsfeinde‹ oder Querulanten abzutun. Wer wirklich einem Land verbunden ist, kann eben nicht zuschauen, wenn ganze Teile durch kurzsichtige Planung verschandelt oder ganze Dörfer durch Spekulation und Sentimentalität verkitscht werden. In Tirol sollte man sich eigentlich mehr von dieser Sorte junger Architekten wünschen.

Das wahre Genie der Architektur
Zum Tod von Charles Le Corbusier

Le Corbusier hat die Welt immer wieder mit seinen Werken überrascht. Die Vitalität seines Geistes, die große Spannweite seines Denkens, sein unerschöpflicher Reichtum an Erfindungskraft brachten immer wieder Entwürfe und Bauten hervor, die weit über die Fachwelt hinaus Begeisterung oder ebenso große Ablehnung erfuhren. Genauso unerwartet und, wenn man will, unkonventionell und jugendlich war sein Tod: der Achtundsiebzigjährige ertrank beim Schwimmen.

Le Corbusier war geborener Schweizer. Mit seinem bürgerlichen Namen Charles Edouard Jeanneret ist er 1887 in der Uhrmacherstadt La Chaux-de-Fonds im Schweizer Jura geboren. Seine Vorfahren waren Albigenser, sein Vater Entwerfer für Ziffernblätter, seine Mutter Pianistin. Er war im Wesentlichen Autodidakt, verbrachte vor 1910 ein Jahr bei Auguste Perret, kurze Zeit (zusammen mit Mies van der Rohe und Gropius) bei Behrens und besuchte Josef Hoffmann in Wien. In jene frühe Zeit fällt auch eine lange Reise im mediterranen Raum, die die Fundamente für seine architektonische Weltanschauung gelegt hat. Seine unerschöpfliche Erfindungskraft beruht zum Teil auf einer umfassenden, detaillierten Kenntnis der vergangenen Architekturen. Die mazedonische Wohnkultur (Häuser auf Stützen mit gedeckten Terrassen) oder die weiße, kubische Architektur der griechischen Inseln bilden unter vielem Grundlagen seines ›Vokabulars‹. In späterer Zeit hat Le Corbusier wochenlang die Akropolis von Athen vermessen.

Das auffallendste Charakteristikum von Le Corbusiers Werk ist die große Spannweite, die Vielfalt seiner Ausdrucksmittel. Corbusier hat nicht nur aus den neuen Baumaterialien wie Stahlbeton früh räumliche und konstruktive Konsequenzen gezogen, er hat zum Beispiel die rationalistischen Aspekte des Planens, wie die Verwendung der Mathematik und Geometrie, genauso akzeptiert wie die emotionellen. So sind viele Richtungen der heutigen Architektur in Corbusiers Werk determiniert.

aus: *Die Presse* vom 30. August 1965

Le Corbusier
geboren am 6. Oktober 1887 in La Chaux-de-Fonds / CH
gestorben am 27. August 1965 in Roquebrune Cap-Martin / F

Die scheinbar bedenkenlose, aber immer bewusste Verwendung so heterogener Mittel, die Verbindung verschiedener (auch oft alter) Baugedanken, hat Corbusier manchmal in den Verdacht des ›Eklektizismus‹ gebracht. Die Wirkung seiner Bauten zeigt aber, dass die aufgenommene Substanz jeweils eine große Verwandlung durchgemacht hat und dass es sich um echte, wenn auch tief verwurzelte Neuschöpfungen handelt. Gerade diese Fähigkeiten der Synthese haben ihm die Möglichkeiten gegeben, so schwierige Aufgaben, wie zum Beispiel als Europäer für eine indische Provinz eine Regierungsstadt zu bauen, zu bewältigen.

Le Corbusier, der ein ebenso großer wie unermüdlicher Zeichner war, hat auch ein Leben lang gemalt. Seine Vorstöße zu einer neuen Raumvorstellung sind zum Teil aus der frühen Freundschaft mit den französischen Kubisten zu verstehen. Ebenso progressiv wie als Architekt und Maler ist Le Corbusier mit seinen Schriften hervorgetreten. In einer poetisch-visionären Diktion vermittelte er seine Gedanken, von denen ebenso eine große Wirkung ausging wie von seinen Bauten. Corbusier war ein großer Lehrer, ohne je von seinem Land als solcher offiziell in Anspruch genommen zu werden. Während seine Schüler im Land zu Ansehen und Aufträgen kamen, blieb er isoliert.

Es ist unnötig, auch nur einige der Werke Le Corbusiers aufzuzählen. Viele sind oft jahrelang im Mittelpunkt des allgemeinen Interesses und der Diskussion gestanden. Viele sind heute noch ›Wallfahrtsorte‹, und nicht nur für Architekten, ob es sich nun um die Unité d'Habitation in Marseille, das Kloster La Tourette oder die Kirche von Ronchamp handelt.

Einer der letzten Entwürfe Le Corbusiers war eine Spitalsanlage für Venedig, wo er von neuem bewiesen hat, wie fähig er war, den Charakter, den Maßstab und die Atmosphäre einer Stadt in neuen, schwierigen Aufgaben zu bewahren. Der Entwurf für eine Kirche in Firminy (bei Lyon) ist ein Beweis, wie ungebrochen bis zum Schluss seine schöpferische Vitalität war. Mit Le Corbusier verlor die Architektur die überragendste, vielseitigste und umfassendste Persönlichkeit der Moderne.

Adolf Loos
Architektur und Sprache

Adolf Loos, der wortgewaltige Verkünder, Kritiker und Moralist, Satiriker, Verehrer der Brüder Grimm, Freund Karl Kraus' und Peter Altenbergs, Förderer von Oskar Kokoschka und Kämpfer für den Neutöner Schönberg, Kitschsammler, Reformer von Bekleidung und Küche, siedlerbewegter Bonvivant und Antikunstgewerbler etc. etc. ist wahrscheinlich dafür mitverantwortlich, dass heute oft mehr gelesen wird, was Architekten schrieben, statt bei ihren Bauten nachzuschauen. Loos zu lesen ist immer ein Vergnügen, obwohl man sich weniger um seine ›Wahrheiten‹ kümmern sollte als um die Art, über Stadt, Kultur, Gesellschaft, Kunst und Architektur nachzudenken. Etwa sein Aufsatz *Der sattlermeister* ist nicht nur eine Satire von Nestroy'schem Format, sondern auch ein faszinierendes Modell für die Darstellung kultureller Probleme.

1870 in Brünn als Sohn eines Steinmetzen geboren und neben (oder in?) der Werkstatt seines Vaters aufgewachsen, gehörte zwar der Generation der Erben der Gründergeneration an, aber er verfügte nicht wie viele seiner Zeitgenossen der Wiener Gesellschaft (etwa Karl Kraus) über ein Vermögen, das er nach seinem Gutdünken ausgeben oder verbrauchen konnte. Im Gegenteil, er wurde nach einem Konflikt mit seiner Mutter (er war Halbwaise) praktisch enterbt und ging so, als 23-Jähriger zu einem Onkel nach Amerika, um sich dort drei Jahre lang mit allen möglichen Beschäftigungen (vom Tellerwäscher, Komparsen bis zum Journalisten) durchzuschlagen.

Mehr als die Bauten der im Zenit stehenden »Schule von Chicago« beeindruckte ihn offenbar die amerikanische Kultur – europäisch ausgedrückt, der Standard der Zivilisation –, sodass er nach seiner Rückkehr nach Österreich in Wien eine Art fundamentaler Kulturkritik auf breitester Basis eröffnete. Er kritisierte nicht nur das damals neu aufblühende Kunstgewerbe, sondern auch die Tischsitten, die Wiener

Typoskript vom 11. Oktober 2002; abgedruckt unter dem Titel: »Der missverstandene Unversöhnliche« in: *Der Standard* vom 9. November 2002

Adolf Loos
geboren am 10. Dezember 1870 in Brno / Mähren
gestorben am 23. August 1933 in Kalksburg / Niederösterreich

Küche, das Schuhwerk, die Bekleidung und vor allem das Vordringen der Kunst in den Alltag einer Großstadt. In Wien wurde er schockartig mit einer ›Gleichzeitigkeit des Ungleichzeitigen‹ konfrontiert, die kulturellen Zustände der Klassen und Stände trennten nach seiner Anschauung oft Jahrhunderte, sodass er sich bald genötigt sah, *DAS ANDERE. Ein Blatt zur Einführung abendländischer Kultur in Österreich* (1903) herauszugeben, das allerdings nur zwei Ausgaben erlebte. Er wandte sich vor allem gegen die oberflächliche Ästhetisierung des Lebens, die ihm in allen Bereichen die »Wiener Secession«, später die »Wiener Werkstätte« und der »Werkbund« zu verkörpern schienen. Maßstab war ihm einerseits das zum Teil von diesen Strömungen unberührte oder gefährdete Handwerk, andererseits aber auch der vorurteilslose Gebrauch der Güter des Fortschritts im amerikanischen Alltag.

Karl Kraus eröffnete zu dieser Zeit seinen ›Feldzug‹ gegen den Missbrauch der Sprache durch den Journalismus, mit einer ähnlich moralisierenden Position und vor allem mit einer unerbittlichen und unnachahmlichen satirischen Schärfe. Karl Kraus war auch gerade dabei, den Großmeister des Wiener Volkstheaters, den abgründigen satirischen Dialektiker der Metternich-Ära, Johann Nepomuk Nestroy wiederzuentdecken, so dass Adolf Loos, auch von seinen Anlagen her ein genialer Sprachmensch, sicher in diesem Milieu die Instrumente für seinen privaten, aber öffentlich geführten Kulturkampf finden konnte.

Dass Adolf Loos nicht nur ein anerkannter, wenn auch sehr umstrittener Architekt, sondern eine zentrale Figur des Wiener Kulturlebens war, beweisen die Absender der zahlreichen Grußadressen zu seinem 60. Geburtstag mehr als ein langer Beschreibungsversuch seiner gesellschaftlichen Position: Neben den wenigen Architekten Josef Frank, Bohuslav Markalous, Jacobus Johannes Pieter Oud, Gustav Adolf Platz und Bruno Taut findet man vor allem aus Literatur, Musik und Kunst die Namen Hermann Bahr, Anna Bahr-Mildenburg, Alban Berg, Max Brod, Max Eisler, Ludwig Ficker, Gustav Glück, Johannes Itten, Julius Klinger, Karl Kraus, Else Lasker-Schüler, Mechthilde Lichnowsky, Maurice Maeterlinck, Karin Michaelis, Alfred Polgar, Ezra Pound, Marcel Ray, Richard von Schaukal, Robert Scheu, Helene Scheu-Riesz, Arnold Schönberg, Rudolf Serkin, Otto Stoessl, Max Thun-Hohenstein, Tristan Tzara, Anton Webern und Stefan Zweig.

Wer Adolf Loos gelesen hat und von seinen Aufsätzen immer wieder in einen gebannten Zwiespalt von Bewunderung und Irritation verführt wird, trägt zumindest die Erinnerung an erbarmungslose Satiren, ja an einen unversöhnlichen Sarkasmus, aber auch an Verkündungspathos und wenig Selbstironie mit sich, so dass sein architektonisches Werk scheinbar in den Hintergrund tritt. Und wenn sein legendäres Haus am Michaelerplatz nicht in einer faktischen Opposition zur Neuen Hofburg errichtet worden wäre, hätte er vermutlich gar nicht soviel darüber geschrieben, als ihm von der empörten Öffentlichkeit abgenötigt wurde.

Adolf Loos, der nie behauptet hat, dass Ornament Verbrechen sei (man sehe sich seine Arbeiten an), ist vielleicht der missverstandenste Architekt der Wiener Architektur. Geschieht ihm schon recht, könnte man wienerisch höhnen, warum hat er so viel geschrieben. Sogar sein Hauptwerk, das Looshaus am Michaelerplatz, ist vielleicht gar nicht sein Hauptwerk und sollte nicht nur im Kontext des ›Fortschritts der Moderne‹ *gelesen* werden. Es ist in erster Linie ein gewichtiger Kommentar zur Wiener Kultur der Jahrhundertwende, ein Monument des Schweigens und Andeutens, der verschlüsselten Botschaften, ein Dialog mit der Geschichte der Stadt, politisch und kulturell, soweit man beides trennen kann.

Adolf Loos' architektonisches Vermächtnis bleibt vermutlich der *Raumplan*, ein Thema der Raumkunst, das er in das Bewusstsein des 20. Jahrhunderts hineingetragen hat. Ein archaisches Thema, schon in Knossos oder beim Erechteion hoch entwickelt, das zu seiner Zeit einen gewaltigen Fortschritt in der räumlichen Organisation des modernen Hauses darstellte und das über die Werkbundsiedlung ein Thema im engagierteren Wiener Wohnbau geblieben ist. Oder sein zu seiner Lebensführung konträr stehendes soziales Engagement in der Siedlerbewegung mit dem Ziel, über ein extrem ökonomisches Raumdenken dem Arbeiter den Luxus bürgerlichen Wohnens zugänglich zu machen. Oder: Die Rolle des Architekten als praktischen Berater, Architektur als Dienstleistung; das klingt eigentlich alles sehr heutig. Vorausgesetzt, man versteht nicht alles was Bauen ist, ja was gebaut wird, als Architektur.

Adolf Loos hat bis zu seinem Tode 1933 von der Tschechoslowakischen Republik eine Ehrenpension erhalten. Sein Haus Müller in Prag ist vorbildlich restauriert und zugänglich. So wie es die Zweite österreichische Republik nicht schaffte, das Wittgensteinhaus zu erwerben, wurde auch das Haus des Tristan Tzara in Paris für unsere Diplomatie als ungeeignet erklärt. Das Wiener Looshaus ist sensibel renoviert und in einem guten Zustand, schade dass der Schriftzug auf der Stirnseite nicht mehr auf die Erbauer, sondern auf die heutigen Eigentümer verweist. Und der geradezu spießige Blumenschmuck ist ein Treppenwitz der Geschichte: Die magistratische Auflage, dass in den verordneten Blumenkistln auch

Blumen sein sollen, wurde von Goldman & Salatsch in Solidarität mit dem Autor und mit Architekturverständnis nobel ignoriert, dann vergessen. Jetzt wird die amtliche Verschandelung des Hauses brav befolgt. Wagrein triumphiert. Und Adolf Loos sorgt immer noch für Missverständnisse.

KARL MANG

Gelebte Architektur
Vorwort

Karl Mang hat in seiner über fünfzig Jahre währenden Bautätigkeit (die längste Strecke mit seiner Frau Eva Frimmel) nicht nur in der Planung von Einrichtungen und Geschäften, Ausstellungen und Ausstellungsbauten, im sozialen Wohnbau und Entwurf von Einfamilienhäusern, Kindergärten und Kirchen, sondern auch im Bereich der Denkmalpflege und Revitalisierung von Altbauten beachtliche Spuren hinterlassen, er ist auch immer wieder mit Schriften zu aktuellen und historischen Themen oder mit kritischen Kommentaren hervorgetreten. So waren seine Auseinandersetzungen etwa mit der Handwerkskultur der Shaker oder der industriellen Revolution im Möbelbau durch Thonet (ja generell mit der Geschichte des Möbelbaus), aber auch mit der Wiener Baugeschichte, besonders mit dem Gemeindebau und der Thematik des sozialen Wohnens nicht nur frühe, sondern auch essenzielle Beiträge zur Erforschung und Vermittlung der österreichischen, vor allem der Wiener Moderne.

    Karl Mang blieb bis heute ein wacher, reflektierender Architekt, der sich nicht nur durch berufsbedingte Reisen einen großen Einblick in das internationale Architekturgeschehen verschaffte, der früh Kontakte etwa zu Richard Neutra, Alvar Aalto oder Ferdinand Kramer knüpfte, der als Augenmensch unentwegt zeichnete, aber auch mit diesem Hintergrund verbal Eindrücke festhielt, die heute eine interessante Zeitzeugenschaft von den Hoffnungen und auch Enttäuschungen der Moderne vermitteln. Es geht vielleicht bei diesen Texten weniger um die Verkündigung von großen Erkenntnissen oder gar ›Wahrheiten‹ als vielmehr um ein plastisches Bild von Zeit- und Denksituationen, die sich ja, angefangen von den unmittelbaren Nachkriegsjahren bis heute mehrfach radikal verändert haben. Es geht um kritische Anteilnahme, den ›begleitenden Kommentar‹ eines in die Bauwelt verstrickten, planenden Kopfes. Auch die Zeichnungen pochen nicht in erster Linie auf ihren künstlerischen Selbstwert,

Typoskript vom Juli 2007;
abgedruckt in: Karl Mang,
Schriften, Skizzen,
Erinnerungen, Wien 2007

Karl Mang
geboren am 5. Oktober 1922
in Wien
gestorben am 5. September
2015 ebendort

sondern dokumentieren ein Suchen nach und ein Festhalten von Eindrücken mit den Mitteln, die eben einem Architekten ›alter Schule‹ noch zur Verfügung stehen. Der Gewinn dieser Lektüre (ob Text oder Bild) liegt in einer unpathetischen, ja oft humorvollen Zeitzeugenschaft, im Beharren auf den Werten der Moderne, nicht zuletzt im Rollenbild eines Architekten, das langsam in der Flut der Medien- und Aufmerksamkeitsstrategien zu verschwinden droht. Karl Mang blickt bereits mit großer Distanz auf das heutige Architekturgeschehen, obwohl er sich mit bewundernswerter Hartnäckigkeit immer noch darin behauptet.

ANGELO MANGIAROTTI

Architektur und Konstruktion
Neues Bauen kritisch betrachtet: Angelo Mangiarotti

Die zweite Ausstellung der »Ersten Wiener Architekturgalerie« Olivetti in der Wiener Kärntner Straße ist dem Werk des Mailänder Architekten Angelo Mangiarotti gewidmet. Diese Ausstellung macht uns nicht nur mit einer der bedeutendsten Erscheinungen der jüngeren italienischen Architektur bekannt, sondern stellt eine Architekturauffassung zur Diskussion, die zwar immer wieder befruchtend in Wien gewirkt hat, aber nie heimisch geworden ist. Wenn man von der Gegenwart absieht, so muss man schon bis Otto Wagner, Sicardsburg oder Gottfried Semper zurückgehen, um ähnliche Formulierungen zu finden. Es handelt sich um die Auffassung, dass Architektur etwas mit dem Bauen zu tun hat und dass auch sichtbar bleiben soll, dass sie aus baulichen Vorgängen und Möglichkeiten immer wieder Impulse empfängt, und dass das Konstruieren selbst einen wichtigen Teil des architektonischen Denkens darstellt.

aus: *Die Presse* vom 6./7. März 1965

Angelo Mangiarotti
geboren am 26. Februar 1921 in Mailand
gestorben am 30. Juni 2012 ebendort

Mangiarotti zeigt diese Bauten im Hinblick auf diesen konstruktiven Aspekt. Erst nach einigen Tafeln von Konstruktionsdetails, die gewissermaßen sein Vokabular vorstellen, kommen die Aspekte der Herstellung, der Vorfertigung bis zu den Strukturschemata und der Addition von Bauteilen und Raumzellen. Besonders interessiert Mangiarotti auch die Frage der Beziehung von Gebäude und Terrain. Dann folgt die umfassende Schau seiner Arbeiten, die vielfach in Zusammenarbeit mit Bruno Morassutti entstanden sind. Man neigt heute dazu, das Konstruktive in das Gebiet des Rationellen, Utilitaristischen oder Mathematischen abzuschieben, um für das Organische, Emotionelle und Intuitive Raum zu gewinnen. Dabei wird vielfach übersehen, dass auch heute der Berechnung eher eine kontrollierende Funktion zufällt, während die revolutionären, konstruktiven Konzepte auf intuitivem und empirischem Wege entstehen.

Angelo Mangiarotti spricht von Konstruktion. Darüber kann man wirklich sprechen. Aber er ist ein Architekt. Wer die Kirche von Baranzate

(Mailand) gesehen hat, wird daran nicht zweifeln. Gewiss, die konstruktiven Gedanken werden bei ihm in einer besonderen, bestechenden Weise ›zelebriert‹, auch bei den kleinsten Bauaufgaben, aber sie sind Bestandteil einer umfassenden Vorstellung von Architektur. Seine Konstruktionen sind die eines Baumeisters. Kein Ingenieur könnte sie in der rechnerischen oder konventionell bautechnischen Isolation erfinden. Sie haben die Tendenz, die baulichen Vorgänge (auch die des Bauens selbst) ablesbar zu machen, indem ihnen Raum gelassen wird, sich selbst darzustellen. Das Vokabular ist relativ einfach. Das klassische Prinzip von Stütze und Last wird nicht verlassen, ob es sich nun um einfache Landhäuser in den Bergen oder um Fabriken handelt. Die einen werden in Naturstein und Rundholz errichtet, die anderen mit vorgefertigten Betonteilen. Aber jederzeit ist ihre Herkunft ablesbar, ja sie schafft das Grundgerüst, die Atmosphäre des Bauwerks.

Diese Ausstellung hat für uns die besondere Bedeutung, dass diese Gedanken einmal anhand einer überzeugenden Architektur demonstriert werden. Hinter Mangiarottis Arbeit steht eine alte handwerkliche Baukultur, die nicht, wie unsere, hinter einer Putz- und Stuckkultur erstickt ist. Sein ›Rationalismus‹ beschränkt sich aber auf die Gebiete, in denen er angebracht, ja notwendig ist. Es wird immer darauf ankommen, wer denkt, wer baut und wer konstruiert. In diesem Fall tut es ein Architekt und es wird daraus Architektur.

Gemeinsam mit Bruno
Morassutti: Kirche
in Baranzate di Bollato,
Mailand, Italien, 1957

Meister des Stahlbetons
Neues Bauen kritisch betrachtet: Das Werk von Riccardo Morandi

Mit der Ausstellung über das Werk des großen italienischen Konstrukteurs Riccardo Morandi möchte die Österreichische Gesellschaft für Architektur einen Diskussionsbeitrag zu einem hierzulande sehr aktuellen Thema des Brückenbaus liefern. Die Ausstellung, die in der Blutgasse zu sehen ist, zeigt eine Auswahl aus dem umfassenden Werk, das ausschließlich dem Stahlbeton verpflichtet ist. Morandis Bauten sind fast über den ganzen Erdball verteilt. Wenn auch darin die Brücken und Viadukte den weitaus größten Raum einnehmen, so zeigen doch auch die anderen Bauaufgaben eine erstaunliche Mannigfaltigkeit, die vom unterirdischen Autosalon in Turin, über Flugzeughangars, Industrie- und Kraftwerksbauten bis zu Sportstadien und Hochhäusern reicht.

Morandi war anlässlich der Eröffnung der Ausstellung zwei Tage in Wien. Sein trockener, akademischer Vortrag im Österreichischen Ingenieur- und Architektenverein hat zunächst vielleicht gerade die jüngeren Zuschauer enttäuscht. Der Professor für Brückenbau hatte sich anscheinend auf ein Gremium von engeren Fachkollegen vorbereitet. Was man sich aber von dem Vortrag *Letzter Stand bei der Konstruktion großer Brücken* erwartet hatte, wurde eigentlich erst am zweiten Tag bei den Erläuterungen in der Ausstellung erfüllt. Da die Bauten Morandis von einem sehr ausgeprägten Formbewusstsein zeugen, ohne dabei ästhetisierend zu wirken, blieb natürlich die Gretchenfrage für Konstrukteure nicht aus: Es geht dabei immer um das gleiche Problem, nämlich darum, ob dem Entwurfsprozess eine Formvorstellung vorausgeht oder ob sich die Form im Laufe der Arbeit ›von selbst‹ einstellt. Die Antwort war wie zu erwarten, dass es nämlich für Morandi kein isoliertes Formproblem gibt, dass es untrennbar mit der Statik, den Ausführungstechniken und der Wirtschaftlichkeit, also mit den rationalen Bereichen des Entwurfs verbunden sei. Trotzdem zielt Morandi bewusst auf die Form, sie gerät jedoch nie in Widerspruch zu seinem Ingenieurgewissen,

aus: *Die Presse* vom 22./23. Oktober 1966

Riccardo Morandi
geboren am 1. September 1902 in Rom
gestorben am 25. Dezember 1989 ebendort

wie andererseits die kalkulativen Momente nie über die Form dominieren. Schließlich werden alle Entscheidungen in einer Persönlichkeit getroffen (das macht das Wesen eines solchen Baumeisters aus) und die scheinbar getrennten Gebiete sind nur Aspekte ein und derselben Sache.

Außerordentlich interessant sind die Brückenentwürfe Morandis, die direkt auf die Landschaft Bezug nehmen. Es wird kaum Ingenieurbauten geben, die sich diese Aufgabe als Thema gestellt haben. Die Brücke ist dabei die Antwort auf die Topografie der Landschaft. An die großen römischen Viadukte, deren Grundgesetz es ist (hier decken sich Interessen der Vorfertigung mit ästhetischen), mit gleichen Pfeilerabständen große Strecken zu überwinden, die schließlich Ursache für den Ausdruck der Ruhe und Souveränität solcher Bauten sind.

Den Höhepunkt seiner Arbeit erreichte Riccardo Morandi bis jetzt zweifellos in der fast neun Kilometer langen Brücke über den Maracaibosee in Venezuela, deren Spannweiten nicht weniger als 235 Meter betragen. Morandi hat 1957 einen internationalen Wettbewerb für diese Aufgabe gewonnen. Die Umweltbedingungen verlangten einen Bau aus Stahlbeton, der bis dahin für solche Dimensionen nicht für möglich gehalten wurde.

Diese Ausstellung, die von Wolfgang Mistelbauer zusammengestellt und gestaltet wurde, könnte wirklich ein Beitrag zur Diskussion um den österreichischen Brückenbau sein. Es wäre schließlich denkbar, dass ein Nachbarland von Italien zustande bringt, was Venezuela, Kanada oder Dänemark konnten, sich nämlich der Erfahrungen und des Könnens eines der größten Konstrukteure unserer Zeit zu bedienen.

Pavillon, Salone dell'Automobile, Turin, Italien, 1959

Architekt, Humanist, Wiener
Zum 75. Geburtstag von Richard Neutra

Richard Neutra feiert heute seinen 75. Geburtstag. Der große kalifornische Architekt ist zeit seines Lebens ein Repräsentant von Wiener Kultur und Sensibilität geblieben. Es war ein Wunsch des Jubilars, diesen Geburtstag in Wien zu feiern, in jener Stadt, die so entscheidend seinen Geist und seine Architekturanschauung geprägt hat. Richard Neutra erlebte als Junge die Fertigstellung der Wiener Stadtbahn und anderer Bauten von Otto Wagner und seiner Schule. Als Student begegnete er Adolf Loos, dessen Begeisterung für die angelsächsische Architektur sicher Neutras Entschluss zur späteren Emigration nach Amerika erleichtert hat. Dazu kam noch zu den großen Jugendeindrücken die Publikation des Werkes von Frank Lloyd Wright, in dessen Büro er später arbeiten sollte.

Nach dem Ersten Weltkrieg, in dem Neutra als Artillerieoffizier in Dalmatien gedient hatte, ging er in die Schweiz. Dort lernte er seine Frau Dione kennen. Eine kurze Zeit im Stadtbauamt Luckenwalde (1921) führt ihn mit dem großen deutschen Architekten Erich Mendelsohn zusammen, dessen Mitarbeiter in Berlin er schließlich wird. 1923 geht dann Neutra nach Amerika, arbeitet zunächst bei Holabird und Roche, später bei Frank Lloyd Wright und schließlich bei Rudolph M. Schindler, einem Schüler Otto Wagners, dessen epochemachendes Werk noch viel zu wenig bekannt ist. Gegen Ende der zwanziger Jahre gelingt Neutra die Eröffnung des eigenen Ateliers, und das erste Werk, das sogenannte Lovell House (1927–1929) ist nicht nur ein persönliches Manifest, sondern ein zentraler Entwurf des auftretenden Internationalen Stils, der in Europa zuerst durch die Arbeiten Mies van der Rohes, Le Corbusiers und Walter Gropius' eingeleitet wird.

Die spätere Entwicklung Neutras ist hinreichend bekannt. Sie führt zu den sensiblen, geschmackvollen und überaus eleganten Luxushäusern der vierziger und fünfziger Jahre, zu den Schul- und Sozialbauten

aus: *Die Presse* vom 8./9. April 1967

Richard Neutra
geboren am 8. April 1892 in Wien
gestorben am 16. April 1970 in Wuppertal/D

und schließlich zu den großen Projektierungen der Spätzeit, die praktisch über den ganzen Erdball verteilt sind. Wenn man die geistige Atmosphäre bedenkt, in der Richard Neutra vor dem Ersten Weltkrieg aufgewachsen war (er entstammt einer Arzt- und Technikerfamilie und verkehrte unter anderem im Hause Sigmund Freuds), also in einer wissenschaftlich-psychologisierenden Atmosphäre, und dann das frische harte Klima des Berlin der Nachkriegszeit, so versteht man, nach den Einflüssen von Wright und Schindler, die kalifornische Entwicklung Richard Neutras. Seine Architekturtheorie stellt die psychischen und physischen Bedürfnisse des Menschen in den Vordergrund, sie ist also, von diesem Standpunkt aus, nicht ästhetisierend. Wenn wir aber trotzdem das ästhetische Moment (gewissermaßen eine potenzierte Wiener Geschmackskultur) im Vordergrund sehen, so mag das in der fast zelebrierten Präzision, in der Eleganz und Zartheit der Details und der außergewöhnlichen Bedachtsamkeit auf Wirkung dieser Bauten liegen. Dieser fast wissenschaftlich kalkulierte Effekt mag auch zur ›Neutra-Mode‹ geführt haben, der wir besonders in den fünfziger Jahren erlegen waren. Vielleicht gibt die im Bauzentrum eröffnete Ausstellung die Möglichkeit, einen tieferen Einblick in dieses sehr persönliche, profilierte Werk zu bekommen.

Wenn heute in Wien der Geburtstag eines großen Wiener Architekten gefeiert wird, so ist es doch sehr merkwürdig, dass gerade dieser Architekt, wenn man von dem kleinen Haus in der Werkbundsiedlung absieht, noch nichts in Österreich gebaut hat. Vor fünf Jahren hatten wir noch die Hoffnung, dass das damals geplante Kulturdorf in Kierling zur Ausführung gelangt. Um dieses Projekt ist es aber still geworden. Wenn man schon Neutra hier gebührend ehrt, so sollte man wenigstens die Wertschätzung für sein Werk auch darin ausdrücken, dass man daran teilhaben will.

Karl Odorizzi
Laudatio

Es ist vielleicht ein Zeichen der Veränderung in der Architektur und des öffentlichen Bewusstseins über ihre Probleme, dass heute mit dem Landeskulturpreis für Architektur ein Architekt geehrt wird, der in einer alten, vorstädtischen Häuserzeile ein Haus gebaut, besser um- und ausgebaut hat, das dem Passanten zunächst gar nicht auffällt. Das Haus Fried in Gmunden ist jenes Element eines Ensembles, das, wäre es formal ausgewechselt worden, das ganze Ensemble zerstört hätte. Odorizzi hat, bei allem Respekt für das Vorhandene, zwar die morphologischen Elemente dieses Hauses wie Fenster, Balkon etc. erneuert, jedoch die Typologie des Hauses und der Fassade belassen. Wer dieses Haus betritt, wird überrascht sein, wie hier gewissermaßen aus dem Dialog mit einer alten Baustruktur, einem zumindest substanziell alten Gehäuse, ein neues, überraschendes und wohnbares Raumgefüge entstanden ist, das den verwöhntesten Ansprüchen gerecht wird. Natürlich muss man hinzufügen, dass das Haus durch die Bauherren geradezu in einer vorbildlichen Weise bewohnt wird, also hier eine dritte Kraft in der Spannung zwischen alt und neu wirksam wurde, die eben auch zur Architektur gehört.

Das Haus Fried stellt also vorläufig noch eines der wenigen gelungen Beispiele dar, die ein typologisches Bauen zeigen, das einerseits die Kontinuität zum bestehenden Baubestand sucht, andererseits ein 1:1 in jedem Sinne des Begriffs ›Modernes Wohnen‹ möglich macht.

Mit diesem Entwurf wird aber nicht nur ein Architekt geehrt, dem vielleicht zufällig eine solche Arbeit gelungen sein mag, sondern eine Persönlichkeit, die innerhalb der Entwicklung der oberösterreichischen Architektur eine wichtige Rolle gespielt hat. Ich meine hier nicht nur den langjährigen Präsidenten einer aktiven Zentralvereinigung der Architekten, den Verfasser vieler wissenschaftlicher Arbeiten und Publikationen, den Vortragenden zu Fragen der Architektur, sondern vor allem jenen

Typoskript vom 7. Dezember 1980, Oberösterreichischer Landeskulturpreis für Architektur

Karl Odorizzi
geboren am 27. August 1931 in Strengberg / Niederösterreich
lebt und arbeitet in Wels / Oberösterreich

Typus von kämpferischem Architekten, der es sich selbst und auch seinen Bauherren nicht immer leicht gemacht hat. So ist Karl Odorizzis Werk untrennbar mit der Entwicklung des oberösterreichischen Schulbaus verbunden, der im österreichischen Schulbau vor allem durch die legendäre ›Ära Bernaschek‹ eine Sonderstellung einnimmt. Seine Konzepte reichen von den einfachen ländlichen Hallenschulen bis zum großen Schulzentrum Harter Plateau, in einer Zeit, in der gewissermaßen der Abschluss jener Phase erreicht wurde, die einerseits in der Entwicklung und Variation des Typs Hallenschule bestand und in der andererseits die Grenzen offener Raumsysteme erprobt wurden. Es sei nur noch erwähnt, dass es bei Odorizzi eine permanente und breite Auseinandersetzung mit dem Bauen in Kunststoffen gibt, dass von ihm das Thema ›wachsendes Haus‹ oder die Frage des Selbstbaus (Haus Schönmayr in Pichl) schon früh aufgegriffen wurden und dass von seinen Arbeiten immer Impulse, Anregungen und auch heftige Diskussionen ausgegangen sind.

Karl Odorizzi gehört sicher nicht zu jener Art kritikloser ›Erfüllungsgehilfen für politische und gesellschaftliche Interessen‹, wie so viele Architekten, sondern es gelang ihm, einen konstanten Abstand zu halten zwischen Ziel und Realisation, zwischen Vorstellung und Möglichkeit. Er machte in der Praxis oft mit jenen Gedanken ernst, mit denen andere Architekten nur auf dem Papier gespielt haben. Etwas pathetisch könnte man sagen, Odorizzis Bauten bestimmte in den sechziger und frühen siebziger Jahren eine alte architektonische Sehnsucht, nämlich die Bereicherung des Bauens und damit des Raumes durch neue Mittel, das Engagieren der technischen Welt für die Erlebniswelt der Sinne.

Wir wissen heute alle, dass hier viele Träume nicht in Erfüllung gegangen sind, dass die technische Welt die mit ihr verbundenen Wünsche nicht eingelöst hat. In der Architektur signalisiert diesen Umstand die Rückbesinnung auf eine breitere Basis architektonischen Denkens und Gestaltens. Geschichte wird wieder als Realität der Gegenwart erkannt, Erinnerung und Symbol sind wieder erlaubt, und das Haus Fried in Gmunden ist ein Beweis dafür, dass Odorizzi auch diesen notwendigen Schritt gemacht hat.

Zum Schluss noch eine biografische Bemerkung: Mir ist aufgefallen, dass Karl Odorizzi im niederösterreichischen Strengberg geboren wurde. Das war einmal jene gefürchtete Stelle auf dem Weg von Wien nach Linz, nach deren Überwindung die Landschaft zunehmend oberösterreichischer wurde. Er ist etwas über Linz hinausgegangen in eine Gegend, wo der Wind etwas schneidiger bläst. So sucht jedes Temperament das ihm passende Klima.

Ortner & Ortner
Laudatio

Angesichts des kaum überschaubaren Werks, der dreistelligen Liste der Projekte und Bauten, der Zahl der Ausstellungen und Grenzüberschreitungen Richtung Kunst sowie der ebenso wuchernden Bibliografie, entschloss ich mich zu einer Regelverletzung des Typus Laudatio: Ich werde nicht über den Vater alles Ortnerischen aus der Kunstschule Linz, über die Revoluzzer der späten sechziger und frühen siebziger Jahre, über die Entwicklung zu einer potenten und erfolgreichen ›Architekturfirma‹, schon gar nicht über die Biografien der beiden Preisträger reden, sondern mich in diesen knappen fünf Minuten auf Ortner und Wien, auf das Ortnerische, das man vielleicht im Wienerischen orten kann (und umgekehrt), beschränken.

Ich hatte den Eindruck, dass beide den Preis schon längst verdient hätten, was stimmt, und dass er damit schon viel zu spät käme, was nicht stimmt. Die Fertigstellung des Museumsquartiers ist ein respektabler Anlass, die Diskussion und Auseinandersetzung, aber auch die vielfach sehr kleinliche Kritik ist noch immer im Gange. Nicht nur das, ein neues Bauvorhaben, das in einem größeren Team weiterentwickelt wird, steht buchstäblich vor den Toren des Alten Wien und wird zur existenziellen Bedrohung des wie immer bewertbaren und einzuschätzenden, jedenfalls jungen »Weltkulturerbes« hochgepuscht.

Die zehnjährige Planungs- und Bauzeit des Wiener Museumsquartiers, die komplizierte Konstruktion von Bauherrschaft und politischen Interessen, die Fronten der Bewahrer, Schützer versus die radikalen Neuerer und Besserwisser, die mediale Anklage der Denkmalschändung, die Vorwürfe der Inkonsequenz, Nachgiebigkeit und zu großen Konsensbereitschaft aus der Kollegenschaft, das alles ohne Nervenzusammenbrüche und Suizidgedanken zu überstehen, erforderte mehr als ein subversives Beharrungsvermögen.

Typoskript vom 10. April 2002, Preis der Stadt Wien für Architektur

Laurids Ortner
geboren am 26. Mai 1941 in Linz
Manfred Ortner
geboren am 3. November 1943 in Linz

O&O Baukunst
in Düsseldorf (1987), Wien (1990), Berlin (1994), Köln (2006)

Das Gruppenprofil der Haus-Rucker-Co war von Anfang an von den anderen Profilen entschieden unterschieden. Es fehlte das heroische Pathos, die ideologische Stringenz oder die expressive Aggressivität. Es herrschte das Heitere, Spielerische, Farbige, Sinnliche, ja Kulinarische. Die Artikulation von Empfindung und Wahrnehmung war aber nicht minder radikal, präzise und grenzgängerisch, und sie führte in eine andere Welt.

Diese Welt, und das wird noch immer von der Ritterschaft der Moderne bemängelt, sei keine primär gebaute, konstruierte, gewissermaßen naturgesetzlich entwickelte tektonische Architektur, sondern eher eine bildhafte, farbig-haptische, inszenierte, erinnerungsfähige, den Sinnen zugewandte und sowohl semantisch aufladbare wie ambivalent lesbare. In dieser Kritik lebt ein alter Wiener architektonischer Grabenkampf weiter, der auf den Antagonismus eines Adolf Loos gegenüber der Wiener Secession zurückgeht und der noch heute Olbrich oder Hoffmann als Kunstgewerbler abqualifizieren würde.

Ich möchte an einem kleinen, aber markanten Beispiel den Versuch machen, die Ortner'sche Architekturauffassung zu veranschaulichen, am ›Sarkophag‹, der ›Kaba‹, am ›schwarzen Klotz‹, der, je unverdaulicher er den Wienern wie ein Kommissbrot im Magen liegt, umso stärker sich in ihr Gedächtnis einbrennt, ich rede also vom Museum moderner Kunst. Ich weiß nicht, was an diesem Bau alles bemängelt wurde, allem voran, dass ein Museum moderner Kunst doch die Aktualität heutiger Kunst widerspiegeln, ein Zeichen dauernder Veränderung setzen müsste. Abgesehen davon, dass nichts so alt ist, wie die Zeitung von gestern, wäre nichts banaler als eine Fassade, die permanent hinter der Aktualität herhechelt. Der Ortner'sche Sinn für Alternativen und Ambivalenzen ging einen anderen und ich finde, einen intelligenteren Weg. Beispiel: Das Fassadenrelief bilden von unten nach oben höher werdende Steinplattenlagen mit analog breiter werdenden Plattenfeldern. Eine Flächenstruktur, die aus einer kleinteiligen, gepressten Verdichtung an der Basis sich nach oben ausbreitet, leichter wird, also eine Bewegung gegen die Schwerkraft simuliert und schließlich eine Art Schwebezustand erreicht. Der Bogen der Dachkante erlaubt die verschiedensten Assoziationen. Dieses grafische Relief reagiert extrem auf Beleuchtungsverhältnisse, dominiert zeitweise den Bau, kann aber auch vollkommen verschwinden. Eine zweite Wahrnehmungsebene ist die Tönung der fugenlos verlegten Platten, die das System der Linien durch Tonwerte konterkarieren. Diese Tönungen reagieren wiederum atmosphärisch, das heißt, sie ändern je nach Tageszeit und Wetter Farbe und Lichtreflexion. Hier ist also den Architekten nicht zufällig etwas passiert, sondern man kann beruhigt annehmen, dass diese Überlagerung von Effekten, dieses Changieren der Wahrnehmungsebenen geradezu eine Schlüsselstrategie des Entwurfs darstellt, einen sinnlichen Umgang mit visuellen Werten in der Dynamik eines ständigen Veränderungsprozesses. Wer also an der Fassade den künstlerischen Veränderungsprozess vermisst, kann sich mit Ruhe der natürlichen Analogie auf nicht minder künstlichem Grund widmen, eine Qualität im Spannungsfeld von Zeitlichkeit und Beständigkeit, wie sie auch alten Architekturen eigen ist.

Es ist also eine programmatische Entscheidung, wenn man ausgerechnet das Haus der Moderne und Gegenwart als das verschlossenste, dunkelste, auratischste und archaischste in Erscheinung treten lässt und auf eine zeitgeistige Illustration permanenter Neuheiten nach außen verzichtet. Der Bau liegt wie ein Findling im Museumsquartier, als wäre er schon vor den Hofstallungen dagewesen, er relativiert die Zeit, indem er auf große Zeiträume verweist und sich aus dem dichten Zeitnetz des Museumsquartiers ausklinkt.

Im Ortner'schen *Wörterbuch der Baukunst* kommen Schlüsselbegriffe der orthodoxen Moderne wie ›Konsequenz‹ nicht vor. Mit dem Wort ›konsequent‹ (auch ich habe es ausgiebig gebraucht) wurden Generationen von Architekten niedergeknüppelt, bis sie es so verinnerlicht hatten, dass sie die selbstgebastelten Regelwerke zur Weltordnung erklärten. Das 20. Jahrhundert hat ausgiebig vorgeführt, wohin absolute Wahrheitsansprüche und Reinheitsphantasien führen können, und das 21. scheint nichts dazuzulernen.

Ortners Architekturkonzept ist in unserer Biegen- und Brechenkultur selbstverständlich ein Störfaktor, wenn nicht ein Defekt. Wer sich nicht mit offener Brust den Kräften entgegenstellt, wie es die heroische Künstlerfigur der Moderne verlangt, ja wer versucht, die Kräfte (ob von der Natur oder der Gesellschaft) umzulenken oder gar für ein Werk zu benutzen, macht sich verdächtig.

Ich versuche also die Schlusskurve zu kriegen und steuere auf ›Wien Mitte‹ zu: Die Ortners und ihre Projektpartner sind aufgerufen, einen innerstädtischen Standort, der nicht nur einen Unort, sondern auch, vom Hilton bis zum Regierungsgebäude, das Waterloo der Wiener Architektur darstellt, durch eine Überbauung zu sanieren. Eine Finanzierung über Investoren verlangt Dichte. Das Siegerprojekt schlug zunächst auf einem Sockelbau eine Art geregelten Cluster von Hochhäusern vor. Die Tendenz der Weiterentwicklung von der starken visuellen Verdichtung zu einer lockeren Gruppe (drei Türme) ist richtig, weil die Chance besteht, den traurigen Baubestand gewissermaßen in eine signifikante Großform zu integrieren.

Architektonische Fragen können eigentlich noch nicht diskutiert werden, man überlässt leider das Feld den Meinungsmachern. Es beginnt das gleiche Spiel wie beim Museumsquartier. Die Architekten, in eigener Sache Royalisten, entpuppen sich bei Projekten von Kollegen als Republikaner. Den Ortners wird eine alte Aufgabe gestellt: Entwerft die schönsten, weil unsichtbaren Türme von Wien, vergesst aber nicht auf die Aussichtsterrassen, denn der Wiener möchte endlich sein Weltkulturerbe von einem der schönsten Punkte aus überblicken können.

Da kann man nur viel Glück wünschen.

Walter Pichler
Vorbemerkungen

Es fällt zunächst auf, dass alle Häuser für die Skulpturen entweder Erweiterungsbauten, Umbauten oder freistehende Objekte mit einem starken, unmittelbaren Bezug zu einem Altbau sind. So realisiert sich gewissermaßen die Chronologie der Arbeiten in einem räumlichen Beziehungsnetz, ohne die zeitlichen Überlagerungen entflechten oder gar darstellen zu wollen. Die Analogie mit einem Wachstumsprozess ist insofern richtig, als sich ein Teil aus dem anderen entwickelt, ein Objekt ohne das andere nicht denk- oder erklärbar wäre...

...die wichtigste Komponente ist sicher jene, die eine unmittelbare räumliche Antwort auf die Skulptur oder das Objekt darstellt, also der ›Fassungscharakter‹ oder, nach Walter Benjamin, das »Futteral«. Die zweite Komponente scheint mir eine typologische zu sein, die einerseits durch die Anbindung an eine bestehende anonyme Architektur entsteht, andererseits durch die Reverenz, die Pichler den Bauten dieser Kulturlandschaft erweist. Das dritte Moment ist ein abstrakt-archaisches, eine Rückerinnerung der Architektur an ihre geometrischen Ursprünge, die von Anfang an, etwa bei den Entwürfen für unterirdische Städte und Gebäude, bei Pichler eine Rolle spielten...

...Natürlich steckt in einer solchen Art ›räumlicher Biografie‹ auch eine starke zeitliche Komponente, die jedoch nur fragmentarisch abzulesen ist. Wie schon erwähnt, haben nicht nur die bildhauerischen einen oft über Jahrzehnte dauernden Entwicklungs- und Herstellungsprozess, sondern es ›steigen‹ auch oft die Bauten, über Jahre hindurch entworfen und in Varianten am Modell überprüft, in sehr unterschiedlichen Sequenzen des Arbeitsprozesses in eine Realisierungsphase ein. Ja, das räumliche Angebot, die Möglichkeit, ohne Zeitdruck den Dingen ihren eigenen Rhythmus zu lassen, war ja für Pichler der Grund für diese Ortswahl. So bestärkt die Zeitkomponente ›nur‹ die zeitfreie Verdichtung der

Typoskript vom 9. Oktober 2000; abgedruckt in: *Walter Pichler. Haus für die Stäbe*. Salzburg 2001

Walter Pichler
geboren am 1. Oktober 1936
in Deutschnofen / Südtirol
gestorben am 16. Juli 2012
in Wien

Raumbeziehungen einer scheinbar paradoxen Realität: eines absolut offenen Systems in einem hermetisch geschlossenen Beziehungsnetz.

Wenn man aber das Zeitkontinuum, abgelöst von seinen Überlappungen und Verschiebungen, mit Distanz und Gelassenheit betrachtet, so ergeben sich für die Genesis der Bauten doch noch einige interessante Einblicke. Das *Haus für den Großen und Kleinen Wagen* steht sozusagen noch den bäuerlichen Bauten am nächsten, der Transformationsgrad in Richtung Kommunikation mit den Objekten ist relativ gering. So betrachtet ist die *Kapelle* oder *das Haus für das Kreuz* ein großer Schritt hin zur Verdichtung, wobei auf eine elementare Geometrie, auf eine Archaik der Raumkonstanten zurückgegriffen wird. Das *Haus für den Rumpf und die Schädeldecken* macht nicht nur den Schritt zu einem Rechteckraum, sondern auch zu einer sensibleren Strukturierung der Wand und des Umgangs mit dem Licht. Die *Holzhütte* mit dem *Haus für die bewegliche Figur* bezieht einen Weg mit ein und schafft einen luziden Raum, der von allen bisherigen abgehoben erscheint. Das *Türmchen* schließlich erobert die Vertikale, nicht nur als Bauobjekt in einem Ensemble, sondern als Innenraum. Es fließen Erfahrungen aus früheren Bauten ein und werden in einer absolut neuen Form konzertiert und konzentriert. Schließlich führt die Auseinandersetzung mit extremen Raumqualitäten weiter zum *Haus für den Grat*, ein an sich weit zurückreichender Entwurf mit dem Thema eines schmalen, kaum betretbaren Raumes, einer sich um den Grat entwickelnden und sich von ihm lösenden Raumschicht, die nur an der Flanke weit geöffnet werden kann und den Grat nur von einer Seite freigibt.

In den Skizzen existieren schon lange einige Häuser, etwa ein *Haus für die Vögel,* das sich vom Hofverband lösen wird, oder das *Wasserhaus* im geplanten Stausee, ein Projekt mit Langzeitperspektive. Das nächste Objekt wird vermutlich das *Haus für zwei Tröge* sein, das im Anschluss an die *Holzhütte* gebaut wird.

Josef Plečnik – ein Architekt der Zukunft?

Josef Plečniks künstlerische Entwicklung vollzog sich im Spannungsfeld dreier Kulturen. Slowenien liegt in der Berührungszone der ehemaligen römischen und byzantinischen Welt, an der slawisch-romanischen Sprachgrenze. Im 19. Jahrhundert war dieses Gebiet noch teilweise überlagert von einer deutschsprachigen Oberschichtkultur, mit ihrem Zentrum in Wien. Plečnik war also von vornherein auf ›Mehrsprachigkeit‹ angewiesen, behaftet mit dem Komplex der Muttersprache einer kleineren Ethnie und gezwungen, die Ausbildung und Berufskarriere in einer fremden Sprache zu machen. Plečnik blieb Zeit seines Lebens auf die slowenische Heimat fixiert, verstärkt durch eine starke Familienbindung – in den Lehr- und Wanderjahren zunächst emotional, konfliktbeladen und von Heimweh verzehrt – später mit seiner ganzen Existenz und Arbeitskraft.

Eingeschlossen in diese allgemeine Problematik der kulturellen Identität waren Konflikte etwa zwischen der slowenischen Bauern- und Handwerkerschicht (sein Vater war Tischler) und der bürgerlichen, zum Teil deutschnationalen Oberschicht, oder später des strenggläubigen, für großstädtische Verhältnisse ›naiven‹ Katholiken mit der großbürgerlichen, liberalistischen und utilitaristischen Gesellschaft Wiens, die ihm vor allem in der Person des Lehrers Otto Wagner gegenübertrat. Plečnik kam sicher nicht nur mit den panslawistischen Ideen in Berührung, sondern auch mit dem zunehmend vitaler und aggressiver werdenden Nationalismus der sogenannten Kronländer. Obwohl Otto Wagner jede Form, auch die von deutscher Nationalromantik fremd, ja zuwider war, muss seine Schule durch das Aufeinanderprallen nationaler Temperamente (Deutsche, Tschechen, Mährer, Slowaken, Ungarn, Slowenen und Italiener) zumindest Diskussionen um die Inhalte nationaler Architekturen ausgelöst haben.

Der junge Plečnik muss die Eindrücke der ›Kaiserstadt‹, die Pracht und die Vitalität der Wiener Architektur zur Zeit der Vollendung der

Typoskript vom 26. Mai 2006; abgedruckt in: *Josef Plečnik*, hg. als Band XII der Reihe Architektur im Ringturm von Adolph Stiller, Salzburg 2006

Josef Plečnik
geboren am 23. Jänner 1872 in Ljubljana
gestorben am 7. Jänner 1957 ebendort

Ringstraße als eine fast existenzbedrohende Herausforderung empfunden haben. Nicht anders ist seine Arbeitswut, sein Schwanken zwischen Hochmut und Verzweiflung, aber auch seine anhaltende Skepsis und die wache Kritik gegenüber der Großstadtkultur zu erklären.

Während der Großteil der Wagner-Schüler mehr oder weniger blind und gläubig der Doktrin des ›Meisters‹ folgte, ging Plečnik erstaunlich früh (schon um die Jahrhundertwende) auf eine kritische Distanz. Eine Rolle mag auch seine Freundschaft zu den Tschechen, allen voran zu Jan Kotěra, gespielt haben. Plečnik hat diese Kritik, wie etwa später Pavel Janák, selbst nie theoretisch formuliert, aber sie ist von gelegentlichen Aussagen bezeugt und in seiner Arbeit evident. Plečnik teilte weder den positivistischen, rationalistischen Fortschrittsglauben Otto Wagners, noch die bedingungslose Hingabe an den Zeitgeist der meisten Secessionisten. So paradox dies klingen mag, er nahm die Moderne zu ernst, um sie ein Opfer ihrer eigenen Oberflächlichkeit werden zu lassen. Er teilte nicht den Zynismus und die kulturelle Überheblichkeit des Großstädters, seine ›formale Mehrsprachigkeit‹ gab ihm feinere Instrumente der Differenzierung zur Hand. Plečnik verachtete die ›Schreiber‹ und Theoretisierer, was ihn aber nicht davor bewahrte, sich mit theoretischen Problemen sinnierend herumzuquälen.

St. Michaels-Kirche, Črna Vas bei Ljubljana, Slowenien, 1937–1940

Josef Plečnik hat offenbar die humanistische Tradition des ›Abendlands‹, die im Historismus zumindest noch ihren Schein verbreiten konnte, naiv ernst genommen. Nur so ist der Schock zu verstehen, den ihm die baulichen Originale in Italien vermittelten, und dass ihn, nach ihrer genaueren Kenntnis, die Leistungen der Moderne (etwa in Frankreich) gar nicht mehr so interessierten. Außerdem stand offenbar seine Architekturrezeption unter dem Zwang der Brauchbarkeit, der Übersetzbarkeit und der Verwertbarkeit für seine kleinstädtische und mitteleuropäische Welt. Er verglich die Rolle des Architekten mit der des Priesters.

Er forderte nicht weniger, als dass der Künstler seine ganze Arbeitskraft seinem ›Volke‹ zur Verfügung stelle. Diese betont ethische Position ist in ihrer Ausschließlichkeit nur mehr mit jener von Adolf Loos zu vergleichen, dessen missionarischer Eifer jedoch zumindest noch einige Ventile der Ironie eingebaut hatte. Diese ethische Haltung Plečniks war aber die Basis für seine unbestechliche Auseinandersetzung mit den Phänomenen des Historismus und der Moderne. Wenn Josef Frank 1930 schreiben konnte »unsere Zeit ist die ganze uns bekannte historische Zeit«, so hat Plečnik diesen Gedanken eigentlich schon um 1900 praktiziert. Zweifellos lag Plečniks künstlerisches Arkadien in Italien, sein Bezugsfeld waren das alte Rom, die Renaissance und später sogar der heimische Barock, aber er war auch Realist, Praktiker, Handwerker genug, um diese Leistungen der Geschichte (und ihre konkrete Erfahrung) in seine Bedürfniszusammenhänge zu übersetzen.

Während Adolf Loos, um diesen Vergleich noch einmal zu bemühen, eher die Grenzen der architektonischen Mitteilung abtastete (bis zum dialektischen Gebrauch des Schweigens), setzte sich Plečnik den Möglichkeiten der sprachlichen Vielfalt und den semantischen Ambivalenzen architektonischer Vokabeln aus. Man könnte sein Werk auch als den Versuch deuten, die ihm essenziell erscheinenden Inhalte der okzidental-humanistischen Kultur in eine nationale, ja regionale zu transformieren, abgestützt auf die Dialektik von ›Volks- und Hochkultur‹.

Es wäre jedoch vermutlich falsch, wenn man diese eher spätere Phase als seinen spezifischen Beitrag zur Moderne deuten würde. Plečnik hat in jeder Periode seines Lebens die ›totale Architektur‹ gesucht. Je nach Schwerpunkt seines Interesses mag einmal dieses oder jenes Problem im Vordergrund gestanden haben, aber der Bezugsrahmen seiner Gedanken war immer ein größerer als etwa jener seiner secessionistischen Kollegen oder der des kulturellen Selbstverständnisses seiner Geburtsstadt Ljubljana. Daraus erklärt sich auch die oft scheinbare Heterogenität seiner Bauten, da ihnen ein doktrinärer Purismus ebenso fehlt wie eine plakative formale Geschlossenheit.

Wenn Josef Plečnik außerhalb seiner Wirkungsstätten Wien, Prag und Ljubljana bis zu seiner großen Ausstellung in Paris (1986) praktisch ein unbekannter Architekt war, so lag das einerseits an der Blindheit und Ignoranz der neueren Geschichtsschreibung (die die zentraleuropäischen Länder jenseits des ›Eisernen Vorhangs‹ nicht wahrgenommen hatte), andererseits aber auch im Charakter seines Werks, das mit dem Instrumentarium dieses Beobachtungsfeldes nicht fassbar war. Plečnik hielt eine schwer zugängliche und kaum bestimmbare Distanz zu den Problemen und Lösungen der Moderne. Während er den avantgardistischen Schulen in seiner Beharrung auf Traditionen als hoffnungslos veraltet erscheinen musste, blieb er den konservativen Strömungen als Nonkonformist, Abweichler und Eigenbrötler suspekt, und, so paradox dies klingen mag, zu modern und unkonventionell. Trotz der oft vordergründig eklektizistischen Wirkung seiner Werke war Plečnik immer ein Anti-Eklektiker, der in seiner Auseinandersetzung mit der Geschichte keinen Stein auf dem anderen ließ und keinen Gedanken unverändert oder ungeprüft übernahm.

Man könnte Josef Plečnik parallel zur Entwicklung der Moderne eine frühe ›postmoderne‹ Haltung bescheinigen, aber sicher radikaler, entdeckungs- und risikofreudiger als jene, die ihn wiederentdeckte und in vielem missverstand. Auch hier teilt er das Schicksal mit Adolf Loos, dessen Wettbewerbsprojekt für den Chicago Tribune Tower als klassizistische Vokabel gründlich fehlinterpretiert wurde. Plečniks Alleingang am Rand der Moderne, seine enorme sprachliche Sensibilität, verleiteten natürlich dazu, ihn als Vorfahren der Postmoderne zu vereinnahmen. Plečnik fehlt aber der Intellektualismus und der leichte (ironische) Sinn oder gar die zynische Distanz zur Geschichte. Er verwendete kaum wörtliche Zitate, und wenn, dann in einem zwingenden inhaltlichen Zusammenhang. Plečnik gewann durch Geschichte nicht Distanz zur Gegenwart, sondern Geschichte war für ihn Gegenwart. Er besaß oder praktizierte keinen ›abendländischen‹ Zeitbegriff: Jeder Gedanke war im Augenblick des Denkens Gegenwart, mochte er noch so alt sein. Darin war Plečnik Orientale, wie Josef Frank.

Josef Plečniks Werk bleibt eine Herausforderung nicht nur für den Realismus-, sondern auch für den Regionalismusbegriff. Wie Damjan Prelovšek* nachweist, hat Plečnik die Wagner'sche Doktrin, dass jedes Ding seinen Zweck ausdrücken muss, in einem sehr umfassenden und spirituellen Sinne ernst genommen. Gerade dadurch wurde sie von ihm vor der oberflächlichen Zweckrationalität des Funktionalismus gerettet. Die Verarbeitung seiner sozialen, kulturellen und politischen Situation in Slowenien müsste sogar in einem marxistischen Sinn ›realistisch‹ genannt werden, wenn sie sich nicht auf ältere Fundamente berufen würde. Jedenfalls hat Plečniks Versuch der Transformation und Adaption von Formen in einen neuen kulturellen Bezugsrahmen einen viel engeren Bezug zur kulturellen Wirklichkeit seiner ›Welt‹, als sie die verschiedenen Tendenzen der Moderne finden konnten.

* Damjan Prelovšek, *Josef Plečnik, Wiener Arbeiten von 1896 bis 1914*, Wien 1979

Ebenso gibt Plečnik auf die Fragen des Regionalismus eine provokante und aktuelle Antwort, indem er seine Architektur aus der Dialektik von Peripherie und Zentrum entwickelt, wobei es offen bleibt, wo sich jeweils ein Zentrum befindet. Die ›Provinz‹ tritt jedenfalls als bewusste und positiv besetzte Gegenwelt auf, die von den Maßstäben der Zentren nicht aus den Angeln gehoben werden kann.

Josef Plečnik ist tatsächlich in einigen Aspekten Antoni Gaudí vergleichbar, als Grenzgänger zwischen Kulturen, als architektonischer ›Fundamentalist‹, aber auch als Begründer einer neuen Architektur in kritischer Distanz zu den europäischen Hochkulturen und großem Respekt zur sogenannten Volkskultur, ebenso als Handwerker, Techniker und Erfinder, als Lehrer und Identifikationsfigur im Bewusstsein seines Landes. Josef Plečnik ist der Architekt der einander ausgrenzenden und überlagernden Kulturen Zentraleuropas, mit ihren Konflikten und Zeitverschiebungen, ihren Hochsprachen und Dialekten, ihrem Sprachbewusstsein und ihrer Sprachsensibilität, ihrer Vielfalt der Orte und Regionen. Sollte die Architektur wieder einmal auf die Suche nach ihren Fundamenten gehen, wird sie Josef Plečnik als einen Architekten der Zukunft entdecken.

Ernst A. Plischke
Nachruf

Typoskript vom 19. Jänner 1993; abgedruckt in:
Um Bau 14, Dezember 1993

Ernst A. Plischke
geboren am 26. Juni 1903 in Klosterneuburg / Niederösterreich
gestorben am 23. Mai 1992 in Wien

Der Tod von Ernst A. Plischke, sein größtenteils verstümmeltes Werk, sein Nicht-zu-Hause-Sein in Wien und Neuseeland und sein hartnäckiges Einfordern seiner nie ganz anerkannten Verdienste um die österreichische Architektur, wirft erst jene Fragen auf, die zu seinen Lebzeiten nicht gestellt werden konnten und die er auch misstrauisch von sich gewiesen hätte.

Man sollte endlich darangehen, sein Werk, losgelöst von dem nun schon bequemen Lamento über sein typisches Emigrantenschicksal, dem abgebrochenen genialen Jugendwerk, dem einigermaßen geglückten Aufgegangensein in einer etwas naiveren und vielleicht auch verdünnten Kultur einer weiträumigen und abgeschiedenen Welt, mit geringerem Konfliktpotenzial, aber dem letztlich für ihn doch auch unbefriedigenden Lebensstil, man sollte also endlich die Botschaft seiner Architektur zur Kenntnis nehmen, die in den drei Jahrzehnten nach seiner Rückkehr als eine Art rückwärtsgewandter Utopie mit allem gehadert hat, was Wien hervorbrachte.

Plischke wurde mit seiner Frau Anna nicht nur aus Wien vertrieben, sondern auch aus seiner Kultur, deren ästhetische Selbstreinigung in der Katastrophe zweier Weltkriege geendet hat. Sein fast störrisches Beharren auf einem platonisch geläuterten Architekturbegriff, sein ›Reinheitsgebot‹ für die ›Bauplastik‹, sein hartnäckiges Einfordern einer ›Baugesinnung‹ in Form von Prinzipientreue, sein irreparables Misstrauen gegenüber allem Wienerischen, spiegelten wohl das für ihn traumatische Erlebnis des Scheiterns der Moderne wider. Sein späterer Radikalumschlag, in dem er auch noch seine geistigen Väter und Weggenossen gewissermaßen aus der ›reinen Wahrheit‹ ausschloss, war das Symptom des Konflikts mit einer Welt, die ihn nicht mehr verstand und die vor allem er nicht mehr verstehen wollte.

So war Plischke auch als Lehrer produktiv und kontraproduktiv in einem: Seine Schüler verstanden ihn und dankten ihm sein ungeduldiges

Fordern, seine oft in Details verbissene Hartnäckigkeit sehr spät, meist lange nachdem sie den Schillerplatz verlassen hatten.

Plischke war jemand, dessen Scheitern sich als existenzielle Möglichkeit der Architektur in Fragmenten, Widersprüchen, Widerborstigkeiten und auch sentimentalen Selbstbespiegelungen vermittelte. Er ließ niemanden gleichgültig. Wer das legendäre Haus am Attersee betritt, gerät in eine Welt, die heute aus vielen Gründen nicht einmal mehr als Möglichkeit ersonnen werden kann. Sie ist der Entwurf einer Lebensform, deren Sinne noch einer unversehrten Natur, deren Wahrnehmung noch einer intakten Landschaft vertrauen konnten. Ein von utilitären Interessen unbelasteter Positivismus (heute fast ein Paradoxon), eine der wahrnehmbaren Welt verpflichtete Ästhetik, musste einer von Byzantinismus und Barock überkrusteten Kultur den Rücken kehren. Der junge Plischke suchte sich seine Leitbilder im fernen Osten, in den abstrakten Strukturen französischer Kathedralen, im niederländischen Purismus oder in der naiven Weltzugewandtheit der Pionierkulturen in Übersee. Solche ›Weltentwürfe‹ werden im alten Europa in ein sektiererisches Eck gedrängt, ihre Strahlkraft bleibt isoliert. Plischke war, wenn vielleicht kein philosophischer, so doch ein grübelnder Kopf. Sein in der Jugend erobertes ›Terrain‹ hat er ein Leben lang behütet und verteidigt. Als Moralist unduldsam, forderte er als Verkünder der Wahrheit auch von seinen Freunden Parteinahme. Fast jeder, der sich um ihn bemühte, kam in den Verdacht, seine Wahrheit zu verfälschen. So stand er auch einer der Radikalität seines Werkes entsprechenden Aufarbeitung im Wege, weil er die radikalen Fragen, die er provozierte, nicht zuließ. Ernst A. Plischkes Werk verdiente eine gründliche, kritische Aufarbeitung. Sie kann vermutlich nicht von seinen Freunden oder Schülern gemacht werden. Sie müsste sich von seinen Aussagen und Texten (vor allem von den späten, verbitterten) befreien und sich ganz auf seine Bauten und Entwürfe konzentrieren.

Plischkes Bedeutung liegt sicher nicht in seiner Rolle als Vertreter der Avantgarde – dazu war er zu spät geboren –, aber er hat eine außerordentliche Bedeutung in der Auseinandersetzung mit der Wiener Moderne, in dem aufklärerischen ›Projekt der Moderne‹ in den Fesseln einer barocken, gegenreformatorischen Kultur. Plischkes Visionen sind Protest und Verheißung, Träume von einer befreiten und vertrauenswürdigen Kultur, die sich auf eine kleine Insel von ›Wahrheiten‹ gerettet hatten, um von dort aus das alte Festland umso unverständlicher, korrupter und unrettbarer zu finden.

Boris Podrecca – Wie entwirft man einen Architekten?
Statt einer Einführung

Typoskript vom 3. August 1996; abgedruckt in: Walter Zschokke, *Boris Podrecca. Arbeiten/Works 1980–1995*, Basel u. a. 1996

Boris Podrecca
geboren am 30. Jänner 1940 in Belgrad
lebt und arbeitet in Wien

Es hat sich wohl herumgesprochen, dass mit der Sprache allein Architektur nicht erreichbar ist. Und man muss, zumindest nach der x-ten Einführung zugeben, dass man auch einen Menschen mit Wörtern einem anderen nicht vermitteln kann. Trotzdem werden Einführungen zu Monografien bestellt und, was noch schlimmer ist, sie werden auch geschrieben, obwohl außerdem eine fast hundertprozentige Garantie besteht, dass sie nicht einmal von einem Prozent der Buchdurchblätterer (Buchdurchblätterinnen) gelesen werden. Was tun?

Geradezu fatal wird die Lage, wenn von einem Architekten, wie etwa von Boris Podrecca, intelligente, wenn auch in Teilen anzweifelbare Aussagen bestehen, sodass der *Einführer* eher in die Rolle eines *Zusammenfassers* gedrängt wird. Dem möchte ich entgehen. Denn jeder Text über einen Architekten ist ja mehr oder weniger der *Entwurf* eines Architekten, so dass der Einführer, sprich Zusammenfasser, eine Verantwortung übernehmen müsste, die er gar nicht übernehmen kann. Das Folgende ist also höchstens ein *Vorentwurf*, vielleicht ein Zugang zum Werk unter vielen, das sich ohnehin außerhalb der Monografie befindet und nur vom Objekt der Monografie selbst beeinflussbar ist, das selbstverständlich (nicht im Wiener oder im Nestroy'schen Sinne) ein *Subjekt* ist.

Die Wirklichkeit ist Experiment genug
Boris Podrecca nimmt in der österreichischen, speziell in der Wiener Architektur eine Außenseiterstellung ein, obwohl man nach den Klischeevorstellungen von Wien ihn als typischen Repräsentanten dieser Stadt ansehen könnte. Einerseits ist man verführt zu behaupten, dass sein universalistischer Ansatz im ›klassischen‹ Rollenverständnis von Architektur, sein Changieren zwischen Geschichte und Gegenwart – ja, seine Gleichsetzung der Wahrnehmung von Gegenwart und Geschichte –, sein

kultureller Pluralismus und seine formale Beredsamkeit eben etwas typisch Wienerisches seien, andererseits muss man heute zur Kenntnis nehmen, dass gerade im sprachsensiblen Milieu von Wien nichts unduldsamer und penibler bewacht wird als die Trennungslinien zwischen architektonischen Positionen.

Ebenso kann man nicht umhin, daran zu erinnern, dass die kulturelle Sozialisation Boris Podreccas in einem mehrsprachigen Milieu stattfand und zwar jeweils zumindest in einer slawischen, in einer romanischen und in einer germanischen Sprache. Die Übersetzung oder das simultane, parallele oder überlagernde Denken und Reden war ihm in die Wiege gelegt. So ist er auch, könnte man weiter behaupten, zwar in jeder Sprache zu Hause, aber in keiner Sprache ganz ›anwesend‹. Sein Sprechen ist nicht unreflektiert, es hat nicht die Ahnungslosigkeit eines in einer Sprache Beheimateten, er spricht immer aus einer anderen Denkweise oder erweckt mit seiner ganz privaten Sprachartistik diesen Eindruck. Ich habe Boris Podrecca erst verstehen gelernt, als ich mit ihm zu einer Tagung nach Piran fuhr. Nach Udine war er ein veränderter Mensch, in Triest ein anderer.

Podreccas Architekturbegriff ist ein mediterraner, dem Leben (was immer das sei) zugewandter, ein sinnlicher, der sich aus unterschiedlichen kulturellen Ebenen und Traditionen strukturiert. Seine Begriffskonstruktion *Archikultur* ist keine Attitüde, obwohl dies manchem monokulturellen Wächter so erscheinen mag.

Podrecca fehlt jeder Sinn für grundsätzliche, prinzipielle, totale, moralistische, puristische oder gar orthodoxe Positionen, sie sind ihm unverständlich, ich vermute sogar, widerlich. Dass sie gerade heute wieder in seinem Geburtsland besonders blutig urgiert werden, zeigt, wie zerbrechlich das multi- oder interkulturelle Konstrukt geblieben ist. Ja selbst in Wien wurde seine Haltung lange nicht ernst genommen; Wien neigt trotz seiner langen Assimilationsgeschichte zu sektiererischen Gruppierungen, die alle den Anspruch auf Ausschließlichkeit erheben. Und ausschließlich war Boris Podreccas Denken nie.

Die ersten Positionen seines Werkverzeichnisses, das vor rund dreißig Jahren beginnt, zeigen den Entwurf einer Platzgestaltung in Salzburg, ein Projekt für Bulgarien (Stadtzentrum für Varna) und die Gestaltung der Ausstellung *Josef Plečnik* für die Österreichische Gesellschaft für Architektur in Wien. Seine Begegnung mit dem universalistischen Architekturbegriff der arbeitsgruppe 4 (vor allem mit Friedrich Kurrent, dessen Assistent er später in München wurde) haben vermutlich seine eigene Architekturanschauung mehr gefestigt als das Studium und die Diplomarbeit bei Roland Rainer. Diese ersten Arbeiten umreißen auch schon die thematischen Schwerpunkte, stecken aber auch das Spannungsfeld seiner späteren Tätigkeiten ab, das zwischen städtebaulichem Projekt (vor allem als Eingriff in bestehende Strukturen) und der Gestaltung von Ausstellungen liegt, die bis heute für ihn *Werkstatt,* also Experimentierfeld geblieben sind. Und wie von selbst ergibt sich daraus das breite ›Zwischenfeld‹ für den sich bewusst nicht spezialisierenden Architekten: Umbauten in allen Facetten, von der Wohnung bis zum städtischen Ensemble, Neubauten vom Bürohaus bis zum Einkaufszentrum, von der Schule bis zum Flusskraftwerk, vom Hotel bis zum Wohn- oder Siedlungsbau, von der Galerie bis zum Einfamilienhaus, vom Möbel bis zum Schmuckstück. Diese Mischung, die durchaus dem ›klassischen Rollenverständnis‹ des Architekten entspricht, wäre an sich nicht erwähnenswert, wenn diese Arbeiten nicht in einem übergeordneten Beziehungsnetz entstünden, das für alle Entwürfe grundlegend erscheint. Podrecca hegt eine Art von Argwohn, ja Widerwillen gegen das isolierte Objekt. Er würde vermutlich noch eine Brosche in ein größeres Ensemble einbinden, wenn dafür schon keine Stadt zur Verfügung steht. Hier befinden wir uns bereits in der Entwurfsphase des Bildes vom Architekten Boris Podrecca.

Das dialogische Prinzip und die Geschichte mit den Geschichten
Boris Podrecca muss reden. Auch in der Architektur. Er sucht das Gespräch. Seine Recherchen sind Gespräche und Fragen. Und wenn keine Antworten kommen, werden sie notfalls selbst gegeben. Seine Ideen – und mögen sie zunächst noch so formal erscheinen – sind aus realen Situationen entwickelt, sie artikulieren einen Bedarf, der oft erst später als solcher erkannt wird. Wenn heute etwa ein rundes Dutzend Platzgestaltungen vorliegt (Aufträge, die vorwiegend aus Wettbewerbserfolgen stammen), so hat das seine handfesten Gründe. Diese Erfolge liegen in der Fähigkeit, nicht nur die materialisierte Geschichte einer Stadt (typologische Substanz, morphologische Besonderheiten, Bewegungsrelationen, Sichtbeziehungen, gesellschaftliche Gewichtungen, Bedeutungen, Symbole, Lichtverhältnisse, Mängel, Leerräume, potenzielle Angebote an Nutzungen etc.) zu ›lesen‹, sondern sie in einem neuen ›Lebenszusammenhang‹ darzustellen. Der Dialog wird auf mehreren Ebenen geführt, sicher einmal ganz unsentimental auf der praktischen, zweckorientierten, aber auch auf der inhaltlichen und symbolischen. Podrecca hat eine spannende, vergnügliche und ›entwaffnende‹ Art Stadtstrukturen zu lesen, wobei Geschichte ebenso aus Geschichten wie aus realen Befunden entsteht.

Städte haben nicht nur das Bedürfnis, ihre Plätze neuen Nutzungen und Bedeutungen zuzuführen, sondern dies auch zu zeigen. Es geht nicht nur um zeitlich wechselnde oder simultan ablaufende Ereignisse, sondern es geht um die Lesbarkeit der Totalität aller möglichen Ereignisse. Podreccas Plätze wirken unbenutzt nicht leer, ihre latente Leistung bleibt sichtbar, sie bleiben als Erzähler präsent und als ästhetischer Bestandteil der Stadt erlebbar, ja ihre Erscheinungsform liefert zunächst *einen* Blick auf die Stadt, als gäbe es keinen andern.

Boris Podrecca hat keine Hemmungen, realen Forderungen, Konventionen und Wünschen nachzugehen und nachzugeben. Für ihn sind Anschaubarkeit, Verdeutlichung, Inszenierung, ja naive ›Zurschaustellung‹ keine Tabus. Seine Architektur schafft die Erzählung und die Illustration in einem.

Beispiel: Der Tartini-Platz von Piran machte als Projekt, ja noch während der Bauzeit den Eindruck eines ästhetisch vollkommen überzogenen Entwurfs. Das große, leicht bombierte Oval aus weißem Marmor (das wie ein Spiegelei in der Pfanne daliegt) und die wie mit einem Rasiermesser gezogenen verlängerten Kanten der einmündenden Straßenfluchten schienen die bescheidenen (aber immerhin auch venezianischen) Verhältnisse der kleinen Stadt zu überfordern. Heute ist dieser Platz (ob mit oder ohne Touristen) eine Schau-, Spiel- und ›Aktionsfläche‹, die ständig ihre Aktivisten wechselt, wobei die Kinder und Halbwüchsigen die Oberhand behalten. Die *Geschichte* des Architekten, der mit dieser polierten Fläche an das einstige (schon lange zugeschüttete) Hafenbecken erinnern wollte, ist wohl lange vergessen. Das Geheimnis des Platzes liegt aber nicht so sehr im rigorosen formalen Eingriff, in der plakativen Darstellung und Überhöhung der Geschichtlichkeit des Ortes oder in den präzise designten Vorbereichen vor den öffentlichen Bauten (Kirche, Tartini-Haus etc.) und den Einmündungen der Gassen, sondern im ›normal‹ gepflasterten breiten Rand zwischen Oval und Hausfronten, in dem sogar Autos parken dürfen. Die scheinbar plakative Idee ist also in einer stärkeren *Normalität* aufgefangen und abgesichert, die vielleicht gerade durch die Transformation einer historischen Situation (Hafen mit Kai) entstanden ist und in ein neues, analoges Nutzungsmuster übergeführt wurde. Die Fläche, die einst dem Leben auf dem Wasser gehörte, gehört jetzt in einer spielerischen Weise dem Leben der Stadt.

Diese Art des Denkens, die vielleicht einem Camillo Sitte viel näher liegt als dem immer wieder bemühten Josef Plečnik, die vermutlich weniger kontextuell als (dia)logisch, weniger rational als real ist und das in seinen kaum entwirrbaren Bahnen und Anspielungen vielleicht auch *taube Formen* produziert – dieser Arbeits- und Denkstil ist mit Sicherheit eine ernste und ernstzunehmende Alternative im Spektrum heutiger *Stadtdiskussionen*. Selbstverständlich ist Boris Podreccas *Stadtbild* ein mediterran-mitteleuropäisches, seine Interventionen haben noch die planbare Stadt im Auge, es geht eher um ›Stadtreparatur‹ oder um das Weiterführen bestehender, bewohnbarer Stätten. Seine Städte oder städtebaulichen Arbeiten setzen die Überschaubarkeit voraus, ja urgieren diese; überhaupt das Schauen als Wert und Gradmesser von urbaner Lebensqualität.

Seine Projekte haben alle, oft mit mehr oder weniger guten Argumenten, diese ganzheitliche, zusammenschauende, ja auch ausufernde Rhetorik. Es gibt genaugenommen keinen Entwurf, der nicht ›städtebaulich‹ oder ›städtisch‹ argumentiert.

Ein anderes Beispiel: Das Gebäude der Basler Versicherung am Wiener Donaukanal hat eine ›Wasserseite‹, eine Quartierseite und eine Zone des Übergangs. Die eine Seite ist gekennzeichnet durch Bewegungen des Wassers und des Verkehrs. Sie ist die Seite des Flusses und Fließens mit stadträumlicher Distanz, *die* Schauseite. Die entgegensetzte Seite (zum Bezirk hin) *redet* mit dem gründerzeitlichen Wohnquartier. Autistischer Selbstbezogenheit heutiger Stararchitektur wäre es wohl kaum in den Sinn gekommen (noch dazu beim Selbstdarstellungsbedürfnis einer Versicherung), dieser Situation nicht die eigenen ›Maßstäbe‹ aufzuzwingen. Podrecca liegt am Spiel dieses Dialogs, ob als Verneigung vor dem Ort oder ›Leutseligkeit‹ bleibt gleich, es ist ihm ein Bedürfnis, auf diese Situation mit einer *nautischen* Fassade – was immer das sei – und einer den Verhältnissen des Wohnquartiers entsprechenden zu antworten. Die Rhetorik der Fassaden ist also eine abgeleitete, eine auf den Ort bezogene, eine auf eine städtische Situation eingehende und antwortende. Gerade in dieser Haltung liegt natürlich auch etwas Herausforderndes, das die Frage provoziert: Wo kommt die heutige Architektur hin, wenn sie nicht mehr redet (mitteilt, Statements abgibt oder gar Botschaften verbreitet), sondern nur mehr antwortet?

Nun, gerade das *Reden* muss man bei Podrecca wirklich nicht einfordern. Diese Haltung ist ja keine unterwürfige, sich verleugnende, sondern sie ist methodisch, sie führt zum eigentlichen Entwurf.

Der bisherige Ansatz ist ein Erklärungsmodell, aber nicht eine Erklärung. Spricht Podrecca in seinen Arbeiten tatsächlich mehrere Sprachen oder nur eine, die mit Vokabeln aus mehreren Sprachen angereichert ist? Auch das ist eine Scheinfrage, die man an den Entwürfen schwer belegen kann.

In Podreccas Vokabular gibt es, wenn man von Schnürlsamthosen, Jeans und Dreitagebart absieht, nur einen eindeutig negativ besetzten Begriff: *Avantgarde*. Wie man weiß, konnte die militärische Avantgarde nur dann weit vorstoßen, wenn sie eine starke Truppe hinter sich hatte, also mit leichtem Gepäck. Die architektonische lebt vom Ausschluss möglichst vieler Aspekte des Bauens. Je weniger Ballast, desto größer der Sprung. Über die Bedeutung von Avantgarden zu diskutieren, wäre wohl am Ende des 20. Jahrhunderts müßig. Aber die Einforderung des Gegenteils, die *peinliche Beobachtung der Wirklichkeit* (um es Otto-Wagnerisch zu sagen), ist zumindest eine theoretische Herausforderung. Und für Boris Podrecca scheint sie mehr zu sein. Wenn kulturelle Wirklichkeit (also Gegenwart) nach Josef Frank die ganze uns bekannte historische Zeit ist, dann ist der Umgang mit dieser Wirklichkeit das Abenteuer der Zeitmaschine. Podreccas Abenteuer und Entdeckungen liegen im Bewusstsein dieser Zeitmaschine, und dass diese auch zum Experiment verführt (ohne sich an der Speerspitze der Avantgarde zu befinden) hat uns ja auch schon Josef Plečnik vorgeführt.

Im Zusammenhang mit den zahllosen Umbauten von Boris Podrecca findet man den Hinweis, dass es ihm weniger auf die Einzellösung ankäme, eher auf die Entwicklung einer *Grammatik* oder zumindest einer verbindlichen Methodik. Diese kann einerseits in der Systematik der Entwicklung von Fragen (etwa in Geschichten verpackt), andererseits in einer Art Rasterfahndung nach Sinnpartikeln liegen, die zu einem überraschenden Konstrukt oder, komprimiert, zu einer ebenso überraschenden *Lösung* führen.

(Diese Behauptung ist mit Vorsicht zu behandeln, denn es könnte das funktionalistische Trugbild entstehen, dass sich Lösungen automatisch aus einer Methodik ergeben. Die Methodik als Instrument entbindet den Architekten nicht vom Entwurf, das weiß Podrecca sehr genau, auch wenn er manchmal den Eindruck zu erwecken versucht, seine Entwürfe wären Ergebnisse seiner Pirschgänge und Recherchen.)

Drittes Beispiel: Die Schule von Liesing, wenn man einmal vom Korsett des Raumprogramms absieht, thematisiert das Andocken an eine bestehende Schule ebenso wie den städtebaulichen Übergang von einem Zentrum in eine Parklandschaft. Allein schon die thematische Aufbereitung führt in eine Auseinandersetzung mit den Begriffen Natur, Landschaft, künstliche Natur, künstlerische Perzeption von Natur, so dass das Thema Schule in einem größeren Themenkreis abgehandelt wird, was schließlich die Terrassierung der Klassentrakte, die räumliche Entwicklung des durchlässigen Hallenbereichs (über die Turnhalle hinweg in den Park) bis hin zur Farbgebung der ganzen Schule und zum zentralen Kunstwerk (von Franta Lesák) bestimmt.

Doch ein dialogisches Prinzip?
Diese Frage führt uns wieder zum Ausgang zurück. Die Sehnsucht nach einer ganzheitlichen Vermischung aller Kulturen und Stile ist ein Kind der Romantik. Im Historismus (einhergehend mit den Forschungen der Kunstgeschichte) mit dem wissenschaftlichen Blick auf die Kunst und der enzyklopädischen Ordnung ihrer Formen entstand eine distanzierte ›Verfügbarkeit‹ (oder die Illusion davon) über und die Abkoppelung der Formen von Inhalten. Die postmoderne Bewegung (soweit sie etwas bewegte) hat diese Problematik wieder aufgegriffen, sich aber, bis auf wenige Ausnahmen, nicht wirklich auf sie eingelassen.

Boris Podrecca versucht gegenüber *Moderne* und *Postmoderne* einen dritten Weg. Er beruft sich hier vor allem auf Adolf Loos und die Dissidenten der Otto Wagner-Schule, die entweder, wie Loos, das Risiko des konfliktreichen Dialogs mit einer Stadtkultur eingingen oder, wie Leopold Bauer, sich auf die kollektiven Ergebnisse einer umfassenden *Baukultur* stützten.

Die *Moderne* kann insofern nicht mehr Gegenstand seines Entwurfsinteresses sein, weil ihn an der Zeit, an der Gegenwart eher die Dynamik der bestehenden Beziehungen interessiert als ein wie immer deklarierter Fortschritt. Die *Postmoderne* hat sich desavouiert, weil sie genaugenommen ihr Programm selbst nicht ernstgenommen und das präzise Zitat mit beliebiger Ausbeutung verwechselt hat.

Podreccas Architektur ist eine Architektur der Wirkungen, Mitteilungen und Reaktionen in einer bereits eingerichteten, vielfältigen und noch immer auch sinnlich erfahrbaren und zu bejahenden Welt. Er sucht den realistischen Blick für ihre Probleme und Verhältnisse. Diese Welt hält durch ihre reiche kulturelle Erfahrung auch die Methoden bereit, sie zu verbessern und zu verschönern. Die *Ausstellungen* sind ein Mittel, diesen Schatz zu heben und die Methoden zu überprüfen. Die städtebauliche Intervention ist deren Überprüfung an der Realität des Lebens. Die Projekte sind Pirschgänge auf jeweils neu gesehenen Territorien. Die Wirklichkeit ist die Herausforderung, der Umgang mit ihr: Experiment.

Man soll keinen Architekten entwerfen. Die ersten Striche scheitern schon an der Entwurfsmethode. An der Entwurfsmethode des Architekten? Nein, der eigenen, natürlich.

Julius Posener
Einführende Worte

Allein das umfangreiche und grundlegende Werk *Berlin auf dem Wege zu einer neuen Architektur / Das Zeitalter Wilhelm des Zweiten** würde Julius Posener als einen großen Architekturhistoriker ausweisen. Er ist ja nicht nur eine zentrale Figur dieses ›Faches‹, sondern er war immer als Theoretiker, Kritiker, Publizist, als Lehrer und Vortragender ein engagierter Mitstreiter der Architekten oder besser, der Architektur. Posener ist durch seine über fünfzig Jahre reichende Arbeit selbst ein Teil der deutschen Architekturgeschichte. Sein unbestechlich-kämpferisches, liebenswürdig-streitbares Temperament machte ihn schon früh zu einer Art moralischer Instanz, nicht nur im sogenannten deutschen Sprachraum.

    Julius Posener hat sich nie gescheut, zu aktuellen Fragen und Themen der Architektur Stellung zu nehmen, ja, man könnte behaupten, die Impulse für seine historische Arbeit, für die immer neuen Fragestellungen, empfing er aus der direkten Auseinandersetzung mit den Problemen der Architektur. Als Schüler Hans Poelzigs kam er im Berlin der zwanziger Jahre in das Zentrum des ›Neuen Bauens‹, die Faszination seiner Schriften begründet sich bis heute zum Teil in dem fruchtbaren Konflikt von Betroffenheit und sachlicher Distanz, von Vertrautheit und Überblick. Poseners Arbeiten trachten nie, in einem akademischen Sinne ›wertfrei‹ oder anmaßend ›objektiv‹ zu sein, sie münden alle in die Gegenwart der Architekturdiskussion, dienen der Klärung der Standpunkte, also letzten Endes der Zukunft der Architektur. Etwa seine *Kritik der Kritik des Funktionalismus*** gehört nicht nur zu den fundamentalen architekturtheoretischen Aufsätzen des letzten Jahrzehnts, sie ist nicht nur ein Dialog der zwanziger mit den siebziger Jahren, sondern darüber hinaus, wenn man es etwas pathetisch ausdrücken darf, ein eindrucksvolles Zeugnis der Anstrengung um historische Gerechtigkeit, Genauigkeit und Fairness, das Resultat einer über Jahrzehnte geführten Diskussion. Julius Posener ist nicht nur der Repräsentant der deutschen

---

Typoskript vom 6. Oktober 1981, Einleitung zu einem Vortrag von J. Posener in Wien

Julius Posener
geboren am 4. November 1904 in Groß-Lichterfelde / D
gestorben am 29. Jänner 1996 in Berlin

* Posener, *Berlin auf dem Weg zu einer neuen Architektur. Das Zeitalter Wilhelm II*, München 1979

** Posener, »Kritik der Kritik des Funktionalismus«, in: ders., *Was Architektur sein kann. Neuere Aufsätze*, Basel u. a. 1995

Theorie und Zeitgeschichte der Architektur, sondern auch ihr Mitstreiter, ihr Gedächtnis und Gewissen. Neben seinem nicht hoch genug einzuschätzenden Beitrag für die Aufarbeitung der Geschichte der Architektur des 19. und 20. Jahrhunderts ist seine kritische ›Allgegenwart‹, ob es um Fragen des Werkbundes, um die Rettung historischer Bausubstanz oder die Diskussion von Neuem geht, ohne Beispiel. Die bundesdeutsche Architekturszene wäre ohne Julius Posener um vieles ärmer, ihre Geschichte und Theorie der Architektur nicht vorstellbar.

Lülja Praun zum 80. Geburtstag

Mit Lülja ist uns ›Westlern‹ in den frühen fünfziger Jahren ein offenes, neugieriges, vorurteilsloses, unprätentiöses Wien begegnet, das es eigentlich gar nicht gibt.

Was eine Dora Zeemann für die Literatur bedeutete, war die Lülja für die Holzmeisterklassler. Sie hat zwar nicht die »arbeitsgruppe 4« erfunden, aber ohne sie wäre sie vielleicht auch nicht entstanden. Sie war die erste, die die etwas kratzbürstigen, aggressiven, ungewaschenen, selbstbewussten und irgendwie unverschämt talentierten Älpler ernst genommen hat.

Für uns war Lülja die Begegnung mit einer Wiener bürgerlichen Kultur, die weder bürgerlich noch wienerisch ist. Es ist jene produktive, anregende und befreiende Großstadtkultur, die gleichzeitig die größte Distanz und die intimsten Beziehungen zu einem Ort herstellt, die überall existieren kann und doch nur in ihrer spezifischen Form an einem Punkt anzutreffen ist.

Lülja hat sich nie, wie etwa der hundertjährige Clemens, an der versammelten Jugend gewärmt, sondern sie hat Wärme abgegeben, in kleinen Dosen, wie man jemandem etwas zusteckt. Lülja hat nie doziert, drum konnte sie sich so gut mit Johannes Spalt vertragen. Sie hat nie über Architektur gesprochen, drum haben sich so viele Architekten bei ihr wohl gefühlt. Architektur, in Form von kultivierter Alltäglichkeit, war aber immer anwesend, immer im Spiel, so als würden Frank und Strnad noch dasitzen oder gerade weggegangen sein. Lülja hat uns einfach durch ihre Existenz bewiesen, dass all das, was wir mit den Wiener Architekturvätern und -großvätern verschwunden glaubten, noch existiert, ja vielmehr, dass diese von uns heroisierte Wiener Moderne auch leibhaftig, benutzbar, begreifbar, eben alltäglich sein konnte, dass man auf einem Frank-Sessel sitzen, an einem Strnad-Tisch essen konnte.

Typoskript vom 10. April 1986; abgedruckt in: *Anna-Lülja Praun. Zum 80. Geburtstag am 29. Mai 1986*. Privatdruck, o. O. [1986]

Anna-Lülja Praun
geboren am 29. Mai 1906 in Sankt Petersburg
gestorben am 28. September 2004 in Wien

Ich verstehe erst jetzt, dass Lülja sich so beharrlich weigert, über ihre Arbeit zu sprechen, ja sie, in welcher Form immer, vorzustellen. Sie wäre nur in Teilen, in Bruchstücken ausstell- oder mitteilbar. Sie ist nur mit ihr als Ganzes erlebbar.

Und das wünsche ich mir – zu ihrem 80. Geburtstag –, dass es noch lange so bleibt.

Architektur aus der Fabrik

Jean Prouvé, der geniale französische Konstrukteur, hat ein Leben lang mit Arbeitern, Spezialisten, Architekten und Produzenten in Fabriken gearbeitet. Wenn es nach ihm und seiner Theorie der industriellen Produktion ginge, dürfte heute niemand seinen Namen kennen. Aber offensichtlich bedürfen auch die neuen Produktionsprozesse und -mechanismen, die großen Entwurfs- und Entwicklungsteams der Imagination, der laufenden Zündung von Einfällen und der vehementen Zielstrebigkeit des Einzelnen. Prouvé hat vor Jahren in Wien einen Vortrag gehalten. Er stand wie ein bescheidener Berichterstatter an der Tafel und erklärte die schwierigsten Probleme, als handle es sich um die selbstverständlichsten Dinge der Welt.

Selbstverständlich scheint es auch, dass der Verlag für Architektur, Artemis, Zürich, in der großzügig angelegten Reihe über die bedeutendsten Architekten unserer Zeit jetzt auch eine umfangreiche Prouvé-Monografie* auf den Tisch legt. Die Dokumentation besteht im Prinzip aus zwei Teilen, aus einem großen Kapitel über »Systematik des Bauens« und einem über »Fertigungsmethoden«. Die anschließende Biografie beginnt erst 1918, als der Schmied Jean Prouvé vom lothringischen Maler Guillaume einen Auftrag für ein Gartentor erhält. Sie ist ein biografischer Werkbericht.

Prouvé beginnt also seine Laufbahn mit Kunstschmiedearbeiten, es folgen Möbel, dann ›größere Architekturteile‹ für die Bauten der Architekten Mallet-Stevens und Herbé aus rostfreiem Stahl und abgekantetem Blech. Es werden immer neue Techniken entwickelt, 1928 entsteht bereits ein Omnibusdepot für Citroën. 1931 wird die Aktiengesellschaft »Ateliers Jean Prouvé« gegründet. Ein leicht demontierbares Trennwandsystem bringt große Aufträge. Es entsteht die Idee, Wohnungen aus Metall zu bauen. Man entwickelt ein kleines Haus, dessen Konzeption alle späteren Entwicklungen bestimmt. 1935 gelingt es bereits, ganze Fassaden von Bürohäusern in Stahlblech herzustellen.

aus: *Die Presse* vom 22./23. Mai 1971

Jean Prouvé
geboren am 8. April 1901 in Nancy / F
gestorben am 23. März 1984 ebendort

* *Jean Prouvé. Architektur aus der Fabrik* (d/e/f), hg. von Benedikt Huber und Jean-Claude Steinegger, Zürich 1971

Die weitere Arbeit ist nur noch in Listen von Bauten zu verfolgen. 1938 entsteht ein ›Fest in Stahl‹, die Markthalle »Maison du Peuple de Clichy«, die sogar ein Frank Lloyd Wright bewundert. Der Krieg, mit der Rationierung von Stahl und dem wachsenden Bedarf an Gebäuden für die Armee, erzwang neue, äußerst sparsame Konstruktionen, die schließlich auf dem Fließband hergestellt werden.

Eine regelrechte Industrie entwickelt sich aber erst nach dem Krieg mit den Aufgaben des Wohnbaus. Die Ateliers beginnen auch für das Ausland zu arbeiten. Es gibt kaum einen Gebäudetyp, der in der Folge nicht behandelt und neu konzipiert wird.

1954 kommt es jedoch zur Krise: »Allmählich belastete die kommerzielle Abteilung in Paris, deren eigentliche Aufgabe darin lag, den Absatz der avantgardistischen Kreationen zu fördern, die Ateliers mit zu viel verschiedenartigen Fabrikationen. Dazu mischte man sich immer mehr ein, was vielleicht der finanziellen Mehrheit wegen berechtigt war, für Jean Prouvé und den größten Teil seiner Mitarbeiter jedoch unverständlich blieb. Man erklärte Prouvé, daß man ihm in Paris goldene Brücken offeriere, wo er Formen nach seinem Stil zeichnen solle, zu den Ateliers habe er aber keinen Zugang mehr.«

Prouvé verlässt Nancy und beginnt von Neuem. Man muss diese Tatsache schon nachlesen, in der Arbeit Prouvés ist sie kaum sichtbar. Sie ist in einer beständigen Expansion begriffen, nicht nur, was die Quantität, sondern vor allem die Komplexität der behandelten Probleme betrifft.

Man könnte Prouvé endlos zitieren, obwohl seine eigentliche Sprache die Konstruktionen und Methoden sprechen: »Es ist eine Tatsache, daß sich die hochindustrialisierten Gegenstände, ob sie fahren, fliegen oder stehen, in einer stetigen Entwicklung befinden, daß sich ihre Qualität ständig verbessert und sogar ihre Preise niedriger werden. Die einzige Industrie, die nicht funktioniert, ist die Bauindustrie.«

Und daraus die Konsequenz für die Architekturausbildung: »Fällt die Wahl auf den Beruf des Architekten, so sollte anschließend in der Schule gebaut werden. Diese wird so zur Fabrik, zum Unternehmen. Schluß mit den vielen Jahren des Entwerfens für nichts! Man sollte mit den fortschrittlichsten Techniken im Alter von achtzehn Jahren bauen können, und in der gleichen Schule sollten Architekten, Ingenieure, Volkswirtschaftler und Soziologen zusammen lernen und arbeiten. Später werden sie sich in der Arbeit auch wiederfinden.« Und was die Utopie betrifft: »Vor allem darf man keine Utopien zeichnen, denn eine Entwicklung ist nur in der Verwirklichung einer Idee möglich.«

Puchhammer 70
Geburtstagsrede

Wenn eine Geburtstagsrede, außer dass sie ein Fest unterbricht, einen Sinn macht, dann ist es vielleicht der, dass man dem Jubilar einen Dank ausspricht, für den es sonst kaum eine Gelegenheit gibt. Ich benutze diese Gelegenheit und gehe in die Mitte des vorigen Jahrhunderts zurück – alle Geburtstagsreden beginnen irgendwie mit »kannst Du Dich noch erinnern« – als Hans Puchhammer, Johann Georg Gsteu, Wilhelm Holzbauer, Friedrich Kurrent und ich wie auf einer Galeere in einer Klasse der Salzburger Gewerbeschule saßen. Hochbau war nicht nur das gefürchtetste Fach, sondern auch das absolute Hindernis für ein späteres Architekturstudium. Hätte es da nicht den Baumeistersohn aus Timelkam gegeben, der alle Kenntnisse schon als eine Art genetisches Programm mitführte, und hätte er uns nicht daran sozusagen erschöpfend partizipieren lassen, hätten wir alle diese Prüfungen nicht geschafft und es hätte die Gegend von Wien über München bis Kassel mit vier Architekturprofessoren weniger auskommen müssen. Ob ihm dafür zu danken ist, überlasse ich Ihnen, denn was ist leichter vorstellbar, als eine Welt mit weniger Architekturprofessoren. Ich, das werden Sie einsehen, habe ihm trotzdem zu danken, denn ich würde vielleicht jetzt als frühpensionierter Baupolier immer noch in Salzburg sitzen.

Mit dieser Eigenschaft, viel zu wissen und andere daran teilnehmen zu lassen, war eigentlich Hans Puchhammers Lebensweg vorgezeichnet: Bauen und Lehren. Seine Architektur ist getragen von einer Vertrautheit mit dem sogenannten Stand des Wissens der Bautechnologie, der handwerklichen und technologischen Ressourcen des heutigen Bauens, er ist ›Hochbauer‹ aus Berufung und Passion, ohne aber, und das ist das Entscheidende, diese Disziplin im Kontext von Architektur überzubewerten. Puchhammers Architekturbegriff liegt im klassischen (Wiener) Verständnis von Kontinuität und Ausgewogenheit, sucht eine Synthese aller Faktoren und zeigt einen

Typoskript vom 13. Mai 2001

Hans Puchhammer
geboren am 31. Mai 1931 in Wels / Oberösterreich
lebt und arbeitet in Wien

ausgeprägten Sinn für das eigentliche Thema der jeweiligen Bauaufgabe. So gesehen ist seine Architektur nicht in einer stilistischen oder formalen Vereinfachung zu beschreiben, weil er die jeweilige formale Sprache aus dem Geist des architektonischen Themas entwickelt.

Puchhammers Berufsweg ist untrennbar mit der ›Technik‹ am Karlsplatz verbunden: 1949–58 Studium, 1957–64 Assistent am Institut für Hochbau, schließlich 1978–94 Ordinarius für Hochbau 1. Seine frühen Orientierungen liegen aber außerhalb der in den fünfziger Jahren hoffnungslos konservativen Hochschule: Er sucht das Gespräch mit Lois Welzenbacher an der Akademie, geht zu Konrad Wachsmann an die Sommerakademie nach Salzburg und arbeitet im dynamischen Büro des Roland Rainer. 1956 gründet er eine Arbeitsgemeinschaft mit Gunther Wawrik und arbeitet bis 1978 (also 22 Jahre) mit ihm zusammen. In diese Zeit fallen neben zahlreichen Wettbewerben und internationalen Einladungen das legendäre Haus Markart in Perchtoldsdorf und die Terrassenhäuser Goldtruhe in Maria Enzersdorf, die einen Aufbruch im sozialen Wohnbau signalisieren. Das Landesmuseum Eisenstadt und das Museum Hallstatt sind frühe Beiträge zum Thema Bauen im Kontext mit einer alten Bausubstanz, die heute noch beispielhaft sind.

Die eigene Bautätigkeit beginnt mit den Um- und Zubauten zum Stift Lambach in Oberösterreich, die über mehrere Bauphasen, von den siebziger Jahren bis in die neunziger Jahre reicht. Die Einbindung einer Landwirtschaftsschule mit Turnsaal in die Basteien des Stiftes gehört für mich zu den Meisterleistungen eines Dialogs zwischen Alt und Neu. Wenn man das gebaute Werk überblickt, fällt auf, dass insgesamt Sanierungs- und Adaptierungs- sowie Erweiterungsbauten dominieren. Kein Zufall also, nebenbei bemerkt, dass Hans Puchhammer seit einigen Jahren Vorsitzender des Denkmalbeirats ist. Ich erinnere an die Zürich Kosmos Versicherung am Schwarzenbergplatz (unter anderem auch ein Thema des Sichtbarmachens verschiedener Bauphasen), an die Revitalisierung eines Hauses in der Schutzzone Wasagasse (ein geglücktes Beispiel der Auskernung eines Bassenahauses mit neuer, attraktiver Erschließung), an den mehr als zehnjährigen Um-, Aus- und Aufbau der Technischen Universität mit neuen Instituts- und Ausstellungsräumen. Die Generalsanierung und Rekonstruktion des Museum Carnuntum in Deutsch-Altenburg hat ein verstaubtes Museum in einen anregenden Ausstellungsbau verwandelt. Die Aufzüge im Rabenhof gehören zu den geglückten, weil nicht auffallenden Beispielen dieses heiklen Themas. Auf die Erweiterung der Pfarrkirche von Seewalchen kann man gespannt sein, sie ist, wenn ich richtig informiert bin, gerade im Fertigwerden. Und zum Schluss, was Intensität und Einsatz betrifft sicher das Hauptwerk dieses Themas, die Generalsanierung des Wiener Konzerthauses. Hier ging es nicht nur um die Rekonstruktion und Restauration alter konstituierender Schichten der Oberflächen oder die Erneuerung der gigantischen Haustechnik, sondern auch um räumliche und strukturelle Veränderungen in einem an sich sehr komplexen, aber in seiner Grundstruktur klug konzipierten Haus. Puchhammer ist es gelungen, durch einige Eingriffe, Durchbrüche, Ausräumungen und Herstellen von Verbindungen neue funktionale Bereiche zu erschließen, das Haus, vor allem im Eingangs- und Foyerbereich der Säle etwas zu durchlüften und im Keller mit einem entwerferischen Geniestreich einen neuen, wunderbaren, kühn konstruierten Saal zu installieren. Dass hier heute sein 70. Geburtstag gefeiert werden kann, ist wohl eine Art Krönung dieser großen Arbeit.

Man sollte aber, ich sage einmal, sehr verkürzt, hinter diesem denkmalpflegerischen Werk, nicht seine ›eigene‹ neue Architektur vergessen, etwa die Landesdirektion der Zürich-Kosmos-Versicherung in Eisenstadt, das Veranstaltungszentrum in Gunskirchen mit einem architektonisch und akustisch besonders gelungenen Saal, die Katholisch-Theologische Hochschule in Linz mit ihrer eindrucksvollen Bibliothek, der Sport- und Veranstaltungssaal für 500 Personen in seinem Heimatort Timelkam, das Wohnhaus in der Webgasse im 6. Bezirk und schließlich die große Wohnanlage in der Perfektastraße mit dem Bebauungsplan für die Gesamtanlage. Nicht erwähnt habe ich die Einfamilienhäuser, die sicher so maßgeschneidert, privat und versteckt sind, dass ich die meisten selbst nicht kenne.

Zum Schluss noch eine Aufzählung dessen, was ich jetzt nicht aufzählen werde. Nichts ist für einen Architekten wichtiger als gewonnene, vor allem verlorene Wettbewerbe, und nichts ist für einen Unbeteiligten uninteressanter – und sei er noch so mit einem Architekten befreundet –, als sich diese emotional belasteten, endlosen Leidenslisten anzuhören. Ich werde Sie mit diesen Zeugnissen radikaler Selbstausbeutung verschonen. Ich rede auch nicht von den zahlreichen Studienreisen von Hans Puchhammer, so sehr sie für seine Interessen von Bedeutung sind, nur soviel, dass archaische Kulturen, Holz und Lehm, Byzantinisches und Islamisches, Naher und Ferner Osten immer im Zentrum seiner Interessen standen. Mit Gunther Wawrik wurde schon 1960 ein Zweig der Gestaltung von Ausstellungen eröffnet, die Themen reichen von Indien, Situlenkunst, Echnaton, Ephesus, Daker bis zu Egon Schiele.

Das ist jetzt fast eine Laudatio geworden. Trotzdem muss ich Sie zum Schluss, liebe Geburtstagsfestgäste, noch vor einer Charaktereigenschaft von Hans Puchhammer warnen: Fahren Sie mit Hans nie aufs Land, und wenn es unbedingt sein muss, nie einem Bach oder Fluss entlang. Und wenn, dann müssen Sie jederzeit mit einer Notbremsung rechnen. Denn, springt eine Forelle in die Höhe, kleben Sie an der Frontscheibe, und wenn Sie alles mit einem blauen Düppel überlebt haben, kann es sein, dass Sie stundenlang einem fiebernden Fischer zuschauen müssen, der alle Zeit, allen Hunger und Durst, ja die Architektur vergessen hat. Es sitzt neben Ihnen einfach ein anderer Mensch, vor allem kein Siebzigjähriger.

Lieber Hans, Du hast mir versichert, dass Du mit der Architektur aufhören willst. Nach dem Marathon des Umbaus dieses Hauses kann ich das verstehen, aber ich glaube es Dir nicht. Du wirst vielleicht jetzt ein halbes Jahr bilanzieren, ein wenig das Büro aufräumen und die besten Arbeiten in einem Buch versammeln, aber dann wird sicher irgendwo eine Architekturforelle in die Höhe hüpfen und Du wirst Dein Angel-, nein: Dein Werkzeug wieder auspacken und an die nächste Arbeit gehen. Das wünsche ich Dir auch, denn ich kann mir einen Hans Puchhammer ohne Arbeit an der Architektur einfach nicht vorstellen.

Hans Purin
Nachruf

Hans Purin war von Anfang an ein zentraler Kopf der »Vorarlberger Baukünstler«, nicht nur als streitbare fachliche Kompetenz (aus der Roland Rainer-Schule), sondern als das Gewissen einer architektonischen Erneuerung ›von unten‹, stets hilfsbereit, Rat gebend, aber auch kritisch, wenn es ihm notwendig erschien. Seine Siedlungen (etwa »Halde«) und Häuser wurden zu Schlüsselbauten einer Entwicklung, die ganz Vorarlberg zu einem baukulturellen Vorzeigeland machte. Ich verdanke Hans Purin sehr viel, ohne seine Anregungen hätte ich vermutlich den ›langen Marsch‹ durch Österreich gar nicht begonnen: Nicht nur die Entdeckung des ›Wälder-Hauses‹, der anonymen Baukultur des Landes, sondern viele Hinweise auf Fabriksbauten und Arbeitersiedlungen aus dem 19. und 20. Jahrhundert. Seine Auseinandersetzung mit alter Bausubstanz führte zu vielen vorbildlichen Sanierungen und Erneuerungen. Hans Purin vereinte handwerkliche Disziplin, Einfühlungsvermögen, Verantwortung für die Kultur des Landes und Mut zum Neuen, er war ein durch und durch künstlerischer Mensch, dem Vorarlberg vermutlich viel mehr zu verdanken hat, als es bisher wahrgenommen hat.

Typoskript vom 5. Juni 2010

Hans Purin
geboren am 3. Jänner 1933
in Bregenz
gestorben am 4. Juni 2010
ebendort

Roland Rainer 85
Geburtstagsrede

Typoskript vom 27. April 1995

Roland Rainer
geboren am 1. Mai 1910
in Klagenfurt
gestorben am 10. April 2004
in Wien

Zwei Minuten Redezeit bedeuten für die Würdigung eines Lebenswerks, das man mit rund sechzig Jahren veranschlagen kann, 120 Sekunden, also genau zwei Sekunden für ein Jahr. Da aber Roland Rainer seit seinen Anfängen immer das Gleiche sagt und tut, wäre es eine starke Verführung, sozusagen diese sechzig Jahre in ein paar einfachen Sätzen zusammenzufassen. Das wäre vor allem ein elementares Vergehen gegen die Einfachheit, die ja, wie wir alle wissen, nicht so einfach ist, schon gar nicht in der Architektur. Mit anderen Worten: Obwohl Roland Rainer seit über fünfzig Jahren den Wienern die Einfachheit predigt, haben diese immer noch nicht begriffen, dass diese höchst kompliziert und nur mit den größten Anstrengungen zu erreichen ist. Noch schwieriger wäre es, über einen großen einfachen Menschen, der selbst die Einfachheit predigt, demgemäß aber sehr schwierig sein muss, einfache Worte zu sagen. Hier kann man also, auf einem komplizierten Boden wie Wien, auf dem man sich nicht so einfach bewegen kann, in große Komplikationen geraten, da gerade der einfach Gepriesene diese Spielregeln kennt und daher einfach unerwartet und undurchschaubar, also sehr kompliziert reagieren könnte.

Statt also einen vermessenen Kraftakt mit ungewissem Ausgang zu versuchen, etwas zu sagen, was Roland Rainer schon viel besser und eindringlicher gesagt hat, möchte ich das Angebot der Veranstalter annehmen und ein paar prägende Eindrücke erinnern, die ich Roland Rainer zu verdanken habe. Ich glaube, es war im Jahre 1952, als Roland Rainer eine Initiative gegen das in Fertigstellung begriffene Haas-Haus II startete. Rainer, damals Anfang vierzig, hatte die arbeitsgruppe 4, damals Anfang zwanzig bzw. Anfang dreißig aufgefordert, etwas gegen das gerade im Fertigwerden begriffene Haas-Haus zu schreiben. Ich habe, sozusagen als Ghostwriter der Gruppe, ein sehr schlechtes Gedicht geschrieben, in dem einige Fehler des Hauses aufgezählt wurden und das dann mit der drohenden Zeile endete: sonst hätt ich dir Fehlerer mehr noch genannt. Roland Rainer, der ja, wie wir alle wissen, ein Elefantengedächtnis besitzt, hat mir viele Jahre später einige Zeilen von diesem grausamen Produkt zitiert, nicht ahnend, dass ihm der Produzent gegenübersaß. Ich weiß natürlich nicht, ob ich dieser Art beiderseitiger Ahnungslosigkeit meine akademische Karriere zu verdanken habe. Denn die persönliche Verbindung kam erst über die Architekten Windbrechtinger und über Roland Rainers Sekretärin Frau Schuster zustande. Ich musste eine Art Aufnahmsprüfung machen, indem ich im Haus Rainer meine Dia-Ausbeute von der skandinavischen Holzarchitektur vorführte. Man könnte daraus einen Satz fürs Leben ableiten: Alle Wege zu Roland Rainer führen über die anonyme Architektur. Er bereitete mich auch auf das Leben in der Akademie am Schillerplatz vor, indem er mir Folgendes anvertraute: »Sollte ich einmal ›verehrter Herr Kollege‹ zu Ihnen sagen, dann seien Sie auf der Hut, das ist nämlich das Schlimmste, was Ihnen passieren kann.«

Nur einmal hatte ich das Glück, Roland Rainer wirklich verlegen, also mit einem roten Kopf zu sehen: Als er im Rathaus sein *Planungskonzept Wien* vorstellte, schrieb er in seinen Bericht, er hätte während seiner Amtszeit als Wiener Stadtplaner tausende Akte bearbeitet. Worauf der damalige Bürgermeister, ich glaube es war Felix Slavik, süffisant feststellte, dass das sogar für einen Rektor einer Kunstakademie eine beachtliche Leistung sei. Ich verdanke Roland Rainer noch einen Ratschlag fürs Leben, Zitat: »Wenn Sie einem Menschen wirklich etwas einreden wollen, dann setzen Sie ihn zu sich ins Auto und fahren sie solange mit ihm durch die Gegend, bis er alles akzeptiert hat.« Ich habe diesen Trick vor über fünfundzwanzig Jahren bei meiner heutigen Frau mit Erfolg angewendet. Ich hatte also allen Grund, Roland Rainer für vieles zu danken, was ich hiemit getan habe.

Edvard Ravnikar
»Architektur gibt es nur mehr in unterentwickelten Ländern«

Typoskript vom 25. November 2007 (gekürzt), Vortrag beim Ravnikar-Symposium in Ljubljana, 3./4. Dezember 2007

Edvard Ravnikar
geboren am 4. Dezember 1907 in Novo Mesto / Krain gestorben am 23. August 1993 in Ljubljana

Ich weiß, man ist gut beraten, wenn man die oft provokanten, ironischen Aussprüche Edvard Ravnikars nicht auf die Goldwaage legt, aber man darf sie ebenso wenig unterschätzen. Je versteckter die Wahrheit ist, umso hartnäckiger behauptet sie sich. Und ich bringe den Satz »Architektur gibt es nur mehr in unterentwickelten Ländern«, den ich vermutlich vor rund vierzig Jahren von ihm gehört habe, nicht aus dem Kopf.

Damals, Ende der 1960er Jahre, ich darf das in Erinnerung rufen, hat man an den Architekturschulen in technologischen Utopien geschwelgt. Alles war beweglich, flexibel und variabel, hat sich an den jüngsten Entwicklungen orientiert, das Auto war schon lange nicht mehr das Vorbild einer funktionalen oder gar funktionalistischen Architektur, sondern die Raumkapsel. Es ist schon möglich, dass damals in Ländern, die sich noch nicht an diesem Wettrennen beteiligen konnten, der resignative Eindruck entstand, dass Architektur, der Schwerkraft ausgeliefert, mit Orten verbunden und in politische und kulturelle Zwangsjacken gesteckt, nur mehr in ›unterentwickelten Ländern‹ eine Überlebenschance hatte. Damals behauptete etwa ein Buckminster Fuller bei einem Vortrag in Wien tatsächlich, der Wiener Stephansdom sei viel zu schwer, und man konnte daraus schließen, dass er damit meinte, dass er auch schlechte Architektur sei.

Leider kann ich mich nicht mehr an den Ton erinnern, in dem Ravnikar diesen Satz sagte. Es war sicher ein Unterton dabei, der dem ›alten Fuchs‹ entsprach, der damals rund zwanzig Jahre jünger war, als meine Generation es heute ist. Ich muss noch einschränken, dass ich Edvard Ravnikar nicht wirklich gut kannte, ja dass ich eigentlich nur eine, allerdings dreitägige Begegnung mit ihm hatte, bei der er uns (Barbara und mich) im Jahre 1971 durch Ljubljana führte. Unsere Ziele waren fast ausschließlich Bauten von Josef Plečnik, seine Wohnanlage Ferrantsgarten, gerade im Fertigwerden, streiften wir im Vorbeigehen und vom Hotel in Kranj gab er mir etwas Material mit, weil ich darüber schreiben wollte. Für die Fahrt nach Kärnten empfahl er uns einige gute Wirtshäuser und wir bekamen einen Einführungsvortrag über den ›Cviček‹. In Erinnerung ist mir eine weitere Bemerkung, die mir seine Persönlichkeit zu charakterisieren schien: Als er am zweiten Tag zu unserer Verabredung beträchtlich zu spät kam, entschuldigte er sich damit, dass er einen Termin in der Klinik hatte, und da er die Privilegien eines Professors nicht in Anspruch nehmen wollte, er eben mit allen anderen Patienten lange warten musste. Ich dachte mir damals, diese Geschichte müsste man den Wiener Professoren erzählen.

Nun zum Thema: Schon allein die Bezeichnung ›unterentwickeltes Land‹ – wenn er damit das damalige Jugoslawien meinte – war eine Koketterie. Er wusste genau, dass wir österreichischen Studenten und jungen Architekten in den 1950er und 1960er Jahren teilweise neidisch nach Jugoslawien blickten, denn dort erschien uns die architektonische Szene vitaler und bunter, vor allem was Slowenien und Kroatien betraf. Hier hatte nicht zuletzt, nach dem monarchistischen Mitteleuropa und dem Mythos der Otto Wagner-Schule, der Einfluss Le Corbusiers fruchtbringend gewirkt. Ich muss Ihnen über diese Entwicklung, die Sie selbst viel besser kennen, nichts erzählen.

Wir hatten, wenn ich das gestehen darf, die damalige zeitgenössische jugoslawische Architektur eher zufällig entdeckt, und zwar über den Umweg der anonymen Architektur, die damals für uns bis hinunter nach Griechenland und in die Türkei ein Forschungsgegenstand besonderer Art war. Uns trieb nicht so sehr ein historisches Interesse, sondern eine Quellensuche für die Entwicklung neuer Wohnformen, vor allem im Siedlungsbau. Meine erste Reise um 1960 mit dem Zelt von Istrien bis hinunter zum Neretva-Delta und über Sarajewo zurück (wo man noch zwischen Bogumilengräbern die Zelte aufschlagen konnte) eröffnete für mich ein neue Welt, nicht nur in architektonischer Hinsicht. Und auf den späteren Reisen stand man immer wieder überraschend vor Bauten, die wie ›vom Himmel gefallen‹ wirkten, die bereits eine Zukunft einlösten, von der wir nur träumen konnten.

Mit der Aufarbeitung der Wiener Moderne, der Otto Wagner-Schule (zunächst angeregt in den 1950er Jahren von dem zehn Jahre älteren Studienkollegen Johannes Spalt), kamen auch Max Fabiani und Josef Plečnik in unser Blickfeld. Darüber wird sicher mein Freund Kurrent ausführlicher sprechen. Ich mache jetzt einen größeren Zeitsprung zu Edvard Ravnikar. Erlauben Sie mir, um Ihnen noch kurz einen Einblick in die Situation um 1970 zu geben, dass ich zwei Absätze aus meiner ersten Beschäftigung mit einem Bau von ihm vorlese:

»In Ljubljana steht man unserer ›neueren Entdeckung‹, dass bauliche Objekte nicht als isolierte Organismen, sondern in einem größeren städtebaulichen Zusammenhang zu sehen sind, etwas lächelnd gegenüber. In der Stadt hat es die Trennung von Architektur und Städtebau nie gegeben. Jedenfalls ist die Tradition des urbanen Denkens seit Camillo Sitte, Max Fabiani und Josef Plečnik ungebrochen. Und auch die gegenwärtige Architektur ist von dieser Tradition des Denkens bestimmt. Das macht die bauliche Faszination dieser Stadt aus, in der man auf Schritt und Tritt die Auseinandersetzungen spürt, die von verschiedenen Architekten mit dieser Stadt geführt wurden.

Vielleicht gehört es auch zur Tradition der slowenischen Republik- und Nationalhauptstadt mit rund 200 000 Einwohnern, dass in ihr jeweils eine Architekturanschauung dominierte, sei sie in einer Person oder in einer Schule verkörpert. Das Erbe Josef Plečniks, der wie kein anderer diese Stadt prägte, wurde zweifellos von Edvard Ravnikar übernommen. Er übernahm aber auch ein typisch slowenisches Geschick, in den grobmaschigen Registraturen der modernen Architekturgeschichtsschreibung nicht aufzuscheinen. Es scheint, als stellte sich hier ein Minderheitenproblem ganz besonderer Natur zur Diskussion. Die großen Nationalstaaten haben eben mehr und bessere Gelegenheiten, ihre kulturellen Produktionen in das Licht der Weltöffentlichkeit zu stellen. Erst in Laibach versteht man Ravnikars Anschauung, dass Architektur etwas Lokales ist und nur aus dessen Verhältnissen zu verstehen sei.«*

Man könnte zuerst die Frage stellen, war die Situation, in der Edvard Ravnikar arbeitete, wirklich eine »unterentwickelte« und hinkten seine Antworten, die er auf die Probleme seiner Stadt und seiner Zeit fand, wirklich hinter der Zeit nach? Schon hier blitzt die Fragwürdigkeit einer modernistischen Fortschrittsskala auf, und man könnte behaupten, wer die Architektur nicht aus ihrer historischen und gesellschaftlichen Verantwortung entlässt, muss zu den Trends seiner Zeit zumindest eine kritische Distanz bewahren.

Sie merken schon, Ravnikars provokante Aussage führt uns unvermeidbar in das Spannungsfeld lokaler und globaler Architekturen, und ich möchte nicht die eine gegen die andere ausspielen, sondern versuchen, zu beiden eine halbwegs erträgliche Distanz zu halten. Ich bewege mich hier selbstverständlich im Bereich von Vermutungen und Behauptungen. Ich möchte auch nicht einen Antagonismus zwischen internationaler, globaler und regionaler bzw. lokaler Architektur konstruieren, was ohnehin nur ein fragwürdiges Konstrukt wäre, eher noch zwischen zwei Arbeitsfeldern

* Achleitner, »Architektur und Urbanismus«, Wohnanlage »Ferrantsgarten«, 1964–71, in: *bauforum* 24 / 1971

und Zweckhaltungen, die sich in der Gegenwart durch die Entwicklung oder Explosion der Informationsmedien in einer besonderen Weise artikulieren. Es gab in der Architektur immer schon überregionale Phänomene, wenn sie auch nicht den ganzen Globus betrafen. So war die Gotik durch die Wanderungen der Bauhütten (etwa von Paris bis Budapest) eine expansive, nicht an Orte gebundene Architektur, die natürlich von den örtlichen personellen und materialen Ressourcen abhängig war. Der Barock, als expansive ›Propagandaarchitektur‹ des Christentums, schaffte es sogar bis Südamerika. Architekten wie Giovanni Lorenzo Bernini (1598–1680), der auch in Paris mit großen Ehren empfangen wurde, könnte man bereits als ›Stararchitekten‹ ihrer Zeit bezeichnen. Und man darf nicht vergessen, es handelte sich um ›Oberschichtphänomene‹, um Machtdemonstrationen teilweise verwandter und europäisch vernetzter Herrscherfamilien, und um ein sehr kleines Segment der architektonischen Produktion, eben vorwiegend um Kirchen, Klöster und Schlösser.

Ich möchte, um vielleicht im Thema weiter und Edvard Ravnikar näher zu kommen, einen Gegensatz konstruieren, ein Spannungsfeld, dem heute die Architekten besonders ausgesetzt sind und das in irgendeiner Form auch immer vorhanden war, aber durch die Schnelligkeit der Informationsnetze eine besondere Qualität entwickelte.

Nennen wir sie beim Namen: Die sogenannten Stararchitekten, ich möchte sie lieber Großarchitekten nennen, die internationalen, ja globalen Opinionleader, sind eine Kaste von individualistischen Trend-, Themen-, Bild- und Formproduzenten, die zurecht oder zu unrecht den Fortschritt für sich in Anspruch nehmen und (oft schnell wechselnde) Kataloge mit Tendenzen anbieten. Wir lebten nicht im Zeitalter des Neoliberalismus, wenn damit nicht auch Marktgesetze, Moden, Konkurrenzen oder Spiele öffentlicher Präsenz instrumentalisiert werden würden. Ich möchte versuchen darüber wertfrei zu sprechen, auch wenn diese Vokabel einmal in Verruf

Hotel Creina, Kranj, Slowenien, 1968–1970

geraten ist. Man kann ja nicht leugnen, dass ein Frank Gehry, eine Zaha Hadid, ein Rem Koolhaas oder (anders herum) auch ein Peter Zumthor in den Gehirnen von tausenden Architekten nicht etwas bewegt hätten. Der sogenannte Bilbao-Effekt ist ja kein Hirngespinst, sondern eine reale Veränderung des Lebens einer Stadt.

Wie sieht dagegen ein Architekturbegriff eines Josef Plečnik aus, der nicht imstande war (besser: nicht wollte), die Architektur von den einfachen, aber umfangreichen Grundlagen ihrer Existenz abzukoppeln. Eine Architektur, die sich auf den Menschen, auf seine soziale Befindlichkeit, sein Denken, seine Geschichte, seine materiellen Bedürfnisse einlässt, kann seinen Lebensraum, seine Orte, seine Sozio- und Biotope nicht ignorieren. Die globale Schnelligkeit verwandelt sich automatisch in eine lokale Langsamkeit. Es ist ja nicht so, dass diese Lebenswelt (diese ›kleine Welt‹ mit ihren Kleinarchitekten, die oft Großes leisten) nicht die große wahrnimmt. Aber sie reagiert anders, vielleicht behäbiger, vorsichtiger, skeptischer. Ich vermute, Edvard Ravnikar hat sich dieser Welt verpflichtet gefühlt, obwohl er, das beweisen seine städtebaulichen Planungen und Großprojekte, das Zeug für einen ›Großarchitekten‹ hatte. Das war keine bequeme, sondern eine radikale Position, das ist, im übertragenen Sinn, eine Annäherung an die ›priesterliche Haltung‹, die sein Lehrer Plečnik gegenüber der Architektur eingefordert hat. Architektur, die in einem verbindlichen Lebensraum arbeitet, auf einer Baustelle, die der Architekt nicht nach Fertigstellung mit dem Privatjet verlässt, der ihr verantwortlich bleibt, hat andere Kriterien, und ich vermute, dass diese eher mit Beharrlichkeit, Nachhaltigkeit (um ein aus der Mode gekommenes Modewort zu verwenden), mit Dauerhaftigkeit, Beständigkeit bezeichnet werden können. Natürlich liegt es auf der Hand, dass solche Haltungen leicht als rückschrittlich und unterentwickelt denunziert werden können. Aber ich habe den Eindruck, dass Bauten, die mit einem größeren Zeithorizont entworfen werden, die das kollektive Gedächtnis akzeptieren, die eine kulturelle Erinnerung bewahren, dass solche Bauten nicht nur materiell weniger schnell altern, sondern auch in ihrer Wirkung jung bleiben. Um noch einmal Ihren architektonischen Landesheiligen Josef Plečnik zu bemühen, ich habe noch bei jedem Besuch seiner Bauten Neues, Überraschendes entdeckt, immer wieder einen Gedanken mitgenommen und wenn es nur ein kleiner, neuer Aspekt etwa in seiner Auseinandersetzung mit Gottfried Semper war.

Beispiel: Dialektik zwischen Struktur, Körperhaftigkeit, Raum und Fläche, Ornament. Fenster der Krypta der Herz-Jesu-Kirche in Prag (1928–31), aufgenommen vor drei Wochen. Die Krypta ist ein tonnengewölbter

Raum mit einer kräftigen Ziegelstruktur. Bei den Fenstern, also dort, wo diese durchbrochen wird, verwandelt sie sich in eine Fläche, ja eine Tapete, und die weiße Fläche, Prototyp für eine entmaterialisierte Oberfläche, kippt in ihr Gegenteil und bildet plötzlich ein starkes Volumen. So spricht Architektur mit ihren autonomen Mitteln.

Ich vermute, dass der 1970 gar nicht so ›alte Fuchs‹ Edvard Ravnikar ›unterentwickelt‹ als Metapher für etwas sehr Positives gebraucht hat, für etwas immer wieder Fortschrittliches, weil Herausforderndes, nämlich für eine Architektur, die sich nicht nur von politischen, ökonomischen oder kommerziellen Interessen fesseln lässt, sondern bewusst ihre Verantwortung für alle Menschen und Lebensformen übernimmt, also über eine ästhetische Vermarktung hinaus auch ethische Kategorien akzeptiert. In Edvard Ravnikars Werk ist dieses Bemühen in allen seinen Arbeiten präsent, wenn er sich auch nicht der sogenannten ›großen Welt‹ verschlossen hat. Vielleicht sollte man seine urbanistischen Planungen oder auch den ehemaligen Platz der Revolution einmal unter diesem Gesichtswinkel eines umfassenden Architekturbegriffs betrachten. Wenn sein Lehrer Plečnik in einer scheinbar alten Sprache neue Gedanken formulierte und aus der intimen Kenntnis etwa der römischen Antike Anregungen zu neuen kühnen Raum- und Formkonzepten holte, so hat Ravnikar in der Neuformulierung von Orten (etwa der platzartigen Erweiterung der Altstadt von Kranj) mit einer größeren Nähe zur Gegenwart und einem erweiterten Blickfeld Ähnliches mit dem sogenannten Genius loci gemacht, indem er alles Vorgefundene und das Hinzugefügte zu einer neuen Einheit verband.

Und in diesem Sinne findet vielleicht Architektur wirklich nur mehr an ›unterentwickelten Orten‹ statt (ich lasse absichtlich die Länder aus dem Spiel), oder besser, in kulturellen Situationen, die sich den Luxus der Langsamkeit, der Beständigkeit, der Verantwortlichkeit für den Menschen, des historischen Bewusstseins, der kollektiven Erinnerung und einer permanenten Reflexion des eigenen Standortes leisten können. Dazu braucht man natürlich auch die Kenntnis der globalen Entwicklungen, die Zwänge und Verführungen, die Trends und Moden, die Illusionen der Geschwindigkeiten, die geruchlose digitale Bilderwelt, um den Duft des Cviček überhaupt achten zu können. Wir müssen uns weiterhin, so glaube ich, die Recherche vor Ort, die Geduld mit den Problemen, den Respekt vor Bedürfnissen und Konventionen, kurz, die Aufmerksamkeit aber auch Gelassenheit dem Leben gegenüber leisten.

Leopold Redl, Stadtplaner und Architekt

Typoskript vom 2. Feburar 1989; abgedruckt in: Leopold Redl, *Stadt im Durchschnitt. Texte, Konzepte, Stadtplanung, Stadtgestaltung*, Wien 1994

Leopold Redl
geboren am 24. Oktober 1948 in Wien
gestorben am 28. Jänner 1989 ebendort

Als Stadtplaner in Wien, sagte einst ein großer Kollege, kann nur ein Dummkopf, Opportunist oder Zyniker überleben. Für Leopold Redl gab es also keine Chance. Sein psychischer Zusammenbruch hat sich noch, trügerisch genug, für sein berufliches Umfeld als Aufbruch dargestellt. Noch vor wenigen Tagen lieferte er im Verlag für Gesellschaftskritik das Manuskript für sein letztes Buch ab: *Das totale Ensemble* (Industriekultur im südwestlichen Wiener Becken) mit Regine Köpl und anderen. 1980 erschien im gleichen Verlag *Die Donauinsel – ein Beispiel politischer Planung* (mit Hans Wösendorfer), eine ebenso brillante wie modellhafte kritische Darstellung eines Planungsprozesses, die ihn nicht nur als einen unbestechlichen analytischen Geist, sondern auch als Stadthistoriker und Planungstheoretiker ›mit Zukunft‹ auswies. 1983 war er Mitherausgeber von *Wien wirklich*, einem gegen den Strich touristischer Konventionen gebürsteten »Stadtführer durch den Alltag und seine Geschichte«, und 1987 erschien schließlich im Bundesverlag *Ein Stadtviertel verändert sich. Bevölkerungsaktivierende Stadterneuerung*, zusammen mit Hans Hovorka, eine breit angelegte, gründliche, inspirierte und perspektivenreiche Forschungsarbeit am Beispiel von Gumpendorf, die heute wohl unentbehrlich in der Stadterneuerungsdiskussion ist.

Redl gehörte zu den führenden Köpfen der ›Studentenrevolte‹ am Schillerplatz und er konnte einen als Lehrer durch seine Intelligenz, Präzision der Argumentation und Schlagfertigkeit das Fürchten lehren. Die Institution ›Akademie‹ erwies sich aber als stärker, und er machte, belegt mit Hausverbot (in einem Kammerl am ›Stubenring‹), auf Vermittlung von Hertha Firnberg, trotzdem noch bei Roland Rainer sein Diplom. Die Dissertation zum Thema »Wohnungsfragen« folgte 1977 an der TU Innsbruck.

Wer in dieser Zeit Leopold Redl näher kennenlernte, entdeckte in ihm einen ruhig-beherrschten, intensiv arbeitenden Stadtforscher, der allen Problemen gleich zugewandt, aber ebenso kritisch-distanziert gegenüberstand. Ihn konnten keine Moden beeindrucken, er war, dank einer breiten allgemeinen und fachlichen Bildung und seiner ebenso undoktrinären politischen Wachheit der unbestechliche Diagnostiker.

Ab 1993 gehörte Redl dem Vorstand der Österreichischen Gesellschaft für Architektur an und zu den regelmäßigen Autoren des *UM BAU*. Seine Aufsatzreihe kulminierte in dem faszinierenden kritischen Vortrag zum ›Salzburg-Projekt‹ (*UM BAU* 11) »An Gramatneusiedl, Attnang-Puchheim führt kein Weg vorbei«, wo er, eingebettet in eine nestroyisch-wittgensteinsche Dialektik den ›Stadtforscher‹ am Begriff der ›europäischen Stadt‹ am Plafond der heutigen Fachdiskussion aus der Stadtforschung aussteigen lässt. Heute liest sich dieser Text wie eine Parabel auf seine berufliche Karriere, die an nichts anderem als an der Intelligenz, an der extrem sensiblen Wahrnehmungsfähigkeit von ›Wirklichkeiten‹ scheiterte. Es fehlte ihm jene zunftorientierte Beschränkung und produktive Naivität, die eben offenbar Planer brauchen. Trotzdem war Leopold Redl auch als Planer tätig, als geschätzter Partner städtebaulicher Projekte: So entstanden in Zusammenarbeit mit Adolf Krischanitz eine Reihe von Wettbewerben und Gutachten (Donauraum, Mariahilferstraße), ein Entwicklungsplan und Gestaltungskonzept für den 6. und 7. Bezirk und schließlich eine städtebauliche Gesamtanalyse *Leitbild Wien* (mit Otto Kapfinger). Schließlich war Leopold Redl auch als engagierter Lehrer tätig, die Hochschule für angewandte Kunst (Institut für Städtebau) erleidet einen wohl schwer ersetzbaren Verlust. Ich beklage den Freund und impulsgebenden Forschungspartner.

Helmut Richter
Laudatio

Typoskript vom 16. Dezember 1992, Preis der Stadt Wien für Architektur

Helmut Richter
geboren am 13. Juni 1941 in Graz
gestorben am 15. Juni 2014 in Wien

Helmut Richter ist eine Tatsache, also kann man ihn, nach Richter, auch nicht verstehen. Demnach ist auch das Lob von Tatsachen ein unmögliches Unterfangen, da man etwas, was man nicht verstehen, auch nicht loben kann. Der Laudator wird damit dorthin entlassen, wo er auch hingehört, in die Sprachlosigkeit der Sprache oder zumindest in die Grauzonen von Andeutungen, Vermutungen und Interpretationen.

Da es sich aber im konkreten Fall um den Preis der Stadt Wien handelt, muss es auch für den Preisträger ein Hintertürl geben. Unter dem Motto ›Auffallen wird einem ja noch was dürfen‹ weise ich jetzt auf einiges hin, das mir bei Helmut Richter aufgefallen ist:

Mir ist aufgefallen, dass Helmut Richter zwar in Graz geboren wurde und auch später dort studierte, dass er aber seine Jugend im nordsteirischen Ratten in einem Bergwerksmilieu zwischen Schienen und Seilbahnkabeln verbracht und dass ihn schon als Junge die Mechanik von Beförderungsmitteln fasziniert hat. Mir ist weiters aufgefallen, dass Richter bereits 1967 als Student seinen ersten Auftritt im MAK hatte, als Preisträger des Wittmann-Wettbewerbs für eine multifunktionale Bank aus »Chrom, Plastik und Luft«, und dass er dieses Möbelstück mit getrennten Funktionseinheiten entworfen hatte, weil der Student Richter schon wusste, dass Funktionsmischungen nur halbe oder mittelmäßige Leistungen erbringen.

Es ist schließlich bemerkenswert, dass Richter gleich nach dem Studium nach Los Angeles ging, um an der University of California (UCLA) nicht mit der semantischen Fraktion einer architektonischen Multisprachlichkeit zu sympathisieren, sondern sich am Institut von Carnap mit Informations-, System- und Netzwerktheorie zu beschäftigen, hier also auf eine Wiener Tradition des Neopositivismus stieß, die in einer wissenschaftlichen Weltsicht und der mathematischen Darstellung von Wirklichkeiten (vor allem im Städtebau und der Stadtforschung) ein Ziel hatte.

Irgendwann in diesen Tagen muss auch die Beschäftigung mit Ludwig Wittgenstein begonnen haben. Wenn Helmut Richter von seinen Pariser Jahren spricht, wo er von 1971 bis 1975 Professor an der *École nationale supérieure des beaux arts* war, fallen neben den Namen Michel Foucault, Henri Lefébvre vor allem Marcel Duchamp und Jean Prouvé. Ersparen Sie mir den soziologisch-strukturalistisch-kulturkritischen Kontext, ich glaube, er ist in Richters Argumentation etwa im Wohnbau immer nachweisbar; auf Duchamp möchte ich später noch zurückkommen, also bleibt für die Architektur, besser für das Bauen, Jean Prouvé, der Konstrukteur in der Schlosserwerkstatt, der Erfinder und Entwickler von Systemen, Strukturen und Herstellungsverfahren.

Wenn Helmut Richter ostentativ nicht nach der Form fragt, ja, sie im Entwurfsprozess ausgeblendet lässt, so erscheint er damit als Verwandter von Prouvé. Da er aber, trotz der verbalen Grenzziehungen, immerhin noch Ästhetik und Ethik als einander referierende Begriffe akzeptiert und sich darüber hinaus seine Bauten auch als sensible ästhetische Systeme erweisen, bekommt die Arbeit von Prouvé zwar eine Art von Wegweiserrolle, einen Zugang zu Richter werden wir trotzdem nicht finden. Das Dilemma für einen Laudator bei Helmut Richter besteht darin, dass er einem durch präzise Aussagen auf die Ebene der verbalen Kommunikation über Architektur lockt, um einem gleichzeitig mitzuteilen, dass die Sprache für solche Aussagen nicht zuständig sei.

Der Ehrgeiz dieser Lobrede entwickelt sich jetzt dahingehend, zu Helmut Richter, besser, zu seiner Arbeit einen Zugang zu finden. Also noch einmal: Wenn man Wittgenstein durch Richter übersetzt und Richter aus dem Zusammenhang zitiert, so könnte man behaupten, dass die Struktur der Architektur (Richter sagt Sprache) nicht der Struktur der Tatsachen entspricht. Richter bemüht sich einerseits, seine Architektur aus der Struktur der Tatsachen zu entwickeln, weiß aber andererseits wie kaum ein anderer Architekt, dass es in der Formulierung der Elemente und ihrer Positionierung in der Struktur um einen permanenten Wertewandel geht. Hier liegt auch die Faszination des Readymade, der genialen Erfindung Marcel Duchamps, da es nicht nur um die Auswahl des profanen Gegenstands, sondern auch um dessen Verpflanzung in das »kulturelle Gedächtnis« (Boris Groys) geht. Richter führt uns in die Irre, wenn auch mit lauteren Motiven einer Schadensbegrenzung durch Sprache, wenn er uns einreden will, dass das Reden über Architektur sozusagen nur als Werkstattgespräch im unmittelbaren Bereich des Machens möglich wäre. Gerade dazu, noch dazu auf Wiener Boden, noch dazu mit einer hier überstrapazierten Figur.

Ein Beispiel: Wenn man nach der Beschreibung Otto Wagners eine Auskunft über die Kirche am Steinhof erwarten würde, dann wäre sie ein Konstrukt aus Heizung, Hygiene, guter Sicht und praktischem Mobiliar. Natürlich kommt dabei die ›Tatsache Otto Wagner‹ nicht ins Spiel, weil dieser, wie Richter, diese nur vorzeigen kann.

Wir geraten hier in den alten Konflikt von Konzeptions- und Rezeptionsästhetik. Ich möchte ja nur auf eines hinaus, dass eine Laudatio mehr den Gesetzen der Wahrnehmung als jenen des Machens unterliegt.

Und wenn wir uns die Bauten Helmut Richters anschauen, ob es sich um die frühen Einfamilienhäuser oder die Wohnanlagen in Graz und Wien, um einen ganz frühen Zeitungsstand oder um das Restaurant in der Innenstadt, oder ob es sich um die gerade in Planung begriffene Schule oder das Betriebsgebäude Kawasaki handelt – es geht immer um ein konstantes Feld auch ästhetischer Auseinandersetzung und Forschung. Die Bauten sind in der Materialwelt der Gegenwart angesiedelt, das Neue liegt aber nicht in ihrer einfachen Präsenz, sondern in ihrer Kombination und gegenseitigen Herausforderung, sie erzeugen visuelles Neuland, suchen das Ungewohnte, Überraschende.

Vielleicht sollte man hier einfügen, Richter besteht auf dem Neuen, nicht aber als Selbstzweck oder gar als modische Attitüde, sondern als visualisierte Erkenntnis, als Zeichen des Denkens: ein cartesianischer Ansatz. Richter überträgt den Impetus des Forschens, des Probierens, des Ausreizens von Problemen auf die Welt der Dinge, die sich damit aus ihrer materialen Bequemlichkeit und Scheinlogik des Gewohnten lösen müssen. Es gibt aber auch bei Helmut Richter gewissermaßen räumliche Konstanten, die das Spielfeld abstecken, zum Beispiel (bei größeren Anlagen) der immer wieder abgewandelte Übergang von größeren Raumeinheiten in kleinere, zurückgezogenere. Die verglaste Raumschicht bei der Brunner Straße ist nicht allein aus den Anforderungen des Ortes erklärbar, genauso wenig wie das Einbeziehen der Turnhalle in das großzügige Entree zur Schule von Baumgarten. Vielleicht liegt auch die innere Spannung dieser Architektur darin, dass sie das Neue, das gerade noch Mögliche in konstanten Raumverhältnissen, Wahrnehmungsmustern, ja im fast Archetypischen sucht, ohne sich dabei in die Falle einer archaischen Raumtypologie zu begeben.

Helmut Richter glaubt zwar nicht an architektonische Gesetze, aber offensichtlich an anthropologische Konstanten, an *axiomatische Beziehungen,* an Grundtatsachen von Bedürfnissen und Forderungen, die das Bauen zu erfüllen hat. Und man muss ihm auch darin folgen, dass die baulichen Entsprechungen in einer verdichteten und vernetzten Welt (um diesen Modebegriff zu gebrauchen) immer schwieriger werden. Das Einfache wird in unserer Welt immer schwerer erreichbar, es verlangt immer größere Anstrengungen.

Wenn Architektur, trotz ihrer archaischen Materialbefangenheit, noch eine Spur von Weltentwurf in die Gegenwart herübergerettet hat, dann ist es die Visualisierung einer besseren Welt. Ich glaube aber nicht, dass Richters Architektur deshalb ihre Faszination auszulösen vermag, weil sie querbelüftete Wohnungen birgt, sondern weil sie besessen und hartnäckig an die Grenzen des Möglichen herangeht, weil sie Elemente einer Welt ins Blickfeld rückt, die aus einer noch nicht wahrgenommenen stammen, obwohl sie der Logik unseres Denkens und den Fähigkeiten des heutigen Menschen entsprechen.

Wenn Robert Musil schloss, dass es zu unserem Wirklichkeitssinn auch einen Möglichkeitssinn geben müsse, so bezieht Helmut Richter wohl seine Kraft aus einem stark entwickelten Möglichkeitssinn. Richters Welt des Möglichen ist aber keine abgehobene, utopische Welt, sie ist eine gerade noch mögliche, eine in Reichweite der Wirklichkeit stehende und eine die Wirklichkeit herausfordernde. Aus dieser Spannung bezieht er auch seine produktiven Konflikte mit dem Bauen, das, wie wir wissen, eine in die Konvention abgesunkene Wirklichkeit mehr schätzt als eine durch Möglichkeiten verunsicherte.

Richter: »Die Methode sei der ständige Zweifel, die Kontrolle, die Korrektur. Nicht die Wiederholung, das Sammeln und Arrangieren von Elementen der Vergangenheit tragen zur Erkenntnis bei, das Unwahrscheinliche bringt neue Information und Erkenntnis.«

Helmut Richter nahm von Anfang an – das galt auch für seinen früheren Weggefährten Heidulf Gerngross – eine Antiposition zum Wiener Universalismus ein, was natürlich seine Vereinnahmung ins ›System Wien‹ (siehe Preis) nicht ausschloss. Richter, der in Wien nie als Grazer auftrat, hat sich auch nie als Wiener kostümiert. Sein Wienertum besteht in der produktiven Opposition, wofür ihm Wien zu danken hat.

Über Franz Riepl
Laudatio

Typoskript vom 31. August 1998, Mauriz-Balzarek-Preis; abgedruckt in der Broschüre: *Beispiele 98. Kulturpreise des Landes Oberösterreich*, Linz 1998

Franz Riepl
geboren am 1. September 1932 in Sarleinsbach / Oberösterreich
lebt und arbeitet in Linz und München

Franz Riepls auffälligste Tugend ist die Geradlinigkeit. Er hält mit seinen Meinungen und Urteilen nicht ›hinterm Berg‹. Das ermöglicht einerseits einen einfachen Umgang mit ihm, schafft aber andererseits Schwierigkeiten, weil Geradlinigkeit einfach keinen gesellschaftlichen Marktwert besitzt und er sein Umfeld ebenfalls zu Offenheit und Ehrlichkeit zwingt. Ich glaube, man kann Franz Riepl sogar unterstellen, dass er zu den wenigen Oberösterreichern gehört, die ernsthaft glauben, die kürzeste Verbindung zweier Punkte sei die gerade Linie. Jedenfalls sucht er in seiner Arbeit immer den geradesten Weg, darin liegt die Tugend seiner Architektur und vielleicht auch die Not ihrer Durchsetzung. Das war jetzt der Versuch einer geradlinigen Charakterisierung von Franz Riepl, eine der Wirklichkeit entsprechendere muss folgen.

Obwohl Franz Riepls Werksverzeichnis schon 1959 mit einem Pfarrgemeindehaus und einem Kindergarten in Ulrichsberg im Mühlviertel beginnt und in seiner vierzigjährigen Bautätigkeit einige überregional bedeutende und beachtete Werke aufscheinen, ist seine Arbeit zumindest im Bewusstsein der österreichischen Öffentlichkeit wenig vorhanden. Einerseits mag dies an seiner zurückgenommenen, funktional bestimmten, äußerst disziplinierten und ästhetisch unaufdringlichen Architektur liegen, andererseits an seiner ›dreigeteilten Existenz‹: Der Bürositz ist in München (und damit auch ein Teil der Bauaufträge in der Bundesrepublik), der ›akademische Arbeitsplatz‹ liegt an der TU Graz (Ordinarius und Vorstand des Instituts für Landwirtschaftliches Bau- und ländliches Siedlungswesen) und die Bautätigkeit in Österreich konzentriert sich – mit wenigen Ausnahmen in der Steiermark und in Kärnten – auf den Mühlviertler und Linzer Raum.

Zwei größere Arbeiten aus den sechziger und frühen siebziger Jahren (Kirchenzentrum St. Josef in Wels, Pädagogische Akademie Linz) sind in

Zusammenarbeit mit Othmar Sackmauer entstanden. Diese Bauten haben noch, bei aller formalen Präzision, einen leichten Hang zu einer expressiven Gestik, sie zeigen also das jugendliche Pathos der ›zweiten Moderne‹. Aber schon der Finsterwalderhof in Oberbayern (1965–70), lange Jahre ein Vorzeigeprojekt für ein modernes, an konstruktiven Prämissen orientiertes landwirtschaftliches Bauen, weist in eine Richtung, die das Bauen in einem konkreten Zusammenhang von räumlicher Leistung, konstruktiver Ökonomie, materialer Entsprechung und daraus entwickelter Ästhetik sieht. Umbauten eines Vierkanters in einen modernen landwirtschaftlichen Betrieb, wie das Dambachmayrgut Kiesenberg–Kematen (1976), kann man noch nach zwanzig Jahren als bäuerliche Baukultur mit Zukunft einschätzen. Arbeiten wie das Evangelisch-Lutherische Gemeindehaus Fischen (1981–86), die Landesanstalt für Tierzucht in Grub (1981/82) oder die Kapelle Geldersheim (1985) wurden alle mit dem BDA-Preis, also dem begehrten »Preis des Bundes Deutscher Architekten« ausgezeichnet.

Von den österreichischen Bauten ist vor allem auf die Sporthalle, das Medienzentrum und die Übungshauptschule (1985–95) der Pädagogischen Akademie in Linz, auf die Veterinärstation des Bundesgestüts Piber (1987–90) und schließlich auf die großen Wohnbebauungen in Ebelsberg-Ennsfeld (Linz, ab 1989) mit 600 Wohnungen, einem Nahversorgungszentrum, Kindergarten und Eltern-Kind-Zentrum und auf die Überbauung Traun-Oedt mit 250 Wohnungen hinzuweisen. Diese neueren Wohnanlagen verbinden eine betonte Stadträumlichkeit – sie sind ebenso als einprägsame Großform zu erleben wie als ausgewogenes Wohnmilieu – mit einer durchdachten Wohnungstypologie im Zusammenhang mit zentralen Einrichtungen.

Trotz der engen Bindung an sogenannte Sachzwänge und deren Respektierung, zeigt Franz Riepls Arbeit ein breitgefächertes Feld an innovativen Elementen. Die Fleischmanufaktur Riepl in Gallneukirchen (1994–96) ist nicht nur in funktionaler Hinsicht ein Musterbetrieb, sondern man kann ohne Übertreibung von einem Prototyp für gewerbliche Anlagen in einem ländlichen Umfeld sprechen. Städtebauliche Einfügung, Räumlichkeit, Dimensionierung der Baukörper und ästhetisches Selbstbewusstsein vereinen sich hier auf höchstem Niveau – der Wirklichkeit von Arbeit, Produktion, Hygiene, moderner Betriebsführung etc. sind halt doch noch Qualitäten abzuringen, die über die Beiläufigkeit einer in diesem Bereich gewohnten Alltagsästhetik weit hinausreichen.

Obwohl Franz Riepls Schwerpunkte vielleicht in einem sogenannten ›ländlichen Bauen‹ und im Wohnbau liegen, gibt es auch Arbeiten, die ihn als einen sensiblen ›Stadtmenschen‹ ausweisen: Die kleine, aber exemplarische Bebauung einer innerstädtischen Parzelle in Königstein im Taunus (1991–93) mit einem Bankgebäude zeigt, wie sich in einem engen, altstädtischen Baugefüge unter strengen baugesetzlichen Auflagen räumlich großzügiges, ebenso intimes wie offenes, lichtdurchdrungenes und transparentes Bauen verwirklichen lässt, wie sich also in einer vorhandenen städtebaulichen Struktur Neues als Teil eines alten Regelwerks definieren kann.

Und beim jüngst fertiggestellten WIST Studentenheim in der Linzer Prunerstraße zeigt Franz Riepl, dass er auch fähig ist, in einer schwierigen städtebaulichen Situation mit den scheinbar lapidaren Mitteln des Setzens eines Baukörpers ordnend in ein Ensemble einzugreifen, das einen Vergleich mit gefeierten Beispielen (etwa aus Basel) nicht zu scheuen braucht.

Damit wäre der Beweis erbracht, dass Geradlinigkeit nicht nur eine geometrische Kategorie oder ein wirklichkeitsfremdes Kommunikationsverfahren ist, sondern dass sie, mit einer Franz Riepl'schen Hartnäckigkeit verfolgt, der Wirklichkeit, den Dingen und damit der Architektur Qualitäten zu entreißen vermag, die über ›krumme Wege‹ nie ans Tageslicht kämen.

EVA RUBIN

Eine Form von Angemessenheit

Bei den Arbeiten Eva Rubins hat man den Eindruck, dass sie sich die Menschen und Orte aussucht, für die sie baut. Ihre Räume sind Individualitäten, sozusagen in der dritten Dimension anschaulich gemacht. Sie sind durchschreitbare Dialoge mit einem Ort, stellvertretend für einen anderen geführt. Ihre kleinen Bauten gehören keiner Architekturrichtung, keiner Tendenz an, sie kümmern sich wenig um die Eitelkeiten und Eigengesetzlichkeiten dieses Metiers. Die Arbeit ist in diesem Sinne auch nicht einzuordnen, wozu auch?

Die Projekte von Eva Rubin entstehen kaum oder nur scheinbar auf dem Papier, sie sind auch genaugenommen in Plänen nicht mitteilbar. Hilfsmittel ist das Modell als Grundlage für das Gespräch mit dem Bauherrn und dem Handwerker. Die Entwürfe wollen auch, wenn sie gebaut sind, nichts mehr mit dem Papier zu tun haben, sie sind also nicht oder nur schlecht fotografierbar. Natürlich entstehen mit dem Bauen auch Formen, zwangsweise. Bei Eva Rubin sind sie nicht vorgefasst, sie dominieren weder den Raum noch verschönern oder attackieren sie ihn. Sie sind vorhanden, weil es eben so sein muss.

Die Räume von Eva Rubin existieren nicht an sich, sondern für etwas, sie sind erst vollendet in der Benutzung. Sie erlauben die Konzentration, Kontemplation genauso wie das Durchschreiten oder die Öffnung. Architektur steht einem nirgends im Wege. Trotzdem sind die Bauten unverwechselbar. Sie beziehen ihre Eigenart aus dem Kontakt zum Bauherrn, sie sind angemessen im doppelten Sinn des Begriffs.

Oder handelt es sich doch um eine prinzipielle Einstellung zur Architektur, zum Bauen? »Das Bauwerk ist ein Organ der Leistungsfülle«, hat einmal Hugo Häring gesagt. Bei Eva Rubin ist diese Leistung allerdings das Leben selbst.

Typoskript vom 9. April 1986;
abgedruckt als Ausstellungstext bei Einzelausstellungen
Galerie Dessa, Ljubljana 1990
und Klagenfurt 2010

Eva Rubin
geboren am 12. April 1945
in Templin / D
lebt und arbeitet in
Klagenfurt

Gedränge um Scharoun

aus: *Die Presse* vom
22. Februar 1968

Hans Scharoun
geboren am 20. September
1893 in Bremen
gestorben am 25. November
1972 in Berlin

Bis zur Ankunft auf dem Schwechater Flughafen hatten es noch wenige geglaubt, dass es der Österreichischen Gesellschaft für Architektur wirklich gelingen würde, Hans Scharoun nach Wien zu bringen. Der nicht nur vielbeschäftigte, sondern auch ein wenig scheue und zurückhaltende Erbauer der Berliner Philharmonie hält wenig vom Reden und nichts von Vorträgen. Scharoun ist dafür bekannt, sich in kleinen, leisen, sehr pointierten Bemerkungen, die oft ›unter den Tisch fallen‹, auszudrücken.

Trotzdem war es ein Erlebnis, Authentisches über dieses außergewöhnliche Werk zu erfahren. Vor allem die Selbstverständlichkeit der Gedanken, ihre Sensibilität gegenüber Gegebenheiten und möglichen Vorgängen. Wenn die räumlichen Gebilde oft kompliziert und vielfältig werden, so liegt es in der Überlagerung und Verbindung verschiedenster Kräfte, Bewegungen und Abläufe. Dahinter steht immer die Vorstellung einer fairen, das Individuum respektierenden, optimistisch lebenden menschlichen Gesellschaft. Manche Bauten wirken aktiv, provozieren Neues. So muss die Musik, die die Möglichkeiten des Raumes der Philharmonie ganz nützt, erst geschrieben werden. Von Hans Scharoun sind noch viele, entscheidende Bauten zu erwarten. Unter denen, die schon in Planung oder im Bau sind, befinden sich ein Theater und eine Kirche. Scharoun erhielt auch den Auftrag für die deutsche Botschaft in Brasilia.

Die Wiener Architekten hatten Gelegenheit, nicht nur den größten lebenden deutschen Architekten kennenzulernen, sondern aller Wahrscheinlichkeit nach auch den liebenswürdigsten. Hans Scharoun dürfte auch der einzige Architekt sein, der noch nie etwas Schlechtes über einen Kollegen gesagt hat. Grund genug, auch dafür in Wien bestaunt zu werden.

Margarete Schütte-Lihotzky
Trauerrede

Wir verabschieden uns mit Grete Schütte-Lihotzky vom 20. Jahrhundert. Ihre ganze Biografie, ihr beruflicher und politischer Weg ist das 20. Jahrhundert. Ihre Ideale waren freilich älter, aus dem Jahr 1889 und dem frühen Sozialismus. Die Moderne blieb für sie Aufklärung, wissenschaftliche Arbeitsmethodik, realer Fortschritt, Verbesserung der Welt. Als Architektin war sie die Verkörperung der Träume und Irrtümer, der Hoffnungen und Enttäuschungen, der Triumphe und Pleiten dieses Jahrhunderts. Sie hat darin, unbeschädigt und hartnäckig, optimistisch und zielsicher die positive, konstruktive Seite vertreten. Ihr war jeder Zynismus fremd, ja verachtenswürdig. Sie hatte aber nichts vordergründig Missionarisches, obwohl sie über ihre Haltung keine Zweifel aufkommen ließ. Sie war durch und durch politisch, aber nicht ideologisch. Sie hatte den vorurteilslosen Blick auf den Menschen und den Respekt vor dem Andersdenkenden. So hat sie sich Freunde und Bewunderer aus vielen gesellschaftlichen Bereichen erworben, die nichts oder wenig mit ihrem politischen Weg zu tun hatten.

Grete Schütte-Lihotzky hat das 20. Jahrhundert als erinnernder und denkender Mensch voll durchmessen. Zunächst als Kind im behüteten, wohlhabenden bürgerlichen Milieu. Dann als aufgeweckte, sich sozialen Fragen zuwendende Studentin an der Kunstgewerbeschule und erste diplomierte Architektin Wiens, in der Folge als anerkannte Planerin in der Wiener Siedlerbewegung, neben Adolf Loos, Max Ermers, Otto Neurath, ausgerüstet mit dem methodischen und disziplinierten Denken des Wiener Kreises, schließlich als führende Partnerin im Team von Ernst May in Frankfurt, fast ausschließlich mit Fragen der Typisierung im Wohnbau beschäftigt. Wer sich die Arbeiten dieser Wiener und Frankfurter Zeit genau ansieht, entdeckt in ihnen aber nicht nur jene kompromisslose Rationalität des sozialutopischen Funktionalismus, sondern eine

Typoskript vom 3. Februar 2000

Margarete Schütte-Lihotzky
geboren am 23. Jänner 1897 in Wien
gestorben am 18. Jänner 2000 ebendort

komprimierte, kontrollierte ästhetische Kraft, die auch den einfachsten Dingen eine kulturelle Würde sichert. Grete Schütte-Lihotzky teilte mit ihren Lehrern Adolf Loos, Josef Frank und Oskar Strnad die Kritik an der hemmungslosen Ästhetisierung des Lebens der bürgerlichen Kultur des Fin de Siècle, beharrte aber auf der Untrennbarkeit der ethischen und ästhetischen Prämissen für die sozialen Aufgaben der Architektur.

Ihr Glaubensbekenntnis war der offene Blick auf die veränderbare, verbesserbare und stets reparaturbedürftige Wirklichkeit. Diese Wirklichkeit blieb für sie in Klassen geteilt. Ihre Sympathie hatten die unteren, die benachteiligten. Sie glaubte an die menschliche Vernunft, vielleicht mehr noch an den konkreten Hausverstand. Ihr Lebensentwurf war und blieb: Eine bessere Welt zu verlassen, als sie sie vorgefunden hat.

Und das hat sie erreicht. Wenn auch die Welt veränderungs- und verbesserungsbedürftig geblieben ist und wenn diese auch wieder in einer erschreckenden Weise jener hemmungslosen Ästhetisierung um 1900 zu gleichen beginnt, ja wenn immer noch für viele ein menschenwürdiges Wohnen unerreichbar geblieben ist, sie verlässt eine bessere Welt als jene, in die sie vor hundert Jahren hineingeboren wurde.

Wenn eines der Grete Schütte-Lihotzky fremd war, dann war es das Pathos. Sie hat die unvermeidbaren Ehrungen, die mit dem hohen Alter verbunden waren, geduldig genossen, mit Genugtuung, aber ohne Eitelkeit. Ebenso war ihr auch das Selbstmitleid fremd. Sie hat ihre Verdienste nüchtern eingeschätzt und sich über deren Anerkennung gefreut, besonders wenn sie von jungen Menschen kam. Die Berichte aus ihrem Leben handeln von Begebenheiten, kaum von Ereignissen, von der Arbeit unter Freunden oder von Menschen, die sie auf diesem Weg begleitet und ihre Achtung erworben haben. Ihre *Erinnerungen aus dem Widerstand** sind ein Dokument der Hochachtung, eine Verneigung vor der Würde der anderen, die ihre Haltung geteilt haben, ihrer Weg- und Schicksalsgenossen, obwohl ich dieses gewichtige Wort aus ihrem Mund nie gehört habe. Ihre Erinnerungen sind aber auch ein Bekenntnis zur Redlichkeit, zur Verantwortung in der Aufbewahrung und Weitergabe von Geschichte.

Ich möchte die Endgültigkeit dieses Augenblicks, in dem wir uns von Grete Schütte-Lihotzky verabschieden, nicht mit dem aussichtslosen Versuch verbringen, in einigen Minuten die reiche Vita der Toten sozusagen im Telegrammstil passieren zu lassen. Sie kennen sie alle und sind in unterschiedlichster Weise mit ihr verbunden. Sie haben alle in irgendeinem Moment Ihres Lebens etwas Entscheidendes von Grete Schütte-Lihotzky vermittelt bekommen.

* Margarete Schütte-Lihotzky, *Erinnerungen aus dem Widerstand 1938–1945*, Hamburg 1985

Meine erste schockartige Begegnung mit ihrem ungebrochenen Lebenswillen war, als ich mir 1967 in der *Presse* erlaubte, ihren 70. Geburtstag wahrzunehmen. Ich fand eine für mich damals uralte Dame vor, die nicht über die Vergangenheit sprechen wollte und eigentlich nichts anderes im Sinn hatte als zu bauen. Sie litt sichtlich am Missverhältnis von einerseits internationaler Präsenz und Wirkung – wie Sie wissen, führten die Stationen ihrer weltweiten Tätigkeiten nicht nur über die junge Sowjetunion, nach Frankreich, in die Türkei, sondern auch nach Bulgarien, China und Kuba – und der dosierten Unterbeschäftigung in jenem Wien und jenem Österreich, für das sie im Widerstand ihr Leben eingesetzt hatte.

Grete Schütte-Lihotzky musste den Umgang mit der Vergangenheit erst lernen. Ich vermute, sie hat diesen Umgang deshalb wieder akzeptiert, weil sie immer mehr zur Kenntnis nehmen musste, dass diese Vergangenheit immer schneller verschwand und Generationen heranwuchsen, die einfach nichts mehr wussten und sie es als Auftrag empfand, vor allem ihren ermordeten Kampfgefährten gegenüber, die Rolle der Zeitzeugin und Berichterstatterin zu übernehmen. Berichterstatter ist vermutlich das richtige Wort, denn ihre *Erinnerungen aus dem Widerstand* sind distanzierte, fast emotionslos wirkende Berichte, die ein unbestechliches und fotografisches Gedächtnis gespeichert hat.

Sie tragen sicher alle ein sehr lebendiges Bild von Grete Schütte-Lihotzky mit sich. Für mich sind einige Momente unvergesslich, die, so glaube ich, auch ihre Botschaft als Architektin weitergeben: Die Achtzigjährige konnten Klaus Novy (der Siedlungsforscher) und ich einmal überreden, in die »Friedensstadt« am Lainzer Tiergarten zu fahren, um die ältesten Häuser, an denen sie mit Adolf Loos gearbeitet hatte, zu suchen, aber wir fanden sie nicht. Ein Haus, Hermesstraße 93, wurde verdächtigt, noch einigermaßen im Originalzustand zu sein, aber sicher war gar nichts. Ich hatte den Eindruck, der Grete Schütte war das irgendwie recht, sie nahm den Tatbestand völlig gelassen, unsentimental zur Kenntnis. Die Leute hatten eben die aus der Not der zwanziger Jahre gebauten Häuser in etwas Brauchbareres verwandelt. Basta. Mit der neunzigjährigen Architektin hatte ich noch das Vergnügen, ihren Kindergarten in der Rinnböckstraße zu besuchen. Nach einer Schrecksekunde – natürlich hatte sich einiges verändert – entwickelte sie unter Assistenz der Leiterin den ursprünglichen Zustand, so dass wir mit einem kompletten Bild der vergangenen Wirklichkeit einen Neubau verließen. Aus einem Stück Vergangenheit war wieder Zukunft geworden.

Grete Schütte-Lihotzky glaubte an die Planbarkeit der Welt. Eine Utopie, die für einen Architekten, für eine Architektin nicht nur zur Grundausstattung des Berufsbildes gehört.

Wir wissen im Rückblick auf dieses Jahrhundert, dass die Utopie der totalen Planbarkeit der Gesellschaft auch in Katastrophen führen kann, ja vielleicht führen muss, unter welchem Vorzeichen auch immer. Trotzdem werden wir nicht entlassen, die Grenzen der Planbarkeit dieser Welt stets neu zu suchen. Grete Schütte-Lihotzky ist dieses Risiko immer mit großem Mut und Optimismus eingegangen und, wie ihre Planungen und Bauten zeigen, dabei hat sie immer die Würde des Menschen ins Zentrum ihrer Entscheidungen gestellt. Ihr lauteres, ja sprödes und gegenüber allen Ambivalenzen unduldsames Werk bleibt für die kommende Architektur, soweit sie sich als soziales Bauen versteht, ein Maßstab und eine Herausforderung.

Zu Ferdinand Schuster
Vortrag

Meine Damen und Herren, ich bitte um Entschuldigung, wenn ich die erinnernde Vorstellung von Ferdinand Schuster mit einem längeren Selbstzitat beginne. Ich hatte 1972, unter dem Eindruck seines unerwarteten Freitodes, ein Vorwort zu seinem Katalog geschrieben, das mir heute sozusagen wieder einen Zugang zu den damals frischen Erinnerungen verschafft. Mich verbinden mit Ferdinand Schuster nicht viele, aber sehr eindrucksvolle Kontakte, hauptsächlich aus dem Gerangel mit der damaligen, heute kaum mehr vorstellbaren Architektursituation.

Ich zitiere zunächst: »Ich hatte in Ferdinand Schusters Nähe immer eine Art Schuldgefühl. Man war, nach einigen Sätzen des Gespräches, Teilnehmer einer kompromisslosen Auseinandersetzung ohne Rücksicht auf die Beteiligten, am wenigsten auf seine Person. Die Art von sachlicher Leidenschaft erzeugte das Gefühl, selbst zu wenig gründlich, zu wenig kritisch, zu wenig informiert und zu wenig engagiert zu sein. Dabei waren Schusters Ansprüche nie persönlich, es waren Ansprüche an sich. Und er setzte Maßstäbe für sich selbst, die allerdings für andere eine Herausforderung waren [...] Auch jene, die einen freundschaftlichen Kontakt hatten, konnten vermutlich nur seine Rollen registrieren. Er wirkte wie eine konstante, kalkulierbare Größe. Wo Schuster auftrat, wusste man, wie man dran war, wenigstens was seine Entscheidungen betraf. Und man hatte den Eindruck, er zwang sich zu seinen Auftritten als Architekt, als Lehrer, als Theoretiker, ja als Politiker und Juror. Wirklich wohl fühlte er sich anscheinend nur im Gespräch zu zweit oder allein vor einer Sache, vor einem Problem. Während im Dialog seine wachen Augen auf *Aufnahme* gestellt waren, hatte man den Eindruck, dass sein Gehirn die nächsten *Züge* schon vorausdachte. Schuster nahm jede Herausforderung an, seine Konfrontationen hatten nicht selten etwas Sportliches, nicht nur, was das Fairplay betrifft.«*

Typoskript vom 18. September 2000, Symposion *Ferdinand Schuster – Architektur und Politik*, 21. September 2000, Kapfenberg

Ferdinand Schuster
geboren am 21. September 1920 in Schönbach bei Eger (Luby) / CS
gestorben am 11. Juli 1972, Hochschwabgebiet / Steiermark

* *Ferdinand Schuster 1920–1972*, hg. von Walter Laggner, TH Graz 1972

Auch Schusters Rolle in der Steiermark ist heute immer noch schwer beschreibbar. Er verstand sich selbst als Vermittler zwischen den Generationen. Er verehrte die großen Pioniere, aber auch seinen Lehrer Friedrich Zotter, hatte einen positiven, wenn nicht respektvollen Kontakt zu den jungen Wiener Kollegen (etwa zur arbeitsgruppe 4 oder zu Traudl und Wolfgang Windbrechtinger) und versuchte dem Neuen, das sich in Graz zusammenbraute, gerecht zu werden. Ich sage absichtlich gerecht, weil er einerseits, so hatte ich den Eindruck, die Rebellion verstand, sich selber aber unverstanden, wenn nicht unfair behandelt fühlte. Er hatte zur Zeit seiner Berufung 1965 mit größerer Intensität die Definition eines ausgewogenen modernen Architekturbegriffs begonnen, die im Aufsatz *Architektur als Medium* (1971) einen eindrucksvollen Höhepunkt und leider auch Abschluss bekam. Dieser Aufsatz zeigt heute nach 30 Jahren keine Altersspuren, wenn man von der Konstellation der damaligen philosophischen Gewährsmänner Hegel, Schopenhauer, Marx, Wittgenstein, Adorno, Bense und Eco absieht. Schusters Bemühen um eine mitteilbare, praktikable Architekturtheorie hat in Österreich nichts Vergleichbares und, das war ihre Tragik, sie blieb im sprichwörtlichen Grazer Vakuum in Wirklichkeit ohne Resonanz. Ferdinand Schuster hatte, nachdem die ersten Zeichen eines Anschlusses an die sogenannte internationale Moderne gesetzt waren, ein starkes Bedürfnis nach Klärung und vor allem Konsolidierung der Positionen (die erst ein Jahrzehnt später im *UM BAU* versucht wurde). Schuster hatte auch als Erster so bedeutende Lehrer und Theoretiker wie Bernhard Hoesli und Christian Norberg-Schulz zu Vorträgen nach Graz gebracht. Norberg-Schulz wollte er unbedingt für die Kunstgeschichte-Lehrkanzel gewinnen. Aber für diesen waren wohl die damaligen Grazer Verhältnisse etwas zu eng.

Ferdinand Schuster, der doch eine Art Jüngerschaft um sich versammelte, war keine Guru-Natur. Er war dem Dampfdruck und den damit notwendigen Ventilen (um ein Bild von ihm zu gebrauchen) wohl intellektuell, aber nicht emotional gewachsen. Schuster war, wenn ich das so sagen darf, nicht der kraftstrotzende Künstlertyp, sondern ein in jeder Hinsicht gebildeter, intellektueller, ja unterkühlt wirkender musischer Mensch. Musisch auch im Sinne von musikalisch und nicht von der Webart, sich mit plakativen Manifesten in Szene zu setzen. Wenn ich daran erinnern darf, dass die damaligen Studenten wie etwa ein Günther Domenig oder Eilfried Huth Kaliber wie Christian Hunziker nach Graz brachten – der übrigens in Wien erbarmungslos demoliert wurde –, dann ist klar, was sich hier zwischen Schuster und den Zeichensälen für Abgründe auftaten.

Ich würde heute nicht mehr die Behauptung wagen, dass Schuster ein Funktionalist war, wenn auch mit dem Zusatz, dass er den historischen Funktionalismus weit hinter sich ließ. Vielleicht in seinen Arbeiten, um es mit Adolf Behne zu sagen, eher ein Realist, der eine erweiterte Funktionalität im Sinne eines Rahmenwerks vorauszuplanen versuchte.

Noch ein Zitat aus dem erwähnten Vorwort: »Es scheint, als hätte der hinlänglich strapazierte Satz Ludwig Wittgensteins *Wovon man nicht sprechen kann, darüber muss man schweigen* für Schuster eine ganz persönliche, seinem Charakter entsprechende Bedeutung. Er hat, bis an die Grenzen seiner Leistungsfähigkeit, immer wieder versucht, alle rationalen Faktoren der Architektur in den Griff zu bekommen, ohne vor jenem, *worüber man schweigen muss*, den Respekt zu verlieren. Ferdinand Schusters Seelsorgezentrum in der Grazer Eisteichsiedlung, um nur einen Bau zu erwähnen, hat diese Bestimmtheit des Formulierbaren und die Offenheit des Unbestimmbaren, es ist der konsequenteste Bau, den eine *offene Kirche* in Österreich hervorgebracht hat, nicht nur praktizierbare Offenheit, sondern auch Offenheit als Symbol. Schusters Auseinandersetzung mit dem Begriff Freiheit führte ihn zu der Forderung nach einer Architektur, obwohl gerade heute die Anwälte der Freiheit die Architektur abschaffen wollen. Vielleicht ist es kein Zufall, dass einer der letzten Aufsätze Ferdinand Schusters sich mit Planung, Ordnung, Gesetz und Freiheit beschäftigte.« Das war also 1972.

Über Ferdinand Schuster als Architekt, als Lehrer, als Theoretiker und vielleicht als Kommunalpolitiker wird sicher noch viel geforscht werden müssen. Schuster als Person oder Persönlichkeit vorzustellen, macht der historische Abstand und die Unzuverlässigkeit der Erinnerung immer schwieriger. Sein offener, dem Gegenüber zugewendeter Blick ist in zahlreichen Fotos erhalten, seine Pfeife war weniger ein Instrument der Gemächlichkeit als der Instrumentalisierung von Distanz und Besonnenheit, manchmal auch Rückzug. Seine ›drahtige‹ sportliche Figur fiel in den Gruppen von Studenten nicht auf, seine ihm nicht unangenehme Unauffälligkeit konnte sich allerdings in einer Art ›Kompetenz vom Stand weg‹ entfalten, wenn er gezwungen wurde, sich zu äußern.

Der Juror Ferdinand Schuster war von einer aufopfernden Genauigkeit und Ausgewogenheit. Er hatte großen Respekt vor der Arbeit seiner Kollegen und war im ›Ernstfall‹ immer auf deren Seite. Seine ihm zugemuteten Rollen, eben als Lehrer oder Juror, als Architekt oder Planer, spielte er mit dem Ernst des ihm aufgetragenen Amtes und einer bedingungslosen Suche nach Objektivität, die man davon erwarten durfte. Er kannte keine ironische augenzwinkernde Verbindlichkeit oder gar hemdsärmelige Kumpelhaftigkeit. Ins private Gespräch entlassen, konnte er aber von einer liebenswürdigen, gelösten Heiterkeit oder Naivität sein, wenn er etwa plötzlich ein Bild der Greta Garbo aus der Brusttasche zog oder seinen Lieblingswitz von jenem in der Tracht aufgebahrten Steirer erzählte, auf dessen Lederhosengürtel ›Hauptsach mia san gsund‹ gestickt war.

Ferdinand Schusters Architektur nimmt sich im vitalen Aufschwung der steirischen Architektur der sechziger und siebziger Jahre etwas spröde, grüblerisch, betont rational, ja manchmal trocken oder emotionslos aus. Vielleicht ist sie es auch. Es wäre zu viel verlangt, wenn man seiner Generation, zu der neben den ›Alten‹ Roland Rainer und Hubert Hoffmann, etwa ein Johannes Spalt, Viktor Hufnagl, Wolfgang und Traude Windbrechtinger und Ernst Hiesmayr gehören, wenn man dieser nicht nur die Konsolidierung der Nachkriegsmoderne, sondern auch deren Kritik abverlangen würde.

In Schusters rund zwanzigjähriger, also relativ kurzer Schaffenszeit haben sich viele konfliktreiche, kontroversielle, ja einander ausschließende Entwicklungsprozesse überlagert. Seiner Generation ist es heute gegönnt, von einer jüngeren wieder anerkannt zu werden. Und die damaligen Revolutionäre präsentieren heute ein Alterswerk und werden von den nächsten Generationen auch nicht geschont. Schuster konnte weder sein bauliches noch sein theoretisches Werk zu einem geordneten Abschluss bringen. Es ist müßig, über dessen Perspektiven vor dreißig Jahren zu spekulieren. Aber eines kann man mit einiger Sicherheit behaupten: Ferdinand Schuster war unter seiner Generation der einzige, der Antennen ausgefahren hatte und das Kommende zu bedenken versuchte. Gescheitert ist er an diesem Unternehmen nicht, aber vielleicht daran zerbrochen.

Er war ein denkender Baumeister
Rudolf Schwarz-Gedächtnisausstellung in der Akademie am Schillerplatz

Wäre in Wien mit der Sankt-Florians-Kirche nicht eines der letzten Bauwerke von Rudolf Schwarz entstanden und würde die Kirche nicht noch immer im Kreuzfeuer einer kritischen Diskussion stehen, dürfte es den Veranstaltern schwer gefallen sein, die umfassende und gut aufgebaute Ausstellung über das Lebenswerk von Rudolf Schwarz gerade nach Wien zu bringen. Auch das mag ein kleiner Beweis dafür sein, wie wichtig es ist, dass neben der Alltagsware auch profilierte und umstrittene Bauwerke entstehen.

aus: *Die Presse* vom 25./26. Jänner 1964

Rudolf Schwarz
geboren am 15. Mai 1897
in Straßburg
gestorben am 3. April 1961
in Köln

Die große Ausstellung, die eigentlich für vier deutsche Städte bestimmt ist, hat gewissermaßen einen kleinen Abstecher nach Wien gemacht. Dadurch ist sie leider nur bis 9. Februar zugänglich. Trotzdem dürfte sie einen wichtigen Beitrag zur Diskussion um den heutigen Kirchenbau liefern und nicht zuletzt auch zum Verständnis für die Probleme der Matzleinsdorfer Kirche beitragen, über die, wie man auch erfahren konnte, die Urteile zu früh gefällt wurden, da die Kirche erst in einem Jahr fertig sein wird.

»Rudolf Schwarz war ein denkender Baumeister«, schrieb Mies van der Rohe anlässlich des Todes des großen Kirchenbauers am Ostersonntag 1961. Und weiter: »Wo auch das Leben ihn hinstellte, war es nun, um einer Werkschule oder einer Akademie eine sinngerechte Verfassung zu geben, die Neuplanung von Dörfern und ganzen Landschaften oder auch das großartige Planen für den Wiederaufbau des zerstörten Köln und ganz besonders seine zahlreichen schönen Kirchen, immer durchdrang er denkend seine Aufgabe und begann sein ordnendes Werk.«

Damit sind schon die wichtigsten Stationen knapp umrissen. Es wäre noch hinzuzufügen, dass Rudolf Schwarz 1897 in Straßburg/Elsass geboren wurde, sein Studium an der Technischen Hochschule in Berlin absolvierte und anschließend vier Jahre bei Hans Poelzig studierte, 1927–34 war er Direktor der Kunstgewerbeschule von Aachen. In diese Zeit fällt vor allem seine aufsehenerregende und programmatische Fronleichnamskirche. Später ließ man Rudolf Schwarz noch viel Zeit für die Formulierung und Vertiefung seiner Gedanken, da er kaum etwas zu bauen hatte. 1938 erscheint sein grundlegendes Werk *Vom Bau der Kirche*. 1941-44 widmet er sich mit Freunden der Wiederaufbauplanungen des Landes Lothringen und der Umgestaltung und dem Bau kleiner Kirchen. 1946-52 ist Schwarz als freier Architekt Generalplaner von Köln. In dieser Zeit erscheint *Von der Bebauung der Erde*. Bis zu seinem Tode ist dann Schwarz Professor für Städtebau an der Kunstakademie von Düsseldorf. In das letzte Jahrzehnt fallen die großen Neuplanungen seiner berühmten Kirchen, von denen glücklicherweise auch zwei in Österreich gebaut wurden. Leider konnte Schwarz die Vollendung beider nicht erleben.

Es ist selbstverständlich, dass der überwiegende Teil der Ausstellung vom Kirchenbau geprägt ist. Das gewohnte Bild wird aber durch zahlreiche Arbeiten bereichert, die erst ganz den Umfang der Persönlichkeit von Rudolf Schwarz zeigen. Neben zwei interessanten Studienarbeiten und einem ersten Projekt für eine Kirche (zusammen mit Dominikus Böhm), sieht man vor allem viele Handzeichnungen, die heute schon zu den Dokumenten der Geschichte des neuen Kirchenbaus gehören. Schwarz hat aber auch Schulen und Wohnhäuser gebaut, das Kölner Wallraf-Richartz-Museum und vieles mehr. Nicht zuletzt bereichert das Projekt für das Düsseldorfer Schauspielhaus die Ausstellung, eine räumlich überaus lebendige und interessante Arbeit, die den ›strengen Meister‹ in der Nachbarschaft von Scharoun und Aalto zeigt. Den Bereich der größten Tätigkeit Schwarz' begrenzen auf der einen Seite die städtebauliche Arbeit für Köln, auf der anderen Seite ein Kelch, eine Monstranz und ein Silberleuchter.

Die Monografie *Denken und Bauen**, die anstelle eines Katalogs angeboten wird, gibt durch reichliche Textproben einen weiteren Einblick in eine Welt, die durch Gedanken und Gestalten bestimmt ist.

* Rudolf Schwarz, *Denken und Bauen*, Heidelberg 1963

Johannes Spalt
Laudatio

Zuerst möchte ich mich bei Johannes Spalt entschuldigen, dass ich es übernommen habe, die Laudatio zum »Großen Kulturpreis des Landes Oberösterreich« zu verfassen, obwohl ich wusste, dass ich bei der Verleihung nicht anwesend sein kann. Da dieser Preis für Architektur nach dem Wahloberösterreicher und Otto Wagner-Schüler Mauriz Balzarek benannt ist (der im damaligen Ungarn und in der heutigen Slowakei geboren wurde), kann ich gleich eingangs die rhetorische Frage stellen, ob es diese Benennung überhaupt gäbe, wenn nicht vor vierzig Jahren Johannes Spalt in Wien begonnen hätte, das Werk Otto Wagners und das seiner Schüler in das Bewusstsein der Architekten und schließlich einer breiteren Öffentlichkeit zurückzurufen.

Spalts kreativer Motor war und ist die Utopie, eine vorwärtsgewandte und eine rückwärtsgewandte. Wenn man für seine Arbeit nur einen zentralen Begriff verwenden dürfte, dann wäre es wohl jener der Kontinuität. Zwischen den Stationen in der arbeitsgruppe 4 (mit Wilhelm Holzbauer und Friedrich Kurrent, bis 1964), der Zusammenarbeit mit Kurrent (bis 1974) und seinen schon vor dem Studium bei Holzmeister einsetzenden eigenen Arbeiten, gibt es keine Brüche. Die Entwürfe sind eingebunden in einen umfassenden Architekturbegriff, der die Kontinuität, die vielfältige Verflechtung mit der österreichischen Moderne und die wache Bezogenheit auf die Strömungen der internationalen Moderne zeigt. Zweifellos fußt Spalts ausgewogener Architekturbegriff in der Tradition eines Wagner'schen Funktionalismus, der, selbst eingebunden in eine komplexe und kontroversielle Großstadtkultur, sich als künstlerisches Programm verstand. Die intensiven Auseinandersetzungen mit Loos, Hoffmann und Frank haben diese Vielfalt nicht beschnitten, sondern vertieft.

Johannes Spalt, dessen Arbeit nach guter Wiener Tradition um das Wohnen und den Wohnbau kreist – und der vermutlich deshalb nie einen

Typoskript vom 10. August 1992, Mauriz Balzarek-Preis; abgedruckt in der Broschüre Beispiele 92. Kulturpreise des Landes Oberösterreich für Kunst und Wissenschaft. Linz

Johannes Spalt
geboren am 29. September 1920 in Gmunden / Oberösterreich
gestorben am 2. Oktober 2010 in Wien

Gemeindebau ausführen durfte –, hat sich im klassischen Rollenverständnis des vielseitig gebildeten Architekten fast mit allem beschäftigt, was herkömmlich in dessen Wirkungsbereich liegt. Die Spanne reicht vom Entwurf industriell hergestellter Möbel bis zu visionären städtebaulichen Entwürfen (etwa einer Entwicklung Wiens nördlich der Donau, schon 1964 mit Kurrent vorgelegt, die heute bereits Realität geworden ist); Spalts Kirchen, Banken, Industriebauten, Wohn- und Privathäuser, das Salzburger Hotel, ob alleine oder in Arbeitsgemeinschaft entworfen, gerieten fast alle zu prototypischen Schlüsselbauten zu ihrem Thema. Die österreichische Architekturgeschichte wäre ohne die Kirche von Parsch, die Seelsorgeanlage von Steyr-Ennsleiten, das Kolleg St. Josef in Aigen, die Z-Zweigstellen in Margareten und Floridsdorf und schließlich die Salvatorkirche Am Wienerfeld nicht denkbar oder um vieles ärmer.

Trotz der Ausgewogenheit der Elemente, der Bindung an konstruktive und materiale Gesetze, der Benutzung klassischer Ordnungsprinzipien (Achsen, Raumsequenzen) und der visuellen Dominanz von ›Stütze und Last‹ haben Spalts Bauten eine unverwechselbare Physiognomie und eine einprägsame Aura, die auch Erinnerungen erlauben – etwa an die Intimität slowakischer Holzkirchen, an das Licht türkischer Wohnräume, an fernöstlich Beschirmtes –, die sich aber nie auf Eklektizistisches oder Modisches und schon gar nicht auf vordergründige Effekte einlassen. Spalt scheute sich (im Sinne von Loos) nie, kollektive Erfahrungen und gesellschaftliche Konventionen zu akzeptieren, das Erfinderische lag nicht nur im Vokabular, sondern vor allem im Gedanken.

Johannes Spalt hat sich schon in den frühen fünfziger Jahren, als es galt, die Tradition der österreichischen Moderne zu entdecken und Anschluss an die internationale Architektur zu finden, die größten Verdienste erworben. Die Rolle, die H. C. Artmann für die jungen Dichter hatte, spielte Spalt für die jungen Architekten. Er hatte für sein Studium das Gmundner Büro aufgegeben (das schöne Seebad von Altmünster war bereits 1947 entstanden) und kam mit klaren Zielen in die Klasse Clemens Holzmeisters. Als streitbarer Student war er nicht nur der gefürchtete Kritiker seiner Professoren, sondern auch der zunächst sehr ungeliebte Lehrer seiner Studienkollegen. Diese kritische Unruhe führte nicht nur zu einem unentwegten Diskurs, sondern auch zu Gruppenbildungen, Teilnahme an Wettbewerben und zur öffentlichen Einmischung in architektonische Streitfragen. Die spätere Ausstellungstätigkeit war in und mit der arbeitsgruppe 4 ein Programm zur Herstellung einer architektonischen Öffentlichkeit. Die Ausstellungen von 1956 bis 1964 *Kirchen unserer Zeit*,

Theaterbau, Adolf Loos und *Architektur in Wien um 1900* sind heute vergessen, weil es damals noch kein Geld für Kataloge gab.

Es lag in der Natur der didaktischen Anliegen und Ziele Spalts, dass er schließlich Lehrer und Leiter einer Meisterklasse an der Hochschule für angewandte Kunst am Wiener Stubenring wurde. Er hatte sich auch als Lehrer seine kritische Unruhe und seine Hartnäckigkeit in der Einforderung von Qualität bewahrt. Ich habe vielleicht hier nur eine Seite Johannes Spalts besonders betont, weil ich wohl auch persönlich seinem kritischen Temperament sehr viel verdanke. Es gibt aber auch noch andere Seiten: Was ich zunächst an dem Oberösterreicher Spalt so besonders schätze – und als Oberösterreicher darf ich es sagen – ist, dass er so gar nichts Oberösterreichisches an sich hat (von der virtuellen Dicke des Schädels einmal abgesehen), ja, dass er ein fast biedermeierlicher Großstädter ist, der mit seinem Land in einem kulturellen, produktiven Zwist lebt. Wenn die Oberösterreicher in den letzten Jahrzehnten das Salzkammergut niedergetrampelt haben und aus einer kosmopolitischen, aristokratisch-bürgerlichen und großstädtischen Ferien-Baukultur eine Landschaft der Gartenzwerge gemacht haben, so hat Spalt klammheimlich die letzten Reste einer bäuerlichen Baukultur, die einmal das selbstverständliche Umfeld dieser importierten Hochkultur dargestellt hat, in diese städtische Kultur des Respekts vor dem ›Gewachsenen‹ hinübergemogelt. Spalt ist ein streitbarer Bewahrer, der im Kiesel den Kosmos zu sehen vermag, ein Stifterischer Mensch, der in seinen stillen Umbauten, Adaptierungen einen neuen Umgang mit einer Baukultur vorführt, die, seit das Salzkammergut als Landschaft entdeckt wurde, eine unvergleichliche Symbiose von anonymer Bau- und architektonischer Hochkultur geschaffen hat. Unnötig zu erwähnen, dass er in dieser Tätigkeit die abstrusesten Gefechte mit dem Natur- und Landschaftsschutz auszufechten hatte. Der Vergleich mit Adalbert Stifter ist nicht leichtfertig verwendet: Johannes Spalt ist ein didaktischer Geist, ein radikaler Denker des Öffnens und der Zusammenschau. Heute gilt es keinen Kefermarkter Altar mehr zu retten, aber die Kunst und die Kultur der Landes ist damit noch lange nicht sicher, die Villa Eichmann von Clemens Holzmeister, um nur ein prominentes Beispiel aus dem Besitze des Landes zu nennen, beweist es.

Johannes Spalt ist zwar schon mit seinem architektonischen Reparatur-Werkzeugkasten bis zum Linzer Dom vorgedrungen, aber Oberösterreich ist seinem Großpreisträger noch immer einen adäquaten Auftrag schuldig. Wenn man schon eine Reihenhaussiedlung von Mauriz Balzarek verfallen lässt, so könnte man wenigstens seinen Preisträger eine bauen lassen. Es ist geradezu grotesk, dass es von Spalt keinen größeren Wohnbau gibt, nachdem gerade der Schwerpunkt seiner Interessen, Studien und Untersuchungen im Wohnbau liegt. Das heißt ja nicht, dass keine Kirche oder kein Hotel im Salzkammergut oder keine Industrieanlage bei Linz von ihm gebaut werden soll.

Kulturförderung und Ehrung wird erst dann glaubwürdig, wenn sie an das, was sie ehrt, auch glaubt, also es auch fördert. Damit es keine Ausreden gibt: Johannes Spalt war vielleicht der wichtigste Impulsgeber für den österreichischen Schulbau, trotzdem wurde es ihm bisher verwehrt, eine Schule zu bauen. Na, also.

Walter Stelzhammer
Laudatio

Walter Stelzhammer, 1950 in Vöcklabruck geboren, frühe Eindrücke in der Landschaft des Salzkammergutes, schließlich architektonische Fundierung am Schillerplatz bei Ernst Anton Plischke, Diplom bei Gustav Peichl. Diplomarbeit: Haus am Wasser, Thema: Landschaft, Topografie, Innen-Außenraumbeziehungen etc., Meisterschulpreis und Förderungspreis für bildende Kunst.

Die Generation der um 1950 Geborenen wurde in den siebziger Jahren (nach dem sogenannten Ölschock) ausgebildet, sie gerät in den Generationenkonflikt Moderne versus Postmoderne und muss sich positionieren. Walter Stelzhammer gründet 1979 sein Atelier, in fündundzwanzig Jahren entstehen über sechzig Bauten, er nimmt an zwanzig Gutachten und über dreißig Wettbewerben teil (sechs erste Preise).

Die wichtigsten Bauten: In den achtziger Jahren entstehen die Revitalisierungen Karmelitergasse und Mitterberggasse, beide werden mit dem Stadterneuerungspreis ausgezeichnet. Der vorbildliche Umgang mit der Wiener Bausubstanz ist bis heute ein essenzieller Bestandteil seiner Arbeiten: Die Generalsanierungen in der Schloßgasse auf dem Firmensitz von Kallco oder der Beamtenversicherung in der Grillparzerstraße, zuletzt Beiersdorf-Nivea, Triester Straße, das Amtshaus der Stadt Wien in der Bartensteingasse und die Grinzinger Privatidylle in der Himmelstraße, alles sehr unterschiedliche, immer intelligente, sensible, aber auch radikale Auseinandersetzungen mit einem erhaltenswerten Baubestand.

Von großer Bedeutung scheint mir die Beziehung Walter Stelzhammers zur türkischen Baukultur zu sein. Er ist seit über zwanzig Jahren auch familiär mit der Türkei verbunden (1983 Heirat mit Emine Topalgökceli) und hat von 1984 bis 1997 die beispielhafte Maison Turquoise in Fethiye gebaut. Dieses Ferienhaus aus Holz, an einer unerschlossenen Steilküste errichtet, verdiente als Auseinandersetzung mit Kultur und Landschaft alleine eine

Typoskript vom 2. Juni 2004, Preis der Stadt Wien für Architektur

Walter Stelzhammer
geboren am 14. Juni 1950 in Vöcklabruck / Oberösterreich
lebt und arbeitet in Wien

Laudatio. Aber jeder, der Augen im Kopf hat, kann in allen Bebauungs- und Dichtestudien Stelzhammers, in den Siedlungskonzepten und gebauten Wohnanlagen türkische Stadtbautradition und Raumkultur entdecken.

So sind die Wohnanlagen in der Meidlinger Mandlgasse oder am Mühlgrundweg (Bauherr beider »Neues Leben« und beide mit der Adolf Loos-Medaille ausgezeichnet) interessante Antworten auf unterschiedliche städtische Situationen und Beispiele intensiver Außenraumnutzung, die durch Vegetation und Gebrauch immer ›lebendiger‹ werden. Hier muss man noch auf die Wohnanlage »Ostarrichi« in der Wulzendorfstraße (von Stelzhammer stammt auch das städtebauliche Leitprojekt und das Seelsorgezentrum »Hl. Katharina von Siena«), auf das Wohnhaus in der Kreuzgasse (mit einer freiraumschonenden Erschließung) oder die Wohnanlage in der Maria-Rekker-Gasse hinweisen, nicht zuletzt aber auf die »Wohnarche Atzgersdorf« mit viergeschossigen Atriumhäusern, die eine für Wien neue Qualität des verdichteten Wohnens anbieten. Die Wohnanlage zur »Stadt des Kindes« (von Anton Schweighofer) steht, so hoffe ich, vor dem Baubeginn.

Unnötig zu betonen, dass es von Walter Stelzhammer eine Reihe sehr wohnenswerter Privathäuser gibt, etwa Stockinger und Herpel in Klosterneuburg oder das Haus Stütz in Mauer, die still das bauliche Credo seines Lehrers Plischke mitfeiern. Nicht erwähnt habe ich weitere Bauten und Projekte für die Türkei und vor allem den vor der Eröffnung stehenden Megabaumax an der Brünner Straße, der in die Nordeinfahrt von Wien ein kräftiges städtebauliches Zeichen setzt.

Walter Stelzhammers Architektur ist verbal nicht vermittelbar. Er hat auch keine plakativen Thesen, er ist kein Stilist und jede aus einem baulichen Zusammenhang gerissene Form ist ihm verdächtig. Er arbeitet zwar im Bewusstsein der Zeit, aber ohne Interesse, Zeitgeist darzustellen. Seine Wohnbauten haben eine eindeutige Botschaft, dem Wohlbefinden und dem Zusammenleben der Menschen zu dienen. Seine Architektur definiert sich nicht vordergründig über materiale und formale Präsenz, sondern durch umbaute Wege, Räume und Raumzusammenhänge, durch Bewegung und Ruhe, durch Überschaubarkeit, Übergänge und Durchblicke. Architektur ist der für das Leben erstellte Raum. Man muss nicht Adolf Loos oder Hermann Czech zitieren, um damit auf alte Wiener oder östliche urbane Traditionen zu verweisen. Ich schließe mit einem der wenigen Sätze von Walter Stelzhammer, aus dem Zusammenhang einer Baubeschreibung gerissen: »Im Idealfall sollte das Ergebnis zeitlos sein, zugleich die Entstehungszeit widerspiegeln, aber trotzdem das Vergangene berücksichtigt haben.«

Der Ort, die Landschaft
Sind das Faktoren im Werk von Heinz Tesar?

Die erste Frage, die sich bei diesem Thema stellt, ist die nach der Legitimität dieser Frage. Ich vermute, dieses Thema war im Werk Heinz Tesars nie Gegenstand einer separierten Auseinandersetzung. Man könnte ihm jedenfalls, etwa im Sinne der ›Tiroler Moderne‹ weder eine ›kulturalistische‹ Position (Clemens Holzmeister) noch eine positivistisch-phänomenologische (Lois Welzenbacher) attestieren; Heinz Tesar hat weder typologische Aspekte untersucht und transformiert, noch hat er plakativ topologischen nachgespürt. Also über das alte Thema ›Bauen in der Landschaft‹ kann man dem Thema ›Architektur und Landschaft‹ im Werk von Heinz Tesar nicht näher kommen. Die Ursachen liegen vermutlich ›tiefer‹, in den Anfängen, bei seinen selbst begründeten Fundamenten.

Zum Einstieg in dieses Thema muss ich mich, um nicht einen neuen Heinz Tesar erfinden zu müssen, auf ein paar Behauptungen beziehen, die ich in anderen Zusammenhängen über ihn gemacht habe. Ich glaube immer noch, dass man Heinz Tesars Werk in einem Spannungsfeld sehen muss, das sich sehr früh zwischen ganz bestimmten Komponenten aufgebaut hat und das immer intensiver und fruchtbarer zu arbeiten begann. Was sind aber diese Komponenten? Modellhaft behauptet, vollzieht sich Tesars architektonische Artikulation gleichzeitig in drei Medien: Einmal in der Sprache mit eigenwilligen Begriffen, dann in der Zeichnung, in der auch Begriffliches verarbeitet und transformiert wird, und schließlich im eigentlichen Medium des Bauens, was den Bereich vom Modell bis zur konkreten Verwirklichung betrifft.

Tesars Architektur ist an den Begriff der *Ganzheit* gebunden und in diesem Sinne auch ›wertkonservativ‹. Zugleich ist aber diese Architektur in einer subjektiven Dialektik zwischen *Zusammenhang* und *Vereinzelung* zeitbezogen, modern, offen und konsensfähig. In diesem ganzheitlichen Konzept geht es allerdings nicht um hierarchische Ordnungen, eher um

Typoskript vom 25. April 2005; abgedruckt in: *Heinz Tesar. Architektur*, hg. von Winfried Nerdinger, Milano 2005

Heinz Tesar
geboren am 16. Juni 1939 in Innsbruck
Atelier Tesar in Wien und Berlin

relative Gewichtungen in einem Prozess von *Benennungen.* Tesar ist ein Namensgeber, ein ›Täufer‹, der seinen gestaltgewordenen Objekten Individualität, also Unverwechselbarkeit verschafft. Ich glaube, bei Heinz Tesar wäre es noch legitim, von Gestaltqualitäten zu sprechen, im Sinne der Definition der klassischen Moderne.

So gesehen kann man Heinz Tesars Arbeit von der post- und nachpostmodernen Diskussion abkoppeln, weil sie an einer bewussten Verwendung von Architektursprachen nicht interessiert ist. Er schenkt aber auch der analytischen Aufarbeitung von ästhetischen Teilphänomenen (etwa im Bereich neuer Materialwirkungen) kein besonderes Augenmerk. Man kann ohne Risiko behaupten, dass in seinem singulären Werk ebenso barocke (gegenreformatorische) wie rationalistische (aufklärerische) Komponenten evident sind, ohne, und das ist vielleicht das Bemerkenswerteste, dass sie einander ausschließen.

Für Heinz Tesar ist die sprachliche Annäherung an den architektonischen Gedanken ein bildhaftes Ereignis und die zeichnerische Skizze ein weiterer ›sprachlicher‹ Schritt in Richtung Artikulation. Die Sprache bewegt sich a priori im Bild. Die Ausgangs- und Urbegriffe liegen in seiner frühen Malerei, in der er sich mit *homotypischen Vorformen,* einer Art subjektiver Erweiterung der archetypischen Formenwelt (*embryonale Formphasen, Weichmonumente, Versteinerungen* etc.) auseinandersetzte, also einen Geburtsprozess von Formen nachvollzog, wobei einerseits auf der sprachlichen Ebene die Benennung eine große Rolle spielte, andererseits auf der malerischen oder zeichnerischen der Zustand der Vorform, der *Gestaltahnung,* das *An-Denken* einer Sache. Begriffe wie *Finden und Fixieren* im Spannungsfeld von Individuum und Typus, die Ebenen von subjektiver und kollektiver Erfahrung und deren Verarbeitung spielen hier eine große Rolle. Heinz Tesar arbeitet, um es noch einmal anders zu formulieren, aus einer fiktiven, fast ritualisierten Dialogsituation, in der dann die Ebenen der weiteren Annäherung an einen Baugedanken erschlossen werden – die zeichnerische und bauliche selbst.

Auf welche Begriffe sich Tesar in diesem Zusammenhang auch fixiert, eines wird klar, es geht um ein dialogisches, sich schrittweise artikulierendes Verfahren zwischen Konvention und Infragestellung, eben um *Zusammenhänge* und die *Vereinzelung,* wie sich Tesar in der Auflistung seiner Arbeiten ausdrückt.

Da Tesars Architektur eher eine vereinnahmende als eine selektive, radikal ausschließende Tendenz aufweist, ist es vielleicht doch nicht uninteressant, gerade auf diese Aspekte hinzuweisen, die in seinem Werk nicht oder nur unter ganz bestimmten Bedingungen vorkommen. Seine zentrale gestalterische Grunddisposition fußt ja auf einer Art zusammenhängender ›Weltsicht‹, andererseits gibt es doch klar benennbare Ausgrenzungen, Bereiche des heutigen Entwerfens, die einfach nicht vorkommen.

Dazu gehört einmal der Gebrauch von Architektursprachen im Sinne einer historischen Verfügbarkeit. Tesar wechselt nicht die Sprachen, Stile oder Formsysteme nach analogen Inhalten. Das narrative Moment der Architektur, die begleitende Erzählung bleiben ausgeschlossen. Damit schließen oder schlossen sich postmoderne Verfahrensweisen wie semantische Collagetechniken, formale Verweise (Zitate), kontextualistische Lesbarkeiten etc. von selbst aus. Obwohl Tesar im Zusammenhang mit seinen Skizzen immer wieder von Sprache spricht, geht es hier nicht um Vokabularien, sondern um sprachliche Funktionen in der Artikulation von Gedanken mit Hilfe der Zeichnung.

Ausgehend von dieser Grundhaltung kann man auch andere Bereiche des Methodischen aus dem Entwurf ausschließen, etwa alle Verfahren mit Systemcharakter, ob es sich um konstruktive Systeme, um modulare Ordnungen, additive Methoden oder sonst zu Schematismus und Gleichförmigkeit neigende Hilfsmittel handelt. Das heißt aber nicht, dass solche Methoden nicht vorkommen. Wenn sie aber eingesetzt werden, dann haben sie in der Gesamtheit der Konzeption ihre ganz bestimmte Rolle, ihre begrenzte Leistung zu vollbringen, und sie können nie zum beherrschenden Prinzip eines Entwurfs werden. Ähnliches gilt auch für die Überbetonung einzelner gestalterischer Aspekte, etwa die im Zuge heutiger Purifizierungstendenzen auftretende Materialästhetik, denen bei allem Verständnis für deren historische Rolle in einer Architekturdiskussion in den Arbeiten Tesars keine abgekoppelte oder gar eigenständige Rolle zugestanden wird.

Wenn heute die Architektur immer wieder zur analytischen Fokussierung von Teilbereichen tendiert (materiale, konstruktive, funktionale, ökonomische, ökologische etc.), so beharrt Heinz Tesar auf einem Gesamtheitsbegriff, nicht als universalistischer Popanz, nicht als enzyklopädisches Monster, sondern als individuelle ›Gestaltleistung‹, die einen ganz bestimmten Moment persönlicher Zusammenschau markiert. Man könnte dieser Haltung einen Hang zu barocker Omnipotenz unterstellen (wozu heute der gesellschaftliche Hintergrund fehlt), aber Spuren – etwa bei den Kirchenbauten – dieser anthropomorphen Weltsicht kann man sicher nicht übersehen. *Ganzheit* ist, nach meiner Einschätzung, bei Heinz Tesar nicht ein hierarchischer oder gar statischer Begriff, er definiert sie eher als Konstellation von architektonischen Entscheidungen, die vom Architekten schließlich als »stimmig« empfunden werden und die auf einer breiten funktionalen, pragmatischen und programmatischen Ebene abgesichert sind.

Ganzheit ist also nicht eine vorbestimmte Qualität, sondern sie entsteht aus einem langwierigen Entwurfsprozess, in dem das entwerfende Individuum mit allen konkreten Sachverhalten in einen Dialog eintritt. Die Spannung entsteht aus dem Widerstand, der Summe aller Tatsachen und dem subjektiv ordnenden, eingreifenden Individuum. So gesehen bleibt es egal, welchen Zustand des Ortes ein Architekt antrifft oder in welche kulturelle Zeitsequenz er einsteigt, ob es sich um das kleine Designobjekt, das Bauwerk oder den städtebaulichen Entwurf handelt.

Ottokar Uhl
Grabrede

Liebe Trude, liebe Familie Uhl, geehrte Trauerversammlung, das ist ein Moment der Sprachlosigkeit. Ich kann und ich möchte mich auch nicht auf erprobte Rituale zurückziehen. Ich kann den Versuch wagen, Erinnerungen an ein Leben wachzurufen, das mit einem großen Engagement geführt wurde und einem vielleicht noch größeren Leidensweg geendet hat.

Ottokar hat, in unserer über fünfzigjährigen Freundschaft, nie über private Dinge gesprochen. Mir ist erst im Wiederlesen eines Interviews aus dem Jahre 2001 bewusst geworden, welche Rolle vielleicht seine Prägungen in der Kindheit gespielt haben. Natürlich wäre es verwegen, aus der oberflächlichen Kenntnis eines Jugendschicksals Schlüsse auf ein späteres, ich sage bewusst, künstlerisches Leben zu ziehen, aber für das Verständnis eines Lebenswerkes ist es doch hilfreich.

Ottokar hatte, wie sich seine Frau Trude ausdrückte, das Schicksal eines »typischen Kärntner Kindes«. Die extrem junge Mutter wurde vom Vater allein gelassen, ging zu Verwandten nach Holland. Um das Kind kümmert sich zuerst ein völlig überforderter Großvater, das ›Glück‹ ist eine Pflegemutter, eine pensionierte Lehrerin, sie stellt auch einen frühen Kontakt zum Katholizismus her. Die Beziehung zur Mutter bleibt gespannt, das Kind hat ja sozusagen ›ihr Leben verpatzt‹. Nach ihrer Heirat, Ottokar war sieben Jahre alt, wurde er nach Wien in die Familie zurückgeholt. Aber nach Beendigung der HTL-Mödling lieblos einer selbständigen Existenz überlassen. Dann Arbeit in der Dombauhütte, neben dem Studium an der Akademie der bildenden Künste Erzieher im Jungarbeiter-Internat in Gießhübl. Als Ferialpraktikant bei den Tauernkraftwerken in Zell am See lernt er nicht nur die Bauten Welzenbachers, sondern auch Trude, das große Glück seines Lebens kennen.

Welzenbacher blieb seinem müde und abgespannt wirkenden Studenten Ottokar Uhl gegenüber solange skeptisch, bis er ihn, von anderen

Typoskript vom 3. November 2011

Ottokar Uhl
geboren am 2. März 1931 in Wolfsberg / Kärnten
gestorben am 3. November 2011 in Wien

auf seine Arbeit aufmerksam gemacht, im Jungarbeiterheim besuchte. Daraufhin verändert sich die Beziehung beider grundlegend. Welzenbacher, ein großer Architekt, ein liebenswerter Mensch, der praktisch Tag und Nacht in der Meisterschule lebte, war zwar Vorbild, aber ein verbal unbeholfener Lehrer, der am liebsten seinen Studenten den Bleistift aus der Hand nahm und vorzeichnete, was aus einem Projekt werden konnte oder sollte. Welzenbacher hat es nie zu einer Schule gebracht (wie etwa Holzmeister). Man könnte darin einen Schlüssel zum späteren Werk Ottokars sehen, der im Gegenteil fast besessen daran arbeitete, auch ein verbales, theoretisch fundiertes, vermittelbares Lehrgebäude zu errichten. Jedoch nicht als abgehobene Botschaft, sondern, wenn man so will, als eine im Dialog erarbeitete Methode des gemeinsamen Planens mit gesicherten, allgemein akzeptierten Ergebnissen.

Hier möchte ich, gewagt und gar nicht abgesichert, die Vokabel ›Familie‹ ins Spiel bringen. Ottokar war einer der wenigen in unserem Freundeskreis, der 1955 (also mit vierundzwanzig Jahren) heiratete um, für uns eher unverständlich, in einer brotlosen Lebens- und Entwicklungsphase, eine Familie zu gründen. Man könnte dieses Bedürfnis auch als Korrektur einer unglücklichen Kindheit deuten. Die Reihe seiner Kinder: 1956 Karina, 1959 Jakob, 1961 Clemens, 1964 Leonhard und 1970 Anna wirkt wie ein psychischer Schutzring in einer Zeit der größten beruflichen Unsicherheit.

Ab 1954 Zusammenarbeit mit Hugo Potyka im Atelier des Vaters Anton Potyka, später Mitarbeit im Büro Fred Freyler. Die Jahre bis 1960 waren eigentlich noch Studienjahre in Form der Begegnung mit Konrad Wachsmann. Die Visionen Wachsmanns haben genau das versprochen, was uns die beiden Tiroler Antagonisten Holzmeister und Welzenbacher nicht geben konnten, eine rationale (trotzdem vielleicht romantische) Perspektive einer Zukunft, die in einer interdisziplinären, ja familiären Zusammenarbeit vieler Disziplinen bestand, allerdings in einem festen Rahmen, der doch wieder von einem einzigen Kopf vorgegeben war.

Ottokar lebte, so scheint es mir noch heute, besser: arbeitete und suchte in einer paradoxen Situation. Einerseits war er ein aktives Element der sogenannten Wiener Szene, die in Rudeln noch teilweise in einer Art von Underground lebte, ebenso in den künstlerischen Zirkeln wie etwa den Malern der Galerie nächst St. Stephan (die bis zu Hans Bischoffshausen nach Kärnten reichte) oder den Bildhauern der Wotruba-Schule, ebenso befreundet mit den Dichtern der wiener gruppe wie der avantgardistischen Theaterszene um Herbert Wochinz, oder den Musikern der reihe, andererseits war er, etwa im produktiv-gespannten Kontakt zur arbeitsgruppe 4, ein Einzelgänger, der schon sehr früh eine konturierte architektonische Position bezog.

Eher väterliche Freunde und Förderer fand er in den Monsignori Otto Mauer und Karl Strobl und in seinem ›liturgischen Begleiter‹ und langjährigen Gesprächspartner Herbert Muck. In Wien baute sich für ihn ein produktives und anregendes künstlerisches Spannungsfeld auf, einerseits durch eine sehr selektive ästhetische Haltung (man schaue nur in sein Wohnhaus in der Mauerbergsiedlung), andererseits durch sein im sozialen Kontext entwickeltes theoretisches und praktisches Programm der kollektiven Planung, in dem sich letzten Endes seine sensible Persönlichkeit und sein oft auch starrköpfiger Charakter Konflikte einhandeln musste. Ich habe einmal, im Zusammenhang dieser Problematik, Nestroys ›Ich oder Ich‹ missbraucht und versucht, den Architekten Uhl (den Welzenbacher-Schüler) gegen den ethisch konsequenten ›Partizipationsapostel‹ zu verteidigen, der sich permanent seiner Vision zuliebe in endlosen Sitzungen physisch und psychisch verschliss.

Wenn man über Ottokar Uhl und sein Leben spricht, dann denkt man doch in erster Linie an den Architekten und Lehrer, vielleicht weniger an den Forscher, den Schreibenden und Vortragenden mit klaren Botschaften im Zusammenhang mit dem *Bauen als Prozeß*. Den Boden für dieses umfangreiche Wirken hat er 1973 an der Technischen Universität in Karlsruhe gefunden, der er über zwanzig Jahre angehörte. Die theoretische Denkfabrik bedeutete einerseits eine kritische Distanz zu allen Fragen des Bauens, andererseits den Versuch, alle die Architektur betreffenden Themen in einem großen Beobachtungsfeld zu vereinen. Die über 230 Positionen im Werkverzeichnis eines Architekten sind an sich nichts Besonderes, aber über 200 Publikationen und noch mehr Vorträge sowie allein über zwanzig umfangreiche Forschungsarbeiten sind ein Bestand, den nur ganz selten ein bauender und lehrender Architekt vorzuweisen hat.

Aus dieser ethischen, gesellschaftsbezogenen Haltung ergaben sich fast selbstverständlich, wenn man einmal die Zeitumstände als gegeben voraussetzt, drei Arbeitsbereiche: der Kirchenbau, der Wohnbau und der Schulbau.

Diese Themen, ihre Bearbeitung und Ergebnisse sind ausführlich dargestellt, müssen hier nicht ausgebreitet werden. Alle drei verbindet das gesellschaftliche Verhalten der Menschen, ob in ihrer religiösen Praxis, in ihren Wohnungen oder ihrer Sozialisierung und Entwicklung. In jedem Fall ist die Architektur ein das Leben begleitendes Instrument, ein

Gehäuse der Lebensformen, und von diesen abhängig. Ein Satz, wie »Der Mensch ist nur geduldet im Bereich der Architektur«, wäre Ottokar Uhl nie über die Lippen gekommen, ja er hat ihn ein Leben lang bekämpft, auch wenn dabei Freundschaften zugrunde gingen.

Obwohl durch seine Krankheit Ottokar runde vierzehn Jahre seines Lebens, eigentlich müsste man sagen, von seiner Arbeit genommen wurden, hatte man den Eindruck, dass es für ihn zwar schwere Jahre, aber keine anhaltend unglücklichen waren. Liebe Trude, dank Deiner selbstlosen, unermüdlichen, aufopfernden Sorge (für die wir Dich alle bewundert haben und bewundern) war Ottokar nicht von seinem Freundeskreis abgeschottet, ja, es gab in der Begegnung mit ihm heitere, ja fröhliche Momente, man lernte sogar einen unbekannten Ottokar kennen, einen gelassenen, in seiner Art weisen Menschen, der von der ›Welt‹, seinem Beruf und seiner Schule Abstand gewonnen hatte, der sich zwar freute, wenn seine Arbeit noch wahrgenommen und geschätzt wurde, der aber nicht mehr eine zwanghafte oder bedrohte Mission darin sehen konnte, musste oder wollte. Er konnte auch noch die Genugtuung erfahren, dass sein gigantisches Werk aufgearbeitet wurde, als öffentlich zugängliches Archiv seinen Ort im Architekturzentrum Wien bekam. Du, liebe Trude, hast ihm in einer wohltuenden Regelmäßigkeit (ich gestehe, man musste manchmal daran erinnert werden) jenen Freundeskreis zugeführt und erhalten, der ihm etwas bedeutete. So hat er vielleicht noch in den Jahren seiner reduzierten Wahrnehmung jene ›Familie‹ in einer verdichteten Form bekommen, die ihm in seiner Jugend verschlossen war.

Ottokar war kein ›handsamer‹ Freund, der durch eine unverbindliche Freundlichkeit eine Wurstigkeit in den persönlichen Beziehungen kaschierte, er war fordernd, grundsätzlich, genau zuhörend, auch kritisch, aber immer ein ehrliches Interesse bekundend. Sein Leben und seine Arbeit sind eingeschrieben in einige Jahrzehnte Wiener Baukultur, die ihm auch lange nicht alle Wünsche erfüllt haben, aber doch in vielen Ehrungen und Preisen wahrnahm. Er musste, wie viele seiner Kollegen, eine Zeitlang die Stadt verlassen, um hier heimisch zu werden, und so ist aus einem Kärntner ein Wiener Architekt geworden, mit allen Konflikten und Enttäuschungen, aber auch Hoffnungen und Glücksmomenten.

Gast bei seinen Schülern
Konrad Wachsmann besuchte Österreichs junge Architekten in Salzburg

Die fünf Sommerseminare, die Konrad Wachsmann, der deutsch-amerikanische ›Sokrates‹ des neuen Bauens, von 1956 bis 1960 abgehalten hat, haben auf die Entwicklung der österreichischen Architektur einen nachhaltigen Einfluss ausgeübt. Freilich ist dieser Einfluss an den Bauten der jüngeren Generation (arbeitsgruppe 4, Gerhard Garstenauer, Eugen Gross, J. G. Gsteu, Hans Hollein, Linecker, Mistelbauer, Schmid, Uhl, Weber, um nur einige zu nennen) nicht ›wörtlich‹ ablesbar, er war eher grundlegender, prinzipieller Natur, er trug in einer bestimmten Entwicklungsphase zur Klärung des Denkens bei, unabhängig von der weiteren persönlichen Entwicklung. Man hat heute vielfach die allgemeine Situation der Architektur vergessen, in der sie sich Mitte der fünfziger Jahre befand. Die Ausbildung der jungen Architekten, aus welcher Schule sie auch immer kamen, war eine unsystematische, von Konventionen und Vorurteilen belastete. Für die junge Generation wirkte sich die geistige Isolation besonders stark aus, die schwierigen, aber begrenzten Probleme des Wiederaufbaus trugen noch mehr zur Verprovinzialisierung bei. An den Hochschulen herrschte ein Informationsnotstand, der eine universelle und befreite Betrachtung der baulichen Entwicklung unmöglich machte.

So war das Auftreten Wachsmanns doppelt wirksam. Er vermittelte nicht nur die Ebene der internationalen Auseinandersetzung, sondern dazu noch einen klar definierten persönlichen Standpunkt der Betrachtung der Probleme. Sein didaktisches System der ›rotierenden Teamarbeit‹ (eine Aufgabe wird in Problemkreise aufgeteilt, an denen abwechselnd kleine Gruppen arbeiten, die ihre Ergebnisse an die nächste weitergeben) war gleichsam eine wirksame rationale Methode der Annäherung an komplexe Bauaufgaben. Auch heute ist Wachsmann noch die Fragestellung, der Arbeitsprozess wichtiger als das Ergebnis. Diese Tatsache provoziert immer wieder Missverständnisse um ihn, vor allem bei den Architekten,

aus: *Die Presse* vom 5./6. September 1970

Konrad Wachsmann
geboren am 16. Mai 1901 in Frankfurt an der Oder
gestorben am 26. November 1980 in Los Angeles

die eine solche Art der Grundlagenforschung entweder als nutzlos oder nicht zur Architektur gehörend betrachten.

Wachsmann hat in Salzburg über die Tätigkeit der letzten zehn Jahre berichtet. Außerdem wollte er sehen, was inzwischen seine österreichischen Schüler getan haben. Wachsmann ist es in den letzten Jahren endlich gelungen, ein Institut zu schaffen, in dem eine wert- und zielfreie interdisziplinäre Grundlagenforschung betrieben wird. Man hat den Eindruck, dass es sich zunächst darum handelt, das Arbeiten mit den neuen Werkzeugen, etwa dem Computer, in Verbindung mit baulichen Problemen zu erproben oder überhaupt erst Werkzeuge zu schaffen, deren Möglichkeiten zu neuen Problemstellungen führen. So wurde in einer mehrjährigen Arbeit eine Maschine konstruiert, die einen Punkt im Raum in jede Richtung bewegen kann und Bewegungsstudien in Raum und Zeit erlaubt. Das Spiel mit diesem Gerät provoziert aber viele unvorhergesehene Gedanken, so ist es zum Beispiel möglich, akustische Phänomene oder solche der Strahlung zu studieren.

Wachsmann macht heute mehr als früher den Eindruck des unruhigen, sensiblen, wachen und natürlich auch unsicheren Suchers. Während sich unsere Welt immer mehr auf ›todsichere‹ Ergebnisse einstellt, nimmt in seiner Arbeit das Fragwürdige zu. Es ist schon ein befriedigendes Ergebnis einer Arbeit, sagte er, jemandem sagen zu können, dass der versuchte Weg falsch war. Obwohl seine Aussagen immer wieder Anlass geben, ihn als einen Romantiker des technischen Fortschritts zu bezeichnen, so erhebt sich seine sokratische Methode doch zu sokratischer Weisheit. Darin liegt vielleicht, für die Augen eines Architekten, eine gewisse persönliche Tragik, sie ist aber für alle, die im Bauen täglich Entscheidungen fällen müssen, nicht nur ein großer Gewinn, sondern ein unentbehrlicher Zwang, das eigene Denken zu überprüfen oder in Frage zu stellen.

Zu Otto Wagners Dialektik des Schönen
Katalogbeitrag

Auf Otto Wagners Werk trifft heute noch alles zu, was in Sachen Architektur ›der Fall‹ ist. Er vermittelte auf Wiener Boden als letzter den Begriff einer universalen Architektur. Gleichzeitig trifft für seine Bauten fast nichts von dem zu, was für das Wien der Jahrhundertwende ›der Fall‹ oder gar charakteristisch war.

Wagners Architektur ist die Projektion einer ideellen Wirklichkeit in die Welt der gebauten Dinge. Selbst seine geschändetsten Objekte haben noch etwas vom Glanz einer Idee, die über ihre unmittelbare Erscheinung hinausweist. Wagners Begriff vom Schönen haftet jedoch nichts Esoterisches oder Mystisches an. Es ist ein rationaler, positivistischer, vielleicht sogar dialektischer Begriff, der mit einer Auseinandersetzung mit dem ›Leben‹ zu tun hat, was er auch immer darunter verstanden haben mag.

Es wurde schon öfters gesagt: Otto Wagner war der Testamentvollstrecker Gottfried Sempers auf Wiener Boden. Er brachte die Semper'sche Dialektik von Gerüst und Haut, Maske und Maskiertem, Wirklichkeit und Schein, Realität und Bedeutung zu einem sichtbaren, auch für eine wissenschaftliche Weltauffassung akzeptablen Ergebnis.

Das »Princip der Bekleidung« blieb für ihn nicht nur ein Lehrsatz. Während für Semper die Bekleidung noch das dominierende formale Element für die Erscheinung des Bauwerks blieb, akzeptierte Wagner, auf die inzwischen stattgefundene bautechnische Entwicklung reagierend, auch das Bekleidete, das Gerüst als mitbestimmendes Moment der Architektur. Der Bau, innen und außen, erscheint ab Wagner als klar deklariertes, bewusst dargestelltes Spiel der Funktionen aller Teile. Das Prinzip der Bekleidung wird für ihn ein Prinzip des Zeigens, der präzisen visuellen Definition. Das galt nicht nur für die konventionellen Teile des Bauwerks, sondern auch für die aufkommende Haustechnik wie Heizung, Lüftung oder Beleuchtung.

Typoskript vom 3. Mai 1984; abgedruckt in: *Die Kunst des Otto Wagner*, hg. von Gustav Peichl, Wien 1984

Otto Wagner
geboren am 13. Juli 1841 in Wien
gestorben am 11. April 1918 ebendort

Wagners Architekturbegriff war nicht nur ein ganzheitlicher, absoluter, umfassender, sondern auch ein apodiktischer. Seine unhinterfragte Hierarchie der Werte bezog ihre Legitimation aus der kulturellen und gesellschaftlichen Situation. Adeliger Traditionalismus und bürgerlicher Fortschritt pflegten eine wohlwollende Koexistenz auch im Ignorieren revolutionärer Entwicklungen. Fortschritt war für Wagner eine Perspektive des bürgerlichen Leistungsprinzips. Und er verstand es, dieses im vollsten Glanz darzustellen. Sein Qualitätsbegriff ist untrennbar mit physischem Bestand verbunden, mit Anwesenheit von Vergangenheit und Zukunft.

Otto Wagner war alles Fragmentarische, Offene, Unbestimmte und Fragende fremd. So gesehen war sein formaler Absolutismus ein ungeheurer Zynismus gegenüber dem psychologisierenden und intellektuellen Klima Wiens. Seine Architektur trat, trotz ihrer großen Entwicklung, immer als ein umfassendes System auf, das unmittelbar über jeden einzelnen Bau hinauswies. So war es ihm auch möglich, in dieses System die unterschiedlichsten Kräfte einzubauen, ohne es dabei in Gefahr zu bringen: Fabiani, Olbrich, Plečnik, ja die halbe Wiener Secession. Er konnte die kreativen Explosionen der jungen Revoluzzer für seine ästhetische Lokomotive nutzbar machen. Durch den offenen Bau seiner *Freien Renaissance* strich der Wind der Secession. So betrachtet stellen seine Majolikahäuser zwei sich widersprechende Prinzipien dar: das Bestand symbolisierende, statische System der Renaissance und das Veränderung, Dynamik, Aufbruch symbolisierende System der Wiener Secession.

Wagner war kein Romantiker, schon gar kein nationaler. Seine Bauten gingen nicht auf Orte ein im Sinne von Anpassung oder Unterordnung, sie schufen Orte und stellten sie, wie beim Nadelwehr Nußdorf, im Kontext von Landschaft und Leistung dar. Wenn seine Architektur trotzdem eine der Kontinuität war, dann im Sinne eines umfassenden Zeitbegriffs, eines klaren Bewusstseins vom Standort in der Zeit. Er verstand es mit seinem architektonischen Vokabular, dieses Bewusstsein darzustellen: es gibt an seinen Bauten kein Detail, das vor seiner Zeit hätte entstehen können, es gibt aber auch keines, das den historischen Standort, die Erfahrung seiner Geschichte nicht zeigen würde.

Für Wagner hatte offenbar die konkrete (lokale, nationale) Geschichte wenig Bedeutung. Geschichte wurde eher als das allgemeine ›kulturelle Gut‹ der Menschheit, genaugenommen als eine anspruchsvolle Abstraktion erfahren. Auch hierin war er ein Nachfahre Gottfried Sempers und der humanistischen Tradition. Darin lag auch sein entscheidender Schritt gegenüber dem Historismus oder gegenüber allen historisierenden

Tendenzen. Dieser Blick auf das Allgemeine, das Essenzielle der Vergangenheit hat ihn auch frei gemacht für die Probleme der Zeit, sei es in Form von neuen Bauaufgaben, den Möglichkeiten neuer Technologien oder auch aus dem ›sprachlichen‹ Widerstand in der Darstellung neuer Inhalte.

Was Wagner heute wieder besonders aktuell macht (soweit er es nicht ohnehin geblieben ist), das ist die kulturelle Bedeutung, die er der Architektur zuwies. Sie bekam diesen Stellenwert durch eine totale Identifikation mit dem ›Leben‹, in der intensivsten und gesteigertsten Form, nicht nur mit seinen materiellen Bedürfnissen oder gesellschaftlichen Eitelkeiten. Durch diesen Idealismus behielt Wagners Architektur einen Funken von Naivität, die intellektuelle Kälte seiner Bauten erscheint in einem Licht, das sogar seine höhnende Opposition, seinen vernichtenden Zynismus gegenüber jedem Lokalkolorit überstrahlt.

Als Renaissance-Mensch verherrlichte Wagner die Leistungskraft des Individuums, personifiziert im Architekten. Diese Rolle verlangte Pathos, Ausschließlichkeit bis zur Intoleranz. Dieses Prinzip hielt ihn fern von den Wiener Niederungen der Darstellung von Emotionalität und Psychologismus. Seine Architektur hätte zu seiner Zeit in jeder europäischen Metropole entstehen können, als Herausforderung bedurfte sie aber des Wiener Klimas.

Bemerkungen zu Lois Welzenbacher

Typoskript vom 5. Mai 1987; abgedruckt in: *Lois Welzenbacher 1889–1955. Architekturmodelle*, Innsbruck und München 1990

Lois Welzenbacher
geboren am 20. Jänner 1889 in München
gestorben am 13. August 1955 in Absam/Tirol

Welzenbacher ist in seiner Arbeit induktiv vorgegangen, vom Kleinen zum Großen, vom Besonderen zum Allgemeinen. Diese Behauptung ist schon problematisch: denn Welzenbacher reflektierte (etwa bei einem Haus in der Landschaft) die allgemeine landschaftliche Situation in einer umfassenden, positivistischen, unmittelbaren und realen Weise. Er reagiert nicht historisierend, typologisch, kulturgeschichtlich, er unternimmt auch keine kulturelle Interpretation von Landschaft. Er reagiert phänomenologisch, sinnlich, mit den Augen, mit der Nase, mit den Ohren und den Beinen. Insofern gibt es auch deduktive Aspekte, denen er aber rigoros, agierend, ja trutzig entgegenwirkt.

Welzenbacher war erfinderisch, nicht im Kombinieren, sondern im Konfrontieren, er stellte Konventionen in einer aggressiven Weise in Frage. Wenn ein Teil des regionalen oder auch regionalistischen Bauens typologisch verfährt, so arbeitete Welzenbacher eben topologisch. Welzenbachers Häuser sind Antworten auf Orte, nicht deren Interpretation. Er hat sie zu unvergleichlichen Orten gemacht, indem er eine in der Landschaft brachliegende Situation räumlich artikuliert, ja entschlüsselt hat. Er erklärt nicht den Ort, er entschlüsselt ihn.

Welzenbacher hat einen Bauplatz umworben. Er hat sich vor einem Entwurf oft tage-, ja wochenlang auf ihm aufgehalten, grantig, ja aggressiv wie eine brütende Henne. Die Afrikaner würden vermutlich sagen, er hat mit den Geistern des Ortes konspiriert, sie zu seinen Freunden gemacht. Das Produkt des langen Brütens war dann der ›spontane Einfall‹, der ihm also nicht geschenkt wurde. Nebenbemerkung: Inspiration ist nur möglich, wenn viel Information gespeichert ist. Gott gibt's den Seinen nur im Schlafe, wenn dabei das Unterbewusstsein – oder was immer – intensiv arbeitet.

Welzenbacher konnte sich nicht verbal artikulieren. Er war ein Stammler. Im Medium Architektur war er jedoch ein impulsiver und auch glasklarer Denker. Offenbar hatte er auch eine Berührungsangst mit der Konvention. Er konnte nicht aus den sprachlichen Verbindlichkeiten heraus denken. Seine Konzepte entfernten sich zunehmend von den ausgetretenen Pfaden der kulturellen Reproduktion. Natürlich kann man darüber diskutieren, ob er dabei nicht zu tieferen und verdeckten Traditionen vorgedrungen ist.

Welzenbacher dachte nicht additiv, nicht in Motiven oder in separierten Problemlösungen. Bei ihm trägt jedes Detail das gesamte gestalterische Programm, es ist nicht aus dem konzeptuellen Kontext herauszulösen, nicht ablösbar vom Ganzen, nicht als isolierter Teil definierbar. Es hat nur im Ganzen seine Logik. Dadurch sind auch seine Bauten so anfällig, konnten sie so leicht zerstört werden. Und sie wurden auch alle zerstört.

Welzenbachers Bauten stellen in ihrer Radikalität die konventionellen Systeme und Klischees in Frage. Sie waren auch im kulturellen Kontext von Tirol, Salzburg und Bayern nicht interpretierbar. Sie blieben Herausforderungen, ja sie wurden sogar als Bedrohungen empfunden. Unbequem im Selbstverständnis der Lederhose waren sie allemal. Das macht sie bis heute so unbeliebt. Sie störten die Harmonie des alpinen Bauens, also mussten sie ausgerottet werden. Und das hat man auch gemacht.

Natürlich hat Welzenbacher auch in einer naiven Weise die Inhalte des Zeitgeists der zwanziger und dreißiger Jahre reflektiert. Dynamik als Symbol für Fortschritt und Freiheit, Luft, Licht und Wasser als Symbole für Gesundheit und ein neues Lebens- und Naturgefühl. Seine Bauten zelebrieren diesen Geist, sie sind die unmissverständliche Antithese zum 19. Jahrhundert oder zur durch den Ersten Weltkrieg zersprengten alten Welt.

In Welzenbachers Entwürfen gibt es auch Elemente der Ruhe, sie fungieren aber als polare Anker der Bewegung, es sind Punkte, von denen Bewegung ausgeht oder um die Bewegung kreist. Er hatte für diese Elemente auch Bezeichnungen, die eher aus einem studentischen Atelierjargon stammten:

Haus Settari, Bad Dreikirchen, Südtirol, 1922–1923

das Hochhaus war für ihn der »Bursch«, um den sich, einmal hingesetzt, das städtebauliche Ensemble entwickelte, das immer aus der Vogelperspektive gesehen wurde und das in gekurvten Linien in die Landschaft überging. Oder der Kamin war für ihn der »Batzen«, was darauf schließen lässt, dass er seine Häuser zunächst in Plastilin, also im Modell entwickelte. Diese Elemente waren also die symbolischen Pflöcke, die in die Erde gerammt wurden und von denen aus das Land, der Umraum vermessen und besetzt wurde.

Dynamische Konzepte sind an sich systemgefährdend, sie stellen die Windstille der Gedankenlosigkeit in Frage, der Verunsicherte wittert Gefahr. Ich glaube, das ist auch der Grund, weshalb die Welzenbacher-Bauten so mit Hass verfolgt wurden. Ich habe das immer wieder erlebt, dass die Menschen, die natürlich freiwillig in diesen Häusern leben oder lebten, gegen sie agieren, permanent gegen sie anrennen.

Diese Häuser scheinen also ein Prinzip darzustellen, eine Lebenshaltung, die die sonst gesicherte Welt des Gebauten irgendwo infrage stellen.

Ich glaube, um jetzt zum Landschaftsbegriff zu kommen, dass Welzenbacher, der in München geboren wurde und als Jugendlicher in Wien gelebt hat, das Landschaftsverhalten und -erlebnis des Großstädters hatte, der schon als junger Mensch imstande war, die Heimat seiner Vorfahren, also Südtirol, mit einer engagierten Distanz und dem unverbrauchten Blick eines Fremden zu erleben. So war es ihm auch möglich, charakteristische bauliche Elemente der Region, losgelöst von den Klischees des Regionalismus, zu verwenden, sie in einen neuen Kontext zu bringen, das heißt, mit ihnen künstlerisch und architektonisch zu verfahren. Seine Bauten waren vom ersten Tage an höchst individuelle Konzeptionen, obwohl er scheinbar voll aus dem Regionalen schöpfte. Auch hier zeigt sich, dass eine Dialektik von Nähe und Distanz sehr fruchtbar sein kann.

Noch ein Hinweis auf die Rolle des Zeichnens bei Welzenbacher: Seine Skizzen scheinen Verfolgungsjagden von Gedanken zu sein. Das Endprodukt taucht diffus als Vision auf, eine paradoxe Mischung von Präzision und Andeutung, als hätten sie Angst, in eine bauliche Wirklichkeit einzutreten. Hier liegen übrigens auch die Schwächen des Städtebauers, der offenbar selbst ungern die Schwelle zur Realisation überschritt. Was im Siedlungsbau, gewissermaßen in der menschlichen Dimension von Einfamilienhäusern noch funktionierte und unmittelbar erlebbar war, griff in den großen Konzeptionen nur mehr im Maßstab des Flugzeugs, in der Gestik großräumiger Bewegungen.

Und zum Schluss noch ein Wort zum Thema Wirklichkeit: Während etwa im alpinen Bauen die kulturelle Wirklichkeit oder die Klischees davon reproduziert wurden, hatte Welzenbacher neue Wirklichkeiten geschaffen. Seine konzeptionelle ästhetische Wirklichkeit war sogar so stark und hermetisch, dass er oft die Wirklichkeit seiner eigenen Bauten nicht zur Kenntnis nehmen wollte und sie im Foto korrigierte. Seine Wirklichkeit hatte also der Idee zu gehorchen, und was im Wege stand, wurde wegretouchiert. Er hatte das Glück, dass ihm noch Meister dieser Disziplin zur Verfügung standen. So gibt es kaum ein Foto von seinen Bauten, wo er nicht Korrekturen anbringen ließ, die manchmal Wände versetzten oder Stützen sich auflösen ließen. Er konnte mit seinen Fotografen nicht nur wochenlang auf die richtige Wolke an der richtigen Stelle des Himmels warten oder auf den richtigen Schatten auf der Mauer. So sehr also Welzenbacher mit seinen Sinnen auf die Realität reagierte, so griffen diese Sinne auch in sie ein. Er entwarf letzten Endes eine totale ästhetische Welt, die nur in Momenten seiner eigenen entsprechen konnte. Das Medium, in dem er sich abmühte, war zu träge und unperfekt. Heute wäre er vielleicht Filmemacher geworden.

Wir aber entdecken heute noch in seinen geschändeten Bauten den Glanz seiner hermetischen, vollkommenen Welt. Sie macht das Frische, Unverbrauchte dieser Bauten aus. Sie sind, wie alle Architektur, ein Versprechen, eine Hoffnung. Welzenbacher hatte nicht den Zynismus, in Ruinenwerten zu denken. Wir müssen uns aber mit Ruinen einer Wirklichkeit abgeben, deren Vollendung außerhalb jeder erreichbaren baulichen Wirklichkeit stand. Er ist vermutlich an ihr gescheitert, denn Wien hat ihm nicht die geringste Illusion gelassen, sie irgendwann zu erreichen.

Haus Settari, Bad Dreikirchen, Südtirol, 1922–1923

Ernest Wiesner
Nachruf

aus: *bauforum* 29, 1972

Ernest (Arnošt) Wiesner
geboren am 21. Jänner 1890
in Malacky / Slowakei
gestorben am 15. Juli 1971
in Liverpool

Ernest Wiesner starb am 15. Juli 1971 in Liverpool. Er gehörte zu den führenden Architekten der tschechoslowakischen Moderne, die heute immer noch von der Architekturgeschichtsschreibung totgeschwiegen wird.

Sein Werk, das vor allem mit der Stadt Brünn verbunden ist, wurde 1938 gewaltsam durch die Emigration nach England unterbrochen. Damit blieb eine ganze Reihe großer Bauvorhaben, wie etwa das Rathaus von Brünn, ein Krankenhaus für die Arbeiterversicherung, der Gerichtshof für Mähren, ein Staatsgefängnis, der Oberste Gerichtshof für die ČSR, ein Sanatorium für Ruzinov oder eine Kirche für Zabdrovic und ein Hotel für Brünn, unausgeführt.

Während sich die Generation nach Jan Kotěra (der noch ein Wagner-Schüler war) sehr bewusst von der Wiener Tradition absetzte und sich vor allem nach Deutschland (Berliner Ring und Bauhaus) und nach Frankreich (Le Corbusier) orientierte – wenn man von der Neubelebung der eigenen Tradition absieht –, blieb Wiesner, vor allem persönlich, mit Wien verbunden.

Seine Architektur hat nicht die nationale Färbung wie jene eines Josef Gočar, sie besitzt auch nicht den Radikalismus, wie er in den Bauten von Bohuslav Fuchs vorgetragen wird. Wiesner ist, trotz seiner Freiheit und Großzügigkeit, trotz der Vielfalt seiner baulichen Ideen, ein baumeisterlicher und handwerksbezogener Architekt, seine Baugedanken sind realistischer und verbindlicher. Man wäre versucht, was den Umfang seines Vokabulars betrifft, ihn wienerischer zu nennen als die anderen Architekten seines Landes und seiner Generation, wüsste man nicht, dass nach 1900 dieses ›Wienerische‹ zum Teil aus Brünn kam.

Es kann keine bessere Charakterisierung des Architekten gefunden werden, als sie bereits 1932 Max Eisler (*Forum*, Nr. 5-6) gegeben hat: »Jedes seiner Werke ist beherrscht von dem Zug seines zielbewussten

Geistes. Jedes ist voll seiner klaren Energie. Sie schöpft nicht allein aus dem Sinn für die Wirklichkeit. Sie schöpft aus einer Weltanschauung. Es ist die Anschauung des Großstädters, der sich durch die Fähigkeit des Organisators verwirklicht. Durch alle diese entscheidenden Eigenschaften erinnert Wiesner am meisten an Otto Wagner, den großen Begründer der modernen Baukunst. Wie er eine Sache vernünftig angeht, wie er das Vielfältige vereinfacht, das Verwickelte entwirrt und ordnet, wie er – ohne sentimentale Abschweifung – mit einer Art statistischer Präzision seinen Weg nimmt und das logische Bauwerk in ein architektonisches umsetzt, dies alles lässt schon seine wesentlichere Verwandtschaft mit jenem Meister deutlich erkennen...«

Wiesner war aber (trotz dieser Wagner'schen Eigenschaften) ein Schüler Friedrich Ohmanns, mit dessen Familie (Pfann-Ohmann) er bis zu seinem Tode freundschaftlich verbunden blieb. Vielleicht ist mit dieser Schule seine größere formale Unabhängigkeit verbunden. Sein ›Stil‹ ist nicht so sehr (wie bei den meisten Wagner-Schülern) das Produkt einer festgelegten Grammatik, etwas Grundlegendes und Signifikantes, sondern das Ergebnis einer Auseinandersetzung mit einer Bauaufgabe oder einem Bauherrn. Daraus erklärt sich auch die architektonische Spannweite, die vom Brünner Krematorium über die Moravká banka bis zum Palais Morava und den sehr unterschiedlichen Villen Münz, Neumark oder Pick reicht.

Ernest Wiesner musste am Höhepunkt seiner Arbeit und Schaffenskraft sein Land verlassen und das Schicksal des Emigranten auf sich nehmen. Umso mehr Bewunderung verdient es, dass er, nach einer langen Tätigkeit als Architekturlehrer in Oxford und Liverpool, 1960 (also mit 70 Jahren) wieder die Arbeit als freischaffender Architekt aufnahm. Die Fertigstellung der St. Nicolas Roman Catholic Secondary School in Liverpool wurde durch seinen Tod unterbrochen. Dieser Entwurf, dessen erste Bauetappe ausgeführt wurde, zeigt, dass Ernest Wiesner bis ins hohe Alter als Architekt jung geblieben ist. Man kann nur wünschen, dass der künstlerische Nachlass dieses bedeutenden Architekten erhalten bleibt und seinen Leistungen der gebührende Platz in der modernen Baugeschichte gesichert wird.

Architektur als ethischer Imperativ
Vorwort

Typoskript vom 18. Dezember 2002; abgedruckt in: Hannes Doblhofer (Hg.), *Windbrechtinger. Werk Idee Lebensstil Baugesinnung*, Wien 2002

Traude Windbrechtinger
geboren am 30. November 1922 in Graz
lebt in Wien
Wolfgang Windbrechtinger
geboren am 9. August 1922 in Ramingstein / Salzburg
gestorben am 12. September 2011 in Wien

Traudl und Wolfgang Windbrechtinger kamen 1956 nicht ›aus der Kälte‹, sondern aus dem renommierten deutschen Architekturbüro Hentrich & Petschnig nach Wien. Der Kärntner Hubert Petschnig hatte sich die Partnerschaft mit Helmut Hentrich erarbeitet, der bereits 1945 ein eingeführtes Architekturbüro besaß und schnell die Kurve von einer »klassizistisch-monumentalen Formensprache« (nach Hatje, *Lexikon der Architektur des 20. Jahrhunderts*) zu einer »feingliedrigen Stahl-Glas-Architektur« schaffte und in seinem Büro in Düsseldorf, in der Dynamik des deutschen Wirtschaftswunders, eine Art österreichische Kolonie versammelte.

Diese Eingangsbemerkung ist insofern von Bedeutung, als man damals in Wien (nach den *Darmstädter Gesprächen* 1952) bereits begann, die bundesdeutsche Architektur (vor allem Rudolf Schwarz, Egon Eiermann, Otto Bartning u. v. a.), aber auch einige Großbüros zu registrieren. Die Windbrechtingers kamen also mit Schwung, viel Optimismus und mit neuen Kenntnissen nach Wien, was Aufmerksamkeit, ja eine gewisse Bewunderung erregte. Außerdem waren sie durch Freundschaft mit Roland Rainer verbunden, der durch den Bau der Wiener Stadthalle, des Böhlerhauses, mit seiner Professur am Schillerplatz (ab 1956) und nicht zuletzt durch sein Amt als Wiener Stadtplaner (1958–62) das Symbol einer ›Wiener Wende‹ war.

Nach Temperament und Ausbildung waren Traudl und Wolfgang Windbrechtinger ›Grazer‹, ihr architektonisches Fundament legte an der dortigen Technischen Hochschule Friedrich Zotter, ein legendärer, aufgeschlossener und charismatischer Lehrer. Traudl, so munkelte man, war in der ehelichen Arbeitsgemeinschaft die sensible Entwerferin und flotte Zeichnerin, Wolfgang wurde der Part des Praktikers, des Forschers und Umsetzers zugeschrieben. Wie fragwürdig solche Etikettierungen sind, weiß jeder, der mit Architektur zu tun hat.

Tatsache ist, dass die frühen Arbeiten, vor allem das Volksheim in Kapfenberg oder die Reihenhaussiedlung in Böhlerwerk, nicht nur durch ihr soziales Engagement, sondern auch durch ihr leichtes, elegantes, der Zeit zugewandtes Design eine besondere Signalwirkung hatten. Das Volksheim in Kapfenberg (1957/58) wurde, von allen beneidet, sogar unter nur vier Bauten aus Österreich von Kidder Smith in seinen Architekturführer *Moderne Architektur in Europa** aufgenommen. Die Windbrechtingers hatten auch das Talent, durch besondere inhaltliche Auseinandersetzung mit den Bauaufgaben so etwas wie prototypische Objekte zu entwickeln: das gilt ebenso für den Kindergarten von Amstetten wie für den Volksheurigen Bellevue am Kobenzl, eine eindrucksvolle Verbindung von Aussichtsrestaurant und kleinräumig-intimem Heurigenbetrieb. Der Bau wurde nicht verstanden, der Betrieb schlecht geführt, so kam es zum vorzeitigen Abbruch. Heute wäre die Anlage ein attraktives Ausflugsziel.

Das Werkverzeichnis, das bis zum Ende der achtziger Jahre reicht, weist 27 Wettbewerbe, 56 Realisierungen und 25 Projekt-Gutachten aus. ›Aktionen‹, wie etwa gegen den Abbruch der Wiener Florianikirche oder für ein ›Schöneres Niederösterreich‹ (wobei über fünfzig Orte besichtigt, vier ausgewählt und schließlich Kapellen bearbeitet wurde) werden nur am Rande erwähnt. Gar nicht scheint die Mitbegründung der Österreichischen Gesellschaft für Architektur (1965) und die damit verbundene Ausstellungstätigkeit auf, unter denen sich so impulsgebende wie *Neue städtische Wohnformen* befanden.

Es lohnt sich aber auch, noch einmal die wichtigsten Objekte der Bautenliste Revue passieren zu lassen. Neben den vielleicht bekanntesten Arbeiten, dem Kapfenberger Volksheim und dem Wiener Ausflugsrestaurant Bellevue, gibt es eine Reihe von Kindergärten (Böhlerwerk, Allersdorf bei Amstetten, Obergrafendorf u. a.), die sich mit dem Thema des Hallentyps auseinandersetzten, vor allem aber in besonderer Weise, in Maßstab und Ausstattung, auf die Bedürfnisse des Kleinkindes eingingen. Das Einkaufszentrum Hietzing war in Wirklichkeit ein neues Bezirkszentrum, als Platzanlage (Brunnen und Mosaikwand von Maria Bilger) liebevoll mit dem ehemaligen ›Dorfkern‹ verflochten, das im Zuge der Roland Rainer'schen Stadtplanung entstand. Die Sanierung der Häuser in der Schönlaterngasse/Sonnenfelsgasse gehörte zu den ersten Projekten der Wiener Stadterneuerung, die mit Erfolg das Wohnen in der Innenstadt wieder attraktiv machten und zur Trendwende in der Belebung des 1. Bezirks wesentlich beitrugen. Die Bestandssicherung und Erschließung (Sichtbarmachung) der St. Virgilkapelle unter dem Stephansplatz (im Zuge des

* G. E. Kidder Smith, *Moderne Architektur in Europa*, München 1964

U-Bahnbaus) gehörte ebenso zum Arbeitsfeld wie die Beteiligung an der Fußgängerzone in der Kärntnerstraße.

Die Auseinandersetzung mit dem sozialen Wohnbau ist ein durchgängiges Thema, von den ersten Anfängen in Böhlerwerk (1959) bis zu einer Kleinsiedlung in Floridsdorf (1989), orientiert – wenn man es plakativ umreißen will – an den Grundsätzen eines funktionalen Wohn- und Städtebaus, der die ästhetischen Prämissen aus einem Leistungszusammenhang ableitet, sowohl ökonomische wie ökologische Aspekte bedenkend. Höhepunkt der Auseinandersetzung mit dem städtischen Wohnbau war zweifellos Ende der sechziger Jahre der Planungsprozess für die Großwohnanlage »Am Schöpfwerk« (in einem größeren Architektenteam), aus dem sich allerdings dann die Windbrechtingers zurückzogen. Ebenso blieb der private Wohnbau, vom Einfamilienhaus bis zum Dachausbau, ein anhaltendes Betätigungsfeld, Höhepunkt (vielleicht?) war das Haus für Niki Lauda bei Salzburg. Um die breite Positionierung dieses umfangreichen Werkes zu illustrieren, sei noch an den Umbau des Schauspielhauses in der Porzellangasse oder an die Gestaltung des Engelsplatzes bei der Floridsdorfer Brücke erinnert.

Die zurückhaltende, einem einfachen, aber nicht puristisch beengten Leben zugewandte Architektur von Wolfgang und Traude Windbrechtinger zeigt, wenn man vielleicht von einer skandinavisch beeinflussten Grundhaltung absehen will, eine an den Quellen der anonymen Baukulturen entlangwandernde, wache, das Individuelle hinterfragende, ethisch bestimmte Grundhaltung. Das Kollektive, in einem demokratisch aufgeklärten Sinne positiv kodiert, wird als gesellschaftliche Konvention und als wertvolles Erfahrungsgut akzeptiert. So wird man im gesamten Werk nichts finden, das das Individuum über das Allgemeine stellt (das Künstliche über das Natürliche?) oder das Besondere über das Bewährte. Trotzdem bleibt die Architektur zukunftsorientiert. Sie ist einfach permanent unterwegs, um Gesetzmäßigkeiten des Zusammenlebens auf die Spur zu kommen, aber auch das Bauen unter seinen naturgesetzlichen Bedingungen zu erforschen. So ist es auch verständlich oder entspricht der inneren Logik dieses sich einer größeren Publizität verschließenden Werks, dass sich mit dieser Grundhaltung vor allem Wolfgang Windbrechtinger seit mehreren Jahrzehnten auch mit der Erforschung der ›Bauwelt‹ der Tiere beschäftigt, ein faszinierendes Forschungsfeld, das sogar die Baukunst des Menschen ein wenig zu relativieren vermag. In diesen Forschungen liegt auch ein Versprechen, das hoffentlich noch eingelöst wird.

Eugen Wörle – Ein Mentor der Jungen
Nachruf

Eugen Wörle, der Meister von Kürzestreden, präsent und doch irgendwo nicht erreichbar, den jungen Kollegen zugewandt, mitten im Geschehen und doch aus einer anderen Zeit, so war er bis zuletzt, vor allem in den Veranstaltungen ›seiner ZV‹, eine virtuelle Personalunion voll Engagement und distanzierter Gelassenheit.

Mit dem Architekten Eugen Wörle wird ein Stück Wiener Moderne zu Grabe getragen. Eine Moderne, der man ›Zurückhaltung‹ nachsagen kann, die aber, vor allem in den Nachkriegsjahren, Optimismus, Weltoffenheit, Leichtigkeit, ästhetische Präzision, souveräne Gediegenheit im Handwerklichen und vielleicht einen zu großen ›Schuss‹ Konsensbereitschaft signalisiert hat. Man muss damit natürlich auch einen zweiten Namen nennen: Max Fellerer. Fellerer & Wörle, das war jenes ›Doppelgestirn‹, das in der größtmöglichen Distanz um Clemens Holzmeister kreiste, fast in einer polaren Position und doch fest auf ihn fixiert. Wenn in Clemens Holzmeisters Arbeiten etwas großstädtisch Verfeinertes, Elegantes und Leichtes aufblitzt, dann war sicher die Hand Fellerers im Spiel. Fellerer löste sich aus der zeitweiligen Zusammenarbeit mit Clemens Holzmeister und nahm Ende der dreißiger Jahre den jungen Vorarlberger und Holzmeister-Schüler Eugen Wörle zum Partner. Schon 1934 kamen sie beim Wettbewerb zum »Österreichischen Heldendenkmal« im Burgtor in die engste Wahl. Im Ständestaat gab es dann vorwiegend Ausstellungsgestaltungen: 1934 London, 1937 Mailand und Brüssel. Ein heute noch sehenswerter Privatbau war das Hotel am Tulbinger Kogel (ab 1933).

Wiener Architekturgeschichte machten Fellerer & Wörle mit dem Wiederaufbau des Parlaments, der Neugestaltung des Abgeordnetenhauses (1955–57), wobei durch eine günstige ›Bauherrenkonstellation‹ der Plenarsaal und andere Räumlichkeiten (im Gegensatz zu ›Burg‹ und Oper) auf einem hohen Niveau modern ausgestattet wurden. Ein legendärer Bau der

Typoskript vom 6. Jänner 1997

Eugen Wörle
geboren am 3. Jänner 1909 in Bregenz
gestorben am 14. Dezember 1996 in Wien

Nachkriegsmoderne ist das »Gänsehäufel« geblieben, genaugenommen ein Geniestreich, den Wien in seinem großen Bäderprogramm nicht mehr wiederholen konnte. Heute vergessen ist die Bebauung »Concordiahof« am Passauer Platz, ein sensibler Eingriff in die älteste Bausubstanz Wiens bei »Maria am Gestade«, eine der wenigen geglückten ›Stadtkorrekturen‹ im Wiederaufbau.

Es gibt natürlich auch Arbeiten, die in die ›stille Anonymität‹ des Stadtbilds zurückgetreten sind, etwa die Erweiterung des Finanzministeriums in der Himmelpfortgasse, das Bürohaus am Lugeck oder der Erweiterungsbau der Hochschule für angewandte Kunst. Eugen Wörle musste noch zuschauen, wie Bauten aus der Partnerschaft mit Fellerer und anderen abgebrochen wurden, etwa das elegante Parkhotel Mirabell in Salzburg oder das Haas-Haus II. Erinnernswert ist die noble Haltung, die Wörle gerade beim Haas-Haus eingenommen hat, der Abbruch wurde von ihm nicht bekämpft, sondern geradezu befürwortet. Von den eigenen Bauten, die nach dem Tode Max Fellerers entstanden sind, muss man vor allem an die Terrassenwohnanlage »Goldene Stiege« in Mödling (1968/69) und an die Hochschule Mozarteum in Salzburg (1969–71) erinnern.

Eugen Wörle, dem neugierige Fragen zu seinem Werk eher unangenehm waren, der permanent versuchte, in Anekdoten auszuweichen, hatte in seinem Auftreten als Architekt nichts Missionarisches oder gar Doktrinäres. Man kann ja nicht behaupten, dass er sich nicht öffentlich eingemischt, dass er in Sachen Architektur nicht aufgetreten ist, aber sein Auftreten war ein kollegiales, es war stellvertretend für andere oder eben für die ZV. Unvergessen bleibt mir – um den kleinen Nachruf mit einer Anekdote zu beschließen –, wie er als Vorsitzender der Zentralvereinigung in einer gemeinsamen Aktion mit der Österreichischen Gesellschaft für Architektur Dr. Hertha Firnberg durch das vom Abbruch bedrohte »Wittgenstein-Haus« führte. Nach der Bemerkung der Ministerin »Was, das soll Architektur sein?« machte der zunächst sprachlose Wörle eine lange Führung von Raum zu Raum, von Detail zu Detail, und das Haus wurde langsam, aber sicher für alle Beteiligten zu jenem Juwel der Wiener Moderne, das es ja ist.

Ein großer Amerikaner
Frank Lloyd Wright – Ausstellung in der Galerie St. Stephan

Vielleicht ist es ein glücklicher Zufall, dass gerade jetzt in Wien das Werk eines Architekten gezeigt wird, der seit der Jahrhundertwende als Repräsentant der amerikanischen modernen Architektur angesehen werden kann. So drängen sich natürlich Vergleiche auf und Beziehungen, vielleicht aber auch Maßstäbe für diese zentrale Persönlichkeit der modernen Architektur.

Wright gehörte der Generation von Loos und Hoffmann an, er sprach mit Achtung vom »großen Wiener Meister Wagner«. Während jedoch Loos und Hoffmann letzten Endes doch an den Umständen eines klein und arm gewordenen Landes scheiterten, war es Wright gegönnt, mit einer ungeheuren Vitalität bis ins hohe Alter (er lebte von 1867 bis 1959) zu schaffen und seine Gedanken immer mehr zu entwickeln und durchzusetzen.

Während Wagner am Beginn des letzten Jahrzehnts seines Schaffens die erste moderne Kirche des Kontinents baute (Steinhof), entsteht unabhängig davon die erste amerikanische Kirche der Moderne in Oak Park des jungen Frank Lloyd Wright. Wagner hatte die Publikation des Wasmuth-Verlags, die 1910 das Werk Wrights in Europa bekannt machte, noch gesehen, und er soll dabei zu seinen Schülern gesagt haben: »Meine Herren, der ist weiter als ich.« Wrights Werk wurde international bekannt und es begann die Architekturentwicklung zu beeinflussen. Schon in den »Präriehäusern« (1900–1910) ist vieles vorweggenommen, was später zum Charakteristikum einer ganzen ›Richtung‹ wurde: die Betonung der Horizontalen, das Gelagerte und Gestaffelte, weit auskragende Dächer und vor allem der freie Raumfluss. Wright hat seinen Bauwerken durch viele Schriften eine breite gedankliche Basis gegeben. Sie wirken unmittelbar und einfach, klar, lebendig, aber ebenso phantastisch und visionär. Es scheint der amerikanische Pragmatismus der chinesischen Weisheit begegnet zu sein

aus: *Die Presse* vom 13./14. Juni 1964

Frank Lloyd Wright
geboren am 8. Juni 1867 in Richland Center, Wisconsin
gestorben am 9. April 1959 in Phoenix, Arizona

und daraus entstand diese merkwürdige Mischung von Aktion und Reflexion, von formaler Phantastik und organischer Realistik.

Die kleine, jedoch interessante Wanderausstellung in der Galerie St. Stephan gibt einen guten Einblick in das Werk Wrights. Neben einigen frühen Bauten werden vorwiegend Arbeiten aus der Spätzeit gezeigt. Wright hat immer mit besonderer Hingabe Wohnhäuser geplant, auch in der Zeit der großen Aufträge, von denen eine Anzahl zu sehen ist. Aber es scheinen auch Kirchen, Theater und andere Bauten auf, nicht zuletzt das Guggenheim-Museum und der St. Marks Tower. In den beiden Arbeitsstätten Taliesin West und Nord, in denen Wright in den letzten Jahrzehnten, nach der Jahreszeit wechselnd, gearbeitet und gelebt hatte, in dieser von seiner Persönlichkeit geprägten Atmosphäre empfingen auch zahllose Schüler ihre Ausbildung.

Es gibt keinen zweiten Architekten, der über ein halbes Jahrhundert ein bedeutendes Zentrum der Entwicklung der Architektur gebildet hat und dessen Bauten das internationale Interesse beansprucht haben. Insofern gibt diese Ausstellung auch einen Maßstab für die Auseinandersetzung mit den Pionieren unserer Architektur und ihren Leistungen um die Jahrhundertwende, die diesen Sommer dem Bewusstsein der Öffentlichkeit nähergebracht werden.

Walter Zschokke
Nachruf

Walter Zschokke war nicht nur in der Wiener, sondern in der zentraleuropäischen Architekturszene so etwas wie eine resistente Größe. Er gehörte unter den Architekturtheoretikern und -publizisten zu den Praktikern, der als Architekt in Partnerschaft mit Walter Hans Michl zwar nicht viel, aber doch einige maßgebende Bauten verwirklichen konnte (etwa das Kirchenzentrum am Leberberg oder das Haus in der Kaiserstraße), der also nicht den Kontakt zur Bauwirklichkeit verlor und damit auch nicht das Augenmaß als verantwortungsbewusster Kritiker. Er besaß ein gründliches Fachwissen, das durch viele kulturelle Interessen erweitert und in ein größeres Beobachtungsfeld eingebettet war.

In der Nähe von Aargau aufgewachsen, war seine berufliche Basis nicht nur eine solide Ausbildung an der ETH Zürich (Dissertation über die Sustenpassstraße, also ein über den konventionellen Architekturbegriff hinausreichendes Thema, und spätere Mitarbeit am GTA im engen Kontakt mit Adolph Max Vogt, André Corboz und Jacques Gubler), sondern auch ein unbetontes, aber still gepflegtes Schweizertum, das vor allem in so alten Tugenden wie Verlässlichkeit, Präzision, Ausgewogenheit, ja Bedächtigkeit gegenüber den outrierten Geschwindigkeiten der Profession bestand.

Seine Texte hatten eine bewusste Sperrigkeit zugunsten von Tiefe und Detailgenauigkeit, die den Leser zum Hinschauen und Nachdenken zwangen. Zschokke kam jedoch nie, wie viele Kulturmenschen aus dem ›Westen‹, mit der ›Wiener Mentalität‹ in Konflikt, obwohl er, oberflächlich betrachtet, dafür programmiert gewesen wäre. Er fühlte sich im Wiener Milieu sichtlich wohl. So war es ihm möglich, sich weit über die engeren beruflichen Interessen vielseitig zu engagieren, nicht zuletzt als Gestalter von Ausstellungen, im »Orte – Architekturnetzwerk Niederösterreich«, als Juror, Forscher (etwa über Wiener Wohnhaustypologien) oder als

Typoskript vom 16. Februar 2009

Walter Zschokke
geboren am 15. Jänner 1948
in Wildegg / CH
gestorben am 5. Februar 2009
in Wien

Holzspezialist und als gewichtiger Publizist in zahlreichen Architekturzeitschriften sowie in der Tageszeitung *Die Presse*. Die Architektur verlor mit ihm einen engagierten Anwalt, und viele betrauern einen verlässlichen Freund.

Heimkehr der Moderne?
Versuche der Annäherung an die Arbeiten von Peter Zumthor

Zur Arbeit von Peter Zumthor ist schwer Distanz zu bekommen. Seine Bauten verlangen, dass man sich bedingungslos auf sie einlässt. So wie sie entstanden sind, möchten sie verstanden werden. Und stellt man sich diesen Gedanken, erschrickt man zunächst. Denn Bauen ist ein archaisches Medium, das Zeit, also Gegenwart, Vergangenheit und Zukunft reflektiert. Zumthor entwirft an ›Problemen entlang‹. Er reagiert auf die materiellen und kulturellen Ressourcen des Ortes aus der denkbar größten Distanz. Zumthors O-Ton (aus der Erinnerung): »Ortsarchitektur ohne Weltkenntnis ist uninteressant, Weltarchitektur ohne Ortskenntnis auch.«

    Peter Zumthor ist kein schweigsamer Architekt. Er ist jemand, der sich nachhaltig mitteilt. Seine präzisen Formulierungen sind aber gefährlich, weil essenziell und verführerisch. Er legt Spuren, Fährten, und vielleicht werden auch Fallen aufgestellt. Diese Vermutung könnte schon eine Falle sein. Ich habe aber den Eindruck, dass Zumthor von dem redet, was Sache ist. Seine Sache. Hier unterscheidet er sich wesentlich von anderen Architekten, die oft von dem reden, was nicht ihre Sache ist. Aber was ist ›Sache‹ in der Architektur?

    Da vermutlich jede Annäherung an Zumthors Arbeit ein Umweg ist, beginne ich mit jenem, von dem ich mir am wenigsten verspreche. Ich beginne bei der Sprache, bei seinen zentralen und bevorzugten Begriffen. Die Sprache oder Sprechweise Zumthors ist scheinbar einfach. Scheinbar deshalb, weil sie sich alter, gewöhnlicher, normaler, umgangssprachlicher Begriffe bedient. Er borgt sich keine Vokabeln aus dem gerade rezipierten philosophischen Diskurs oder der Naturwissenschaft aus. Sein Sprechen signalisiert keine theoretische Avantgarde, es ist weder prä-, post-, cis-, trans- oder meta-positioniert. Auch das ist irreführend, verführerisch, weil die Attitüde des ›Normalen‹ gerade bei ihm in das Ungewöhnliche, Unverwechselbare, Auratische, Einmalige vorstößt, auch ins Unheimliche führt.

Typoskript vom 4. März 1997 (gekürzt); abgedruckt in: *Architektur aktuell* 202, April 1997, und auf Englisch in: *a+u* extra edition 1998

Peter Zumthor
geboren am 26. April 1942 in Basel
lebt und arbeitet in Haldenstein / CH

Bleiben wir zunächst bei der Sprache Zumthors. Einige seiner bevorzugten Begriffe sind: Körper, Ort, Erinnerung, Ding, Leidenschaft, Sinne (Geräusche, Düfte, Dunkelheit, Licht, Streiflicht), Stimmung, Qualität, Bild, Anschauung, Ritual, Interpretation = in Architektur umsetzen. Man könnte auch sagen, das ist ein Vokabular der Orientierung in und in Wahrnehmung der Wirklichkeit. Eine Sprache des Hinweisens und Handelns, des Anleitens, der Umsetzung. Die kulturellen Faktoren sind verarbeitet oder werden verarbeitet. Vielleicht auch eine Sprache der Benennbarkeit, des Einklinkens in eine anscheinend reale Lebenswelt.

Das ist sympathisch, weil die Mitteilungen offenbar ihre gesicherte Dingwelt nicht verlassen – das Mitteilbare ist auch vorzeigbar, wie Wittgenstein vermutlich sagen würde –, aber es wäre ebenso gefährlich, wenn man sich darauf verlassen würde. Die ›Gefahr‹ liegt in der Plausibilität des Kommentars, des Kommentarcharakters dieser Sprache, der man auch gerne folgt und die sehr leicht vergessen macht, dass natürlich die eigentliche ›Sprache‹ Zumthors die Architektur ist und dass seine messerscharfe ›mediale Intelligenz‹ in Bereiche vordringt, die höchstens verbal verharmlost werden können.

Kapelle Sogn Benedetg, Sumvitg, Graubünden, Schweiz, 1985–1988

Ort und ›Welt‹

In Zumthors Vortrag »Von den Leidenschaften zu den Dingen« findet sich folgende Schlüsselstelle: »Von Bauwerken, die an ihrem Ort eine besondere Präsenz entwickeln, habe ich oft den Eindruck, sie stünden unter einer inneren Spannung, die über den Ort hinausweist. Sie begründen ihren konkreten Ort, indem sie von der Welt zeugen. Das aus der Welt Kommende ist in ihnen eine Verbindung eingegangen mit dem Lokalen.« Und weiter: »Schöpft ein Entwurf alleine aus dem Bestand und der Tradition, wiederholt er das, was sein Ort ihm vorgibt, fehlt mir die Auseinandersetzung mit der Welt, die Ausstrahlung des Zeitgenössischen. Erzählt ein Stück Architektur nur Weltläufiges und Visionäres, ohne ihren konkreten

Ort zum Mitschwingen zu bringen, vermisse ich die sinnliche Verankerung des Bauwerks an seinem Ort, das spezifische Gewicht des Lokalen.«

Von den Überdachungen der Römerausgrabungen in Chur, über das Studio in Haldenstein, die Kapelle Sogn Benedetg, das Kunstmuseum und das Wohnheim für alte Menschen in Chur, das Haus Gugalun, das Kunsthaus in Bregenz, das Thermalbad in Vals bis zur »Topografie des Terrors« in Berlin ist genau genommen der *Ort* die Fragestellung, an der entlang entworfen wurde.

Bei den Römerausgrabungen in Chur geht es zum Beispiel darum, einen historischen Ort und dessen Spuren vor Regen, Schnee und Sonne zu schützen, aber die natürlichen Bedingungen der Atmosphäre (Durchlüftung) und die Zugänglichkeit zu garantieren. Wohl aus der Erinnerung an alte Trockenscheunen (Leder, Tabak, Karton) und aus der Kombination eines zeitgenössischen Holz- und Stahlbaus ist eine transparente und luzide Raumsequenz entstanden, oder, wenn man so will, ein ›Bild‹ zeitgemäßen Umgangs mit der kulturellen Vergangenheit. Der Bau ist kein dekorierter, sondern ein perforierter Schuppen, der ohne Umschweife von seiner Tätigkeit berichtet. Dass ›nebenbei‹ das durch Jalousiewände eindringende Licht etwas extrem Künstliches, die Raumstimmung vom Alltag Abgehobenes an sich hat, muss man als Architektur bezeichnen.

Die Kapelle von Sogn Benedetg, die wie ein vor Anker liegendes Luftschiff über dem Gebirgsort schwebt, beansprucht in alter Tradition die Ausnahme. Lediglich das Material, der ›Baustoff‹ der Schindelverkleidung, das Silbergrau bis Rotbraun, wird mit den Holzhäusern des Dorfes geteilt. Die Tropfen-, Schiff- oder Fischform verspricht einen zwar gerichteten, aber doch in sich ruhenden, in sich zurückkehrenden Raum. Das Gerüst beschreibt diese Raumform mit der Sinnlichkeit eines Musikinstruments, die zweite Schicht – die anthrazit-silbrige Wand – signalisiert Verflüchtigung und Gefangenheit des Raumes in einem. Ein Ort der Einkehr und der Kontemplation. Der Boden klingt hohl, die Sparsamen und Kleinlichen machen darunter einen leeren und ungenutzten Raum aus und spüren nicht, dass gerade dieser Polster das Geheimnis der Abgehobenheit dieses Ortes ist.

Wenn man sich an den Ort des Wohnheims für alte Menschen in Chur erinnert, steigt das Bild eines sozialen Raums auf, eines sanft abfallenden Hanges, der von einer langen, gangartigen Halle aufgefangen wird. Hier haben sich alte Menschen in eine wohlige oder auch gespannte Gemeinschaft zurückgezogen und blicken freundlich, abwesend, missmutig oder gleichgültig auf die ›Welt‹, durch die sie gekommen sind. Der private Teil des Wohnens ist vom Hang abgewendet: Blick in die Ferne, Einsamkeit. Wenn ein Luxus des alten Menschen in der freien Wahl der Kontakte besteht, hat hier Zumthor einen solchen luxuriösen Ort geschaffen.

Stil ist keine Frage, das Symbol uninteressant
Peter Zumthors Umgang mit dem Ort ist mehr als die Überwindung eines regionalistischen Themas. Seine Architektur schiebt insofern zweihundert Jahre Form- und Stildiskussion beiseite, als er sich auf die Abkoppelung der Form von Inhalten – ob konstruiert, erfunden, akademisch aufbereitet oder nicht – gar nicht einlässt. Zumthor ist auch kein Funktionalist, weil er auch Funktionen nicht darstellt, die Sachlichkeit, die man ihm streckenweise gern zugestehen würde, zeigt keine Lust, sich als ›Stil‹ zu deklarieren. Wir wissen inzwischen, dass sich seit der Proklamation des International Style die Moderne wieder heillos in stilistischen Moden verheddert hat. So gesehen geht Zumthor mit seinem Versuch eines Entwerfens ›an den Problemen entlang‹ wieder auf die Position der frühen Moderne zurück, die, wie wir wissen, in ihrer Entwicklung ins 20. Jahrhundert dank der Hilfe der Architekturtheorie und ihrer Geschichtsschreibung, immer wieder ins Stildenken abgeglitten ist.

Zumthors Bauten sind eine Kritik dieser in die Irre gegangenen Moderne, keine postmoderne, keine semantische, keine in eine Zeichensprache verwandelte, sondern eine ursprüngliche, ihren alten Zielen immanente, wie sie etwa vor einem halben Jahrhundert in Wien Josef Frank versuchte, indem er das Bauhaus und das ›Neue Bauen‹ als Nachfahren eines In-welchem-Style-sollen-wir-bauen-Denkens entlarven wollte. Martin Steinmann drückt dies so aus: »Entwerfen bedeutet für ihn also, die Form, an der er seine Erfahrung gemacht hat, zu verallgemeinern, das heißt, sie auf Merkmale zurückzuführen. Welche sie zur allgemeinen Form machen (Zur Form diesseits von ›Geschichten‹) ... So lässt sich in der Architektur von Zumthor eine Recherche erkennen, die sich einerseits auf die ›Form, die stimmt‹, andererseits aber darauf, dieses ›Stimmen‹ in den Dingen anzusiedeln.«

Zumthors Bauten sind Ort und haben ›Welt‹, sie können nur an ihren Baustellen erfunden und entwickelt worden sein. Sie reden mit dem Ort, nicht mit der Region. Man kann in ihnen alle Erfahrungen der Moderne entdecken, vom Umgang mit dem Raum bis zu seriellen Konstruktionsmethoden. Das betont Handwerkliche, das ihm immer nachgesagt wird, spielt eine untergeordnete Rolle. Natürlich ist eine Tischlerlehre für einen Architekten ein Ausweis und für einen Kritiker ein Aha. Aber Zumthor hält nicht viel von einer Handwerklichkeit als Jungbrunnen, die größten Handwerker können die scheußlichsten Dinge produzieren. Das Geheimnis seiner Handwerklichkeit liegt woanders: es liegt in der Präzisierung eines Gedankens und in dessen Umsetzung, und er verlangt vom Zimmermeister die Genauigkeit des Tischlers, vom Maurer die des Steinmetz, vom Schmied die des Schlossers und vom Schlosser die des Feinmechanikers oder Uhrmachers. Die handwerkliche Disziplin ist also kein Selbstzweck, sondern eine radikale Methode der ›Verdinglichung‹ von Gedanken.

Man kann also, wenn man will, in Zumthor einen Entwerfer sehen, der nicht nach gesellschaftlichen und damit kulturellen Vorgaben entwirft (und seien sie noch so aktuell), sondern nach Bildern von Orten, die er als besonders intensiv und ›stimmig‹ in Erinnerung bewahrt hat. Das kann genauso eine Ferienhütte, ein Presbyterium oder eine Bar sein. Es sind meist Erinnerungen an ›Stimmungen‹, die oft nur für einen Augenblick gelten. Das ist zwar eine höchst verdächtige Aussage des Architekten, aber man muss nicht immer alles bezweifeln.

Kapelle Sogn Benedetg,
Sumvitg, Graubünden,
Schweiz, 1985–1988

Nachwort

Wenn Friedrich Achleitner einen Architekten oder eine Architektin entwirft, dann entsteht kein Standbild, das auf einem Sockel thront, sondern eher eine lockere Bleistiftskizze, die in unterschiedlichen Ausführlichkeitsgraden charakteristische Züge zeigt, aber nicht fixiert. Die hier versammelten Architektenporträts (Laudationes, Vorworte, Geburtstagsreden, Nachrufe etc.) sind aus unterschiedlichen Anlässen, in unterschiedlichen Zeiten und Zusammenhängen, oft als Gelegenheitsauftrag, aber zumeist auf Basis einer langjährigen Kenntnis von Leben und Werk des oder der zu Porträtierenden entstanden. Die vorliegende Auswahl an ›Konterfeis‹ zeichnet daher auch die Begegnungsmuster, Verflechtungen und Freundschaften des Autors nach, sodass sich die Porträts in der alphabetischen Aufstellung dieses Buches zu einem erfrischend heterogenen Gruppenbild mitteleuropäischer Architektur – und manchmal darüber hinaus – des 20. Jahrhunderts verdichten. Zu den Wahlverwandten gesellen sich aus der Ferne Geschätzte, und unter die Wegbegleiter mischen sich Zufallsbekanntschaften und Passanten.

Indem Achleitner das jeweilige Architektenporträt nicht als Darstellungsproblem, sondern von vornherein als Konstruktions- und Entwurfsaufgabe begreift, meistert er die Aussichtslosigkeit einer getreuen Abbildung mit Leichtigkeit und sicherem Strich. Wenige Linien können genügen, um eine Person zu erfassen. Die Frage, ob Porträtskizzen dieser Art noch Architekturtext oder bereits Literatur sind, ist müßig, denn Achleitner hält – aus Überzeugung und/oder Gewohnheit – seine unterschiedlichen Schreibgebiete seit Jahrzehnten säuberlich getrennt. Angesprochen auf sein Doppelleben als Architekturforscher und Dichter betont er gerne, dass für ihn Literatur und das Schreiben über Architektur zwei vollkommen verschiedene Sphären seien und dass er die Literatur immer als ›Vergnügen‹ und das Schreiben über Architektur stets als ›Knochenarbeit‹ empfunden habe. Gerade weil er wiederholt über *die Unmöglichkeit, über Architektur zu schreiben* reflektierte und diese Behauptung in anhaltender Textproduktion ins Reich der Paradoxa verwies, fordert die Trennlinie, die Achleitner zwischen seinen beiden Sprachwelten zieht, zur relativierenden Ergänzung auf: Die Unmöglichkeit über Architektur (oder gar über Architekten) zu schreiben, zielt ja auf die Unmöglichkeit über *irgendeinen* Gegenstand zu schreiben ab, auf die Aussichtslosigkeit *aller* Versuche, der Wirklichkeit im Schreiben ebenbildlich beizukommen. Diese sprachskeptische Grundhaltung ist in der vorliegenden Textsammlung auf besondere Weise wirksam, sie – und nicht etwa die lückenlose Wiedergabe von Lebensdaten – verleiht den Porträtskizzen ihre Prägnanz und Glaubwürdigkeit.

Bereits als junger Dichter und Mitglied der wiener gruppe (mit H. C. Artmann, Konrad Bayer, Gerhard Rühm und Oswald Wiener) hatte er in den 1950er Jahren der Abbildungsfunktion der beschreibenden Literatur den Kampf angesagt und die Wirklichkeit der Sprache, das Konkrete ihrer Materialität und Lautlichkeit in den Mittelpunkt gerückt. Sind die beiden »literarischen cabarets« von 1958 und 1959, die zahlreichen Montage- und Dialektdichtungen sowie die in jüngerer Zeit vorgelegten Prosaminiaturen auch einerseits eindrückliche Ergebnisse dieser Fokussierung auf die Sprache als Material, so habe ihm andererseits die Architekturkritik Beschreibungszwang eingebracht – und zwar ›lebenslänglich‹, wie Achleitner ergänzt. Dieser lustvoll ausgelebte Beschreibungsrealismus begann 1961 in der *Abend-Zeitung*, wo Achleitner unter dem Pseudonym *christon* zunächst die Rubrik »Bausünden« betreute. Ab 1962 schrieb er auch in *Die Presse* die Kolumne »Neues Bauen – kritisch betrachtet« und zehn Jahre lang nahm er wöchentlich, manchmal auch mehrmals pro Woche, zu aktuellen Architekturthemen kritisch Stellung. 1973 ermöglichte ihm ein DAAD-Stipendium ein Jahr Auszeit in Berlin, und er schrieb mit Vergnügen an seinem *quadratroman*. Die Architektur sollte ihn danach schnell wieder einholen: als Hochschullehrer, Architekturforscher, gefragter Juror und Publizist. Als er für Attribute dieser Art noch viel zu jung ist, wird Achleitner bereits als Nestor oder Doyen der österreichischen Architekturkritik bezeichnet – ein Hinweis auf das architekturpublizistische Vakuum nach 1945 und Beleg dafür, wie wesentlich seine Stimme für die Rezeption der österreichischen Architektur des 20. Jahrhunderts war und bis heute ist.

Wer über einen Bau in Österreich etwas wissen will, schaut nach im »Achleitner« und meint damit die *Österreichische Architektur im 20. Jahrhundert*. Dieser ab 1965 in völliger Unterschätzung der eigenen

Gründlichkeit konzipierte Architekturführer ›im handlichen Taschenformat‹ wuchs sich im Laufe der Recherchen und Begehungen zu einem immer größeren Forschungsprojekt aus, sodass die zwischen 1980 und 2010 in fünf Einzelbänden erschienene Dokumentation in Summe nun mehr als 2000 Seiten umfasst. In diesen Bänden ist nicht nur die relevante Bausubstanz Österreichs (ohne Niederösterreich) kompakt dargestellt, sondern auch die Kunst der pointierten Beschreibung zur Meisterschaft gebracht. Knochenarbeit, die in Vergnügen umschlägt? Die Vermutung liegt nahe, denn betrachtet man das schriftliche Werk von Friedrich Achleitner in seiner kaum fassbaren Gesamtheit, dann weicht die Dialektik von Knochenarbeit und Vergnügen unweigerlich der Vorstellung von kommunizierenden Gefäßen, die einander bedingen und ausgleichen.

Das gilt auch für die vorliegende Textsammlung, die als Publikationsprojekt mit dem Arbeitstitel »Konterfeis« eine lange Stehzeit hatte, dann aber umso lustvoller ins Rollen kam. Rund 500 Texte zu rund 190 Personen beziehungsweise Partnerschaften – vielen von ihnen widmete der Autor mehrere Beiträge, etwa ›zum 60er‹, ›zum 70er‹, ›zum 90er‹ etc. – galt es zu lesen, aus der vorhandenen Fülle eine Auswahl zu treffen, die zugleich exemplarisch und abwechslungsreich ist, manche Beiträge schweren Herzens auszuscheiden und andere doch in die Liste aufzunehmen, auch wenn sie thematisch in Randbereichen beheimatet sind, um schließlich 86 Beiträge zusammenzustellen, die zwischen 1963 und 2011 entstanden sind. Wesentliche architekturkritische Texte der Frühzeit sind ja in *Nieder mit Fischer von Erlach* (Residenz Verlag, 1986) sowie in *Aufforderung zum Vertrauen* (Residenz Verlag, 1987) versammelt, doch die personenbezogenen Artikel aus der *Presse*-Zeit Achleitners blieben damals ausgespart. Umso wichtiger erschien es uns, einige exemplarische Beispiele in unsere Sammlung aufzunehmen, die das baukulturelle Klima im Wien der 1960er Jahre ausgezeichnet dokumentieren. In der Auswahl der porträtierten Personen haben wir uns an der Lebenszeitachse des Autors orientiert und die ›ganz alten‹ (historischen) und die ›ganz jungen‹ (zukunftsträchtigen) Architekten ausgeblendet, um in einer losen Gruppierung von Einzelporträts den Aspekt der biografischen Querverbindungen zu unterstreichen. Bestimmte Akteure, etwa Clemens Holzmeister oder Konrad Wachsmann, tauchen daher nicht zufällig als Lehrer oder Wegbegleiter in mehreren Texten auf. Mit Ausnahme etwa von Otto Wagner und Adolf Loos, die als historische Bezugsgrößen in der österreichischen Architektur nach 1945 ohnehin einen besonderen Stellenwert einnehmen, wäre – wenn es nicht sowieso der Fall war – eine direkte Begegnung des Autors mit dem jeweiligen

›Betrachtungsgegenstand‹ zumindest möglich gewesen. Die alphabetische Reihung der Texte nach dem Namen der Protagonisten unterstreicht zum einen die ›lexikalische Gründlichkeit‹, mit der Friedrich Achleitner arbeitet, und regt zum anderen dazu an, sich gewissermaßen ›sprunghaft‹ zu vertiefen – entweder die behandelten Architekten oder die Entstehungszeit betreffend –, was wiederum die enorme inhaltliche und zeitliche Bandbreite des schriftlichen Werks Achleitners spürbar macht. Etwa ein Drittel der Beiträge ist hier erstmals publiziert bzw. zuvor nur in Sonderpublikationen in kleinster Auflage erschienen. Doch auch die übrigen, in unterschiedlichen Medien (Tageszeitungen, Fachzeitschriften, Monografien, Katalogen) veröffentlichten Porträts sind aufgrund der breiten zeitlichen und örtlichen Streuung entweder schon lange vergriffen oder schwer zugänglich. Wo es möglich war, haben wir für die Erstellung des Textkonvoluts auf die jeweilige Typoskriptfassung der Beiträge zurückgegriffen, die im Regelfall – handschriftlich mit einem Entstehungsdatum versehen – in Ring-Ordnern abgelegt war. Um den Lesefluss durch wechselnde Orthografie-Konventionen nicht zu stören, folgen die Texte in diesem Band einheitlich der neuen Rechtschreibung. Dass an den Texten selbst keine Änderungen vorgenommen wurden, versteht sich von selbst, nur in wenigen Fällen haben wir im Hinblick auf die Gesamtproportionen des Buches maßvoll gekürzt, so wurden etwa die kolloquialen Anredeformeln am Beginn oder Schluss von Laudationes oder Geburtstagsreden weggelassen.

Da die Porträtskizzen Achleitners in ihrer Plastizität keiner zusätzlichen Visualisierung bedürfen, haben wir von Porträtfotos der Architektinnen und Architekten abgesehen und uns auf eine kleine Auswahl von Bauwerken aus Achleitners persönlichem Bildarchiv beschränkt, die ausnahmslos außerhalb Österreichs situiert sind und das architektonische Gruppenbildnis in seiner mitteleuropäischen Bandbreite akzentuieren.

Eine vollständige Bibliografie von Friedrich Achleitners Texten würde den Rahmen dieses Buches sprengen, hat er doch weit über tausend Beiträge zu einzelnen Bauwerken sowie zu architekturhistorischen, theoretischen und baukulturellen Themen verfasst. So beschränkt sich die Aufzählung im Anhang auf Einzelpublikationen sowie die Listung aller ›Konterfeis‹, um den Leserinnen und Lesern einen Überblick über das vorhandene Material zu geben. Wir haben uns – komplementär zur alphabetischen Ordnung der Textbeiträge und des Registers – in der Auswahlbibliografie für eine chronologische Auflistung entschieden, die einen repräsentativen, wenn auch keineswegs Vollständigkeit beanspruchenden Einblick in die personenbezogene Textproduktion von Friedrich Achleitner gibt.

Für uns als Herausgeberinnen war die Arbeit an diesem Buch inspirierend und höchst erfreulich. Das betrifft sowohl die intensive inhaltliche Auseinandersetzung im Team als auch die Zusammenarbeit mit Peter Duniecki, der für die grafische Gestaltung verantwortlich zeichnet und dem wir an dieser Stelle für sein Engagement und seine Geduld herzlich danken möchten, das Interesse und Entgegenkommen von Christian und Ingrid Reder, die neben den öffentlichen Fördergebern diese Publikation mit ihrer RD Foundation Vienna maßgeblich unterstützen sowie natürlich den Austausch mit Friedrich Achleitner. Seine persönliche Bescheidenheit, gepaart mit beeindruckender Beharrlichkeit, führten zu ebenso heißen wie heiteren Diskussionen und einem Ergebnis, das, wie wir hoffen, nicht nur die fachliche Kompetenz, sondern auch die wohlwollende Ironie und die sprachliche Meisterschaft des Autors einmal mehr in vergnüglicher und bereichernder Form erlebbar macht.

Eva Guttmann, Gabriele Kaiser, Claudia Mazanek

aus: *UMRISS* 1+2|90

Friedrich Achleitner

geboren am 23. Mai 1930 in Schalchen, Oberösterreich
- 1949 Matura, Höhere Bundesgewerbeschule Salzburg, Abteilung Hochbau
- 1950–53 Akademie der bildenden Künste Wien, Meisterschule Clemens Holzmeister, Diplom
- 1953–55 Meisterschule Emil Pirchan, Bühnenbild
- 1953–58 Freischaffender Architekt, Zusammenarbeit mit Johann Georg Gsteu
- 1958 als freier Schriftsteller Mitglied der *wiener gruppe* mit H. C. Artmann, Konrad Bayer, Gerhard Rühm und Oswald Wiener und Teilnahme an den beiden *literarischen cabarets* 1958 und 1959
- 1961 Architekturkritiker der *Abend-Zeitung*
- 1962–72 Architekturkritiker der Tageszeitung *Die Presse*
- 1963–83 Lehrtätigkeit an der Akademie der bildenden Künste Wien
- 1965–80 Vorarbeiten für den ersten Band *Österreichische Architektur im 20. Jahrhundert*
- 1983–98 Vorstand der Lehrkanzel für Geschichte und Theorie der Architektur an der Hochschule (heute Universität) für angewandte Kunst in Wien
- 1998 Emeritierung
- 1999 Ankauf von Teilen des Vorlasses (Achleitner Archiv zur österreichischen Architektur des 20. Jahrhunderts) von der Stadt Wien und Übergabe an das Architekturzentrum Wien
- 2010 der fünfte und letzte Band *Österreichische Architektur im 20. Jahrhundert* erscheint
- 2010–12 Universitätslektor an der Kunstuniversität Linz

Lebt und arbeitet als Architekturpublizist und Schriftsteller in Wien.

Preise und Auszeichnungen

1957 Theodor Körner-Preis (mit J. G. Gsteu)
1980 Preis für Architekturpublizistik der Österreichischen Gesellschaft für Architektur
1982 Prechtl-Medaille der Technischen Universität Wien
1983 Camillo Sitte-Preis
1984 Staatspreis für Kulturpublizistik
1989 Kulturpreis der Stadt Kapfenberg
1990 Preis der Stadt Wien für Kulturpublizistik
1994 Kärntner Würdigungspreis für Baukultur
1995 Oberösterreichischer Landeskulturpreis für Architektur
1995 Ehrenmedaille der Bundeshauptstadt Wien in Gold
1999 Preis des Architekturmuseums Basel
2002 Goldenes Ehrenzeichen für Verdienste um das Land Wien
2004 Mauriz Balzarek-Preis des Landes Oberösterreich
2005 Montfortorden in Gold (Land Vorarlberg)
2007 Ehrenring der Universität für angewandte Kunst Wien
2007 Ehrenmitglied der Wiener Secession
2007 Preis der Stadt Wien für Literatur
2008 Erich Schelling-Preis (Karlsruhe)
2008 Ehrendoktorat der Kunstuniversität Linz
2009 Paul Watzlawick-Ehrenring
2014 Österreichisches Ehrenkreuz für Wissenschaft und Kunst 1. Klasse

Bibliografie

EINZELPUBLIKATIONEN

Belletristik

1959 *hosn rosn baa.* Dialektgedichte mit H. C. Artmann und Gerhard Rühm. Frick, Wien
1960 *schwer schwarz. konkrete poesie.* Eugen Gomringer Press, Frauenfeld
1967 *die wiener gruppe.* Mit H. C. Artmann, Konrad Bayer, Gerhard Rühm und Oswald Wiener. Hg. v. Gerhard Rühm. Rowohlt, Hamburg
1970 *prosa, konstellationen, montagen. dialektgedichte, studien. Gesammelte Texte.* Rowohlt, Reinbek
1973 *quadrat-roman & andere quadrat-sachen; 1 neuer bildungsroman 1 neuer entwicklungsroman etc. etc. etc.* Luchterhand, Darmstadt–Neuwied (NA Residenz, Salzburg 1995; *quadrat-roman.* Zsolnay, Wien 2007)
1980 *super rekord 50 + 50.* Mit Gerhard Rühm. Edition Neue Texte, Linz
1991 *kaaas. Dialektgedichte.* Residenz, Salzburg–Wien
1995 *Die Plotteggs kommen. Ein Bericht.* Sonderzahl, Wien
2003 *einschlafgeschichten.* Zsolnay, Wien
2004 *wiener linien.* Zsolnay, Wien
2006 *und oder oder und.* Zsolnay, Wien
2009 *der springende punkt.* Zsolnay, Wien
2011 *iwahaubbd. dialektgedichte.* Zsolnay, Wien
2015 *wortgesindel.* Zsolnay, Wien

Architektur

1968 *Lois Welzenbacher 1889–1955.* Mit Ottokar Uhl. Residenz, Salzburg
1975 *Wohnen etcetera. Ein Kurzreferat gehalten bei einem Forum-Gespräch im IDZ-Berlin, Ende 1972 für Bayern etwas gesäubert, gekürzt und für Rüdiger Möller handgeschrieben April 1975.* Architekturtexte 2. Hg. v. Rüdiger Möller. Typo-Druck, München
1977 *Die Ware Landschaft. Eine kritische Analyse des Landschaftsbegriffs.* Hg. v. F. Achleitner. Residenz, Salzburg, (NA 1978, 1992)
1980 *Österreichische Architektur im 20. Jahrhundert. Band I: Oberösterreich, Salzburg, Tirol, Vorarlberg.* Residenz, Salzburg–Wien
1983 *Österreichische Architektur im 20. Jahrhundert. Band II: Kärnten, Steiermark, Burgenland.* Residenz, Salzburg–Wien
1986 *Nieder mit Fischer von Erlach. Architekturkritik.* Residenz, Salzburg–Wien
1987 *Aufforderung zum Vertrauen. Aufsätze zur Architektur.* Residenz, Salzburg–Wien
1990 *Österreichische Architektur im 20. Jahrhundert. Band III/1: Wien 1.–12. Bezirk.* Residenz, Salzburg–Wien
1994 *Die rückwärtsgewandte Utopie: Motor des Fortschritts in der Wiener Architektur?* [Wiener Vorlesungen im Rathaus, Band 29]. Picus, Wien

1995   *Österreichische Architektur im 20. Jahrhundert. Band III/2: Wien 13.–18. Bezirk.* Residenz, Salzburg–Wien
1996   *Wiener Architektur. Zwischen typologischem Fatalismus und semantischem Schlamassel.* Böhlau, Wien u. a.
1997   *Region, ein Konstrukt? Regionalismus, eine Pleite?* Birkhäuser, Basel u. a.
2002   *Ottokar Uhl – Architekt und Ermöglicher.* Mit Michael Athanassiadis und Herbert Muck. [Wiener Vorlesungen im Rathaus, Band 90]. Picus, Wien
2010   *Österreichische Architektur im 20. Jahrhundert. Band III/3: Wien 19.–23. Bezirk.* Residenz, St. Pölten–Salzburg
2013   *Den Toten eine Blume. Die Denkmäler von Bogdan Bogdanović.* Zsolnay, Wien (englische Ausgabe: Park Books, Zürich 2013)
2015   *Friedrich Achleitners Blick auf Österreichs Architektur nach 1945.* Hg. v. d. Kunstuniversität Linz, Roland Gnaiger, die architektur. Birkhäuser, Basel

THEMENSPEZIFISCHE AUSWAHL VON BEITRÄGEN IN BÜCHERN, KATALOGEN, PERIODIKA UND ZEITUNGEN

1956   ▪ Pfarrkirche Parsch (arbeitsgruppe 4), in: *Der Bau* 11/12
1958   ▪ Gebt mir einen festen Punkt … Prof. Wachsmann und das Bauen von morgen, in: *Die Furche*, 15.02.
1961   ▪ Zeichnen und Bauen (Holzmeister-Ausstellung in der Akademie der bildenden Künste), in: *Abend-Zeitung*, 14.06.
▪ Adolf Loos, in: *Wort und Wahrheit* 6/7
▪ Ernst Plischke. Ein Kapitel österreichischer Architekturgeschichte, in: *Alte und moderne Kunst* 50
▪ Wendepunkt im Bauen (Konrad Wachsmann), in: *bauen heute – Berner Tagblatt*, 31.05.
1962   ▪ Hans Grohmann. Neue Kleinhäuser und Ferienhäuser, in: *Christliche Kunstblätter* 1
▪ Kompliment für Wien (Richard Neutra – Vortrag im Auditorium Maximum), in: *Die Presse*, 27.10.
▪ Siegfried Theiss feiert den 80. Geburtstag, in: *Die Presse*, 17.11.
1963   ▪ Die Steinzeit geht zu Ende (Richard Buckminster Fuller im Bauzentrum), in: *Die Presse*, 26.02.
▪ Dome der Zukunft (Ausstellung B. Fuller im Bauzentrum), in: *Die Furche*, 20.04.
▪ Klassizist der Ringstraße (Theophil Hansen vor 150 Jahren geboren), in: *Die Presse*, 13./14.07.
▪ Architektur ist zwecklos (Hollein–Pichler Ausstellung in der Galerie St. Stephan), in: *Die Presse*, 10.05.
▪ Am Anfang steht die Tradition (Arne Jacobsen – Bauten und Geräte am Schillerplatz), in: *Die Presse*, 31.01.
▪ Ernst Lichtblau (Nachruf), in: *Die Presse*, 11.01.
▪ Keinen Anspruch auf Adolf Loos. Vor 30 Jahren starb der Architekt in Kalksburg, in: *Die Presse*, 24./25.08.
▪ Eine Zivilisation der Passagiere (Neutra und Gruen beim Europagespräch), in: *Die Presse*, 14.06.
▪ Ein Mann internationalen Stils (Ernst Plischke – Nachfolger Holzmeisters am Schillerplatz), in: *Die Presse*, 16.10.
▪ Siegfried Theiss (Nachruf), in: *Die Presse*, 28.01.
▪ Besinnung auf Otto Wagner (Ausstellung im Historischen Museum d. Stadt Wien), in: *Die Presse*, 15./16.06.
▪ Otto Wagners Wiederkehr, in: *Wort und Wahrheit* 8/9
1964   ▪ Umschlagplatz architektonischer Ideen (arbeitsgruppe 4 gestaltet ›Wien der Zukunft‹), in: *Die Presse*, 25.11.
▪ grande mostra di Loos a Vienna, in: *domus* 418
▪ Loos' Erbe und Erben (Geheime Ausstellung im Museum des 20. Jahrhunderts), in: *Die Presse*, 02./03.05.
▪ Architektur ohne Programm (Plischke-Vortrag), in: *Die Presse*, 27.01.
▪ Er war ein denkender Baumeister (Rudolf Schwarz am Schillerplatz), in: *Die Presse*, 25./26.01.
▪ Ein Höhepunkt im modernen österreichischen Kirchenbau (Rudolf Schwarz), in: *Die Presse*, 16./17.05.
▪ Otto Wagner und der Beginn der modernen Architektur, in: *Die Presse*, 05./06.12.

- Verehrt, geachtet und übersehen (Lois Welzenbacher), in: *Die Presse*, 18./19.01.
- Ein großer Amerikaner (Frank Lloyd Wright in der Galerie St. Stephan), in: *Die Presse*, 13./14.06.

1965
- Das Kolleg Salzburg–Aigen (arbeitsgruppe 4), in: *Christliche Kunstblätter* 2
- Repräsentant Wiener Architektur (Josef Frank 80), in: *Die Presse*, 17./18.07.
- Ohne Dogma und Pathos (Josef Frank-Ausstellung), in: *Die Presse*, 24.12.
- In lebendiger Tradition (Leopold Kaufmann / Bernhard Haeckel), in: *Die Presse*, 24./25.07.
- Ein griechischer Baumeister (Aris Konstantinidis), in: *Die Presse*, 13./14.02.
- Das wahre Genie der Architektur (Zum Tod von Charles Le Corbusier), in: *Die Presse*, 30.08.
- Architektur und Konstruktion (Angelo Mangiarotti), in: *Die Presse*, 06./07.03.
- Straße und Zeit (Giovanni Michelucci – Autobahnkirche bei Florenz), in: *Die Presse*, 18./19.09.
- Ernst A. Plischke. Anliegen Architektur, in: *Die Furche*, 18.02.
- Bauten Schriften Projekte (Roland Rainer-Ausstellung am Schillerplatz), in: *Die Presse*, 10.03.
- Architektur und Politik. (Ferdinand Schuster – Antrittsvorlesung in Graz), in: *Die Presse*, 24./25.04.
- Mit falschem Vorzeichen (Camillo Sitte), in: *Die Presse*, 23./24.10.
- Raum als Schicksal (30. Todestag von Oskar Strnad), in: *Die Presse*, 03.09.
- Raum und Bewegung (Oskar Strnad), in: *Die Presse*, 18./19.12.
- Städtebauliche Architektur (Van den Broek und Bakema-Ausstellung), in: *Die Presse*, 16./17.10.
- Otto Wagner, in: *domus* 423
- Welzenbacher-Ausstellung, in: *Die Presse*, 12.03.

1966
- Architekturmoralisten (arbeitsgruppe 4), in: *Die Presse*, 28./29.05.
- Ethik oder Ästhetik (New Brutalism – Reyner Banham), in: *Die Presse*, 31.12.
- Impuls aus Graz (Günther Domenig und Eilfried Huth), in: *Die Presse*, 03./04.09.
- Amerikanische Architekten (Esherick, Johansen und Johnson-Ausstellung), in: *Die Presse*, 02./03.04.
- Das Haus – Ein Raum. Arzthaus in Kagran (Rupert Falkner / Anton Schweighofer), in: *Die Presse*, 04./05.06.
- Privates Himmelreich der Architektur (Ernst Fuchs), in: *Die Presse*, 03./04.12.
- Seelsorgeanlage Wien–Baumgarten (Johann Georg Gsteu), in: *Christliche Kunstblätter* 2
- Einfachheit und Eindeutigkeit (Johann Georg Gsteu), in: *Die Presse*, 09./10.07.
- Zerstörung einer Legende (Hugo Häring-Ausstellung), in: *Die Presse*, 30.04./01.05.
- Städtebauliche Grundstruktur (Bernhard Hafner – Architekturalternativen), in: *Die Presse*, 02./03.07.
- Einigkeit der progressiven Kräfte (Hans Hollein), in: *Die Presse*, 18./19.06.
- Das Kerzengeschäft am Kohlmarkt (Hans Hollein), in: *Bau* 3
- Clemens Holzmeister, in: *Bau* 1/2
- Ein österreichischer Architekt (Clemens Holzmeister 80), in: *Die Presse*, 26./27.03.
- Faszination des Raumes (Lebenswerk des kürzlich verstorbenen Frederick J. Kiesler), in: *Die Presse*, 22./23.01.
- Baden ohne Kornhäusel: in: *Die Presse*, 19./20.03.
- Loos-Chronist in Wien (Gespräch mit Heinrich Kulka), in: *Die Presse*, 06.09.
- Tradition statt Traditionalismus (Josef Lackner), in: *Die Presse*, 07./08.05.
- Meister des Stahlbetons (Riccardo Morandi), in: *Die Presse*, 22./23.10.
- Weg zur Synthese (Das Werk Roland Rainers), in: *Die Presse*, 08./09.01.
- Gesteigerte Sachlichkeit (Ottokar Uhl), in: *Die Presse*, 13./14.08.
- Human betontes Bauen (Traude und Wolfgang Windbrechtinger), in: *Die Presse*, 16./17.04.

1967
- Gelegenheit zu einer Zwischenbilanz. Die arbeitsgruppe 4, in: *Bau* 3/4
- Kulturpreis für Architekten (arbeitsgruppe 4 von Stadt Kapfenberg ausgezeichnet), in: *Die Presse*, 13./14.05.
- Pionier der Baukunst (Behrens-Ausstellung im Österreichischen Design Centre), in: *Die Presse*, 22./23.04.
- Rom gedenkt Borromini, in: *Die Presse*, 14./15.10.
- Die Welt Buckminster Fullers (Vortrag in der Wiener Stadthalle), in: *Die Presse*, 20.06.
- Architekt, Urbanist und Erfinder (Max Fabiani-Ausstellung an der TH Wien), in: *Die Presse*, 21./22.01.
- Wienerisch ohne Dekor (10. Todestag von Max Fellerer), in: *Die Presse*, 11.04.

- Architektur kann jeder (Urban Fiction-Ausstellung – Günther Feuerstein), in: *Die Presse*, 04./05.02.
- Kirchenbau-Programmierung (Walter Förderer-Vortrag bei ZV), in: *Die Presse*, 27.06.
- Die letzte Bauhütte (Gaudí-Ausstellung in der Galerie nächst St. Stephan), in: *Die Presse*, 20./21.05.
- Der Goldene Rechenschieber (Rudolf Hönigsfeld), in: *Die Presse*, 18./19.03.
- Verseuchtes Vokabular (Jörn Janssen-Vortrag), in: *Die Presse*, 25.04.
- Architekt, Humanist, Wiener (Zum 75. Geburtstag von Richard Neutra), in: *Die Presse*, 08./09.04.
- Neutra als Neutra (Ausstellung im Bauzentrum), in: *Die Presse*, 20.04.
- Er baute die Secession (100. Geburtstag von Joseph Olbrich), in: *Die Presse*, 22.11.
- Mini-Welt im Mini-Raum (Walter Pichlers Prototypen in der Galerie nächst St. Stephan), in: *Die Presse*, 02.11.
- Meister aus dem Donauraum (Plečnik-Ausstellung bei den Wiener Festwochen), in: *Die Presse*, 03./04.06.
- Der Weg eines Außenseiters (Plischke-Schule – Ausstellung am Schillerplatz), in: *Die Presse*, 11./12.11.
- Bauen für Kinder (Margarete Schütte-Lihotzky 70), in: *Die Presse*, 23.01.
- Bauen als soziale Aufgabe (Franz Schuster 75), in: *Die Presse*, 27.12.
- Wachberger augezeichnet, in: *Die Presse*, 01.06.
- Kein Pardon für Otto Wagner, in: *Die Presse*, 01.06.
- Tödliche Rettung der Stadtbahn (Wagner-Ehrung), in: *Die Presse*, 09./10.12.
- Propositionen/Konstellationen (Ausstellung Forum Stadtpark Graz: Werkgruppe Graz, Domenig/Huth), in: *Die Presse*, 25./26.02.

1968
- Romantiker des Nordens (Alvar Aalto 70), in: *Die Presse*, 03./04.02.
- Bauen ein Prozess (Beitrag zur Bautheorie – Lucius Burckhardt / Walter Förderer), in: *Die Presse*, 27./28.04.
- Es blühte die Architektur (Bohuslav Fuchs und tschechische Avantgarde vor 1930), in: *Die Presse*, 24./25.02.
- Arbeiten und Vorschläge (Garstenauer-Ausstellung in der Galerie Welz, Salzburg), in: *Die Presse*, 01./02.06.
- Gropius und das Bauhaus (50 Jahre Bauhaus-Ausstellung), in: *Die Presse*, 23./24.05.
- Ein Warnsignal für Österreich (Holzbauer erhielt Auftrag für Amsterdamer Rathaus), in: *Die Presse*, 30.11./01.12.
- Vielfalt und Typus (Ausstellung Aris Konstantinidis), in: *Die Presse*, 29./30.06.
- Georg Lippert 60 Jahre, in: *Die Presse*, 27./28.01.
- Der Geist von Darmstadt (Olbrich-Ausstellung in der Secession), in: *Die Presse*, 08./09.06.
- Baumeister für die Gesellschaft (Ausstellung Hans Scharoun im Palais Liechtenstein), in: *Die Presse*, 17./18.02.
- Gedränge um Scharoun, in: *Die Presse*, 22.02.
- Wilhelm Schütte (Nachruf), in: *Die Presse*, 24.04.
- Repräsentant der zweiten Generation (José Lluis Sert), in: *Die Presse*, 22./23.06.
- Architekt, Bühnenbildner und Lehrer (Oskar Strnad-Ausstellung in der Angewandten), in: *Die Presse*, 18./19.05.
- Werk und Chance (50. Todestag von Otto Wagner), in: *Die Presse*, 11.04.
- Sakralbau von Fritz Wotruba, in: *Die Presse*, 07.05.

1969
- Francesco Borromini in Wien (Wanderausstellung in der Albertina), in: *Die Presse*, 31.10./01.11.
- Eine Notwendigkeit (Friedrich Ohmann-Ausstellung im Künstlerhaus), in: *Die Presse*, 29./30.11.

1970
- Kontinuität des räumlichen Denkens. Cusanus Akademie, Othmar Barth, in: *bauforum* 21
- Tarnung und Fluch (Ausstellung von Wolfgang Brunbauer, Günther Domenig und Eilfried Huth), in: *Die Presse*, 11./12.04.
- Ästhetisches Engagement (Architektur von Fritz Goffitzer im Linzer Schloss), in: *Die Presse*, 03./04.10.
- Wer ist Eileen Gray? (Ausstellung in der Akademie am Stubenring), in: *Die Presse*, 16./17.05.
- Vanille-Zukunft für Erwachsene (Haus-Rucker-Co im Museum des 20. Jahrhunderts), in: *Die Presse*, 07.04.10.
- Bemerkungen zur Architektur Wilhelm Holzbauers, in: *Christliche Kunstblätter* 1
- Wilhelm Holzbauer, in: *Neues Forum* 195/II
- Kathedralen für die Schublade (Clemens Holzmeister in der Albertina), in: *Die Presse*, 10.06.
- Hans Jaksch (Nachruf), in: *Die Presse*, 10./11.01.

- Architekturforschung (Zum 70. Geburtstag von Adalbert Klaar), in: *Die Presse*, 29./30.08.
- Neue Offensive der Demolierer (Mit der Spitzhacke gegen Kornhäusel und Wittgenstein), in: *Die Presse*, 28.02/01.03.
- Adolf Loos: pionero y tradicionalista, in: *Goya*, Revista de Arte 95
- Adolf Loos – Ärgernis und Hemmschuh, in: *bauforum* 21
- Hans Pfann 80, in: *Die Presse*, 20.08.
- Menschlichkeit im neuen Bauen (Architektonisches Werk von E. A. Plischke), in: *Die Presse*, 07./08.03.
- Das Haus als Kunstwerk. Casa Papanice, Paolo Portoghesi, in: *bauforum* 17
- Architektur und Gesellschaft. Kulturhaus von Suceava, Nicolae Porumbescu, in: *bauforum* 22
- Roland Rainer, in: *Neues Forum* 196/I
- Architektur unserer Zeit (Roland Rainer 60), in: *Die Presse*, 30.04.
- Preis für Johannes Spalt. Stadt Wien mit Architekten versöhnt, in: *Die Presse*, 02.06.
- Gast bei seinen Schülern (Konrad Wachsmann in Salzburg), in: *Die Presse*, 05./06.09.
- Städtische Wohnform auf dem Lande. Terrassenhaus An der goldenen Stiege (Eugen Wörle), in: *Die Presse*, 14./15.03.

1971
- Konstruktivismus, Rationalismus, Historismus am Beispiel der Seelsorgeanlage von Steyr-Ennsleiten (J.G. Gsteu, arbeitsgruppe 4), in: *bauforum* 25
- ›Herberthaus‹. Altersheim und Gästehaus für Missionare, Othmar Barth, in: *bauforum* 28
- Die Haut und das Skelett (Werner Blaser-Ausstellung ›Objektive Architektur‹ im Bauzentrum), in: *Die Presse*, 11./12.09.
- Franz Hoffmann (Nachruf), in: *Die Presse*, 13.05.
- Lehrer dreier Generationen (Clemens Holzmeister 85), in: *Die Presse*, 26.03.
- Beispielhafte Wohnanlage (Josef Krawina), in: *Die Presse*, 18.04.
- Schüler, Mitarbeiter, Chronist (Nachruf Heinrich Kulka), in: *Die Presse*, 28.06.
- Hallenbad Paul Flora (Josef Lackner), in: *bauforum* 23
- Haus ohne Augenbrauen (Adolf Loos), in: *Wien – Spektrum einer Stadt*. Jugend & Volk, Wien
- Architektur aus der Fabrik (Jean Prouvé), in: *Die Presse*, 22./23.05.
- Architektur und Urbanismus. Ferrantgarten, Edvard Ravnikar, in: *bauforum* 24
- Das räumliche Ereignis. Hotel ›Creina‹ in Kranj, Edvard Ravnikar, in: *bauforum* 26
- Architektur als urbanes Ferment (Slowenische Architektur am Beispiel der Bauten Ravnikars), in: *Die Presse*, 20./21.03.
- Gebrauchsarchitektur. Warenhaus Ljubljana ›Merkur‹, Savin Sever, in: *bauforum* 25
- Profilierte Entwicklung der Grazer Architektur (Haus für Studenten, Werkgruppe Graz), in: *Die Presse*, 19.03.

1972
- Hülle und Symbol. Kirche Gropiusstadt, Reinhold Barwich, in: *bauforum* 32
- Ernest Wiesner (Nachruf), in: *bauforum* 2
- Wolfgang von Wersin 90, in: *Die Presse*, 02./03.12.

1973
- Joseph Kornhäusel, in: *Tausend Jahre Österreich. Eine biographische Chronik*. Hg. v. Walter Pollak. Jugend & Volk, Wien

1974
- Katholisches Volksbildungsheim Aigen (arbeitsgruppe 4), in: *bauforum* 46
- Vorwort, in: *Franco Fonatti. Architekturskizzen und Zeichnungen*. Akademie d. bildenden Künste Wien
- Vorwort, in: *Helmut Grimmer*. Katalog zur Gedächtnisausstellung. Hg. v. ÖGFA, Wien
- Pfarrzentrum St. Vitalis Kendlersiedlung (Wilhelm Holzbauer), in: *bauforum* 46
- Ferdinand Kitt (Nachruf), in: *Die Presse*, 07.01.
- Vorwort, in: *Ferdinand Schuster 1920–1974*. Hg. v. Walter Laggner, Technische Hochschule Graz
- Per la musica Brucknerhaus. Kaija und Heikki Sirén, in: *domus* 541

1975
- Siedlung ›An der Ach‹, Bregenz (Jakob Albrecht, Eckhard Schulze-Fielitz, Gunther Wratzfeld), in: *bauforum* 52
- Vorwort, in: *Günther Norer. Volksschule Vomp*. Allerheiligenpresse, Innsbruck
- Reihenhaussiedlung Ruhwiesen (Rudolf Wäger), in: *bauforum* 52

1976
- Vorwort, in: *Hubert Egger*. Katalog, Akademie d. bildenden Künste, Theseustempel, Wien
- Vorwort, in: *Roland Ertl*. Broschüre, Linz

- Ein reiches, geschlossenes Werk (Clemens Holzmeister 90), in: *Die Presse*, 27.03.
- Vorwort, in: *Karl Odorizzi*. Broschüre
- Anton Schweighofer: Città di bambini a Vienna, in: *domus* 545
- Vorwort, in: *Johannes Spalt*. Katalog. Gmunden

1977
- ›Einem inneren Gesetz unbewusst folgend…‹, in: *Sechs Architekten vom Schillerplatz* (Johann Georg Gsteu. Hans Hollein. Wilhelm Holzbauer. Josef Lackner. Gustav Peichl. Johannes Spalt). Hg. v. d. Akademie der bildenden Künste Wien
- Konzertgebäude Brucknerhaus 1974 Linz, in: *Kaija + Heikki Sirén Architekten*. Hg. v. Erik Bruun, Sara Popovits. Karl Krämer, Stuttgart, und Otava Helsinki [d|e|f]

1978
- Kirchliche Mehrzweckhalle Kagran (IGIRIEN Appelt, Kneissl, Prochazka), in: *Architektur aktuell* 65

1979
- Laudatio (August Kürmayr / Klaus Nötzberger), in: *OÖ Landeskulturpreis für Architektur*, Linz

1980
- Wiener Positionen und speziell die Frage nach der Transformation historischer Elemente (am Beispiel Arbeitsgruppe 4; Hollein; Gsteu; Peichl; Domenig; Appelt, Kneissl, Prochazka; Czech; H. Frank; Missing Link; Krier; Tesar), in: *UM BAU* 3. Hg. v. ÖGFA, Wien
- Ins Leere gebaut? Zur Z-Filiale in Favoriten von Günther Domenig, in: *UM BAU* 2. Hg. v. ÖGFA, Wien
- Hans Hollein. Wilhelm Holzbauer. Clemens Holzmeister, in: *Macmillan Encyclopedia of Architects*. Hg. v. Adolf K. Placzek. The Free Press, New York [e]
- Laudatio (Odorizzi), in: *Landeskulturpreis für Architektur 1980 – Haus Fried Gmunden: Arch. Dipl.-Ing. Karl Odorizzi*. Linz 1980
- Zu den Arbeiten Heinz Tesars, in: *Heinz Tesar. Vorformen, Entwürfe, Verwirklichungen*. Wien (auch in: *transparent* 1|2_1980)
- Die Schule Otto Wagners, in: Marco Pozzetto, *Die Schule Otto Wagners 1894–1912*. Schroll, Wien
- Rudolf Weiss (Nachruf), in: *Die Presse*, 15.01.

1981
- Mit und gegen Hauberrisser? Einige Behauptungen zur ›Grazer Schule‹, in: *Architektur aus Graz*. Hg. v. ZV Steiermark, Graz
- Psychogramm oder Gegenwelt? Über die Rolle der Zeichnung in der Architektur, und über die Rolle der Architektur in der Zeichnung Rob Kriers, in: *UM BAU* 4. Hg. v. ÖGFA, Wien

1982
- Helmut Grimmer. Skizzen und Projekte, in: *bauforum* 91
- Romantischer Realismus, in: *Clemens Holzmeister*. Wiener Akademie-Reihe 9, Wien
- On Rob Krier, in: *Rob Krier*. Academy Editions, London [e] (wie: *UM BAU* 4, 1981)
- Sprachliche Aspekte in der Architektur von Adolf Loos, in: *Adolf Loos 1870–1933. Raumplan Wohnungsbau*. Akademie der Künste Berlin

1983
- Clemens Holzmeister gestorben, in: *UM BAU* 6/7, Hg. v. ÖGFA, Wien
- Lieber Ernst…, in: *Festschrift Ernst A. Plischke zum 80. Geburtstag*. Baufachverlag, Wien
- L'Architecture Viennoise de L'Entre-Deux-Guerres. Continuité, Irritation et Resignation, in: *Adolf Loos 1870–1933*. Mardaga, Paris

1984
- Sprachliche Aspekte in der Architektur von Adolf Loos, in: *Adolf Loos 1870–1933. Raumplan Abstand Wohnungsbau*. Akademie der Künste Berlin
- Die Monumentalität ist tot – es lebe das Monument. Zur Neuen Staatsgalerie Stuttgart (James Stirling), in: *UM BAU* 8. Hg. v. ÖGFA, Wien
- Zu Otto Wagners Dialektik des Schönen, in: *Die Kunst des Otto Wagner*. Hg. v. Gustav Peichl. Wiener Akademie-Reihe 16 (auch in: *bauforum* 105)

1985
- Vorwort, in: *Architekt Roland Ertl. Bauten 1978–1985*. Linz
- Vorwort, in: *Wilhelm Holzbauer. Bauten und Projekte. 1953–1985*. Residenz, Salzburg und Wien [d|e]
- Wilhelm Holzbauer, in: *Wilhelm Holzbauer. Obras y Proyectos 1953–1985*. Colegio Oficial de Arquitectos de Madrid
- Über das Abbild und das Abgebildete. Margherita Krischanitz, in: *Vier Wege. Neue Österreichische Fotografie Jurkovic – Krischanitz – Leitner – Moscouw*. Ausstellungskatalog, Wien
- Adolf Loos. Ein Maurer, der Latein gelernt hat, in: *Österreichische Porträts*. 2 Bände. Hg. v. Jochen Jung. Residenz, Salzburg und Wien
- Erdefunkstelle Aflenz, in: *Gustav Peichl. Preis des Landes Steiermark für Architektur* (Steirische Berichte 4/1985)

- Zu Otto Wagners Dialektik des Schönen, in: *bauforum* 105
1986
- Franks Weiterwirken in der neuen Wiener Architektur, in: *UM BAU* 10. Hg. v. ÖGFA, Wien
- Josef Frank e L'Architecture Viennoise, in: *Vienne 1880–1938 – L'Apocalypse Joyeuse*. Hg. v. Jean Clair, Centre Pompidou, Paris 1986
- Un Gaudí slave? Quelques remarques sur Jože Plečnik, in: *Jože Plečnik architecte 1872–1957*. Centre Pompidou, Paris [auf deutsch Katalog Villa Stuck, München 1987]
- [ohne Titel], in: *Anna-Lülja Praun. Zum 80. Geburtstag am 29. Mai 1986*. Privatdruck
- Vorbemerkung, in: Michael Grüning, *Der Architekt Konrad Wachsmann. Erinnerungen und Selbstauskünfte*. Löcker, Wien, und Verlag der Nation, DDR-Berlin
1987
- Vorwort, in: *Gerhard Garstenauer Salzburg. Arbeiten 1967–1987*. Katalog, Salzburg
1988
- … sondern der Zukunft, in: *Franz Singer. Friedl Dicker. 2 x Bauhaus in Wien*. Hg. v. d. Hochschule für angewandte Kunst Wien
1989
- Architektur und Schwerkraft, in: *Wolfdietrich Ziesel. Ingenieurbaukunst*. Wien [d|e]
- Zeitmaschine Hagenberg, in: *Die Burg – Architekten Riepl Moser*. Linz
1990
- [ohne Titel], in: *Johannes Spalt zum 70. Geburtstag am 29. September 1990*. Hochschule für angewandte Kunst Wien
- Johannes Spalt siebzig, in: *Architektur aktuell* 138
- Das touristische Paradoxon, in: *Mario Terzic – im Gespräch zwischen Baum und Architektur*. Böhlau, Wien u. a.
- Bemerkungen zu Lois Welzenbacher, in: *Lois Welzenbacher 1889–1955. Architekturmodelle*. Ausstellungskatalog Universität Innsbruck und TU München
1991
- Dachaufbauten der Häuser Glacisstraße 57 und Maiffredygasse 2–4 (Klaus Kada), in: *Lebendige Altstadt – Erfahrungen und Ausblicke am Beispiel Graz*. Hg. v. Friedrich Bouvier / Hasso Hohmann. Stocker, Graz
- Hochbauer als Berufung und Passion. Hans Puchhammer 60, in: *Oberösterreichischer Kulturbericht*. Linz
- Raum als Hindernis und Möglichkeit, in: *Anton Schweighofer Architekt*. Privatdruck, Wien

- Der Glanz des Könnens. Zum 150. Geburtstag Otto Wagners, in: *Österreichische Postsparkasse. Geschäftsbericht*. Wien
1992
- Zur Dialektik von Architektur und Landschaft in den Bauten von Manfred Kovatsch, in: *Manfred Kovatsch. Gedachtes und Gebautes*. München
- Die Siedlung als Siedlung. Zum Beitrag von Adolf Krischanitz, in: *Siedlung Pilotengasse Wien*. Artemis, Zürich
- Laudatio zum Mauriz Balzarek-Preis an Johannes Spalt, in: *Oberösterreichischer Kulturbericht* 1992 (Variante in: *Beispiele 92. Kulturpreise des Landes Oberösterreich für Kunst und Wissenschaft*. Linz)
1993
- On Atelier 5. Essay, in: *Atelier 5. a+u* 10, special issue [e|j] (Beiheft [d])
- Die Vorarlberger Bauschule, in: *Architektur in Vorarlberg seit 1960*. Hg. v. Berufsvereinigung der bildenden Künstler Vorarlbergs, Bregenz
- Dialog über COOP Himmelblau und das Wienerische, in: Gert Kähler (Hg.), *Schräge Architektur und aufrechter Gang. Dekonstruktion: Bauen in der Welt ohne Sinn?* [= Bauwelt Fundamente 97]. Vieweg (NA Birkhäuser, Basel u. a. 2000)
- Umgebung verschollener Mittelpunkte, in: *Heinz Frank. Kinderbuch für Architekten*. Hg. v. Architektur Zentrum Wien, Dietmar Steiner. Löcker, Wien
- Gegen jede bessere Einsicht…, in: *Walter Pichler. Zeichnungen, Skulpturen, Gebäude*. Residenz, Salzburg und Wien
- Nachruf Ernst A. Plischke, in: *UM BAU* 14. Hg. v. ÖGFA, Wien
- Bauen, für eine bessere Welt, in: *Margarete Schütte-Lihotzky. Soziale Architektur. Zeitzeugin eines Jahrhunderts*. Hg. v. Peter Noever, MAK / Forschungsgruppe Schütte-Lihotzky. Böhlau, Wien u. a. (NA 1996)
- [ohne Titel], in: *Johannes Spalt*. Böhlau, Wien u. a.
1994
- Vorwort, in: *Architekt Roland Ertl. Bauten + Projekte 1985–1994*. Linz
- Entwurf einer programmatischen Biographie, in: *Adolf Krischanitz*. Artemis, Zürich
- Haus am Schillerpark. Büro- und Geschäftsgebäude in Linz (Adolf Krischanitz), ›Betonargumente aus Österreich – Architekturessays‹, in: *Beton + Zement*. Wien 1994

- Leopold Redl, Stadtplaner und Architekt, in: Leopold Redl, *Stadt im Durchschnitt. Texte, Konzepte, Stadtplanung, Stadtgestaltung*. ÖGFA, Wien (auch: Nachwort. Eine biografische Skizze, in: NA Böhlau, Wien u. a. 1994)

1995
- Architektur und Arbeit oder die Arbeit der Architektur. Bétrix & Consolascio mit Eric Maier. Umspannwerk Mitte, Salzburg, in: *Architektur aktuell* 180
- Marianne Burkhalter & Christian Sumi. Das Modell vom Zürichberg, in: *Architektur aktuell* 183
- Die gewöhnliche Angemessenheit I. Roland Ertl. Kulturzentrum Hörsching, in: *Architektur aktuell* 175–176
- Über Wilhelm Holzbauer. Gespräch zwischen einem alten und einem jungen Wiener Architekturkritiker, in: *Wilhelm Holzbauer. Bauten und Projekte*. Axel Menges, Berlin [d|e]
- Memory and Thought: On the Forest Chapel Ramingstein (Friedrich Kurrent), in: *9H No. 9 – On Continuity*. Hg. v. Rosamund Diamond und Wilfried Wang. London 1995
- Marcel Meili & Markus Peter. Holz – Zeit und Raum, in: *Architektur aktuell* 186
- Anna Lülja Praun. Eine Behauptung, in: *Architektur aktuell* 181–182
- Architektur als urbanes Ferment, in: *Hommage à Edvard Ravnikar 1907–1993*. Hg. v. France Ivansek, Ljubljana [sl|d|e] (auch in: *Oris* 17, 2002 [e|hr])
- Erweiterung Flughafen Graz – Riegler Riewe, in: *Bauwelt* 9
- Von Zusammenhängen und Vereinzelungen, in: *Heinz Tesar*. Hg. v. Liesbeth Waechter-Böhm. [Porträts österreichischer Architekten Band 1. Hg. v. Architektur Zentrum Wien]. Springer, Wien–New York [d|e]

1996
- Rénovation – invention, L'expérience de la transformation de l'hotel Zuriberg, Marianne Burkhalter et Christian Sumi, in: *Faces* 39
- Das Begrenzte und das Offene (Rainer Köberl, Haus Nofels), in: *Architektur aktuell* 197
- Wie entwirft man einen Architekten?, in: Walter Zschokke, *Boris Podrecca. Arbeiten 1980–1995*. Birkhäuser, Basel u. a. [d|e]
- Anna-Lülja Praun – Eine Behauptung, in: *Anna-Lülja Praun. Möbel, Einrichtungen, Bauten*. Zum 90. Geburtstag. Hg. v. Aneta Bulant-Kamenova / Dany Denzel. Tontafelverlag, Zürich

- A Building As A Statement – The Looshaus, in: *Form, Modernism, and History – Essays in Honor of Eduard F. Sekler*. Harvard, Cambridge, Mass. –London

1997
- Michael Alder. Trockene Vorspannung, in: *Architektur aktuell* 204
- Josef Frank and Viennese Architecture of the Inter-War Period, in: *zlatý řez* 14. Praha [cz|e]
- Frank was here (Gehry), in: *domus* 790
- Frank Gehry + Vlado Milunic: Ein starker Auftritt – Frank was here, in: *Architektur aktuell* 201
- Edoardo Gellner oder die Renaissance einer Region, in: *Turris Babel 40 – ›Edoardo Gellner‹. Mitteilungsblatt Architektenkammer der Provinz Bozen* [d|i]
- Über Viktor Hufnagl – Laudatio Mauriz Balzarek-Preis, in: *Beispiele 97. Kulturpreise des Landes Oberösterreich*. Linz
- Wahrnehmung in Serien und Sequenzen, auf Wortfeldern und Begriffshalden – Bemerkungen zur Kunst des Felix Kalmar, in: *Felix Kalmar. Konzepte und serielle Arbeiten 1969–1996*. Katalog, Wien
- Ein konkreter Ort für die konkrete Kunst, in: *Domino. Helga Philipp. WU-Campus, Althanstraße*. Wien
- Einleitung, in: *Otto Prutscher 1880–1949. Architektur Interieur Design*. Hochschule für angewandte Kunst, Wien
- Franz Riepl. ›Graues Tuch‹ und klinische Sauberkeit, in: *Architektur aktuell* 205–206
- ›…was man eben soziales Bauen nennt‹. Zum 100. Geburtstag der Wiener Architektin Margarete Schütte-Lihotzky, in: *Die Zeit*, 21. 05.
- Die Konditionierung der Wahrnehmung oder Das Kunsthaus Bregenz als eine Architektur der Kunst, in: *Peter Zumthor. Kunsthaus Bregenz. archiv kunst architektur. Werkdokumente* [Bd. 13]. Hatje, Stuttgart [d|e]
- Elementare profondità (Zumthor), in: *Casabella* 648
- Museo d'arte, Bregenz (Zumthor), in: *domus* 790
- Heimkehr der Moderne. Versuch einer Annäherung an die Arbeiten von Peter Zumthor…, in: *Architektur aktuell* 202
- Peter Zumthor. Die Konditionierung der Wahrnehmung, in: *Architektur aktuell* 207

1998
- Edoardo Gellner oder die architektonische Renaissance einer Region, in: *Edoardo Gellner. Bauten in Cortina d'Ampezzo*. Hochschule für angewandte Kunst, Wien (auch in: *Architektur aktuell* 211–212)
- Botanische Gewächshäuser Graz (Giencke), in: *Gewächshäuser der Uni Graz*. Graz
- Friedrich Kurrent. Raumkunst und dergleichen. Segenskirche Aschheim bei München, in: *Architektur aktuell* 211–212
- Die Stellung der Kirche von Bogojina im Sakralbau der Zwischenkriegszeit oder von der Freiheit des architektonischen Denkens, in: *Arhitekt Jože Plečnik v Prekmurju*. Ljubljana
- Über Franz Riepl, in: *Beispiele 98. Kulturpreise des Landes Oberösterreich*. Linz
- Riepl Riepl Architekten: Von den Perspektiven des Möglichen. Um- und Ausbau Offenes Kulturhaus Linz, in: *Architektur aktuell* 216
- Questioning the Modern Movement, in: *Peter Zumthor. a+u*, extra edition [e|j]

1999
- Alvar Aalto in Vienna, in: *Alvar Aalto. Toward a Human Modernism*. Hg. v. Winfried Nerdinger. Prestel, München u. a.
- Roland Gnaiger, Udo Mössler: Verdichteter Villenbau. Atriumhaus Rosenstraße in Dornbirn, in: *Architektur aktuell* 232
- Erich Hubmann, Andreas Vass: So hätten die Mauren geparkt. Neuordnung des Zugangsbereichs zur Alhambra in Granada, in: *Architektur aktuell* 228
- Friedrich Kurrent: Brüche und Kontinuitäten. St. Laurentius-Kirche in Kirchham, Oberösterreich, in: *Architektur aktuell* 227
- Tra Internazionalismo e Contesto. Josef Lackner, un architetto, in: *Luoghi 11*, Trento
- Pragmatisierte Architektur? oder Fragen zu einem Fragenkomplex, in: *Amt Macht Stadt. Erich Leischner und das Wiener Stadtbauamt*. Hg. v. Architektur Zentrum Wien. Pustet, Salzburg
- Bruno Spagolla: Gemeindeamt Nüziders. Werkstatt Gemeindeamt, in: *Architektur aktuell* 235
- Kunsthaus Bregenz, Bregenz, 1990–97 (Peter Zumthor), in: *Museen für ein neues Jahrtausend – Ideen, Projekte, Bauten*. Prestel, München u. a.

2000
- Michael Alder – Architekt. Lehrer. Forscher (Nachruf), in: *Werk, Bauen + Wohnen* 87
- Mythos und Wirklichkeit, in: *Atelier 5. Studiopaperback*. Birkhäuser, Basel u. a.
- Städtebau und Zigarettenpackung. Kultur aus dem Handwerk, in: *Adolph Stiller, Oswald Haerdtl. Architekt und Designer. 1899–1959. Aus der Sammlung des Architekur Zentrum Wien*. Pustet, Salzburg
- Häuselmayer/Ziesel. Überdachung des antiken ›Hanghauses‹ in Ephesos, in: *Architektur aktuell* 242 (auch in: *db* 12/2000)
- Architecture is Message (Henke Schreieck, SOWI Innsbruck), in: *Oris* 8 [e|hr]
- Bilderlose Architektur – Lauder Chabad Schule im Wiener Augarten (Krischanitz), in: *Bauwelt* 10
- Prototypen, Solitäre, Behauptungen. Zum Werk von Josef Lackner (1931–2000), in: *Architektur aktuell* 248
- Seguendo la corrente del Danubio … (Heinz Tesar Klosterneuburg), in: *Casabella* 683
- Die Sammlung Essl bei Wien (Tesar), in: *Bauwelt* 2
- Bauliche Ästhetik, eine ethische Kategorie? Ein Versuch über Ottokar Uhl, in: *Ottokar Uhl. Werk, Theorie, Perspektiven*. Hg. v. Conrad Lienhardt. Schnell & Steiner, Regensburg

2001
- Laudatio auf Hermann Czech, in: *Kunstpreis Berlin 2001 – Jubiläumsstiftung 1884/1948*. Broschüre, Akademie der Künste Berlin
- Die andere oder versteckte Moderne: Zur Architektur des Wiener Konzerthauses (Fellner & Helmer / Puchhammer), in: *Die Generalsanierung, Wiener Konzerthaus 1998–2001*. Hg. v. Erwin Barta, Löcker, Wien
- Vorwort, in: *Fonatti. Bauten & Projekte 1965–2000*. Brandstätter, Wien
- Heidulf Gerngross: Um- und Neubau der Hauptschule Kleine Sperlgasse, 1020 Wien oder eine Hommage an Friedrich Kiesler, in: *wimmer cooper gerngross*. Katalog, Künstlerhaus, Wien
- Vorwort, in: *Viktor Hufnagl Architekt. Bauten – Projekte 1950–2000*. Verlag Österreich, Wien
- Der kulturelle Mehrwert. M-Preis Lebensmittelmarkt Wenns (Köberl und Tschapeller), in: *Architektur aktuell* 12

- Bauen als Antwort auf die Ressourcen der Region, in: *Luger und Maul – um bauten*. Katalog, Wels
- Gegensätze und Ambivalenzen (Ortner & Ortner), in: *MuseumsQuartier Wien – Die Architektur*. Hg. v. Matthias Boeckl, Springer, Wien–New York (auch in: *Architektur aktuell* 6)
- Vorbemerkungen, in: *Walter Pichler. Haus für die Stäbe*. Jung & Jung, Salzburg
- Einfamilienhaus in Wien, (Querkraft) in: *Baumeister* 9
- Vermittlung von Hoffnung. Glasfenster der evangelischen Kirche in Villach (Viktor Rogy), in: *Architektur aktuell* 11
- Heinz Tesar: Haus am Zwinger in Dresden. Der besondere Ort, in: *Architektur aktuell* 10

2002
- Bogdan Bogdanović. Versuch einer Auseinandersetzung anlässlich seines 80. Geburtstages, in: *Architektur aktuell* 12
- Architektur ohne Eigenschaften oder vom architektonischen Mehrwert im Wohnbau, in: *Margarethe Cufer. Zeitlose Architektur*. Pustet, Salzburg
- Hans Gangoly: Bundesoberstufenrealgymnasium Dreierschützengasse in Graz. Einfachheit, oder? in: *Architektur aktuell* 12
- Architekt. Planer. Konstrukteur. Lehrer. Kritischer Bürger, in: *Gerhard Garstenauer. Interventionen*. Hg. v. Architekturzentrum Wien. Pustet, Salzburg
- Edoardo Gellner and a foundation village in Cadore, in: *Edoardo Gellner – Corte di Cadore*. Skira, Milano [i|e]
- Der produktive Zweifel, in: *Bernhard Hafner, Architektur und sozialer Raum. Aufsätze und Gespräche über Architektur und die Stadt*. Löcker, Wien
- Rainer Köberl, in: *Integrazione. Denn Wahnsinn braucht Methode*. La Biennale di Venezia. Hg. v. Dietmar Steiner. Pustet, Salzburg [d|e]
- Der missverstandene Unversöhnliche (Adolf Loos), in: *Der Standard*, 09.11.
- Chiesa di Cristo Speranza del Mondo, Vienna (Heinz Tesar), in: *crossing 4: ›luoghi di culto‹*. Milano [i|e]
- Architektur als ethischer Imperativ, in: *Windbrechtinger. Werk Idee Lebensstil Baugesinnung*. Hg. v. Hannes Doblhofer. Löcker, Wien

2003
- Die Ungleichheit des Ähnlichen, in: *Architekt Luigi Blau. Häuser, Interieurs, Stadtmöbel. Beiträge zu einer Baukultur 1967–2002*. Hg. v. Matthias Boeckl. Springer, Wien–New York [d|e]
- Clemens Holzmeister: Bauen in der Landschaft, in: *Clemens Holzmeister – Architekt zwischen Tradition und Moderne*. Internationales Symposium, Kurzfassungen der Referate, Istanbul [d|tr]
- Josef Lackner, ein Architekt, in: *Josef Lackner*. Hg. v. Architekturforum Tirol, Pustet, Salzburg
- Schlüssel zur Wiener Moderne (Olbrich), in: *Secession – Die Architektur*. Wien [d|e]
- Kazimierż Ostrogović: Witness to the Time – But to Which Time? in: *Oris* 23 [e|hr]
- Prinzip Wahrhaftigkeit. E. A. Plischkes erste Wiener Zeit, in: *Ernst A. Plischke Architekt und Lehrer*. Hg. v. Komitee 100 Jahre E. A. Plischke. Pustet, Salzburg
- Gebaute Metapher heutiger Kulturvermittlung, in: *St. Ulrich im Greith Kulturhaus / Cultural Centre, Szyszkowitz + Kowalski*. HDA, Graz [d|e]

2004
- Zum Werk Günther Domenigs, mit besonderem Blick auf das Steinhaus in Steindorf, in: *Architekturpräsentation zu Ehren Prof. Arch. Günther Domenig*. Hg. v. Peter Noever / MAK, Wien
- Vorwort, in: Antje Senarclens de Grancy / Heimo Halbrainer, *Totes Leben gibt es nicht. Herbert Eichholzer 1903–1943. Architektur Kunst Politik*. Hg. v. Fakultät für Architektur der TU Graz. Springer, Wien–New York
- Laudatio zur Verleihung des Heinrich Gleißner-Preises, in: *Roland Ertl. Architektur 1960–2004*. Pustet, Salzburg
- Siedlungshaus und Volkswohnpalast – Josef Frank und der Wiener Gemeindebau, in: *Wien, Stadt der Juden. Die Welt der Tante Jolesch*. Hg. v. Joachim Riedl. Jüdisches Museum Wien, Zsolnay, Wien
- Hülle und Hintergrund, in: *Museum der Moderne Salzburg – Friedrich Hoff Zwink Architekten*. Pustet, Salzburg
- The Perception of the Past Shapes the Future – Sommerein Burgenland (Kurrent), in: *Oris* 30 [e|hr]
- Architektur ist auch Bauen, in: *Hans Puchhammer. Bauen kann Architektur sein*. Pustet, Salzburg
- Der letzte Besuch. Abschied von Viktor Rogy, in: *springerin. Hefte für Gegenwartskunst* X/3 Herbst

2005
- Architektur und Landschaft – Bemerkungen zu Arbeiten von Othmar Barth, in: *reprint – ein lesebuch zu architektur und tirol*. Hg. v. aut. architektur und tirol, Innsbruck

- Jasenovac. Den Toten eine Blume. Bogdan Bogdanović, in: *Architektur aktuell* 1–2
- ›Von uns verachtet, von unseren Kindern gelobt‹ – Zur Bewertung der Nachkriegsmoderne. Friedrich Achleitner im Gespräch mit Wolfgang Kos, in: *Moderat modern. Erich Boltenstern und die Baukultur nach 1945*. Ausstellungskatalog Hg. v. Judith Eiblmayr und Iris Meder. Wien Museum, Pustet, Salzburg
- Johannes Spalt 85, in: *konstruktiv* 251
- Der Ort, die Landschaft. Sind das Faktoren im Werk von Heinz Tesar, in: *Heinz Tesar. Architektur*. Hg. v. Winfried Nerdinger. Electa, Milano [d|e|i – als Einzelpublikationen]
- Questions About the Work of Ivan Vitić, in: *Ivan Vitić arhitektura*. Zagreb [e|hr]
- Architekt der Landschaft (Lois Welzenbacher), in: *Adambräu – Geschichten einer Transformation*. Hg. v. aut. architektur und tirol, Innsbruck

2006
- Michael Alder. Architekt. Lehrer. Forscher, in: *Michael Alder. Das Haus als Typ*. Hg. v. Ulrike Zophoniasson-Baierl. Birkhäuser, Basel u. a.
- Licht-Transparenz. Die Verdeutlichung des Sichtbaren. Der Faktor Licht in der Architektur von Hans Gangoly, in: *Konversationen. Architektur von Hans Gangoly*. Hg. v. aut. architektur und tirol, Innsbruck. Pustet, Salzburg [d|e]
- Fragment, aus einer fragmentierten Zeit, in: *Walter Loos. Fridl Loos. Hermann Loos. Paraiso argentino*. Hg. v. Sonja Pisarik, Architekturzentrum Wien. Holzhausen, Wien
- Josef Plečnik – ein Architekt der Zukunft? in: *Josef Plečnik. Architekt in Wien, Prag und Laibach*. Hg. v. Adolph Stiller [= Architektur im Ringturm Bd. XII]. Müry Salzmann, Salzburg
- Architect of the Future? in: *Jože Plečnik – Architect and Visionary*. Hg. v. International Cultural Center, Kraków [e|pl]

2007
- Vorwort, in: *Othmar Barth*. Pustet, Salzburg [d|i]
- Renaissance of a Local Centre (Gallspach) – Ernst Beneder, Anja Fischer, in: *Oris* 44 [e|hr]
- Zur Maria Biljan-Bilger-Halle in Sommerein (Friedrich Kurrent), in: *Maria Biljan-Bilger – Ausstellungshalle Sommerein*. Pustet, Salzburg

- Jasenovac: un fiore per i morti (Bogdanović), in: *Complesso memoriale di Jasenovac, Premio Internazionale – Carlo Scarpa per il Giardino*. diciottesima edizione, Treviso
- Padhi Frieberger, in: *Ohne Künstler keine Kunst – Padhi Frieberger*. MAK, Wien
- Der Ort macht die Zeit sichtbar. Zu den Arbeiten von Sonja Gasparin & Beny Meier, in: *Gasparin & Meier Architects*. Hg. v. Andrej Hrausky. Progettocontemporaneo 10, General Membrane Galleria di architettura, Ceggia [d|e|i]
- Unbeeindruckt vom Zeitgeist – über den beharrlichen Johann Georg Gsteu, in: *profil* 30
- Gelebte Architektur, in: Karl Mang, *Schriften, Skizzen, Erinnerungen*. Wien
- Marco Pozzetto 1925–2007, in: *Der Standard*, 08.02.
- Today Architecture Can Only be Found in Underdeveloped Countries‹, in: ›*Should This House Really be Like That?‹ – Catalogue of events at birth centenary of the architect Edvard Ravnikar*. Univerza v Ljubljana (auch in: *Slowenien. Architektur_Meister & Szene*. Hg. v. Adolph Stiller [= Architektur im Ringturm XVII. Pustet, Salzburg 2008] [d|e]
- Laudatio zum Preis der Stadt Wien auf Helmut Richter, in: *Ein Buch für Helmut Richter*. TU, Wien [d|e]
- Vorwort, in: Reinhard Seiß, *Wer baut Wien? Hintergründe und Motive der Stadtentwicklung Wiens seit 1989*. Pustet, Salzburg
- Facies. Portrait einer Stadtgeschichte, in: *Margherita Spiluttini – räumlich*. Fotohof, Salzburg
- Ein positives Beispiel. Vorbildliche Renovierung der Strnad-Villa in der Cobenzlgasse (*Presse*, 14./15.08.1971), in: *Oskar Strnad 1879–1935*. Hg. v. Iris Meder und Evi Fuks, Pustet, Salzburg
- Vorwort, in: Jindřich Vybíral, *Junge Meister – Architekten aus der Schule Otto Wagners in Mähren und Schlesien*. Böhlau. Wien u. a. (auch tschechische Ausgabe)
- The Adventure of Visibility – Kunsthaus Bregenz (Zumthor), in: *Rassegna* 86

2008
- Das Architekturjuwel Steyrdurchbruch (Mauriz Balzarek), in: *100 Jahre Steyrdurchbruch 1908–2008 – Das schönste Wasserkraftwerk Österreichs*. Linz

- Den Toten eine Blume – Zur KZ-Gedenkstätte Jasenovac von Bogdan Bogdanović, in: *Graue Donau, Schwarzes Meer*. Hg. v. Christian Reder / Erich Klein. Springer, Wien–New York
- Fast modern (Eichholzer), in: *fast modern. Grazer Werkbundhaus & Architektur 1918–1938*. Stadtmuseum / HDA, Graz
- Über den Preisträger Roland Ertl, in: *Beispiele 2008 – Kulturpreise des Landes Oberösterreich*, Linz
- Häuser reden selten miteinander, in: *luger & maul. home architecture*. Katalog, Linz
- Über das Sichtbare hinaus, in: *Riepl Riepl Architekten. Sites*. Springer, Wien–New York [d|e]

2009
- In die Landschaft eingeschrieben, in: *Bogdan Bogdanović. Memoria und Utopie in Tito-Jugoslawien*. Hg. v. Architekturzentrum Wien. Wieser, Klagenfurt/Celovec
- In der Sprache des Schweigens. Bogdan Bogdanović. Eine Hommage, in: *Die Zeit*, 26.02.
- Alt und Neu sind keine Zeitbegriffe, in: *Jabornegg & Pálffy 1*. Niggli, Zürich und Wien [d|e]

2010
- Rund um die arbeitsgruppe 4 – und Anekdotisches, in: *arbeitsgruppe 4 1950–1970*. Hg. v. Architekturzentrum Wien. Müry Salzmann, Salzburg
- Vorwort, in: *Bohuslav Fuchs. Architekt der tschechischen Avantgarde*. Hg. v. Adolph Stiller [= Architektur im Ringturm Bd. XXIII]. Müry Salzmann, Salzburg
- On a Quotation from Edvard Ravnikar: ›Today architecture can only be found in underdeveloped countries‹, in: *Edvard Ravnikar – Architect and Teacher*. Springer, Wien–New York
- Wenn Orte reden lernen – Zur Architektur von Eva Rubin, in: *Architektur antwortet im Werk von Eva Rubin*. archimappublishers, Berlin

2011
- Zum Tod Wolfgang Windbrechtingers, in: *Die Presse*, 17.09.

2013
- ›architektur zum anfassen‹. zu den frühen arbeiten von heinz, mathoi und streli, in: *einblicke – arbeiten von karl heinz*. Innsbruck

2014
- Kunst als Lebensform, in: *Maria Biljan-Bilger und Kunst im öffentlichen Raum*. Hg. v. Margret Kohler-Heilingsetzer, Semirah Heilingsetzer. Internationaler Verlag der Wissenschaften, Frankfurt/M

Namenregister

Aalto, Alvar 15f 171 240 292
Abildgaard, Nicolai Abraham 132 297
Achleitner, Friedrich 13 112 156 216 281–285 287 289f 299
Adorno, Theodor W. 41 236
Albrecht, Jakob 293
Alder, Michael 17–21 296f 299
Alexander, Christopher 43
Altenberg, Peter 167
Anastasijević, Ksenija 35
Appelt, Werner 294
arbeitsgruppe 4 22ff 30 40 60 76 93 113 121 156 158 161 195 203 212 236 241f 253 255 290f 293f 300
Architekturzentrum Wien 34 65 73 254 287 295–300
Artmann, H. C. 24 242 282 287 289
Asplund, Gunnar 132
Atelier 5 25 295 297
Athanassiadis, Michael 290
Badovici, Jean 89
Bahr-Mildenburg, Anna 168
Bahr, Hermann 168
Bakema, Jacob B. 18 291
Balzarek, Mauriz 58 241 243 288 295f 299
Banham, Reyner 291
Barta, Erwin 297
Barth, Othmar 26ff 159 292f 298f
Bartning, Otto 159 266
Barwich, Reinhold 293
Bauer, Leopold 200
Baumann, Franz 163
Bauschule, Vorarlberger 295
Bayer, Konrad 24 282 287 289
Behrens, Peter 30 165 291
Beneder, Ernst 299
Bense, Max 236
Berg, Alban 168
Bernaschek, Ludwig 180
Bernini, Giovanni Lorenzo 217
Bétrix, Marie-Claude 296
Biljan-Bilger, Maria 157 159 267 299f

Bischoffshausen, Hans 252
Blaser, Werner 293
Blau, Luigi 29–33 160 298
Böhm, Dominikus 240
Boeckl, Matthias 29 136 298
Bogdanović, Bogdan 34–38 290 298ff
Boltenstern, Erich 299
Borromini, Francesco 291f
Bouvier, Friedrich 295
Brod, Max 168
Broz, Josip Tito 34 37
Brunbauer, Wolfgang 292
Bruun, Erik 294
Burckhardt, Lucius 64 123 292
Burkhalter, Marianne 296
Bulant-Kamenova, Aneta 296
Camenzind, Alberto 18
Carnap, Rudolf 222
Clair, Jean 295
Consolascio, Eraldo 296
Coop Himmelblau 295
Cooper, Waltraud 297
Corboz, André 273
Cufer, Margarethe 298
Czech, Hermann 39–44 130 246 294 297
Denzel, Dany 296
De Stijl 30
Diamond, Rosamund 296
Dicker, Friedl 295
Dimitriou, Sokratis 45–49
Doblhofer, Hannes 266 298
Döllgast, Hans 158
Domenig, Günther 50–54 123 236 291f 294 298
Dreyer, Theodor 133
Duchamp, Marcel 223
Duniecki, Peter 285
Ecker, Dietrich 56
Eco, Umberto 236
Egger, Hubert 293
Eiblmayr, Judith 299
Eichholzer, Herbert 55ff 104 298 300

Eiermann, Egon 159 266
Eisler, Max 168 264
Engel, C. L. 16
Ermers, Max 231
Ertl, Roland 58–62 293–296 298
Esherick, Joseph 291
Fabiani, Max 67 215f 258 291
Falkner, Rupert 291
Fathy, Hassan 159
Federle, Helmut 136
Fellerer, Max 67 75 269f 291
Fellner & Helmer 297
Ferstel, Max 141
Feßler, Hans 163
Feuerstein, Günther 292
Ficker, Ludwig 168
Firnberg, Hertha 220 270
Fischer, Anja 299
Fischer, Theodor 159
Fischer von Erlach, Bernhard 148 283 289
Flora, Paul 293
Förderer, Walter 63f 123 292
Fonatti, Franco 293 297
Foucault, Michel 223
Frank, Heinz 65f 294f
Frank, Josef 25 30f 40f 43 67ff 95f 98f 102 116 126 135 158f 168 189f 199 203 232 241 278 291 295f 298
Frank, Philipp 67
Freud, Sigmund 178
Freyler, Fred 252
Frieberger, Padhi 299
Friedrich Hoff Zwink 298
Frimmel-Mang, Eva 171
Fritz, Erwin 25
Fröhlich, Fritz 87
Fuchs, Bohuslav 70 264 291 300
Fuchs, Ernst 291
Fuks, Evi 299
Fuller, Richard Buckminster 71f 214 290f
Galerie (nächst) St. Stephan 30 82 110 252 271f 290ff
Gangoly, Hans 298f
Garbo, Greta 238
Garstenauer, Gerhard 73–79 255 292 295 298
Gasparin, Sonja 80f 299
Gaudí, Antoni 82f 159 191 292 295
Gehry, Frank 218 296
Gellner, Eduardo 84ff 296ff
Gerber, Samuel 25
Gerngross, Heidulf 225 297
Giencke, Volker 297
Gleißner, Heinrich 298
Glück, Franz 102
Glück, Gustav 168
Gnaiger, Roland 136 290 297
Gočar, Josef 264
Goffitzer, Fritz 60 87f 292

Goldman & Salatsch 170
Gray, Eileen 89f 292
Grazer Schule 294
Grimm, Brüder 124 167
Grimmer, Helmut 91f 293f
Grohmann, Hans 290
Gropius, Walter 165 177 292
Gross, Eugen 255
Groys, Boris 223
Gruen, Victor 95 290
Grüning, Michael 295
Gsteu, Johann Georg 23 76 93f 112 156 207 275 287 288 291 294 299
Gubler, Jacques 273
Guillaume, (Maler) 205
Gütersloh, Albert Paris 97f 100
Hadid, Zaha 218
Haeckel, Bernhard 300
Haerdtl, Carmela 95
Haerdtl, Oswald 75 94–100 297
Häring, Hugo 10f 22 90 291
Häuselmayer, Otto 297
Hafner, Bernhard 103ff 291 298
Haider, Hans 152
Halbrainer, Heimo 55 298
Hansen, Theophil 98 116 141 290
Hareiter, Angela 134
Hauptmann, Gerhart 46
Haus-Rucker-Co (Laurids Ortner, Günhter Zamp Kelp, Klaus Pinter) 182 292
Hegel, G. W. 236
Heilingsetzer, Semirah 300
Heinz, Karl 300
Henke, Dieter 106ff 297
Hentrich, Helmut 266
Herbé, Paul 205
Herrmann, Hugo 141
Hesterberg, Rolf 25
Hiesmayr, Ernst 60 76 139 238
Hönigsfeld, Rudolf 292
Hoesli, Bernhard 236
Hoffmann, Franz 293
Hoffmann, Hubert 238
Hoffmann, Josef 40 42 94f 98 102 156 165 182 241 271
Hohmann, Hasso 295
Holabird & Roche 177
Hollein, Hans 39 48 109ff 115 255 290f 294
Holzbauer, Wilhelm 22ff 60 76 93 112–117 121 156 207 241 292–296
Holzmeister, Clemens 22 45 58 67 74ff 93 94 96 109 112f 118ff 121f 159 163 203 241ff 247 252 269 283 287 290–294 298
Hostettler, Hans 25
Hovorka, Hans 220
Hrausky, Andrej 80 299
Huber, Benedikt 205
Hubmann, Erich 297

Hufnagl, Viktor 121f 238 296f
Hunziker, Christian 123 236
Huth, Eilfried 51 123ff 236 291f
Internationaler Stil 16 68 177 290
IGIRIEN (Werner Appelt, Franz E. Kneissl, Elsa Prochazka) 294
Ivansek, France 296
Jabornegg, Christian 126–131 300
Jacobsen, Arne 132f 290
Jaksch, Hans 67 292
Janák, Pavel 188
Janssen, Jörn 292
Joedicke, Jürgen 101
Johansen, John M. 291
Johnson, Philipp 291
Jung, Jochen 289 294
Jurkovic, Gerhard 294
Kada, Klaus 136 295
Kähler, Gert 295
Kalmar, Felix 296
Kapfinger, Otto 134–137 221
Karajan, Herbert von 58
Kaufmann, Hermann 138ff
Kaufmann, Leopold 291
Kerschbaumer, Anton 78
Kidder Smith, George E. 266
Kierkegaard, Søren 133
Kiesler, Friedrich (Frederick) J. 67 291 297
Kirkeby, Per 136
Kirstein, August 141
Kitt, Ferdinand 293
Klaar, Adalbert 141f 293
Klein, Erich 300
Klinger, Julius 168
Kneissl, Franz Eberhard 136 294
Köberl, Rainer 143 296ff
König, Carl 67
Köpl, Regine 220
Körner, Theodor 288
Kohler-Heilingsetzer, Margret 300
Kokoschka, Oskar 167
Kolig, Anton 112
Konstantinidis, Aris 144f 291f
Koolhaas, Rem 218
Kornhäusel, Joseph 291 293
Kos, Wolfgang 299
Kosak, Ceno 96
Kotěra, Jan 188 264
Kovatsch, Manfred 159 295
Kramer, Ferdinand 171
Kraus, Karl 41 43 157 167f
Krauß, Franz 141
Krawina, Josef 293
Kreisky, Bruno 106 108
Krier, Léon 146
Krier, Rob 146–150 294
Krischanitz, Adolf 134f 151f 221 295 297ff
Krischanitz (s.a. Spiluttini), Margherita 294

Kürmayr, August 60 294
Kulka, Heinrich 95 153f 291 293
Kurrent, Friedrich 22ff 40 43 60 76 93 112ff 121 155–161 195 207 215 241f 296ff
Lackner, Josef 76 162ff 291 293f 297f
Laggner, Walter 235 293
Lasker-Schüler, Else 168
Lauda, Niki 268
Le Corbusier 24 25 56 74 89 133 165f 177 215 264 291
Lefébvre, Henri 223
Leibniz, Gottfried W. 148
Leischner, Erich 297
Leitner, Paul Albert 294
Leitner, Bernhard 135
Leitner, Otto 22 93 112 156
Lenz, Christian 139
Lesák, Frantisek 199
Lichnowsky, Mechthilde 168
Lichtblau, Ernst 95 290
Lienhardt, Conrad 297
Linecker, Josef 255
Lippert, Georg 292
Loos, Adolf 21 24 30f 40–44 95 99 102 106 114 116 153 156–159 167–170 177 182 189f 200 231ff 241ff 246 271 283 294 298
Loos, Fridl 299
Loos, Hermann 299
Loos, Walter 95 299
Ludwig, Johannes 158
Luger, Gerhard 60
Luger & Maul 298 300
Maeterlinck, Maurice 168
Maier, Eric 296
Mallet-Stevens, Robert 205
Mang, Karl 171f 299
Mangiarotti, Angelo 173f 291
Markalous, Bohuslav 168
Marx, Karl 236
Mathoi, Dieter 300
Matzinger, Fritz 60
Mauer, Otto 253
May, Ernst 231
Mayreder, Karl 141
Mazagg, Siegfried 163
Meder, Iris 299
Meier, Beny 8of 299
Meili, Marcel 296
Melnikov, Konstantin 159
Mendelsohn, Erich 177
Meusburger, Herbert 140
Michaelis, Karin 168
Michelucci, Giovanni 291
Mies van der Rohe, Ludwig 74 106 165 177 239
Milošević, Slobodan 35
Milunic, Vlado 296
Missing Link (Angela Hareiter, Otto Kapfinger, Adolf Krischanitz) 134 294

303

Mistelbauer, Wolfgang 42 176 255
Möller, Rüdiger 289
Moldovan, Kurt 30
Morandi, Riccardo 175f 291
Morassutti, Bruno 173f
Moscouw, Michaela 294
Moser, Thomas 295
Muck, Herbert 253 290
Munch, Edvard 133
Musil, Robert 52 225
Nerdinger, Winfried 247 297 299
Nestroy, Johann Nepomuk 42 167f 194 221 253
Neurath, Otto 231
Neutra, Dione 177
Neutra, Richard 67 74 95 171 177f 290 292
Niedermoser, Otto 89
Nigst, Peter 136
Nötzberger, Klaus 60 294
Noever, Peter 295 298
Nohàl, Rainald 42
Norberg-Schulz, Christian 236
Norden, Walter 163
Norer, Günther 293
Novy, Klaus 233
Odorizzi, Karl 60 179f 294
Örley, Robert 136
Österreichische Gesellschaft für Architektur ÖGFA 19 60 62 89 91 121 134f 144 153 158 161 175 195 221 230 267 270 288 293–296
Ohmann, Friedrich 67 117 265 292
Olbrich, Joseph Maria 40 182 258 292 298
Ortner, Laurids 181–184
Ortner, Manfred 181–184
Ortner & Ortner 298
Ostrogović, Kazimierž 298
Otto, Rolf G. 18 123
Oud, Jacobus Johannes Pieter 89 168
Pálffy, Andras 126–131 300
Pammer, Heinz 60
Paul, Jean 29
Peichl, Gustav 48 245 257 294
Perret, Auguste 165
Peter, Markus 296
Petschnig, Hubert 266
Pfann, Hans 293
Philipp, Helga 296
Pichl, Peter 30
Pichler, Walter 48 53 110 185f 290 292 295 298
Pini, Alfredo 25
Piranesi, Giovanni Battista 106
Pirchan, Emil 67 287
Pisarik, Sonja 299
Placzek, Adolf K. 294
Platz, Gustav Adolf 168
Plečnik, Josef (Jože) 40 159 187–191 195 197 199 214 216 218f 258 292 295 297 299
Plischke, Anna 192

Plischke, Ernst A. 30 39 42 62 95 159f 192f 245f 290–295 298
Podrecca, Boris 194–200 296
Poelzig, Hans 201 239
Polgar, Alfred 97 168
Pollak, Walter 293
Ponti, Giò 95
Popovits, Sara 294
Popper, Karl 46
Portoghesi, Paolo 293
Porumbescu, Nicolae 293
Posener, Julius 201f
Potyka, Anton 252
Potyka, Hugo 252
Pound, Ezra 168
Pozzetto, Marco 294 299
Prachensky, Theodor 163
Praun, Anna-Lülja 89 203f 295f
Prechtl, Adalbert 288
Prelovšek, Damjan 190
Prochazka, Elsa 294
Prouvé, Jean 205f 223 293
Prutscher, Otto 85 296
Puchhammer, Hans 60 93 112 156 207–210 295 297f
Purin, Hans 211
Querkraft 298
Rabelais, François 34
Rainer, Roland 60 76 116 196 208 211 212f 220 238 266f 291 293
Ravnikar, Edvard 214–219 293 296 299f
Ray, Marcel 168
Reder, Christian 285 300
Reder, Ingrid 285
Redl, Leopold 220f 296
reihe, die 253
Richter, Helmut 222–225 299
Riedl, Joachim 298
Riegler Riewe 136 296
Riepl, Franz 60 226ff 296f
Riepl, Gabriele 297 300
Riepl, Peter 295 297 300
Rietveld, Gerrit 151
Rogy, Viktor 298
Rubin, Eva 229 300
Rühm, Gerhard 282 287 289
Sackmauer, Othmar 227
Schärli, Brüder 18
Scharoun, Hans 159 230 240 292
Schaukal, Richard von 168
Scheerbart, Paul 155
Scheichl, Erich 60
Schelling, Erich 288
Scheu-Riesz, Helene 168
Scheu, Robert 168
Schiele, Egon 112 209
Schindler, Rudolph M. 67 159 177f
Schinkel, Friedrich 16

Schlesinger, Norbert 87
Schmid, Peter 255
Schöllhammer, Georg 136
Schönberg, Arnold 167f
Schopenhauer, Arthur 236
Schreieck, Marta 106ff 297
Schütte-Lihotzky, Margarete 21 56f 80 231–234 292 295f
Schütte, Wilhelm 97 292
Schulte, Julius 56
Schulze-Fielitz, Eckhard 293
Schuster, Ferdinand 49 76 103f 235–238 291 293
Schuster, Franz 96 292
Schwanzer, Karl 76 94 97 101
Schwarz, Rudolf 60 159 239f 266 290
Schweighofer, Anton 246 291 294f
Secession (Wien) 42 97 135f 151f 168 182 188f 258 288 292 298
Seiß, Reinhard 299
Sekler, Eduard F. 296
Semper, Gottfried 116 157f 173 218 257f
Senarclens de Grancy, Antje 55 298
Serkin, Rudolf 168
Sert, José Lluis 292
Sever, Savin 293
Sezession (Graz) 56
Sicardsburg, August Sicard von 173
Simony, Stephan 48
Sinan 159
Singer, Franz 295
Sirén, Kaija und Heikki 60 293f
Sitte, Camillo 197 216 288 291
Šklovskij, Viktor 29
Slavik, Felix 213
Sobotka, Walter 95
Spalt, Johannes 22ff 30 40 43 60 76 113 121 135 158 161 203 215 238 241–244 293ff 299
Spiluttini (s. a. Krischanitz), Margherita 299
Steiger, Peter 123
Steinegger, Jean-Claude 205
Steiner, Dietmar 39 65 136 143 151 295 298
Steiner, Michaela 136
Steinmann, Martin 278
Stelzhammer, Walter 245f
Sterne, Lawrence 29
Stifter, Adalbert 243
Stigler, Willi 163
Stiller, Adolph 70 94 136 187 297 299f
Stirling, James 294
Stoessl, Otto 168
Streli, Jörg 300
Strindberg, August 133
Strnad, Oskar 30 67 95 99 159 203 232 291f 299
Strobl, Karl 253
Sumi, Christian 296

Szyszkowitz+Kowalski 298
Tasquil, Herbert 96
Taut, Bruno 168
Telesko, Edgar 60
Tendenza 53 77 147
Terzic, Mario 295
Tesar, Heinz 247–250 294 296–299
Theiss, Siegfried 67 290
Thun-Hohenstein, Max 168
Thurner, Siegfried 163
Topalgökceli, Emine 245
Trattner, Josef 136
Tremml, Franz 60
Tzara, Tristan 168f
Uhl, Anna 252
Uhl, Clemens 252
Uhl, Jakob 252
Uhl, Karina 252
Uhl, Leonhard 252
Uhl, Ottokar 76 251–254 255 289f 291 297
Uhl, Trude 251 254
Valentin, Karl 29
Van den Broek, Jo 291
Vass, Andreas 297
Vetter, Hans A. 95
Vitić, Ivan 299
Vogt, Adolph Max 273
Vybíral, Jindřich 299
Wachberger, Eugen 292
Wachsmann, Konrad 23 40f 43 60 74ff 93 109 113 157 159 161 208 252 255f 283 290 293 295
Waechter-Böhm, Liesbeth 296
Wäger, Rudolf 293
Wagner, Otto 24 40 67 100 114 116f 124 149 159 173 177 187f 190 199f 215 224 241 257ff 264f 271 283 290ff 294f 299
Wagner, Richard 124
Wang, Wilfried 136 296
Watzlawick, Paul 288
Wawrik, Gunther 208f
Weber, Jos 255
Webern, Anton 168
Weiss, Rudolf 294
Welzenbacher, Lois 56 76 159 163 208 247 251ff 260–263 289 291 295 299
Wenz, Josef 141
Werkbund (Deutscher) 68
Werkbund(siedlung) (Österreichischer) 67 69 102 119 135f 168f 178 202
Werkbund (Steirischer) 56
Werkgruppe Graz 292f
Werkgruppe Linz 60
Werkstätte, Wiener 99f 168
Wersin, Wolfgang von 87 293
Werthgarner, Helmut 60
Wiener, Oswald 282 287 289

305

wiener gruppe 30 252 282 287 289
Wiesner, Ernest (Arnošt) 264f 293
Wimmer, Albert 297
Windbrechtinger, Traude und Wolfgang
  121 213 236 238 266ff 291 298
Wittgenstein, Ludwig 46 126 135f 157f 169
  221 223 236f 279 276 293
Wlach, Oskar 67 95
Wochinz, Herbert 252
Wörle, Eugen 75 98 269f 293
Wösendorfer, Hans 220
Wotruba, Fritz 112 161 252 292

Wratzfeld, Gunther 293
Wright, Frank Lloyd 23 113 177f 206 271f 291
Würtinger, Werner 136
Wyss, Beat 104
Zeemann, Dora 203
Ziesel, Wolfdietrich 106 295 297
Zinganel, Peter 54
Zotter, Friedrich 236 266
Zschokke, Walter 194 273f 296
Zumthor, Peter 218 275–279 296f 299
Zweig, Stefan 168
Zwimpfer, Hans 123

Autor und Herausgeberinnen danken für
die großzügige Projektfinanzierung:

RD Foundation Vienna
Research | Development | Human Rights
Gemeinnützige Privatstiftung

BUNDESKANZLERAMT ÖSTERREICH

Wissenschafts- und Forschungsförderung der Stadt Wien, MA 7

Mit bestem Dank an Barbara Achleitner,
David Baum, Günther Haller / *Die Presse*
Archiv, Hans Kaiser-Mühlecker und
Architekturzentrum Wien

HERAUSGEBERINNEN
Eva Guttmann, Gabriele Kaiser, Claudia Mazanek für diachron

LEKTORAT
Claudia Mazanek

FOTOGRAFIEN
Friedrich Achleitner

BUCHGESTALTUNG
Peter Duniecki

DRUCK UND BINDUNG
Druckerei Theiss, St. Stefan

SCHRIFTEN
Myriad Pro, Utopia

PAPIER
Umschlag – Fedrigoni MATERICA, Aqua, 1,8 vol. 250 g/m^2
Kern – Salzer EOS blauweiß, 1,5 vol. 90 g/m^2

Zweite, verbesserte Auflage 2016
© 2015
diachron, Graz | Friedrich Achleitner, Wien | Park Books, Zürich

diachron
Verein zur Verbreitung und Vertiefung des Wissens über Architektur
Zahnstraße 34, A-8055 Graz | www.diachron.at

PARK BOOKS
Niederdorfstrasse 54, CH-8001 Zürich
www.park-books.com

Alle Rechte vorbehalten. Kein Teil dieser Publikation
darf in irgendeiner Form oder in irgendeinem Medium
reproduziert werden, weder in technischen noch in
elektronischen Medien, eingeschlossen Fotokopien und
digitale Bearbeitung, Speicherung etc.

Gedruckt auf FSC-zertifiziertem Papier und nach den Richtlinien
des österreichischen Umweltzeichens produziert.

Printed in Austria
ISBN 978-3-906027-94-4